泰安市
自来水有限公司志

（2008—2017）

《泰安市自来水有限公司志》编纂委员会　编

方志出版社
Publishing House of Local Records

图书在版编目（CIP）数据

泰安市自来水有限公司志：2008—2017/泰安市自来水有限公司志编纂委员会编. —北京：方志出版社，2018.3
ISBN 978-7-5144-3016-5

Ⅰ. ①泰… Ⅱ. ①泰… Ⅲ. ①供水行业—概况—泰安—2008-2017 Ⅳ. ①F299.241
中国版本图书馆CIP数据核字（2018）第048135号

泰安市自来水有限公司志（2008—2017）

编　　者：泰安市自来水有限公司志编纂委员会
责任编辑：王海荣

出 版 人：冀祥德
出 版 者：方志出版社
地址　北京市朝阳区潘家园东里 9 号（国家方志馆4层）
邮编　100021
网址　http://www.fzph.org
发　　行：方志出版社发行中心
电话（010）67110500
经　　销：各地新华书店
印　　刷：山东新华印务有限责任公司

开　　本：889mm × 1194mm　1/16
印　　张：46.25
字　　数：563千字
印　　次：2018年3月第1版　2018年3月第1次印刷
印　　数：0001 ~ 1000册

ISBN 978-7-5144-3016-5　　定　价：200.00元

编纂委员会

主　　任：尚绪岳
副 主 任：暴勇生
委　　员：丁　合　　申立堂　　彭　涛　　赵新峰
　　　　　杨　勇
编纂指导：刘洪亮

编审人员

主　　审：尚绪岳
主　　编：暴勇生
副 主 编：张　帆　　刘　斌　　赵国茂
编　　辑：（按姓氏笔画排序）
　　　　　孔德峰　　边　凤　　刘保胜　　乔秀彬
　　　　　林　莺　　唐先才　　黄　宁
主要摄影：唐洪彬　　林　涛
编　　务：林　森

泰安市自来水有限公司

省级文明单位

省级先进企业

山东省思想政治工作优秀企业

山东省供水行业绩效考核工作“先进单位”

山东省劳动关系和谐企业

全省住房城乡建设系统厂务公开民主管理先进单位

全省建设系统职工文化体育活动先进单位

山东省建设厅文明示范窗口

市级文明单位

泰安市思想政治工作十佳企业

泰安市思想政治工作优秀企业

泰山先锋基层党组织

泰安市企业管理创新优秀企业

泰安市劳动关系和谐企业

政风行风建设先进单位

秦安市自来水有限公司党委书记、经理　尚绪岳

公司领导班子左起：党委委员、副经理杨勇，党委委员、工会主席彭涛，党委委员、副经理申立堂，党委书记、经理尚绪岳，党委副书记、副经理丁合，党委委员、纪检书记暴勇生，党委委员、副经理赵新峰

序

2008年至2017年，泰安市自来水有限公司又走过了十个春秋的光辉历程。以史为鉴，开创未来。在新的历史发展阶段，真实地记录和总结公司的创业史、发展史，对于促进公司各项工作和建设，打造企业文化品牌，将起到重要的推动作用。

砥砺奋进十春秋。2007年公司的各项经营指标：资产总额4.6亿元，营业收入6850万元，其中：售水收入5907万元，售水量2584万立方米，实现利润负844万元，上缴税金489万元。10年来，公司始终坚持城市发展，供水先行，以市民为中心的发展理念，始终坚持“优质供水、热情服务、奉献社会”的服务宗旨，发扬“艰苦奋斗、开拓创新、争当一流”的企业精神，以保障城市发展用水为己任，服务于经济、服务于人民，物质文明和精神文明建设齐头并进、双翼齐飞。2017年公司的各项经营指标：资产总额14.11亿元，营业收入2.35亿元，其中：售水收入1.42亿元，售水量4927万立方米，实现利润256万元，上缴税金1284万元。直径75毫米以上的供水管道800多公里，日供水能力23万吨，供水服务人口80万人，供水服务面积120平方公里。客户服务处于领先水平。公司着力打造现代化供水企业，努力成为“建设富裕文明新泰安”的重要推动力量，助推经济社会发展，书写时代丹青！

《泰安市自来水有限公司志（2008—2017）》的编纂出版，既是公司企业文化建设不可或缺的重要内容，也是广大员工的共同心愿。志书系统真实地记述了公司2008年至2017年10年的创业发展进程，既是对公司发展历程经验教训的总结，也对公司未来的发展具有重要的借鉴意义。供稿和编辑人员在编修过程中，克服档案资料不足、时间跨度大、人员更替频繁等困难，不惮辛苦，广征博采，科学考证，确保了史料的真实性和准确性。编辑人员严格遵循修志体例，不拘泥成规，在篇目布局、史料取舍、章节排列、图表搭配等方面，立足实际，刻意创新，全景式地展现企业的风貌，堪称一部特色鲜明、可存可用的资料工具书。《泰安市自来水有限公司志（2008—2017）》的编纂出版，得到了市史志办、市住建局、市公用事业管理局等有关部门的大力支持，也倾注着公司离退休老领导老同志的心血，渗透着编纂人员和供稿人员的汗水，在此一并致谢。

风卷红旗励壮志，保障供水勇担当。让我们认真贯彻党的十九大精神和习近平新时代中国特色社会主义思想，汇聚供水事业发展的澎湃动力，发扬“艰苦奋斗、开拓创新、争当一流”的企业精神，在市委、市政府和上级有关部门的领导下，卯足干劲、接续奋斗，为促进泰城经济和社会事业的发展，为建设富裕文明幸福新泰安，谱写泰城供水事业的新辉煌！

中共泰安市自来水有限公司委员会　书记
泰安市自来水有限公司　经理　（签名）

2018年1月

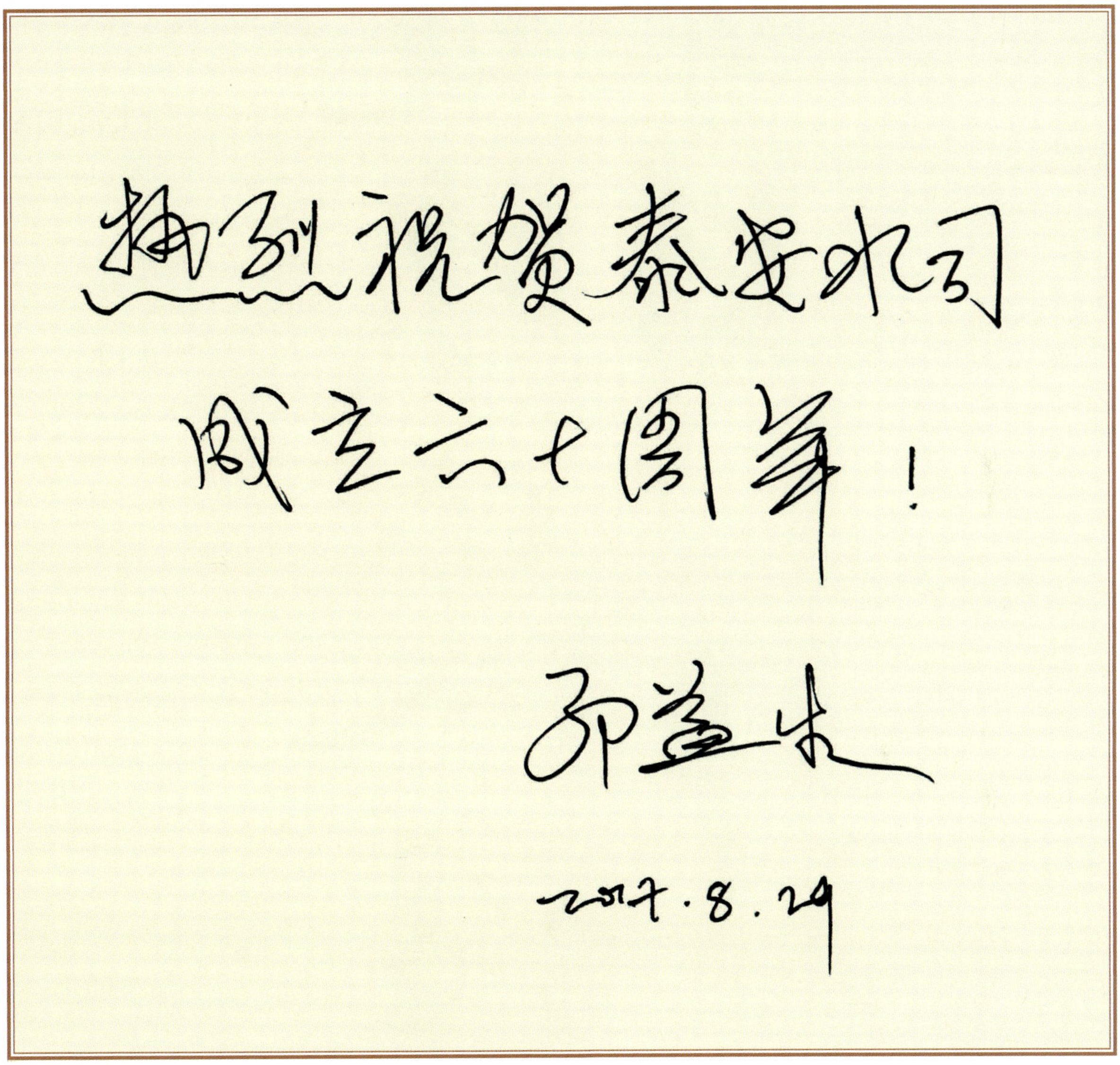

中国城镇供水排水协会副会长兼秘书长邵益生题词

泰安市人大常委会原副主任曲进贤题词

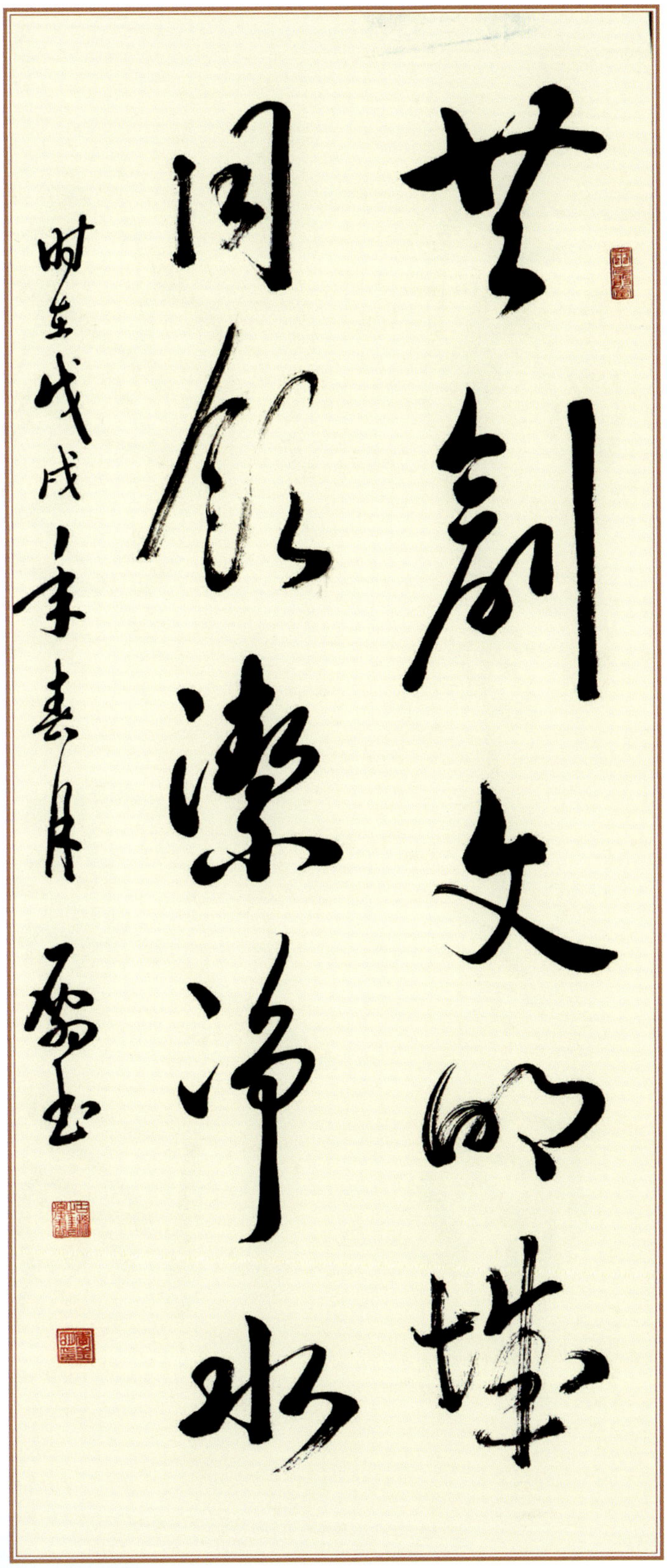

泰安市人大常委会原副主任李金明题词

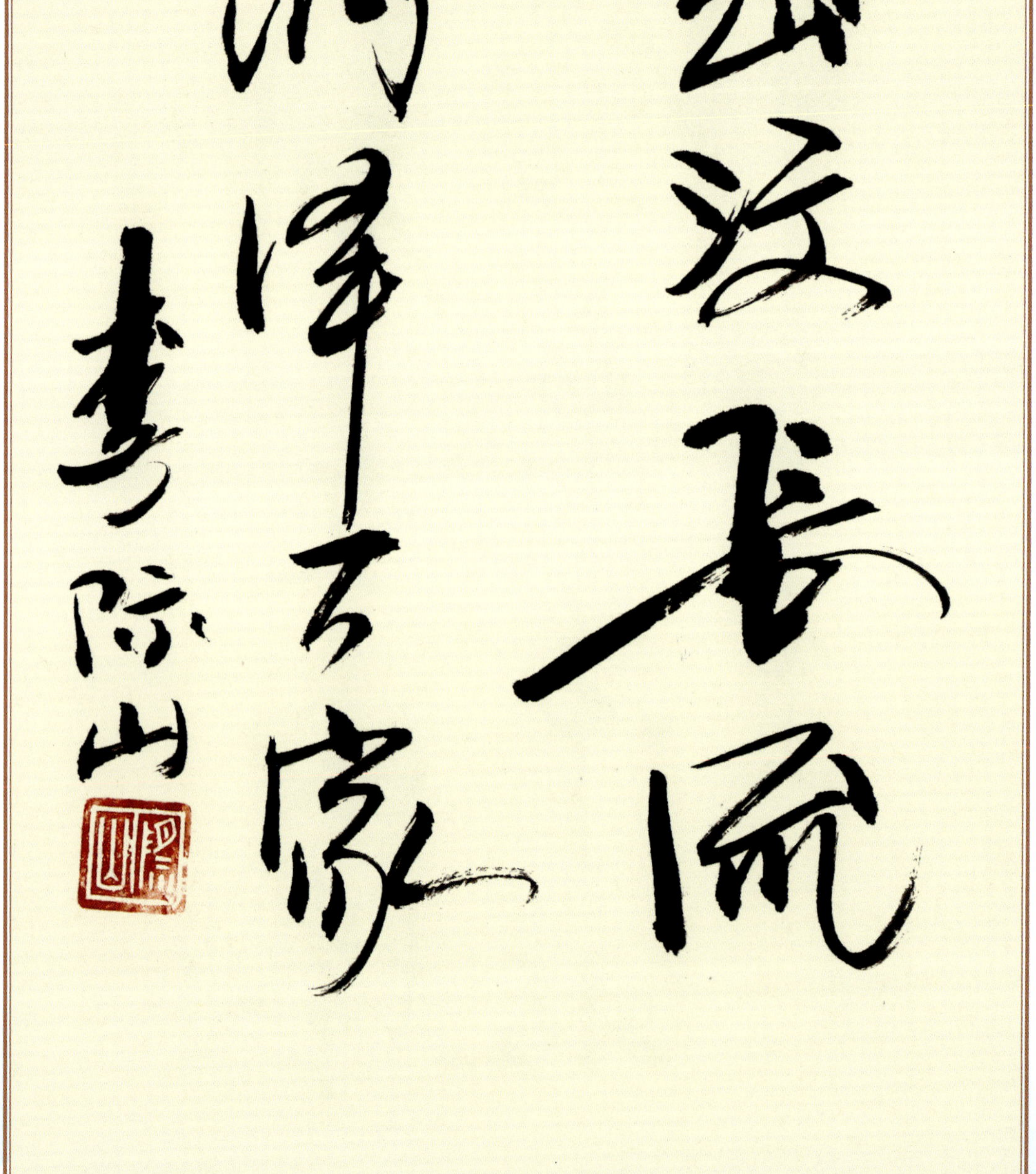

泰安市泰山风景名胜区管理委员会原主任李际山题词

2013 年 9 月，市委书记王云鹏（右二），副市长陈湘安（右一）等到三合水厂视察水质提升项目建设工地

2014 年 11 月，市委副书记、市长李希信（右三）到公司调度中心检查指导工作

2016 年 1 月，市委常委、政法委书记郭德文（右四）春节期间走访慰问公司困难职工

2017 年 2 月，市政府副市长张红旗（右二）到公司三合水厂视察指导工作

2015 年 11 月，市政府副市长陈湘安（左四）到小安门水库引水工程工地视察指导工作

2009 年 5 月，市委常委、秘书长朱玉合（左三）到公司调研深入学习实践科学发展观活动

2011 年 8 月，市政协副主席于连荣（右三）到公司视察指导工作

2013 年 11 月，市政协副主席宋鲁（右二）到三合水厂建设工地视察指导工作

迎胜东路 26 号公司办公大楼　　（2017 年 12 月摄）

东岳大街 157 号公司原办公大楼　　（2017 年 12 月摄）

灵山大街西段原公司办公大楼　　（2001年摄）

南关水厂　　（2017年12月摄）

三合水厂　（2017年12月摄）

泉河水厂　（2017年12月摄）

环湖水厂　　（2017 年 12 月摄）

东岳大街西区加压站沿街楼　　（2017 年 12 月摄）

泰安市自来水公司区位图

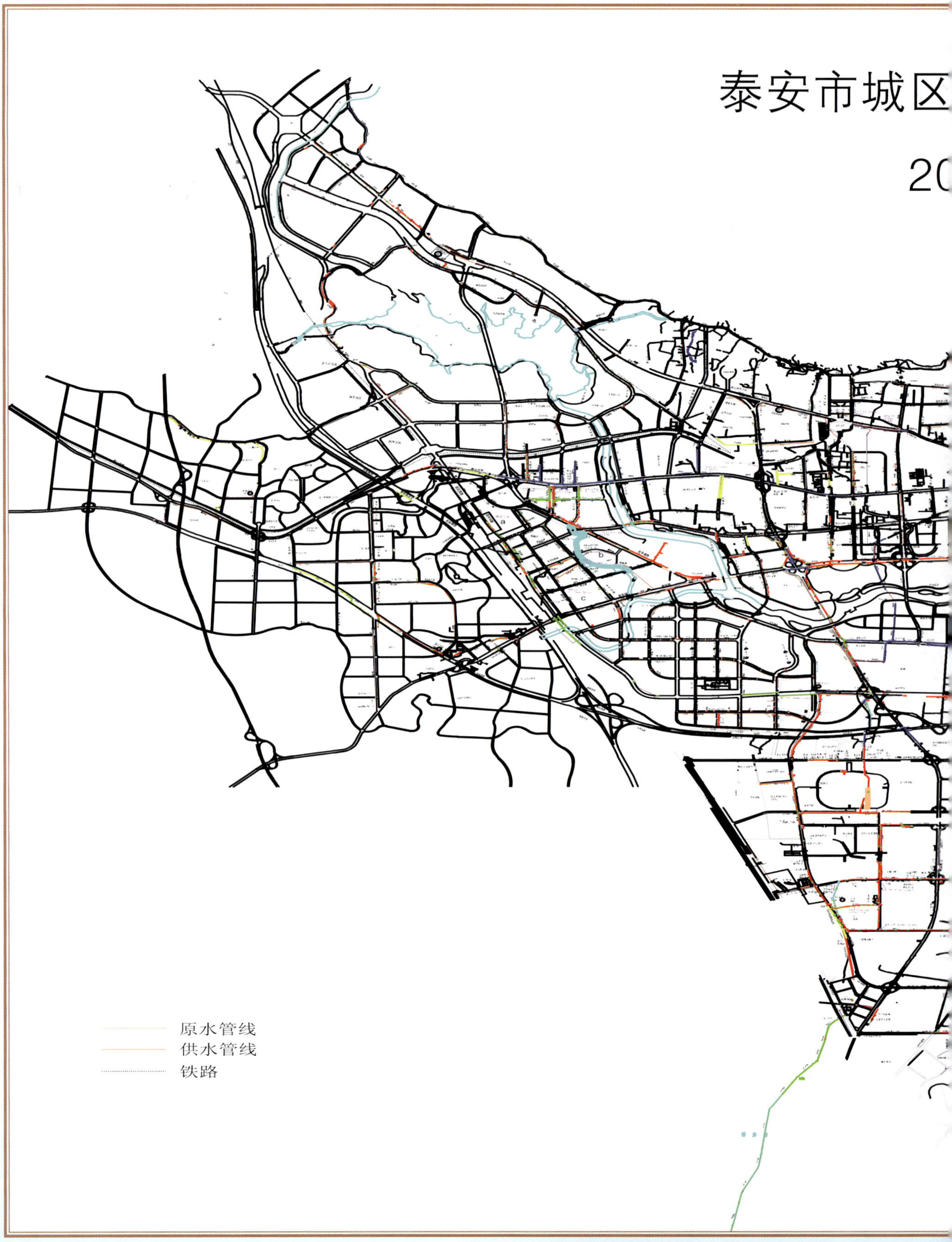
泰安市城区
20
原水管线
供水管线
铁路

供水管网总图

8

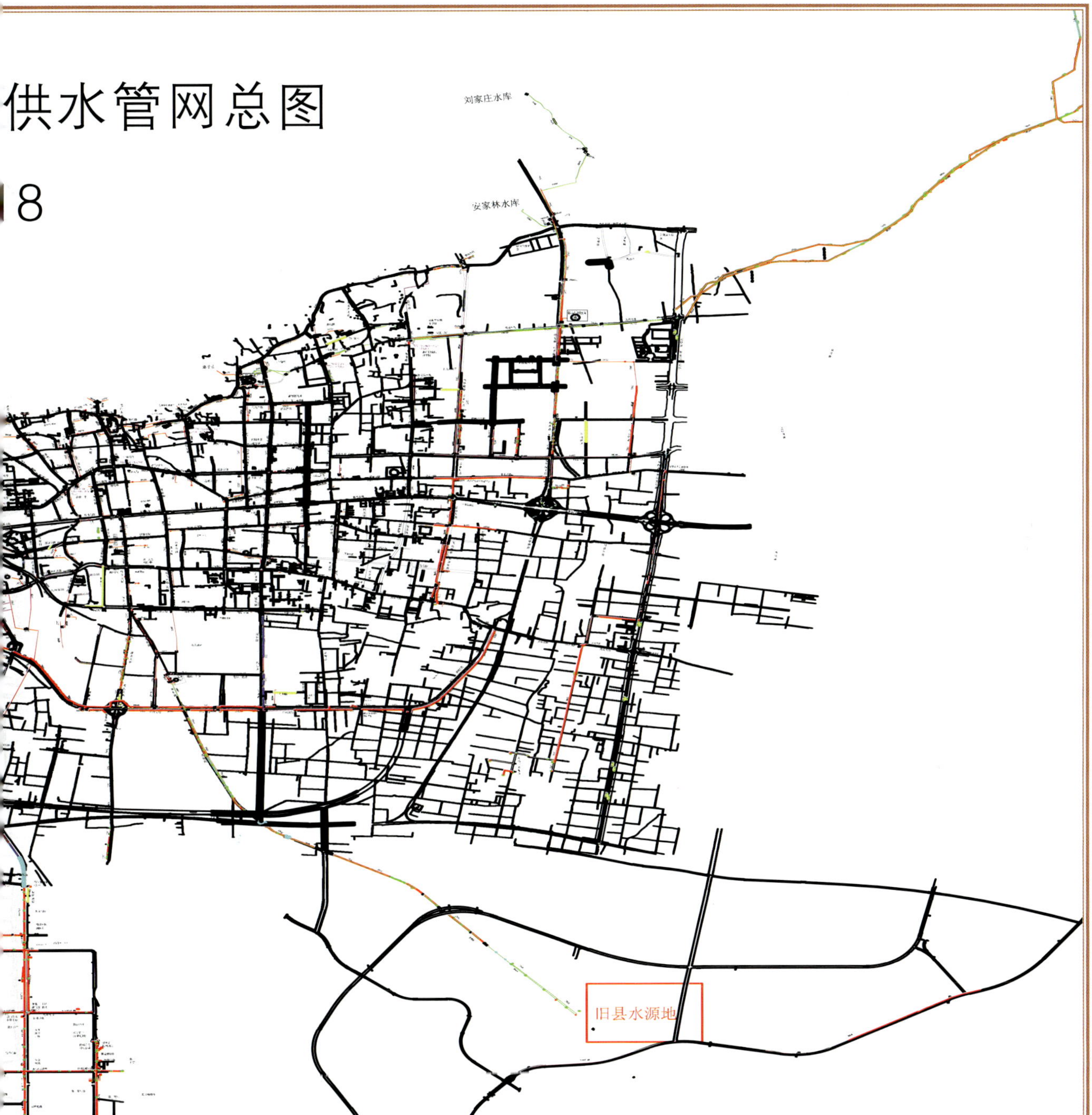

泰安市高新区供水管网总图
2018

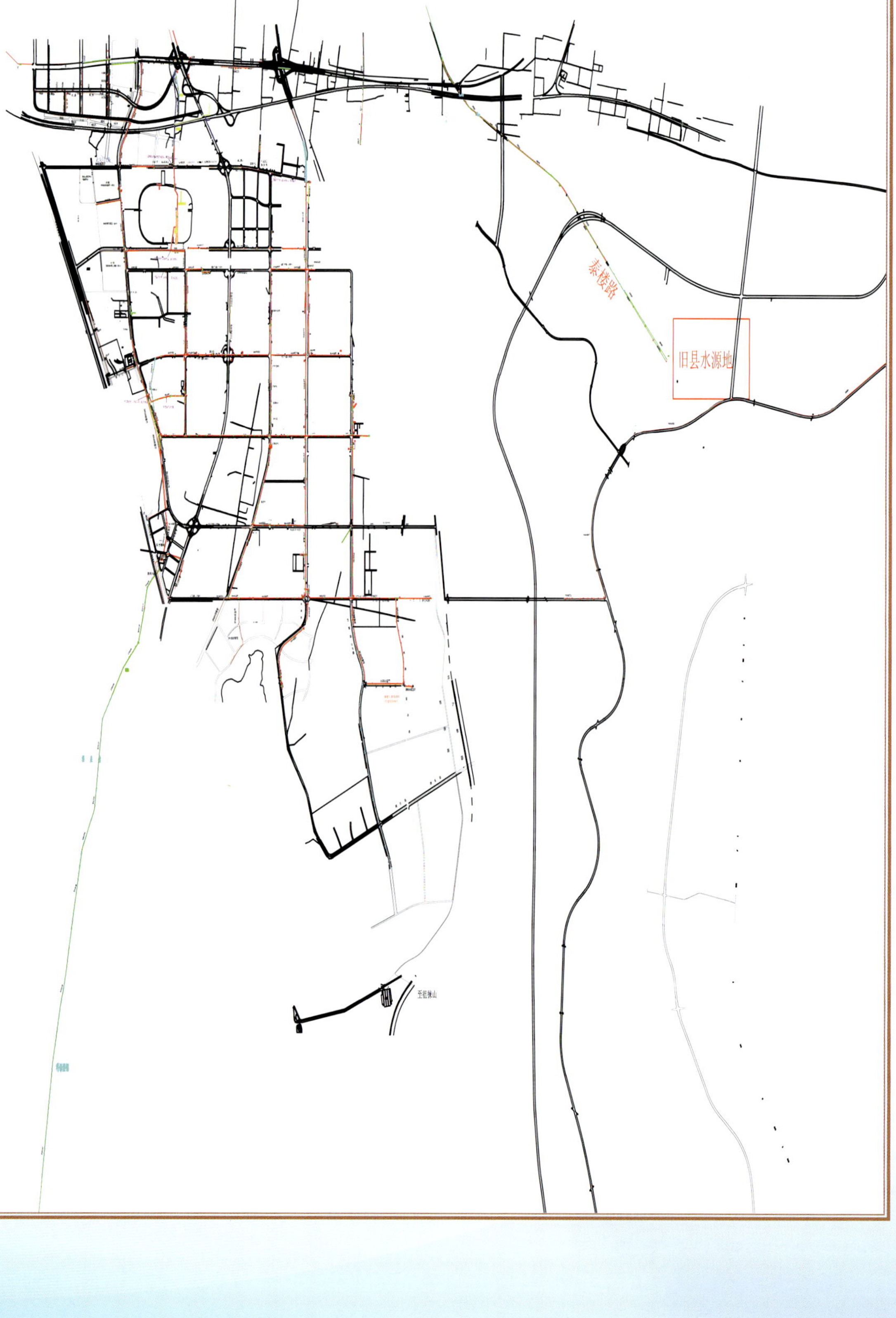

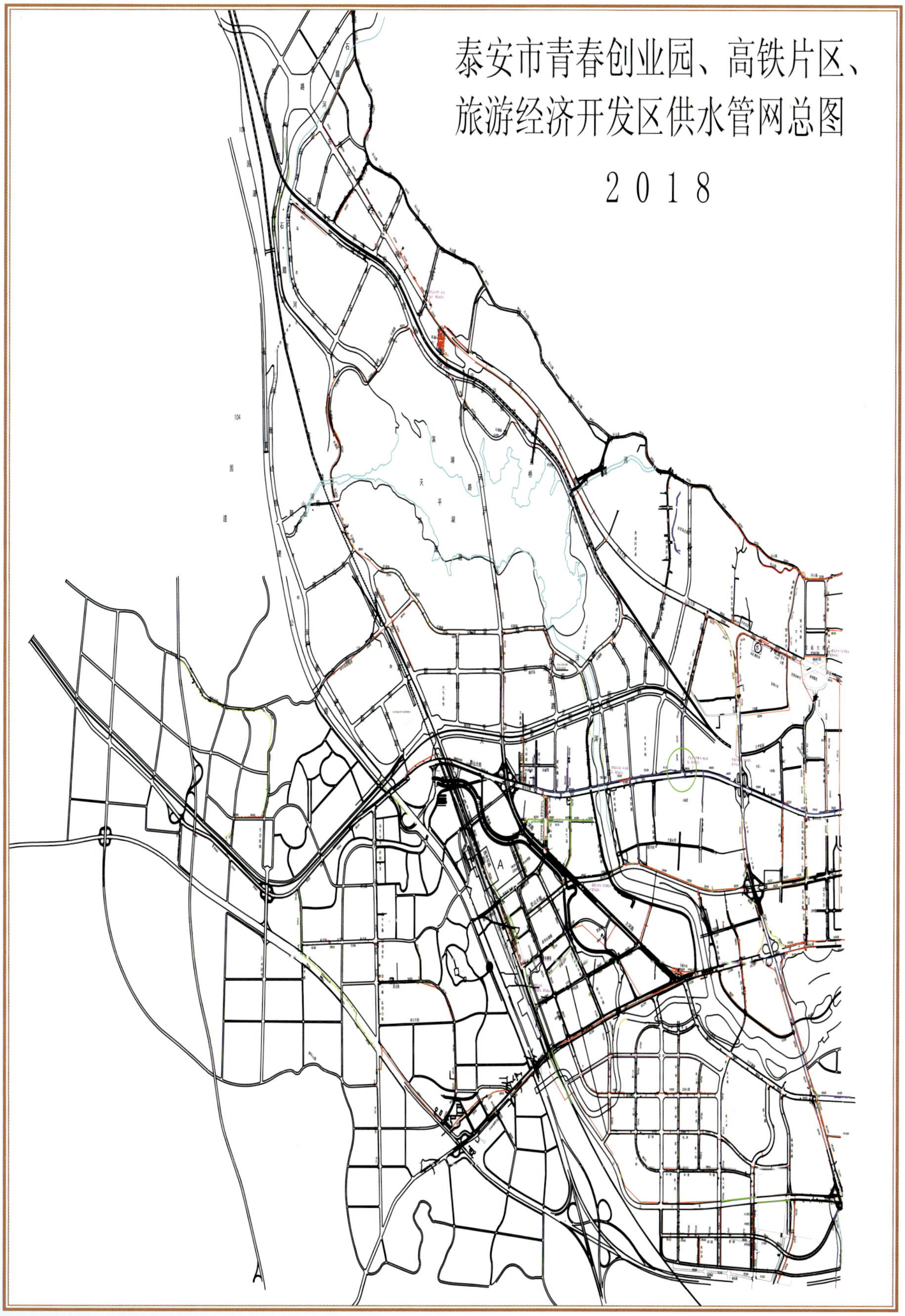
泰安市青春创业园、高铁片区、
旅游经济开发区供水管网总图
2018

凡 例

一、本志以马列主义、毛泽东思想、邓小平理论、“三个代表”重要思想、科学发展观和习近平新时代中国特色社会主义思想为指导，坚持存真求实的原则，力求全面、系统、客观地记述泰安市自来水有限公司的历史和现状。

二、志书上限始自2008年1月1日，部分内容从有资料记载写起，下限断于2017年12月31日。

三、志书结构采用篇章节体，经类系事，横排竖写。按事类分篇，篇下设章，章辖节，节下视内容设目。

四、体裁采用述、记、志、图、表、录，以志为主。卷首设概述，总揽全书；大事记以编年体为主，兼用记事本末体，各篇记事贯彻详今略远的原则，按时间顺序记述发展历程；卷末设附录和编后记；图、表、照片随文插入。

五、资料来源于有关文献、档案、志书、年鉴、报刊、采访及各科（室）、站、所、厂等，综合数据以统计部门公布的为准，其他依供稿单位认可的数据。统计数据一律用阿拉伯数字，资料和数据来源一般不注明出处。

六、机构和某些工作及活动称谓在各篇第一次出现用全称并括注简称，重复出现时用简称，“泰安市自来水有限公司”简称“自来水有限公司”或“公司”。地名使用当时名称，发生变化的括注现行名称。2016年1月前称“泰安市自来水公司”，之后称“泰安市自来水有限公司”。书中“泰城”泛指“泰安市城区”。

七、坚持生不立传的原则。人物荣誉篇中人物简介只记其简历，中层干部、专业技术人员和获奖人员列表入志。对其他人物记述，以事系人，人随事出。

八、数值和时间范围确指时用“—”表示，不确指时用“~”表示；统计性表格数据栏“—”表示不存在此项数据。

九、志书使用规范的现代语体文记述，行文力求严谨、朴实，表达力求简洁、流畅。

目 录

第三篇 供水生产

第四篇 营销 服务

第五篇　企业管理

第六篇　科技应用

第七篇　多种经营

第八篇　党　群

第九篇　企业文化

第十篇 人物 荣誉

附 录

索 引

概 述

GAISHU

概 述

2008年至2017年，十年风雨磨砺，传承诚信供水文化，不断彰显厚道经营风采。通过十年的发展，公司现成为拥有黄前水库、汶口、旧县三个主要供水水源地；小安门水库、大河水库、彩山水库三个应急备用水源地；三合、泉河、环湖、南关4座水厂，日供水能力24万吨，供水服务人口80余万人，供水覆盖面积120平方公里的中型民生水务企业。

公司业务涵盖地下水地表水综合利用、管道勘测、设计与施工、水质检测、水表计量、纯净水生产等多项领域。

一

十年来，公司按照“超前规划、服务大局、保障发展”的原则，从服务泰城经济社会和城市发展的大局出发，为确保泰城供水安全、提升供水水质，相继建设了水表检定站技术楼、三合水厂改造、环湖水厂、东区增压站、西区加压站迁建、高铁供水加压站等项目，供水水质、自动化控制水平得到长足进步；实施小安门水库、彩山水库应急引水工程，增强泰城抗旱应急保障能力；2012年，公司借泰楼路改造之机实施对旧县水源地至南关水厂输水管线进行改造，敷设直径800毫米球墨铸铁管7.2公里。为彻底解决汶口水源地输水管道（三阶段水泥管）的爆管问题，2011年12月，公司决定对汶口水源地至泉河水厂输水管线进行改造。工程由保定市浩宇管道维护有限公司和河南中拓石油工程技术股份有限公司承担不锈钢内衬改造施工，安通公司承担球墨铸铁管道施工。至2013年6月，累计完成不锈钢内衬改造直径1000—1200毫米管道12公里，更新敷设直径1000毫米球墨铸铁管2.36公里，确保了该条输水管线的安全运行。借泰城公共消防栓建设之际，改造老城区供水管道，敷设泰安旅游经济开发区、高铁新区、高新区、青春创业园区、徂汶景区消防供水管网，提高城市抵御火灾的能力，对城区老旧管网和瓶颈地段进行彻底改造。十年来，泰安市供水工程建设得到各级党委和政府的大力支持，加快了泰城供水事业的兴建和发展，为泰安市经济和社会发展发挥了重要作用。2013年以来，泰城连续干旱，降水未形成地表径流，黄前水库蓄水严重不足，无法保障泰城居民用水需求，对泰城供水构成严峻险情。2014年10月，公司决定建设小安门水库引水工程，实现与黄前水库输水管线合拢，减轻黄前水库供水压力。2015年，泰安市降水仍然未达预期，各水源地存水量不足。为积极应对当前持续干旱的严峻形势，实施了彩山水库应急引水工程，2016年3月并网送水。

为进一步提高泰城水质，2012年10月，三合水厂改造工程开工建设，2013年12月完工并投入运行，工程总投资1.31亿元，工程由上海市政设计研究总院（集团）有限公司设计，由太平洋水处理工程有限公司施工，工程用地为水厂现有场地及东北角新征的0.517公顷土地，为充分利用水厂现有空间，发挥现有建筑物的作用，紧凑布置，合理安排工艺流程，先后建成膜处理车间、加氯间、加药间、漏氯中和间、粉炭投加间、清水池、综合投加配电室等建筑，水质改造工程设计规模为10万立方米/天，校核水量为12万立方米/天。2014年，按照泰城供水总体规划，结合泰城供水工作现状，在对泰城西部供水工作进行全面调研的基础上，经市政府同意，公司决定续建环湖水厂，2015年8月，天平湖作为环湖水厂水源地向环湖水厂供水，供水规模1万立方米/天，最大日供水规模2万立方米。出厂水水质达到《生活饮用水卫生标准》（GB 5749—2006）的要求。

二

十年来，公司为提高服务水平，简化办事流程，使项目单位报建手续的办理更加快捷、高效，公司与城区热力公司、港华燃气公司在市行政审批服务中心设立“自来水、燃气、热力综合窗口”。市区内所有报建的建设项目均要通过窗口办理认定、审核和备案，并按规定缴纳供水专项配套费。项目单位办理水、气、热相关手续无需往返三家单位，在窗口一站式完成，审批窗口实行审批内容、办理程序、申报材料、承诺时限、收费标准“五公开”原则。为减少用户的办理时间，要求认定、备案要在3个工作日内完成。工作人员负责将窗口收集的审批资料传递至公司，跟踪公司内部的审核，汇总水、气、热三家审批意见后，联系客户，协助其缴纳配套费，并督促公司内部立户、设计、施工环节，同时负责自来水业务的咨询、服务等工作。

十年来，公司领导和部门负责人每年均参加“政风行风网络热线”直播节目，与听众和广大市民进行对话，宣传供水企业的宗旨、服务承诺和供水企业的发展状况。对照网友反映的问题，检查公司供水工作存在的不足，并逐步进行改进、完善，进一步强化服务意识，提高服务水平和服务质量。公司发起“便民服务到万家”活动，工作人员深入到各个小区，将“便民服务卡”发放到用户手中。缴费卡正面标注了所辖范围内抄表员的联系方式，背面对缴费地点、缴费方式、代收银行、热线电话等信息进行了详细说明，为广大用水户咨询和解决用水问题提供一种方便、快捷的途径。2015年4月，为强化服务意识，提升服务水平，公司参加“厚道鲁商、诚信兴企”的活动，组织相关人员深入社区进行宣传。2016年10月，公司引进安装了上海肯特公司的KEFD系列电磁式水表，电磁式水表具有精度高、量程宽的特点，同时配备蓝牙通信，支持手机APP抄表。同年，公司开展了微信、支付宝、翼支付等新的交费方式的宣传活动。2017年9月，公司安装的复合材料黄色水表，开始批量出现损坏，产生水表堵塞、表腿大量漏水等现象，营业所开始进行有计划的规模换表。公司接管远传水表达17132户，部分安装于地下的远传水表，存在抄表环境湿度大、易进水，鼠咬，线路易破坏等问题，严重影响了抄表数据的

提取，营业所开始对安装于地下的远传水表分期分批进行更换。

三

十年来，公司不断改进管理方法，健全管理制度，健全和完善现代企业管理机制。2008 年 1 月，根据《中华人民共和国政府信息公开条例》《泰安市政府信息公开管理办法》的有关规定，结合公司实际，制定《泰安市自来水公司办事公开管理办法》。6 月，公司开展“制度建设年”活动，编制规章制度汇编。12 月，为进一步完善公司安全生产管理制度，印发《公司各相关岗位安全操作规程》。

2009 年 3 月，为进一步规范法定节假日、双休日值班和加班费及各项补助的管理工作，公司印发《关于法定节假日、双休日值班和加班管理规定的补充规定》，对参加值班的单位、日工资的计算、实施办法及各项补助作了明确规定。

2010 年 3 月，根据市纪委、市城建国资公司有关文件要求，为进一步改进工作作风，严肃工作纪律，提高工作效率，公司制定《关于工作时间禁止饮酒的规定》。12 月，印发《办公场所管理规定》，对公司全面禁烟，办公场所的环境卫生，办公区车辆停放，办公楼空调、照明、电梯、门窗使用管理等工作作出详细规定。

2016 年 5 月，对公司 2008 年 6 月至 2015 年 12 月间印发的规章制度从行政管理、生产经营管理、工程技术、党建纪检、党委会议纪要五个方面进行整理、完善，与 2008 年 6 月前编印的《泰安市自来水公司规章制度汇编》合并，形成《泰安市自来水有限公司制度汇编》。

2017 年 5 月 15 日，印发《泰安市自来水有限公司供水水质检测制度》和《泰安市自来水有限公司实验室危险、剧毒药品安全管理制度》，分别对公司供水水质合格率标准、供水检测、水质报告和危险、剧毒化学品的保管、运输、使用、废弃处置作出规定。

四

十年来，公司不断加强党的建设，始终保持党员队伍的先进性和纯洁性，不断增强党组织的凝聚力和战斗力，党组织和党员队伍成为公司各项事业的领导核心和中坚力量。

2011 年 4 月，组织开展“亮身份、亮承诺”主题实践活动。党员结合岗位实际和自身特点，提出符合工作实际和本人能力的承诺内容，填写党员公开承诺登记表，党员根据承诺事项，制定具体工作措施，确保将承诺落到实处。9 月，组织开展“争创‘五型’机关推进执行力建设”活动。以转变工作作风，提高工作效能，促进工作落实为主题，着力打造“政令畅通、执行有力、开拓进取、积极作为、廉洁高效”的五型单位，锻造“勤奋好学、创新实干、高效服务、求真务实、自律守纪”的五型干部队伍。

2013 年 10 月，组织开展“学提转促”主题实践活动。

2014 年 4 月，组织开展党的群众路线教育实践活动。全面落实为民务实清廉要求，扎实开展教育实践活动。坚持把集中解决公司党委领导班子在“四风”方面存在的突出问题作为重点，对作风之弊、行为之垢来一次大排查、大检修、大扫除。

2015 年 3 月，开展“厚道鲁商”倡树行动。“厚道鲁商”倡树行动的工作目标是，从2015年3月起到2020年，在公司构建起“厚道鲁商”倡树行动长效体制，使“厚道鲁商”倡树行动在公司实现全覆盖，公司诚信服务水平普遍提高，社会认可度显著提高，公司文化品牌更加成熟，公司影响力和竞争力明显增强。5月，在公司党委领导班子中开展“三严三实”专题教育。公司党委班子成员坚持以习近平总书记系列重要讲话精神为基本遵循，突出“三严三实”主题，聚焦对党忠诚、个人干净、敢于担当，高标准、高质量做好各项工作。10 月，开展“守纪律、讲规矩、强党性、作表率”教育活动。公司党委通过集中开展教育活动，让遵章守纪讲规矩成为公司广大党员干部职工的思想自觉和行动自觉，增强党性，遵守纪律，做好表率。11 月，组织开展“五化五星”基层服务型党组织创建工作，按照标准化、项目化、网络化、责任化、制度化“五化”标准，采取星级评定的方式，推进基层服务型党组织规范化创建。公司党委被评为四星级基层党组织。

2016 年 5 月，公司党委在全体党员中开展“学党章党规、学系列讲话、做合格党员”学习教育。开展“两学一做”学习教育，是加强党的思想政治建设的重大战略部署，是落实《中国共产党章程》关于加强党员教育管理要求、面向全体党员深化党内教育的重要实践，是推动党内教育从“关键少数”向广大党员拓展、从集中性教育向经常性教育延伸的重要举措。

2017 年 5—12 月，组织开展“重效率、勇担当、作表率”主题活动，着力解决干部队伍思想、作风、纪律等方面存在的突出问题，着力强化担当尽责、勤政高效、奋发有为的工作导向， 以更强的责任担当、更快的执行效率、更实的工作举措，推动公司各项工作创新发展、高效落实，为践行新理念、增创新优势、建设富裕文明幸福新泰安提供坚强保障。

十年来，公司工会认真履行职责，切实有效地维护职工合法权益，认真做好签订集体合同、厂务公开、工资集体协商工作，在企业民主管理、民主决策、民主监督等方面发挥重要作用。在实际工作中，紧紧围绕公司各时期的中心任务，教育和带领职工发挥工人阶级主人翁作用，开展社会主义劳动竞赛、技术比武以及“讲文明、树新风”、争创“和谐文明家庭”“三八红旗手”“工人先锋号”“先进班组”等活动，树立起良好的服务观念和道德风尚。坚持开展经常性的丰富多彩的文体活动，活跃职工业余文化生活。公司内部形成积极进取、奋发向上、互帮互助、乐于奉献的文明新风，为公司各项事业的发展提供了有力保障。

十年来，公司脚踏实地、一步一个脚印走过了一段艰苦创业、开拓创新的发展历程，成就了今天的辉煌。成绩只能说明过去，也只是新的起点。今后，公司将继续深入贯彻中共十九大精神和习近平新时代中国特色社会主义思想，加强党的建设，狠抓员工的政治思想、职业道德、科学文化知识和专业技术教育，全面提高职工队伍素质，搞好企业中长远发展规划，强化企业管理，深挖内部潜力，团结拼搏、奋发进取，使各项工作百尺竿头更进一步，为泰城经济社会事业发展和人民生活水平的提高做出更大贡献。

大事记

DASHIJI

大事记

2008 年

1 月 15 日　公司被省建设系统评为“创建学习型组织活动先进单位”。

是月　省质量技术监督局对公司水质检测中心提交的五个项目（高锰酸盐、氨氮、硝酸盐、汞、铅）检测结果进行验证。经验证，其检测结果均在标准范围内，公司重新获得计量认证资格。

3 月 5 日　公司召开自备井专题会议，决定调整并充实自备井用户供水服务领导小组，下设 3 个工作组。

3 月 25 日　市公安局刑警支队、市公安局泰山分局和岱庙派出所组成的联合检查组，到三合水厂实地察看水厂的防投毒、治安保卫工作情况，对水厂防投毒、治安保卫工作给予充分肯定。

3 月 28 日　为做好水质污染事故（人为投毒）应急处理，公司修订完善《水厂水质污染事故处理应急预案》。

4 月 8 日　公司召开“继续解放思想、推进科学发展”教育活动动员大会，党委副书记、副经理尚绪岳作动员讲话。中层以上干部参加会议。

5 月 8 日　经市城建国资公司党委研究决定，任命尚绪岳为泰安市自来水公司经理、党委书记。

5 月 19 日　公司党委组织全体党员为汶川特大地震灾区捐款，196 名党员共捐款 34530 元。

5 月 23 日　公司发出向地震灾区人民捐款的倡议，职工（含内退）505 人共捐款 82650 元（包括公司捐款 8000 元和 1.5 万元购置活动板房一套）。

是月　公司党委为支援地震灾区建设，组织党员交纳特殊党费，公司党委领导班子每人缴纳 800 元，187 名党员共交纳 42450 元。

6 月　公司完成户表改造用户 3933 户，签订户表改造合同 4122 户。

7 月 5 日　省创建文明城市检查组到公司检查创建文明城市工作，对公司文明城市创建工作给予充分肯定，公司党委书记、经理尚绪岳等陪同活动。

7 月 9—10 日　省建设厅供水安全专项检查组一行四人，到三合水厂、供水调度中心、水质检测中心等部门进行安全检查。公司党委书记、经理尚绪岳等陪同活动。

7 月 28 日　公司召开“继续解放思想、推进科学发展”学习教育活动总结暨“七一”表彰大会，表彰先进党支部 2 个，优秀党务工作者 3 名，优秀党员 26 名。

7 月　市政府颁布《泰安市城市基础设施配套费征收使用管理办法》（政府令第

131号），规定供水专项配套费按建筑面积征收，征收标准为24元/平方米。

8月25日 市城建国资公司董事长翟立安等到公司调研户表改造工作。

9月15日 泰安市泰山岳溪泉饮品有限公司通过ISO 9001:2000质量管理体系认证。

9月28日 公司举办中层干部及党支部书记培训班。公司党委书记、经理尚绪岳在开班仪式上讲话并作专题辅导。

是月 泰安水司塑料管材制造有限公司与合作方乔某解除于2004年10月21日双方签订的合作经营合同。

10月16日 公司在供水调度中心举行泰安市自来水公司成立50周年庆祝活动。公司党委书记、经理尚绪岳讲话，公司离退休老同志、领导班子成员、部分职工代表100余人参加庆祝活动。

10月20日 公司召开第五届职工代表大会第五次会议，大会应到代表59人，实到43人，会议表决通过《关于供水管业园资产处置的意见》及相关协议。

12月9日 公司举行岱岳区青春创业园供水加压站通水仪式。该工程全线长3.9公里，总投资800万元。市城建国资公司总经理刘卫东，岱岳区区委、区政府有关领导及公司党委书记、经理尚绪岳等出席通水仪式。

是月 公司被山东省建设厅工会评为全省建设系统职工文化体育活动先进单位。

2009年

1月22日 市政府副市长宋鲁到三合水厂检查指导春节期间供水工作。市城建国资公司董事长翟立安、总经理刘卫东及市自来水公司党委书记、经理尚绪岳等陪同活动。

2月2日 公司成立测漏中心，保卫科和稽查科合并为保卫稽查科。

2月5日 市政府经济运行监督组副组长、市建设局副局长英玲，市交通银行副行长艾传奇，市城建国资公司副总经理马玉军带领有关人员，对公司经济运行情况进行调研。

2月18日 公司召开《泰安市自来水公司志》编纂工作动员大会，公司党委书记、经理尚绪岳作动员讲话，纪检书记暴勇生主持会议，公司领导、各部门负责人及编纂人员、联络员计70余人参加会议。会上宣布成立《泰安市自来水公司志》编纂委员会，尚绪岳为主任。下设办公室，具体负责编纂工作。

是月 三合水厂被市总工会授予“工人先锋号”荣誉称号。

3月6日 公司《泰山水务》报创刊，原《泰城供水简报》停办。

3月23日 公司召开深入学习实践科学发展观活动动员大会。

庆祝泰安市自来水公司成立50周年座谈会召开
（2008年10月 摄）

2009年3月，公司召开深入学习实践科学发展观活动动员大会

纪检书记暴勇生宣读《关于深入学习实践科学发展观活动实施方案》，党委书记、经理尚绪岳作动员讲话。市城建国资公司指导组及公司中层以上干部计70余人参加会议。

4月9日　公司召开《泰安市自来水公司志》编修业务培训会，邀请市史志办公室原副主任王笃银作修志业务知识讲座，公司纪检书记暴勇生主持会议，并就供稿工作提出具体要求。

5月4—6日　市委常委、秘书长朱玉合到公司专题调研深入学习实践科学发展观活动，市城建国资公司党委书记、董事长翟立安及市自来水公司党委书记、经理尚绪岳等陪同活动。

5月27日　公司三合水厂高压供水系统供电2号变压器发生安全隐患，经检测，变压器一相运行温度高达90℃。公司立即组织设备与水厂有关人员进行抢修，经过三个多小时的抢修，使整个供电系统恢复运行。

6月上旬　市质量技术监督局对公司所属岳溪泉富氧水厂18.9升桶装水进行抽样检查，经检查，各项指标均符合国家标准。

6月12日　公司开展以“弘扬传统美德、帮助弱势群体、构筑和谐社会”为主题的“慈善一日捐”活动，共捐款28330元（公司领导每人100元，中层干部60元、职工50元）。

6月15日　安通公司承接的泰安南部高新区振兴路供水主管线安装工程正式开工，该工程为管径300毫米的球墨铸铁管，管线长1100多米。

6月26日　针对三合水厂高压供水机组输电电缆因年久老化，性能下降，随时可能发生停电断水事故问题，市城建国资公司董事长翟立安、总经理马玉军及公司党委书记、经理尚绪岳等领导现场指挥抢险，消除隐患，恢复供水。

7月8日　公司水表检定站大楼工程举行开工奠基仪式。该项目总建筑面积5929平方米，投资1600万元。市城建国资公司总工程师李彭令及市自来水公司领导班子成员、中层负责人、监理和施工单位代表参加奠基仪式。

7月11日　市人大常委会副主任、民建泰安市委主任、省政协委员滕先森，民建泰安市委副主任、省人大代表、市政协常委刘明华，市建设局副局长、民建泰安市委副主委、市政协常委英玲带领部分省、市政协委员到三合水厂视察，公司党委书记、经理尚绪岳等陪同活动。

7月15—16日　山东省城镇供水水协会人力资源与企业文化委员会一届四次会议在烟台市召开。会上，公司《泰山水务》报获优秀报刊入围奖。

8月12—13日　公司对三合水厂直径800毫米的主供水管道进行改造。经过一天一夜奋战，顺利完成管道合口任务。

8月27日 公司召开学习实践科学发展观活动群众满意度测评大会。公司党委书记、经理尚绪岳对公司学习实践科学发展观活动情况作全面总结，纪检书记暴勇生主持会议。经测评，满意度达90%以上。

9月3日 省建设厅供水安全专项督导组一行4人到公司进行安全检查。公司党委书记、经理尚绪岳等陪同活动。

9月24日 公司党委书记、经理尚绪岳参加泰安广播电台行风热线节目，与听众在线交流。

10月2日 省住房和城乡建设厅工程处处长宋锡庆一行，到三合水厂检查指导节日和全运会期间安全供水工作。市建设局党委副书记、副局长张广银，副局长英玲及公司党委书记、经理尚绪岳等陪同活动。

10月11日 市城建国资公司董事长翟立安、总工程师李彭令到三合水厂检查指导公司创建国家园林城市工作。

10月23日 市国资委考核组对公司创建2008年度市级文明单位工作情况进行考核验收。公司党委书记、经理尚绪岳等陪同。

10月25日 宝龙广场西大门一处供水管道爆喷，公司党委书记、经理尚绪岳等领导带领抢险人员赶赴现场，指挥抢险，经过四小时的紧张工作，晚9时正式恢复供水。

11月 环山路中段消防管道敷设工程顺利竣工。该工程东起望岳东路，西至蓄能电站，是年内市政建设的一项重点工程，全线敷设管道3.6公里（直径为250毫米～315毫米）的PE管。

2010年

1月14日 市城建国资公司党委考核组对公司领导班子、领导干部进行考核。公司党委书记、经理尚绪岳作述职述廉报告。公司领导班子成员、中层干部、部分职工代表共50余人参加考核会。

1月26日 三合水厂高压出水主管道爆裂。市城建国资公司副总经理马玉军、市自来水公司党委书记、经理尚绪岳等领导现场部署指挥抢修工作。

2月4日 公司召开2009年度工作总结表彰大会。公司党委书记、经理尚绪岳讲话。会议表彰先进单位9个、先进班组19个、先进工作（生产）者89人。

2月13日 市委副书记王云鹏，市委常委、政法委书记杨忠海，市委常委、秘书长朱玉合，副市长宋鲁到三合水厂看望春节值班的干部职工。市住建委主任、党委书记李际山，市城建国资公司董事长、党委书记翟立安，总经理马玉军，公司党委书记、经理尚绪岳等陪同活动。

2010年3月，环湖水厂建设开工仪式

是月 公司营业所被市总工会授予“工人先锋号”荣誉称号。

3月11日 环湖水厂建设开工仪式举行。公司党委书记、经理尚绪岳等领导出席。

是月 公司被市委、市政府授予“市级文明单位”荣誉称号。

4月14日 公司举行集体合同续签仪式。公司党委书记、经理尚绪岳、工会主席彭涛代表行政方和工会方分别签字。

是日 公司召开“解放思想、改革创新在行动”活动动员大会。

4月30日 公司发动全体干部职工“向青海玉树地震灾区献爱心”捐款活动，共捐款18940元。

5月 高新区供水分公司封闭泰山医学院新校区三大井群共13眼自备井，安通公司对其新校区实施改水工程。

6月24日 三合水厂改造方案研讨会召开，公司党委书记、经理尚绪岳等领导及上海市工程设计研究院的技术人员参加会议。

8月18日 市纪委第七纪检组组长许冬晨、副组长张同武一行对公司党风廉政建设情况进行调研、巡查。市城建国资公司党委书记、董事长翟立安，纪委书记李林及公司有关领导陪同巡查。

2010年8月，市纪委第七纪检组组长许冬晨一行对公司党风廉政建设情况进行调研巡查

8月30日 公司党委副书记、副经理丁合带领有关人员走进泰安广播电台“政风行风热线”直播间，与听众在线交流。

9月21日 公司党委书记、经理尚绪岳带领有关人员参加泰安日报社“政风行风网络热线”栏目，与网友在线交流。

11月6日 《泰安市自来水公司供水应急预案》评审会召开。市城建国资公司、市安全监督管理局等部门及有关专家参加会议，公司党委书记、经理尚绪岳、副经理申立堂介绍有关情况。经评审，该预案符合国家安全生产监督管理总局《生产经营单位安全生产事故应急预案编制导则》（AQ/T 9002—2006）要求。

11月7日 公司召开大河水库供水工程水资源论证会。

12月1日 公司水表检定站技术楼建设工程竣工。

12月4日 公司机关办公地点由泰城东岳大街157号供水调度中心搬迁至泰城迎胜东路26号水表检定站技术楼。

12月21日 公司成立客服中心，由企管科负责。机修厂划归安通公司管理。

2011年

1月13日 市城建国资公司考核组对公司领导班子、领导干部及党风廉政建设工作进行考核。市城建国资公司纪委书记李林作考核工作动员讲话。市自来水公司党委书记、经理尚绪岳作述职述廉报告。公司领导班子成员、中层干部及部分职工代表参加会议。

1月22日 公司召开2010年度工作总结表彰点评大会。市城建国资公司董事长、党委书记翟立安对市自来水公司的工作进行点评，公司党委书记、经理尚绪岳就2010年的工作进行总结。会议表彰先进单位8个，先进班组21个，先进工作（生产者）97人。

1月 公司按照市政府《关于印发〈泰安市城市生活垃圾处理费征收管理办法〉的通知》要求，对已纳入公司管理的用水户，从水费项目中增加代收城市生活垃圾处理费。收费标准：每户每月5元。

2月2日 市委副书记、市长李洪峰，市委副书记王云鹏，市委常委、政法委书记辛显明，副市长宋鲁到公司看望慰问春节期间坚守在生产一线的干部职工。市住建委主任李际山、市城建国资公司董事长翟立安、公司经理尚绪岳等陪同活动。

2月28日 公司召开中层干部调整工作会议。公司领导班子成员、中层干部和中层助理参加会议。公司党委书记、经理尚绪岳作重要讲话。会议由公司副经理、党委副书记丁合主持，副经理杜丽丽宣读中层干部任免通知。

是日 客户服务中心正式组建，开通“6992000”便民服务热线，开始实行“首接负责制”和“一站式”服务。

3月7日 公司召开2011年度“庆三八”表彰大会。会上对38位“三八红旗手”、2个“文明和谐家庭”进行了表彰。获奖者代表杨勇、陈军、林莉、韩秀玲作典型发言。会后举行“庆三八”文艺演出。

3月19日 尚绪岳被市委授予“泰山先锋”荣誉称号。

4月13日 公司在全体党员干部中开展“亮身份、亮承诺”“我是党员我承诺”主题实践活动。

4月18日 公司（企业方）首席代表尚绪岳与公司工会（职工方）首席代表彭涛续签了企业工资协议，并报市劳动和社会保障局审查备案。

4月 公司开展“服务宣传口号”征集活动，共征集宣传口号104条，经评委评审，有7位职工获得公司奖励。

5月27日 市政府便民服务电话受理中心主任董光一行15人到公司考察指导工作。公司领导尚绪岳、丁合、暴勇生陪同活动。

6月14日 省住房和城乡建设厅防汛检查组到公司检查供水防汛工作，并实地察看三合水厂。市住建委副主任英玲、市公用事业管理局副局长李遵建、公司副经理申立堂陪同活动。

6月15日 市公用事业管理局组织的“我是党员我争先”庆祝建党90周年主题演讲比赛在市自来水公司举行。公司参赛职工刘燕茹、韩燕分别荣获三等奖、优胜奖。

6月18日 由山东农业大学、省城建设计院、省地质测绘院等单位组成的专家组对大河水厂项目的可行性进行认真论证。市政府副秘书长董树平、市政府有关部门负责人及市自来水公司领导尚绪岳、赵新峰出席会议。

6月29日 公司召开庆祝建党90周年暨先进党支部、优秀党务工作者和优秀党员表彰大会。市公用事业管理局党委副书记、副局长李遵建，纪委书记张杰，总经济师张

光明和公司党委成员及部分党员、职工代表200余人参加会议。会上对2个先进党支部、3名优秀党务工作者、23名优秀党员进行表彰。会后，观看公司庆祝建党90周年“红歌”演唱会。

6月 公司组织开展了“慈善一日捐”活动，职工共捐款17220元。

是月 公司被市委授予“泰山先锋”基层党组织荣誉称号。陈芳获第八届泰安市优秀企业家“贤内助”称号；张风荣获省企业歌手网络大赛二等奖。

7月4日 公司邀请济南政安防火技术有限公司专家到公司进行安全防火教育培训，公司副经理申立堂主持会议，公司各部门和班组安全员近70人参加会议。

7月9日 公司职工食堂、活动中心开工建设。该项目建筑面积1670平方米，投资500万元。公司领导班子成员、监理和施工单位代表参加开工仪式。

7月21日 省住建厅在济南主持召开三合水厂改造工程初步设计审查会。参加会议的有市住建委、市发改委、市公用局、市自来水公司、省质监站、上海市政工程设计院的有关负责人共20余名代表。会议邀请济南市政工程设计院、山东建筑大学、省城乡规划设计院、省环保研究设计院、东营市自来水公司的6位专家参加。省住建厅调研员王相夏、副处长孙志武、市住建委副主任徐繁坤、市公用事业管理局副局长李遵建参加会议并讲话。

7月 市职工思想政治工作研究会授予公司为泰安市思想政治工作优秀企业。

8月2日 《泰安市自来水公司志》志稿评议会召开，市史志办主任田书阳、纪检组长高兴学、副主任曹成义，《泰安市自来水公司志》特邀总纂王笃银，公司党委书记、经理尚绪岳、纪检书记暴勇生参加会议。

8月11日 市政协副主席于连荣带领市政协部分委员和有关单位负责人到公司视察工作，市公用事业管理局领导翟立安、李遵建、国东民，公司领导尚绪岳陪同视察。

8月 高建勇获全省城市供排水行业职业技能竞赛测漏专业第一名。胡刚、杨海莹分别获测漏专业、水质检测专业银奖。

10月 《泰安市自来水公司志》历时两年编纂完成，该书断限为自公司成立至2010年，计60万字，由方志出版社出版、山东新华印务有限责任公司印刷。

11月14日 市文明办副主任步衍金一行到公司检查创建市级文明单位复查工作，对公司开展创建“文明单位”活动，巩固各项创建成果给予充分肯定，市公用事业管理局纪委书记张杰，公司领导丁合、暴勇生、彭涛等陪同活动。

11月25日 山东省总工会授予高建勇山东省“富民兴鲁”劳动奖章荣誉称号。

12月25日 公司召开第六届职工代表大会暨第八届工会会员大会，公司领导班子成员、70位职工代表、32位列席代表，部分老干部、退休职工参加大会，市公用事业管理局总经济师张光明出席大会并讲话。公司经理尚绪岳作《行政工作报告》，审议并通过了《公司职工内部退养的暂行规定》和《公司劳动纪律管理规定》。

12月28日 公司党委召开2011年度领导班子民主生活会，主题是“坚持以人为本执业为民理念、发扬密切联系群众优良作风”。公司党委书记、经理尚绪岳主持会议，领导班子成员参加会议并发言。

2011 年 7 月，省住建厅在济南主持召开三合水厂改造工程初步设计审查会

12 月 31 日 市委副书记、代市长王云鹏，副市长宋鲁，市住建委书记李际山，市政府秘书长张书盈等一行到公司看望慰问春节期间坚守在生产一线的干部职工，市公用事业管理局局长翟立安、公司经理尚绪岳陪同活动。

是日 市创建节水型城市领导小组授予公司“全市创建国家节水型城市先进单位”称号。

12 月 尚绪岳被山东省总工会、省技协评为“山东省职工技术协作先进个人”。

2012 年

1 月 6 日 尚绪岳被泰安市经济和信息化委员会表彰为“泰安市企业管理工作先进个人”。

1 月 7 日 市公用事业管理局举行 2012 年迎新春文艺会演，公司职工张风荣、张婧媛、张妍参加演出，并荣获二等奖。

1 月 21 日 市公用事业管理局局长翟立安带领局领导班子成员到公司走访慰问，向广大职工致以新春的问候。公司党委书记、经理尚绪岳介绍了公司春节期间供水工作情况。

2 月 15 日 公司召开 2012 年度工作动员大会。公司党委书记、经理尚绪岳作重要讲话。会议由公司副经理、党委副书记丁合主持，公司领导班子成员、中层干部及部分职工代表参加会议。

2 月 16 日 环湖水厂一期工程正式开工建设，该工程建设供水规模 1 万吨 / 日的增压站，包括 3000 立方米清水池、泵房、机修间、加氯间等。

2 月 25 日 《泰安市人民政府关于做好泰城居民住宅二次供水设施移交工作的通知》文件下发，公司随即成立二次供水管理办公室。

3 月 1 日 公司组织 50 人参加二次供水设备培训，并参加惠普家园南区二次供水设备的实地培训。上海中韩社科泵业制造有限公司沈月生授课讲解。

3 月 7 日 公司召开 2012 年度“三八”表彰大会。35 位“三八红旗手”、2 个“文明和谐家庭”受到表彰。表彰大会结束后，公司工会举办了庆“三八”节趣味活动。

4 月 29 日 市公用事业管理局党委书记、局长翟立安，副局长张广闻到公司检查指导工作。翟立安对发生的供水管道爆管事件及在“五一”期间的供水保障工作作出重要指示。

5 月 16 日 市公用事业管理局局长、党委书记翟立安，总工程师国东民，办公室主任任鹏到三合水厂调研指导工作，公司党委

书记、经理尚绪岳、副经理申立堂及三合水厂有关负责同志陪同调研。

5 月 18 日 市公用事业管理局安全生产管理培训班在公司举办，市公用事业管理局副局长张广闻主持，市安监局安监支队支队长邵洪文就泰安市安全生产形势、安全生产管理知识和隐患排查治理办法等方面进行授课讲解。公司副经理申立堂、各有关部门负责人和安全员共计 30 人参加学习培训。

5 月 23 日 省住房和城乡建设厅城市防汛检查组在市公用事业管理局副局长李遵建、总工程师国东民的陪同下，检查公司供水防汛工作。公司党委书记、经理尚绪岳向检查组汇报了公司防汛安全生产工作的有关情况，副经理申立堂陪同检查。

是日 公司党委副书记、副经理丁合携生产科、营业所负责同志走进泰安广播电台“政风行风热线”直播间，与群众交流，倾听老百姓心声，解答老百姓提出的用水方面的问题。

5 月 25 日 市园林局局长张云鹏带领有关专家对南关水厂“花园式单位”创建工作进行复查验收。公司工会主席彭涛陪同。

2012 年 5 月，公司党委副书记、副经理丁合参加泰安广播电台“政风行风热线”直播活动

6 月 2 日 公司副经理申立堂带领设备科人员参加在市政广场举行的山东省暨泰安市 2012 年“安全生产月”活动启动仪式，在市政广场设置咨询台，布置展板 4 块，发放宣传资料 300 多份，开展供水安全知识宣传。

6 月 15 日 在省住房和城乡建设厅主办的山东省“华德杯”供水行业知识竞赛上，公司职工李菁获得二等奖，王燕蓉、逯凯获得三等奖，陈佳获得优秀奖。

6 月 21 日 在市公用事业管理局举办的以“党的纯洁性”为主题的书画摄影展上，公司职工李勃的《稳如泰山》、窦群的《清正廉明》分别获得书画类一等奖和三等奖，张东的《忆长征》获得摄影类三等奖。

6 月 27 日 公司在三合水厂组织消防灭火器的使用演练，有关部门 30 余人参加演练。

6 月 公司组织“慈善一日捐活动”，公司集体及职工个人爱心捐款共计 19330 元。

是月 职工食堂活动中心全部完工并投入使用，累计投资约 500 万元。

7 月 21 日 市纠风办、泰安民生网联合组织“走基层进社区访民情”活动，公司有关人员参加活动。

7 月 公司举办“让志愿行动在推进富民强市进程中闪光”主题演讲比赛。

10 月 16 日 三合水厂改造工程开工建设。工程总投资 1.31 亿元。当年完成膜车间及膜池底板混凝土浇筑。

10 月 17 日 创建中国人居环境奖考核组到公司检查工作。公司经理尚绪岳向考核组介绍泰安市供水管网及管道安全等方面的情况。

12月4日 团省委授予公司营业所“青年文明号”称号。

12月19日 公司召开关于泰城住宅小区供水专项配套费专家论证会和供水专项配套费调整座谈会。

12月28日 公司召开2012年度党员领导干部民主生活会。市公用事业管理局总经济师张光明与会指导。会议由公司党委书记、经理尚绪岳主持，公司党委成员参加会议并发言。

12月 公司申报的《采用高锰酸钾去除铁锰提高出水质量》的创新成果，获得2012年度泰安市企业管理现代化创新成果二等奖。

是月 环湖水厂一期工程竣工并投入使用，总投资约1210万元。

2013年

1月17日 市公用事业管理局考核组对公司领导班子、领导干部进行考核。公司党委书记、经理尚绪岳代表公司领导班子作述职述廉报告。公司领导班子成员、中层干部和部分职工代表参加会议。

1月31日 市政府办公室授予公司“2012年度市政府便民电话受理工作先进单位”称号。

是月 市公用事业管理局授予公司“2012年度先进单位”称号。

2月6日 市委书记李洪峰，市长王云鹏，市委秘书长陈刚，泰山景区管委会主任、市住建委党委书记李际山，市政府秘书长张平，市住建委主任张广银，市公用事业管理局局长张军等到公司调度中心看望慰问节日值班职工。公司党委书记、经理尚绪岳向市领导介绍了公司有关情况。

2月22日 泰山区泰前办事处授予公司“2012年度人口和计划生育工作先进单位”称号。

2月28日 公司管线所被市总工会授予“工人先锋号”荣誉称号。

是月 中共泰安市委、泰安市人民政府授予公司“2012年度政风行风建设争先进位先进单位”称号。

3月1日 即日起执行新的供水专项配套费标准。多层住宅（6层及6层以下）执行原标准按建筑面积24元/平方米征收，中高层（7～9层）和高层（10层及10层以上）住宅按建筑面积36元/平方米征收。

3月6日 省住房和城乡建设厅授予尚绪岳“十年建设突出贡献个人”称号。

5月8日 公司经理尚绪岳主持召开会议，就公司进一步提高客户服务水平进行专题研究。会议确定，对小区维修职能进行划分，决定将管线所小区维修职能划给营业所。并给抄表、维修人员配备定位手机，给办公车辆安装卫星定位装置。

6月4日 纪委书记暴勇生主持召开对被占压供水管道进行调查的工作部署会议。公司决定利用三个月的时间对管道被占压情况进行调查。

6月 市公用事业管理局授予公司2013年度先进基层党组织称号。

是月 公司在市公用事业管理局组织的“学习贯彻中共十八大、提升服务争先锋”知识竞赛中获二等奖。

7月24日 副经理杨勇主持召开关于公

司节能降耗工作部署会议。确定将三合水厂老泵房高压配电室改造为高压中心配电室，采取二进六出的方式向新、老泵房和膜处理车间供电。

8 月 6 日　泰安市职工思想政治工作研究会授予公司“思想政治工作十佳企业”称号。

10 月 21 日　公司成立管线普查工作小组，由设计院牵头，小组成员从公司各单位抽调，对市区 2006 年至 2013 年新敷设及改造的管线进行普查。

11 月 18 日　山东省供水协会授予公司水质检测中心“水质提升三年行动计划”示范机构称号。

11 月　黄前水库虹吸引水工程完成，工程投资约 320 万元，敷设 DN800 钢管 567.6 米，制作浮船一座，安装真空引水装置，水量满足水厂要求。

12 月 20 日　山东省精神文明建设委员会授予公司“省级文明单位”称号。

2013 年 12 月，公司被山东省精神文明委员会授予“省级文明单位”称号

12 月 31 日　市财政局授予公司“财政企业信息工作先进企业”称号。

是日　市国资委授予公司“国有资产统计及财务快报工作先进单位”称号。

2014 年

1 月 21 日　市城建指挥部 2013 年招商引资和重点项目建设检查考核小组到三合水厂检查指导工作，副市长陈湘安莅临指导并讲话。

1 月 30 日　市公用事业管理局党委书记、局长张军，党委委员、副局长张广闻等领导看望慰问公司一线值班职工。公司党委书记、经理尚绪岳，党委副书记、副经理丁合陪同活动。

1 月　为进一步加强干部队伍建设，培养复合型管理人才，公司决定实行中层干部轮岗制，轮岗期限为四年。

是月　市政府办公室授予公司“2013 年市政府电话受理工作群众满意奖”称号。

2 月 10 日　供应科对公司东岳大街仓库、南关仓库、卧牛石料场和凤凰岭料场的供水材料进行集中搬迁，并对安通公司机修厂仓库的材料办理接收入库手续，搬迁至环湖水厂仓库。

2 月 11 日　公司召开供水消防管线改造技术论证专题会议。主要目的是切实抓住消防整改检查的有利契机，对供水管网延伸完善工作进行全面提升，优化并选择管线改造最佳实施方案。

2 月 21 日　青春创业园供水调压站开工建设 5000 立方米 2 号清水池。

2 月 28 日　全省城市供水规范化管理考核工作会议暨水专项“南水北调山东”课题第二次技术协调会在济南召开。公司党委副书记、副经理丁合带队参加会议。

2 月　市人力资源和社会保障局授予公

司“社会保险工作先进集体”称号。

是月 市公用事业管理局授予公司“2013年度先进单位”称号。

是月 市委、市政府授予公司“2013年度机关作风和政风行风建设先进单位”称号。

3月6日 省城市供排水水质监测中心一行4人到三合水厂检查指导工作，并现场采集水样化验。对三合水厂水质提升工程顺利通水表示祝贺，对仅用15个月时间完成国内较大超滤膜处理工艺给予高度评价。

3月10日 泉河水厂3号清水池开工建设。投资1500万，建设5000立方米清水池。泰安高新区管委会副主任段崇海，公司党委书记、经理尚绪岳，副经理赵新峰、杨勇，泉河村委，工程参建单位以及公司相关科室负责同志参加开工仪式。

3月11日 公司党委副书记、副经理丁合主持召开水表选型及厂家选定专题论证会议。

3月18日 公司开展二次供水技能培训，公司有关岗位电工及维修人员40余人参加培训。主要培训二次供水设备的设计、选型、施工、安装调试、验收及管理等内容。

3月19日 公司设计院邀请北京清华山维管线系统技术人员到公司现场演示培训系统安装、编辑流程及系统成图技能。设计院及管网普查小组全体设计测绘人员参加培训，公司副经理申立堂与会。

3月24日 公司经理、党委书记尚绪岳，副经理丁合，生产科科长李华荣，营业所所长金国良走进泰安日报社“中华泰山网”直播间，做客“机关作风和政风行风网络热线”与网友在线交流，解答网友关于供水的有关问题。

3月 三合水厂老泵房改造工程开工。原有2号和5号机组将被拆除，更换的电机均为132千瓦，供水效率大大增强。

是月 市总工会授予公司“先进工会女职工委员会”称号。

4月3日 公司召开党的群众路线教育实践活动动员大会，对公司开展教育实践活动进行全面部署动员。市公用事业管理局副局长张广闻出席会议并讲话。公司党委书记、经理尚绪岳主持会议并作动员部署。

4月9日 市公用事业管理局副局长张广闻带领局有关科室人员深入供水一线，开展群众路线教育实践活动基层调研。

4月15日 公司组织全体党员干部赴徂徕山革命教育基地开展革命传统教育活动。

4月21日 市纪委派驻六组副组长许红带队到公司调研党风廉政建设情况，市公用事业管理局纪委书记张峰陪同调研。

4月22日 市公用事业管理局副局长张广闻在公司工会主席彭涛陪同下，到公司困难职工徐某和高某家中看望慰问，深入践行党的群众路线教育实践活动，传递党的温暖。

2014年4月，公司召开党的群众路线教育实践活动动员大会

4月25日 公司党委组织有关人员到泰安市反腐倡廉警示教育基地，进行反腐倡廉警示教育活动。公司领导班子成员、全体中层助理以上党员干部70余人参加学习教育活动。

4月30日 在市委、市政府召开的庆祝“五一”国际劳动节暨推进富民强市建设幸福泰安先模表彰大会上，公司党委书记、经理尚绪岳荣获“山东省富民兴鲁劳动奖章”。

5月4日 公司团委被团市委授予“五四红旗团委荣誉”称号。

5月8日 公司召开社会监督员征求意见座谈会。公司党委书记、经理尚绪岳，党委副书记、副经理丁合，党委委员、纪检书记暴勇生，党委委员、工会主席彭涛参加会议。

5月21日 公司党委副书记、副经理丁合主持召开关于泰城夏季供水用水的水量变化与提升供水管理能力分析论证专题会议。

6月6日 青春创业园供水调压站2号清水池竣工并投入使用，使该调压站调节能力由过去的3000立方米增加到8100立方米，供水规模由2.5万立方米/日，增加到6.75万立方米/日。

6月17日 市政府督察室主任李天波和市水利局总工程师李怀岭等到三合水厂检查指导工作，考察泰城供水水质提升服务民生等工作。

7月1日 泉河水厂3号清水池正式投入使用。泉河水厂新清水池的投入使用，提升了水厂运行的保障性，对缓解泰城南部及西部，特别是高新区用水紧张局面，保障泰城持续均衡供水将产生较大作用。

7月18日 泰安市城市供水工作会议在公司召开。市公用事业管理局党委委员、副局长张广闻主持会议。公司党委书记、经理尚绪岳，党委委员、副经理申立堂陪同活动。

8月 2014年度泰安市群众性优秀质量管理活动评选结果揭晓，公司生计科报送的《实施信息平台整合建设、促进供水事业健康发展》获得市级优秀成果奖。

9月20日 作为泰城备用水源地的刘家庄水库输水管道维修后贯通，由此泰城供水水源增加200万吨，保证了应急供水方案的有序推进。

9月30日 三合水厂改造工程全面竣工。膜处理车间、加氯加粉炭间、清水池、厂区管网工程、加药间、沉淀池全面建成并投入使用。

10月 公司申报的“泰安市自来水公司节能综合改造项目”以排名第二的成绩通过了2015年度市级节能专项资金拟支持项目的评审。

11月2日 环湖水厂开工建设。总投资3500万元，供水规模为1.0万立方米/日，占地2.13公顷，总建筑面积2090平方米。主要建设内容包括絮凝沉淀池、滤站、综合加药间、中心控制室、排泥排水池、取水头部和加压供水设施。

11月10日 公司召开党的群众路线教育实践活动总结大会。公司党委书记、经理尚绪岳主持会议并代表公司党委作总结报告，市公用事业管理局副局长、第六督导组组长张广闻，市公用事业管理局资产科科长杨泉到会指导。

11月22日 省水利厅领导和专家对三合水厂取水工程进行现场检查验收，公司党委委员、副经理申立堂参加验收会议。

11月 由安通公司承担的5.6公里济聊路DN1200输水管线工程安装及打压工作完成。

12月5日 岳溪泉新制水设备及大桶水生产线安装调试工作完成并投产运行。新设备采用精虑单级反渗透水处理工艺，每小时制水量为12吨，产量每小时600桶。

12月16日 公司举办“泰安市自来水公司报装管理平台”运用技术培训，公司党委委员、副经理杨勇到会并提出要求。培训由武汉易维技术工程师主讲。

12月23日 由市纪委常委杨永成、市纪委派驻八组纪检监察员周生华、市纪委第二纪检监察室科员戴新宁组成的市委、市政府党风廉政建设责任制第五检查考核组，检查考核2014年度公司落实党风廉政建设责任制情况。市公用事业管理局纪委书记张峰主持考核会议，公司党委书记、经理尚绪岳汇报工作情况。

12月27日 小安门水库引水工程正式开工建设。工程主要包括取水头部、输配水管线和净水厂，计划总投资5500万元。

2015年

1月14日 市公用事业管理局党委副书记张杰带领考核组，对公司领导班子和领导干部进行年度检查考核。公司党委书记、经理尚绪岳主持考核会议，并代表公司领导班子进行2014年度述职述廉。

1月21日 公司党委委员、副经理杨勇在南关水厂主持召开专题会议，研究部署泉河水厂设备升级改造及实施水源地自动化控制、实施汶口和旧县水源地的远程监控调度等工作。

2月9日 副市长陈湘安出席在公司召开的泰城供水保障及供水工程建设工作调度会。市政府副秘书长郑晓明主持会议。市国土资源局党组副书记、调研员陈锦勇，市住建局党委书记、局长张广银，市公用事业管理局党委书记、局长张军，市公用事业管理局党委委员、副局长张广闻等领导出席会议。公司党委书记、经理尚绪岳，党委委员、副经理申立堂、赵新峰参加会议。

2月17日 副市长陈湘安在市住建局党委书记、局长张广银，市公用事业管理局党委书记、局长张军和局党委委员、副局长单保华、张广闻的陪同下，到三合水厂检查指导节日供水保障工作，并亲切慰问一线职工。公司党委书记、经理尚绪岳，党委委员、副经理申立堂陪同活动。

2月25日 公司党委举行人事调整集体谈话会议。公司党委书记、经理尚绪岳主持会议，并代表公司党委对调整人员集体谈话。公司党委副书记、副经理丁合宣读关于人事调整的通知。公司党委领导班子成员，中层干部和此次调整为中层副职的中层助理参加会议。

3月2日 市委书记、市人大常委会主任李洪峰到三合水厂进行实地调研。市委常委、秘书长陈刚陪同调研，副市长陈湘安参加调研并汇报泰安市城市建设工作情况及下步打算。

3月4日 市安监局安监支队检查组到公司进行安全生产检查。公司党委委员、副经理杨勇陪同，有关科室负责同志参加活动。

3月6日 南关水厂清水池开工建设，新建1800立方米清水池一座。

3月12日 公司召开“厚道鲁商”倡树行动筹办和动员会，公司党委副书记、副经理丁合作动员讲话，党委委员、工会主席彭涛主持会议，有关部门负责同志参加会议。

3 月 31 日　小安门水库引水工程管线工程完工，敷设输水管线 16.7 公里。新建取水泵房一座。

4 月 16 日　西区供水加压站迁建升级工程开工建设。公司党委书记、经理尚绪岳带领公司领导班子成员参加开工仪式。公司有关部门负责同志和参建单位代表参加活动。西区供水加压站设计供水规模 1.0 万立方米 / 天，5040 平方米综合楼一座，工程计划投资 1943 万元。

4 月 24 日　市长王云鹏主持召开会议，决定实施“引黄入泰”工程作为泰安市第二水源。该项目拟从济南市平阴县田山电灌站黄河取水口引黄河水，通过明渠经两级泵站输送至肥城市与平阴县交界处石横保安分水岭，在分水岭建设取水加压泵站，经泵站加压后通过近 40 公里管道将黄河水输送至肥城市仪阳乡石坞水库调蓄，在石坞水库和泰肥路附近建设净水厂（16 万立方米 / 天），经净水厂处理后通过 22 公里管道加压输送至泰城。项目概算总投资约 24.3 亿元，建设周期两年。

4 月 28 日　省节水办副主任、省水利厅水资源处副处长陈升玉和市水利局领导到公司检查最严格水资源管理制度的贯彻落实情况。公司党委委员、副经理申立堂陪同检查。

5 月 8 日　省委宣传部、省总工会、省国资委和市委宣传部领导到公司调研督导国有企业思想政治工作。市公用事业管理局党委副书记张杰陪同。

5 月 14 日　宁阳县磁窑镇卢家寨村村委将绣有“光大社会责任、共建城乡文明”旌旗送到公司。卢家寨村是公司“城乡文明牵手共建”活动的结对村。

5 月 22 日　公司举行“厚道鲁商、诚信兴企”演讲比赛暨征文比赛颁奖仪式。公司党委书记、经理尚绪岳，党委副书记、副经理丁合，党委委员、工会主席彭涛参加活动并为获奖者颁奖。

5 月　公司荣获“2014 年度人口和计划生育先进单位”一等奖。

6 月 17 日　公司举办“三严三实”专题教育党课，正式启动公司“三严三实”专题教育工作。公司党委书记、经理尚绪岳讲专题党课。公司领导班子成员、部门负责人、党支部书记和部分中层干部参加党课。

7 月 3 日　环湖水厂二期工程竣工。新建沉淀过滤车间、综合加药间、废水池、中心控制室、清水池和取水头部泵房各一座。

是日　南关水厂新建 4 号清水池竣工并顺利通过验收。

是日　由省住房城乡建设厅组织的节能

2015 年 6 月，公司党委书记、经理尚绪岳讲专题党课

改造评审专家组一行 9 人到公司对公共建筑节能改造试点示范项目——调度中心节能改造工程进行验收。公司党委委员、副经理杨勇参加会议，设备科、财务科相关人员参加验收活动。

是日 公司党委书记、经理尚绪岳主持召开专题会议，研究落实上级党委关于公司改制的有关事项，详细部署公司改制的方法步骤和时间安排。

7 月 14 日 市政协副主席宋鲁带领部分政协委员、有关部门负责同志调研城市居民饮用水安全情况。

7 月 27 日 副市长陈湘安、市政府副秘书长郑晓明，市公用事业管理局党委书记、局长张军，党委委员、副局长张广闻，以及市国土资源局、市住建局、市水利渔业局、市环保局等部门负责人和泰山区政府、岱岳区政府有关领导等，先后到旧县水源地、黄前水库和环湖水厂，实地调研城市公共供水保障情况。公司党委书记、经理尚绪岳，党委委员、副经理申立堂、赵新峰陪同调研。

8 月 25 日 泉河水厂东区 4 号井投入使用。该井位于泰城东部花园路附近，为老东区水厂遗留深水井。

9 月 23 日 以市文明办副主任李静为组长的省级文明单位复审小组，对公司进行省级文明单位复审。检查组听取了党委副书记、副经理丁合关于公司精神文明建设情况的汇报，查阅了公司精神文明建设工作资料。

10 月 21 日 彩山水库引水工程开工建设。该工程主要敷设输水管线 DN600 球墨管 21 公里，新建取水泵站一座，项目总投资 4600 万元。

11 月 5 日 副市长陈湘安带领市直相关部门负责人就引黄入泰工程以及彩山水库应急饮水工程进行调研，就泰城供水保障工作和备用水源建设作出重要指示。公司党委书记、经理尚绪岳陪同调研。

是日 公司副经理赵新峰带领由市公用事业管理局，公司基建科、设计院、安通公司等有关人员及测绘单位技术人员，完成对肥城市仪阳镇、泰安市岱岳区道郎镇及天平街道办事处范围内清水管线勘查工作。

11 月 17 日 公司邀请同济大学蔡云龙博士举办“饮水安全消毒技术”培训讲座。公司水质检测中心、三合水厂和泉河水厂共计 100 余人参加培训。

12 月 30 日 省建设工会对全省住房城乡建设系统厂务公开民主管理先进单位进行表彰，公司被授予“厂务公开民主管理先进单位”荣誉称号。

12 月 公司被市人力资源和社会保障局、市总工会和市企业家联合会授予泰安市“劳动关系和谐企业”荣誉称号。

是月 公司构建的企业文化成果“城市供水综合保障体系建设”，荣获“2015 年度泰安市企业文化优秀成果”综合优秀成果一等奖，公司的内部刊物《泰山水务》报荣获市企业文化单项优秀成果一等奖。

2016 年

1 月 1 日 泰城供水价格执行新的水价标准。基本水价实行阶梯水价。第一阶梯：户年用水量不超过 144 立方米（含）部分，基本水价为每立方米 1.8 元；第二阶梯：户年用水量 144 ~ 240 立方米（含）部分，按基本水价的 1.5 倍即每立方米 2.7 元执行；第三阶梯：

户年用水量240立方米以上部分，按基本水价的3倍即每立方米5.4元执行。水资源费标准为每立方米0.40元。城市用水附加征收标准按基本水价的10%收取。

1月4日 公司委托山东超越建设项目管理有限公司对公司“营业收费系统采购项目”进行公开招标，武汉易维科技股份有限公司中标。

2016年2月，公司召开2015年度领导班子考核会议

1月12日 泰安市自来水公司由传统的全民所有制企业，改制为国有独资有限公司，更名为“泰安市自来水有限公司”并完成注册登记。

1月14日 市直机关工委对公司开展“五化五星”活动进行检查，公司工会主席彭涛陪同活动。

1月25日 武汉易维公司与公司营业所完成数据核对后，新老系统完成自2000年8月至2016年1月整体数据的迁移。

1月29日 市公用事业管理局授予公司“2015年度全市公用事业先进单位”称号。

1月 公司荣获“泰安市迎接国家卫生城市复审工作先进集体”称号。

2月1日 公司2015年度领导班子考核会议召开。市公用事业管理局党委副书记张杰、纪委书记吕爱原、人事教育科副科长闫恪平出席会议并代表局党委进行测评考核。公司经理、党委书记尚绪岳主持考核会议。

是日 武汉易维科技“营销管理系统”与正运行的上海三森“营收系统”完成正式切换，新系统开始实施阶梯水价运行。

2月 中共泰山区委、泰山区人民政府授予公司“平安建设先进单位”称号。

3月11日 公司召开安全生产专题会议，党委书记、经理尚绪岳主持会议，党委委员、副经理杨勇及有关科室负责人参加会议。

3月 彩山水库引水工程竣工。共敷设输水管线DN600球墨管21.263公里，与小安门水库引水工程管线汇合，最后进入三合水厂，经处理后进入城市供水管网。新建取水泵站123平方米，完成投资约3000万元。

4月15日 市公用事业管理局安全科科长赵学营一行6人到公司进行安全检查，公司党委委员、副经理杨勇，设备科有关人员陪同检查。

4月22日 淄博星辰供水有限公司和潍坊自来水公司的领导到公司参观考察。公司党委委员、工会主席彭涛主持座谈会。就一户一表、阶梯水价、水费自动化、二次供水、抄表模式等方面进行交流。

4月 省住房城乡建设厅对全省城市供水规范化管理工作进行全面评价。公司位居全省第十一名。

5月 市企业负责人业绩考核领导小组对公司负责人业绩考核，公司被评为公用事业管理局系统最高的A级。同时，公司制定了全员业绩考核实施办法，组织公司所属单位、部门制定全员考核标准，使公司的业绩考核工作更加规范。

6月1日 公司召开“安全生产月”部署工作会议，全面启动“安全生产月”各项活动。

6月28日 工会主席彭涛主持召开公司户改小区保温墩维护改造工作专题会议，决定户改小区内的保温墩由外设改为直埋入户。

是日 市公用事业管理局召开“公用事业系统党员志愿服务队”授旗仪式。市直机关工委委员、纪工委书记吕川为公司授旗。

6月 环湖水厂绿化工程完工，完成绿化面积近1万平方米，投资约140万元。

是月 泰安市质量管理协会授予公司调度QC小组“优秀质量管理小组”称号，授予公司膜车间运行班“优秀质量信得过班组”称号。

7月6日 山东省职工思想政治工作研究会授予公司“2014—2015年山东省思想政治工作优秀企业”称号。

是日 公司决定改造黄前输水管道。将两条输水管线分别更换为DN1200毫米球墨铸铁管和DN800毫米球墨铸铁管。改造工程在3至5年内根据道路规划分阶段逐步实施。

8月19日 公司正式开通微信服务公众平台。居民用户可以通过平台获取停水信息，办理水费查询及缴纳业务。

8月 公司执行新的员工工资制度，新工资项目共五项：（一）技能工资，（二）岗位工资，（三）年功工资，（四）浮动工资，（五）住房补贴。

9月13日 市文明委督导六组到公司，对公司文明单位、文明城市创建工作进行督察指导。公司党委副书记、副经理丁合，公司党委委员、工会主席彭涛陪同。

9月28日 三合水厂党支部换届大会召开。公司党委书记、经理尚绪岳，三合水厂党支部全体党员参加会议。

9月 西区供水加压站工程竣工。该工程建设清水池和控制楼各一座，清水池容积为2400立方米；控制楼地上六层，地下二层，建筑面积5700平方米，完成投资约1800万元。

10月19日 公司开通支付宝便民缴纳水费业务。

10月24日 公司召开关于2015年市属企业负责人经营业绩考核及薪酬兑现的清算方案会议，公司党委书记、经理尚绪岳主持会议。根据各负责人在企业的职责、贡献情况，确定企业各负责人的薪酬水平系数，负责人副职薪酬系数平均水平为主要负责人的0.8倍。

10月26日 公司党员志愿者服务队联合“泰安民生网、泰安政法网、泰安健康网”等惠民服务网站，在泰山区岱庙街道花园社区服务中心举办“进社区、走乡镇”便民服务活动。

11月8日 由市公用事业管理局主办，市自来水公司协办的“泰安市城市供水水质检测工职业技能竞赛”圆满落下帷幕。公司员工张雯雯获得个人第三名的好成绩。

11月10日 省城市建设管理协会城镇供水排水分会授予公司水质检测中心、三合水厂、营业所“山东省城镇供水工作先进集体”称号。

11月 三合水厂砂滤池改造工程竣工。基本达到滤池进水池度≤3NTU情况下，滤

2016年12月21日，公司举办第七届职工代表大会暨第九届工会会员代表大会

后水浊度≤0.8NTU、单池产水1万立方米/日的改造目标，完成投资90万元。

12月21日 公司召开第七届职工代表大会暨第九届工会会员代表大会。投票选举出第九届工会委员会、工会经费审核委员会、女工委员会，第七届职代会各专门工作小组成员。

是日 公司决定撤销户表改造办公室，户表改造办公室所承担的工作移交给安通公司。

12月27日 公司决定原各部门固定加班全部取消。取消所有中层干部的周末加班费。加班费统一调整为100元/工作日，包括法定节假日。

2017年

1月25日 公司召开2016年度公司党委领导班子民主生活会。市公用事业管理局党委副书记、副局长李林到会指导。公司党委成员尚绪岳、丁合、申立堂、暴勇生、彭涛、赵新峰、杨勇出席会议。

1月30日 公司召开迎接中央环境保护督察工作准备会议，对迎检准备工作进行全面梳理并进行再动员、再部署，公司党委委员、副经理赵新峰主持会议。

2月8日 公司经理尚绪岳主持召开会议，研究黄前水库至三合水厂输水管线工程施工图设计费问题。会议决定聘请济南市市政工程设计研究院有限责任公司承担设计咨询任务。

2月17日 公司召开2016年度宣传工作会议。党委委员、工会主席彭涛到会指导并讲话。公司《泰山水务》报全年出版发行12期，接到各科室投稿315篇。

2月27日 公司设计院相关人员参加桃花源路综合管线协调会议。会议部署了各单位的工作任务，要求各单位提供各自管线在桃花源路中的位置、管道材质、回填方式、埋深情况。

2月 公司决定组建成立网络中心。

3月10日 公司在环湖水厂组织开展消防演练活动。邀请市消防支队教官对参与演练的员工进行培训。

3月11日 公司志愿服务队走进下旺村的天葆瑞儿童康复中心，为特殊学生送去学习和生活用品。

3月14日 市人民政府办公室授予公司“民生服务工作先进单位”称号。

3月17日 市公用事业管理局党委副书记、副局长李林到公司所属泉河水厂、环湖水厂，就水处理工艺和厂区建设情况进行工作调研。公司党委副书记、副经理丁合陪同。

3月20日 公司在市政广场参加2017年“落实绿色发展理念、全面推行河长制”为主题的纪念“世界水日”“中国水周”系列宣传活动。

3月 省城市供排水水质监测中心评审组对公司水质检测中心进行水质检测机构能力等级评定。公司水质检测中心顺利通过省水质检测能力B级评定。

是月 公司客服中心被市总工会授予“泰安市女职工建功立业标兵岗”称号。

是月 市政府安委会授予公司“2016年度泰安市安全生产主体责任落实示范企业”称号。

4月1日 4月1日起取消泰城供水价格中的城市用水附加。

是日 市安监局安全生产检查组安监支队王怀春一行5人到公司进行安全生产检查，公司党委委员、副经理杨勇陪同。

4月10日 公司荣获“2016年度人口和计划生育先进单位”一等奖。

是日 公司在国华经典社区开展宣传节水、用水文明劝导志愿活动。

4月25日 公司签订2017年度企业工资协议。

4月 公司被山东省建设工会授予“2016年度全省住房城乡建设系统职工文化体育活动先进单位”荣誉称号。

是月 高铁新区供水加压站清水池工程开工。

5月6日 公司开展宣传员“绿色出行、保护水源地”徒步采风活动。党委委员、工会主席彭涛参加活动。

5月8日 市公用事业管理局安全检查组到公司进行安全检查，公司党委委员、副经理杨勇陪同检查。

5月11日 公司召开“重效率、勇担当、作表率”主题活动动员大会。公司领导和中层干部参加会议。

5月17日 省住建厅城镇供水规范化管理考核专家组来公司，对全市公用事业管理系统和5家供水企业考核检查2016年供水专项规范化管理工作。市公用事业管理局党委副书记、副局长李林，公司党委副书记、副经理丁合参加考核活动。

6月13日 三合水厂按照《2017年防汛应急演练实施方案》的要求，进行防汛演练。

6月14日 青春创业园供水自动控制改造工程完成，进入试运行阶段。

6月 泉河水厂对原西区加压站进行整体拆除，标志着原西区加压站正式停水供水。

7月15日 高铁新区供水加压站开始启用，实现简易供水。

7月18日 市职工思想政治工作研究会授予公司“思想政治工作优秀企业”称号。

8月23日 由新华网、山东人民广播电台、齐鲁网等30多家媒体组成的“创新发展看鲁企、集聚山东新动能”媒体采访团到公

2017年8月，公司协办的中国水协2017年度信息宣传工作年会暨编辑出版委全委会在泰安召开

司进行实地采访。公司党委书记、经理尚绪岳，党委副书记、副经理丁合，党委委员、工会主席彭涛陪同到访媒体，参观公司荣誉室和调度中心。

8 月 29 日 公司协办的中国水协 2017 年度信息宣传工作年会暨编辑出版委全委会在泰安市隆重召开。建设部原副部长李振东，中国水协秘书长邵益生，中国水协编辑出版委主任徐维浩，市公用事业管理局党委副书记、副局长李林，公司党委书记、经理尚绪岳出席会议。

10 月 13 日 公司召开会议确定收购启源钻井供水有限公司，20 日签订资产转让协议，31 日签订补充协议。

10 月 31 日 公司成立《泰安市自来水有限公司志（2008—2017）》编纂委员会。

11 月 27 日 泰安市人民政府授予泰山岳溪泉饮品有限公司“花园式单位”称号。

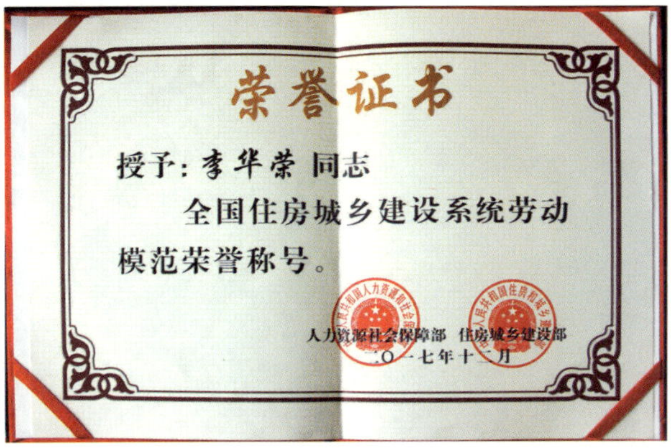

12 月 李华荣被人力资源和社会保障部、住房和城乡建设部授予“全国住房城乡建设系统劳动模范”荣誉称号。

是月 山东省人力资源和社会保障厅、山东省总工会、山东省企业联合会企业家协会、山东省工商联合会授予公司“山东省劳动关系和谐企业”荣誉称号。

第一篇

机构队伍

DIYIPIAN　JIGOUDUIWU

2008年公司机构设置健全、完善了科学合理的公司、厂（科、室、公司）、班组三级管理体制。随着供水范围、规模进一步扩大，人员增加较快，公司对所属机构不断调整、充实，至2017年底，下设职能科室13个，业务单位8个，生产单位3个，在职职工达到685名。

第一章　管理机构

第一节　公司沿革

2008年，公司隶属泰安市城建国有资产经营有限公司管理。2011年4月，公司归属市公用事业管理局管理。2015年，为更好地适应社会化大生产的现代企业发展要求，扩大企业经营自主权，公司申请改制，变更为国有独资的有限责任公司，2016年1月，公司更名为“泰安市自来水有限公司”。

第二节　机构设置

2008年，公司下设职能科室有办公室、政工科、工会、团委、生产计划科、财务科、审计科、基建科、企管科、设备科、保卫科、稽查科、供应科、设计院；业务单位有营业所、管线所、水质检测中心、水表检定站、户表办、开发区分公司、安通供水工程有限责任公司；生产单位有三合水厂、泉河水厂、岳溪泉饮品有限公司、泰安水司塑料管材制造有限公司、泰东供水有限公司。

2009年2月成立测漏中心、保卫稽查科。撤保卫科、稽查科。2010年4月，撤销泰东供水有限公司；是年12月，成立客服中心，机修厂划归安通公司管理。2011年6月，注销泰安水司塑料管材制造有限公司。2012年2月，成立二次供水管理办公室。2016年11月，撤销户表办。2017年2月，成立网络中心。

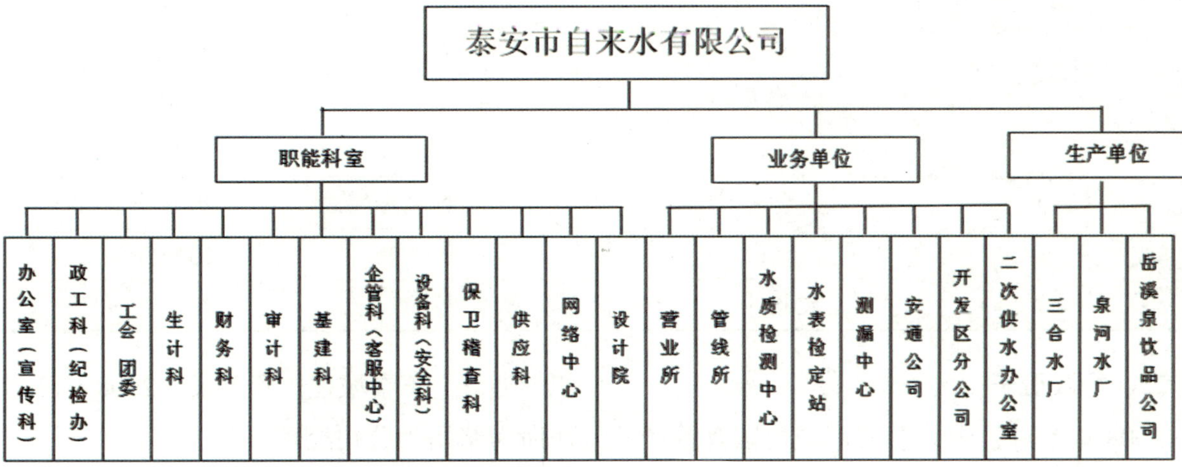

图1–1　2017年公司组织机构示意图

第二章 员工队伍

第一节 领导班子

一、党委班子

2008年5月，中共泰安市城建国有资产经营有限公司委员会以《关于尚绪岳同志任职的通知》（泰城建国资党发〔2008〕13号）任命尚绪岳为公司党委书记。公司党委由尚绪岳、丁合、杜丽丽、申立堂、暴勇生、彭涛6名委员组成。

2009年9月，中共泰安市城建国有资产经营有限公司委员会以《关于丁合等同志任免职的通知》（泰城建国资党发〔2009〕32号）任命丁合为公司党委副书记，赵新峰为公司党委委员。

2012年5月，中共泰安市公用事业管理局委员会以《关于杨勇同志任职的通知》（泰公用党任字〔2012〕1号）任命杨勇为公司党委委员。

2015年8月，中共泰安市公用事业管理局委员会以《关于杜丽丽同志免职的通知》（泰公党字〔2015〕2号）免去杜丽丽公司党委委员职务。

2008—2017年泰安市自来水有限公司党委领导班子成员任职情况一览表

表1-1

党委	书记	尚绪岳	2008.5—
	副书记	丁　合	2009.9—
	委员	申立堂	2003.12—
		暴勇生	2004.4—
		丁　合	2006.8—2009.9
		杜丽丽	2006.8—2015.8
		彭　涛	2006.8—
		赵新峰	2009.9—
		杨　勇	2012.5—
	纪检书记	暴勇生	2006.8—

二、行政班子

2008年5月，中共泰安市城建国有资产经营有限公司委员会以《关于尚绪岳同志任职的通知》（泰城建国资党发〔2008〕13号）任命尚绪岳为公司经理。

2009年9月，中共泰安市城建国有资产

经营有限公司委员会以《关于丁合等同志任免职的通知》(泰城建国资党发〔2009〕32号)任命赵新峰为公司副经理。

2012年5月，中共泰安市公用事业管理局委员会以《关于杨勇同志任职的通知》(泰公用党任字〔2012〕1号)任命杨勇为公司副经理。

2015年8月，中共泰安市公用事业管理局委员会以《关于杜丽丽同志免职的通知》(泰公用党字〔2015〕2号)免去杜丽丽公司副经理职务。

2008—2017年泰安市自来水有限公司行政领导班子成员任职情况表

表1–2

经理	尚绪岳	2008.5—
副经理	尚绪岳	2000.12—2001.7
		2003.7—2008.5
	暴勇生	2004.4—2006.8
	丁　合	2006.8—
	申立堂	2006.8—
	杜丽丽	2006.8—2015.8
	赵新峰	2009.9—
	杨　勇	2012.5—
总工程师	赵新峰	2006.8—2009.9

2008—2017年泰安市自来水有限公司工会负责人任职情况表

表1–3

工会主席	彭　涛	2006.8—

第二节　职工队伍

一、队伍发展

2017年12月，共有在册职工685名，其中在岗580名，内部退养103名，其他人员2名。离退休职工189名。

二、队伍结构

2017年12月，公司在岗职工580名，全部为劳动合同制。按岗位划分：生产人员416名，占职工总数的72%；管理人员164名，占职工总数的28%。按性别划分：男职工307名，占职工总数的53%；女职工273名，占职工总数的47%。按工种划分：技术工种401名，占职工总数的69%。按文化程度划分：大学及以上182名，占职工总数的31%；大专205名，占职工总数的35%；中专84名，占职工总数的15%；高中63名，占职工总数的11%；初中及以下46名，占职工总数的8%。按年龄结构划分：30岁以下145名，占职工总数的25%；31～40岁205名，占职工总数的35%；41～50岁201名，占职工总数的35%；50岁以上29名，占职工总数的5%。

2008—2017 年泰安市自来水有限公司职工人数表

表 1-4　　单位：人

年份	职工总数	年份	职工总数
2008	509	2013	655
2009	515	2014	668
2010	595	2015	671
2011	614	2016	675
2012	642	2017	685

第二篇

供水工程与设施

DIERPIAN GONGSHUIGONGCHENGYUSHESHI

2008 年以来，公司按照超前规划、服务大局、保障发展的原则，从服务泰城经济社会和城市发展的大局出发，为确保泰城供水安全、提升供水水质，相继建设了水表检定站技术楼、三合水厂改造项目、环湖水厂、东区供水增压站、西区供水加压站（迁建）、高铁新区供水加压站等项目，供水水质、自动化控制水平得到长足发展；实施小安门水库、彩山水库应急引水工程，增强泰城抗旱应急保障能力；改造旧县、汶口水源地输水管道，保证水源来水安全稳定；借泰城公共消防栓建设之际，敷设改造老城区、高铁新区、泰安旅游经济开发区、高新区、青春创业园区、徂汶景区消防供水管网，提高城市抵御火灾的能力，对城区老旧管网和瓶颈地段进行彻底改造。十年间，公司供水工程建设得到各级党委和政府的大力支持，加快了泰城供水事业的兴建和发展，为全市经济和社会发展发挥了重要作用。

第一章　供水水源地

2008—2017 年，公司使用的城市供水水源地主要有黄前水库、安家林水库、刘家庄水库、大河水库、小安门水库、彩山水库、角峪水库、东武地下水源地、旧县地下水源地、东苑庄地下水源地，其中大河水库、小安门水库、彩山水库、角峪水库为新增应急水源，每年可向泰安城区应急供水 993 万立方米。2012 年 12 月，安家林水库、刘家庄水库不再作为泰城应急（后备）水源地。

第一节　大河水库

大河水库始建于 1959 年 10 月，位于泰安城区西部，大汶河二级支流泮汶河中游，坝址以上控制流域面积 84.53 平方公里。发源于泰山西麓桃花峪，主河长 21.2 公里，平均比降 0.022，流域内主要为山丘，山高坡陡，径流量大。降雨受大气环流、地形抬升等因素影响，容易形成暴雨。泰山山顶多年平均降水量 1100 毫米，坝址处多年平均降水量 765.79 毫米。降水主要集中在 6—9 月，占多年平均降水量的 75.0%，常常形成夏涝、春秋旱的局面。

大河水库于 2005 年完成加固改建，水库枢纽由拦河均质土坝、溢洪道和放水洞组成。主坝长 460 米，最大坝高 22 米；副坝长 313 米，最大坝高 7.3 米。主副坝坝顶高程 168.4 米，防浪墙顶高程 169.6 米。溢洪道总长 920.4 米，由引水渠、闸室、泄槽、消力池和尾水渠 5 部分组成。放水洞主要用于灌溉供水，1960—1981 年多年平均灌溉水量 1090 万立方米，多年平均灌溉面积 1.98 万亩。大河水库总库容 2997.1 万立方米，正常蓄水位以下库容 2234.7 万立方米，调节库容 2030

万立方米，死库容204.72万立方米，正常蓄水位165米，发电保证水位160.59米（1077万立方米），死水位154.0米。大河水库按100年一遇洪水设计，1000年一遇洪水校核。设计洪水位166.47米，校核洪水位167.19米。

大河水库于1982年向泰安棉纺织厂供水，平均年供水量50万～60万立方米，2010年4月停止供水。2003年起向泰安鲁邦热电厂供水，年供水量约200万立方米。2006年大河水库作为蓄能电站下水库正式运行。大河水库属多年调节水库，是以“发电为主、兼顾灌溉、防洪和工业用水的中型水库”。

2010年10月，泰安市大河水库管理处委托泰安市水利勘测设计研究院编制《泰安市大河水库供水工程水资源论证报告书》。市城市供水水质检测中心对大河水库水质进行检测，结果显示大河水库水质达到Ⅲ类标准。大河水库上游基本无污染源，水质良好，清澈透明，宜作饮用水源，水质和水量符合向城区供水条件。市水利和渔业局下发《关于泰安市大河水库供水工程水资源论证报告书的批复》（泰水资函字〔2010〕10号），同意大河水库向城区供水，供水规模1万立方米/天，年取水383万立方米的取水方案，最大日供水2万立方米/天，供水保证率95%。

2011年12月，中国水利水电科学研究院与市水利和渔业局联合编制完成《泰安市现代水网建设规划》。2012年10月，市政府批复《泰安市现代水网建设规划》（泰政函〔2012〕23号），文中指出：大河水库上下水库常年保持2000万立方米库容，是一处非常好的抗旱应急水源。建设水厂及配套基础设施，为京沪高铁泰安站片区、岱岳新区、旅游经济开发区提供应急用水。

2012年11月，泰安市水利勘测设计研究院编制完成《泰城应急（后备）水源地供水工程规划》，并请示市政府（泰水字〔2012〕82号）。同月，市政府下发《关于泰城应急（后备）水源地供水工程规划的批复》（泰政函〔2012〕96号），同意将大河水库作为泰城抗旱应急水源。2015年8月，大河水库作为环湖水厂水源地向环湖水厂供水。

2017年12月，市水利和渔业局向市安通供水工程有限责任公司颁发取水许可证［取水（鲁泰）字〔2017〕第44号］，大河水库核定年取水量383万立方米，每年退水5.5万立方米。

第二节　小安门水库

小安门水库始建于1959年10月，位于泰安市岱岳区境内，大汶河支流徐汶河上游，祝阳镇金井村北，距泰安市区30公里。流域内较大支流有3条，最大干支流长9公里，平均比降0.015，控制流域面积36.3平方公里，保护下游15个行政村，面积10.73平方公里，其中粮田面积1.1万亩，人口1.1万人。小安门水库多年平均降水量701.3毫米，降水主要集中在6—9月，占多年平均降水量的76.0%。

小安门水库于1961年完成第一期工程，开始兴利运行，后又经3次续建。2010年小安门水库完成除险加固。水库枢纽工程由大坝、溢洪道和放水洞3部分组成。大坝为黏土心墙砂壳坝，全长525米，顶宽5米，最大坝高20.5米，坝顶高程188.87米，防浪墙高1.2米。溢洪道为无闸控制开敞式，位于大坝北端，1965年建浆砌石溢流堰，长60米，

小安门水库　（2017年10月　摄）

堰顶高程184.52米。放水洞设南北2个，均为无压浆砌石拱涵洞，平板闸门。南放水洞进口底高程172.89米，宽1.10米，高1.2米，顶部为0.55米的半圆拱，设计流量3.5立方米/秒；北放水洞进口底高程178.27米，宽0.70米，高0.7米，顶部为0.35米的半圆拱，设计流量1.0立方米/秒。

小安门水库总库容1964万立方米，正常蓄水位以下库容1395万立方米，兴利库容1380万立方米，死库容15万立方米，正常蓄水位184.52米，死水位172.89米。小安门水库按100年一遇洪水设计，1000年一遇洪水校核。设计洪水位186.40米，最大下泄流量为558.9立方米/秒；校核洪水位186.79米，最大下泄流量为615.2立方米/秒。小安门水库是一座以防洪为主，兼顾灌溉和城镇供水等综合利用的中型水库。

2014年12月，公司委托泰安市水利勘测设计研究院编制《泰安市小安门水库引水工程水资源论证报告书》。市城市供水水质检测中心对小安门水库水质进行检测，结果显示小安门水库水质达到Ⅲ类标准，小安门水库上游基本无污染源，水质良好，清澈透明，宜作饮用水源，水质和水量符合向城区供水条件。2015年5月，小安门水库应急引水工程竣工，向三合水厂供水。

2016年2月，省水利厅下发《关于泰安市小安门水库引水工程取水申请的批复》（鲁水许字〔2016〕61号），同意泰安市小安门水库引水工程选取小安门水库作为泰城应急供水水源地，向泰安城区及岱岳区祝阳镇、山口镇镇驻地供水，规划水平年可向祝阳镇、山口镇镇驻地供水371万立方米；遭遇特枯年份或应急状况下，每年可向泰安城区供水162万立方米的取水方案，最大供水规模4万立方米/日，供水保证率95%。

第三节　彩山水库

彩山水库始建于1959年，位于泰安市岱岳区，属大汶河水系牟汶河支流陶河上游，距离泰安城区25公里。水库控制流域面积37.5平方公里，干流河道长10公里，平均比降0.032，上游流域呈扇形，植被良好，流域内多为砂石山区，河床一般覆盖沙层。流域属暖温带大陆性湿润半湿润季风气候，春季干旱多风，夏季炎热多雨，秋季天高气爽，冬季寒冷少雨雪，多年平均降水量702.5毫米，全年水量多集中在七八月份，占全年降水量的51.2%。

彩山水库于1978年扩建成中型水库。2010年12月，水库完成除险加固工程。彩山水库枢纽工程包括大坝、溢洪道和放水洞3部分。大坝坝型为黏土心墙砂壳坝，全长1350米，最大坝高24.5米，坝顶宽7米，坝顶高程184.5米。新建溢洪道闸为3孔，单孔净宽8米，高5.8米，闸底板为钢筋混凝土结构，底高程174.0米。设东西两个放水洞，进口底高程168.5米，为廊道式压力管，闸门宽1.5米，高2.0米，顶部为1/2圆弧拱，内设钢筋混凝土压力管。灌区设计灌溉面积3.52万亩，有效灌溉面积2.91万亩，实际灌溉面积5000亩。

彩山水库总库容1686万立方米，兴利库容1055.8万立方米，死库容129万立方米，兴利水位179.40米，死水位167.55米。彩山水库按100年一遇洪水设计，1000年一遇洪水校核。设计洪水位181.74米，最大下泄流量1060立方米/秒；校核洪水位182.03米，最大下泄流量1451立方米/秒。

2012年11月，泰安市水利勘测设计研究院编制完成《泰城应急（后备）水源地供水工程规划》，并请示市政府（泰水字〔2012〕82号）。12月市政府下发《关于泰城应急（后备）水源地供水工程规划的批复》（泰政函〔2012〕96号），同意将岱岳区彩山水库作为新的泰城应急（后备）水源地。

2013年4月，公司委托泰安市水利勘测设计研究院编制《泰城应急水源地角峪、彩山水库供水工程水资源论证报告书》。市城市供水水质检测中心对彩山水库水质进行检测，结果显示彩山水库水质达到Ⅲ类标准。彩山水库上游基本无污染源，水质良好，清澈透明，宜作饮用水源，水质和水量符合向城区供水条件。

2014年5月，省水利厅下发《关于泰安

彩山水库　（2017年10月　摄）

市自来水公司应急水源地办理取水许可意见的函》（鲁水资函字〔2014〕19 号），指出为提高泰安城区在遭遇特枯年、连续干旱年及发生突发性污染事件等供水风险时的供水保障能力，选取彩山水库为应急供水水源地是非常必要的。同意彩山水库每年可向泰安城区应急供水 313.3 万立方米，日供水规模 2.5 万立方米的取水方案，供水天数 128 天，供水保证率 95%。2016 年 3 月，彩山水库应急引水工程竣工，向三合水厂供水。

第四节　角峪水库

角峪水库始建于 1958 年，位于泰安市岱岳区角峪镇纸房村东南，在牟汶河一级支流汇河上，徂徕山东北，北邻泰莱平原。坝址以上控制流域面积 44 平方公里，水库流域呈扇形，主要发源于岱岳区的周家庄，河道长 14 公里，干流平均比降 0.037，流域内以山地、丘陵为主，山区植被较差。水库大坝距枣徐公路 1 公里，距角峪镇政府驻地 3 公里，5 公里以内有青银高速公路和牟汶河堤防。大坝以下保护农田 1 万亩，人口 1.2 万人。角峪水库流域属暖温带大陆性季风气候，雨热同期，流域多年平均降水量 709.8 毫米，其中 6—9 月平均降水量 489.4 毫米，占全年平均降水量的 70% 左右，形成春旱、夏涝、晚秋又旱的局面。

角峪水库由原砌石坝扩建，1960 年改建，1966 年 4 月由小（1）型水库扩建成中型水库，1976 年扩建达到现有规模。2009 年，角峪水库完成除险加固工程，是一座以防洪为主，兼顾农业灌溉、水产养殖等综合利用的中型水库。2013 年起，角峪水库向中石油范镇天然气调峰站供水，年供水 120 万立方米。

角峪水库枢纽工程由大坝、溢洪道和东、西放水洞等组成。大坝为均质坝，全长 1142 米，最大坝高 16.8 米，坝顶高程 167.50 米。坝顶宽 6 米，防浪墙顶高程 168.50 米。溢洪道位于大坝的右岸 536.37 米，控制闸段堰顶高程 162.00 米，净宽 15 米，分为 3 孔闸；两侧溢流堰顶高程 166.34 米，净宽均为 39 米。放水洞为钢筋混凝土结构，断面形式为城门洞型。东放水洞位于大坝桩号 0+865 处，洞底进口底高程 156.57 米，尺寸为 1.5 米×2.0 米。西放水洞位于大坝桩号 0+058 处，洞底进口底高程 157.07 米，尺寸为 1.5 米×2.0 米。

角峪水库总库容 2109 万立方米，兴利库容 924 万立方米，死库容 166 万立方米，正常蓄水位 163.57 米，死水位 156.57 米；角峪水库按 100 年一遇洪水设计，1000 年一遇洪水校核，设计洪水位 166.34 米，校核洪水位 167.35 米。

2012 年 11 月，泰安市水利勘测设计研究院编制完成《泰城应急（后备）水源地供水工程规划》，并请示市政府（泰水字〔2012〕82 号）。12 月市政府下发《关于泰城应急（后备）水源地供水工程规划的批复》（泰政函〔2012〕96 号），同意将角峪水库作为新的泰城应急（后备）水源地。

2013 年 4 月，公司委托泰安市水利勘测设计研究院编制《泰城应急水源地角峪、彩山水库供水工程水资源论证报告书》。市城市供水水质检测中心对角峪水库水质进行检测，结果显示角峪水库水质达到Ⅲ类标准。角峪水库上游基本无污染源，水质良好，清澈透明，宜作饮用水源，水质和水量符合向城区供水条件。

2014年5月，省水利厅下发《关于泰安市自来水公司应急水源地办理取水许可意见的函》（鲁水资函字〔2014〕19号），指出为提高泰安城区在遭遇特枯年、连续干旱年及发生突发性污染事件等供水风险时的供水保障能力，选取角峪水库为应急供水水源地是非常必要的。同意角峪水库每年可向泰安城区应急供水134.7万立方米的取水方案，日供水规模1.5万立方米，供水天数89天，供水保证率95%。

第二章　水厂建设

2008—2017年，公司运行的主要供水厂有4座，即三合水厂、南关水厂、泉河水厂和环湖水厂。2012年，公司实施三合水厂改造工程，新建环湖水厂，总供水能力23万吨/天，供水服务面积100平方公里，服务人口80万人，水质合格率100%，供水覆盖率为99%。

第一节　三合水厂改造工程

三合水厂位于泰城环山路166号，始建于1992年，占地54.41亩。经一、二期工程建设，供水规模10万吨/天。水厂原水取自黄前水库，重力流至三合水厂内，采用"沉淀池+砂滤池"常规水处理工艺，水泵加压送至泰城高低压区用户。三合水厂为泰安最大水厂，肩负着保障泰安城区正常供水、实现泰安发展战略目标和提升人民群众生活质量的重任。

三合水厂经过近二十年的运行，原有水处理工艺已不能适应安全供水要求，设备老化、故障率高、生产自动化程度低、水质受人为因素影响大、出水水质不稳定。对原有处理工艺及设备进行改造，提高供水安全性和自动化程度势在必行。

一、工程实施过程

2009年，住房和城乡建设部组织编制《2009—2012年城市供水水质保障和设施改造规划》，省建设厅、省卫生厅联合下发《关于做好〈生活饮用水卫生标准〉实施工作的通知》（鲁建城字〔2009〕75号）。6月，

三合水厂膜池生产车间　（2014年10月　摄）

省建设厅下发《关于编制城市供水设施改造规划和开展水质调查工作的紧急通知》（鲁建城字〔2009〕35号文）。6月14日，省建设厅召开全省建设局和供水单位会议。按照文件和会议要求，到2012年全国设区城市及县城供水水质强制执行新的《生活饮用水卫生标准》（GB 5749—2006），饮用水的监测项目由《生活饮用水卫生标准》（GB 5749—1985）的35项增至106项，要求各供水企业抓紧实施城市供水水质保障和设施改造规划，并在三年内实施达标。9月，公司决定实施三合水厂改造工程，采取“请进来和走出去”相结合的办法，组织人员对三合水厂改造工程进行论证，研究探讨改造方案，并多次邀请国内知名专家到公司授课。公司领导也多次到上海、东营等地对已建成和正在建设的水厂进行实地考察，调研项目可行性。

2010年6月，公司与泰前街道三合社区居委会签订土地补偿协议，在三合水厂东邻征用土地7.76亩，土地补偿款690万元，规划建设膜处理车间和加药加粉炭间。9月，公司组织上海市政工程设计研究总院、华北市政设计研究院、西北市政设计研究总院分别编制三合水厂改造方案。公司对三家设计院提报的改造方案进行考察对比，确定由上海市政工程设计研究总院承担三合水厂改造项目的设计咨询工作，编制三合水厂改造工程可行性研究报告。11月，市财政局下发《关于下达2010年五年期地方债券资金使用项目及额度的通知》（泰财建〔2010〕80号），对三合水厂改造项目下达地方财政债券3120万元，要求按规定办理使用债券资金，按时归还本息。

2011年4月，市发改委下发《关于泰安市三合水厂改造工程可行性研究报告的批复》（泰发改投资〔2011〕128号），同意建设三合水厂改造工程，改造规模5万吨/天，项目投资8589.77万元，水处理工艺选用浸没式超滤膜。

10月，为保证选择的膜组件适应黄前水库原水水质变化的特点，经膜过滤后的出厂水达到国家《生活饮用水卫生标准》（GB 5749—2006）的要求，公司投资20万元将三合水厂机修间改造为中试车间，邀请苏州立升净水科技有限公司、天津膜天膜科技股份有限公司、江苏膜华材料科技有限公司、山东中水源膜技术有限公司进行超滤膜工艺中试试验。中试试验选取斜管沉淀出水为中试进水水源，重点测试膜处理工艺在不同水质条件下运行情况及不同膜厂家膜的产品性能。冬季试验时间为2011年10月17日—2012年3月15日，夏季试验时间为2012年7月4日—9月14日。从实验结果看，经膜处理后的出水浊度低于0.1NTU，各项指标达到《生活饮用水卫生标准》（GB 5749—2006）的要求，出水水质稳定。

2012年2月，三合水厂改造工程列入市政府2012年第一批新建重点建设项目名单。3月，公司召开会议，研究三合水厂改造项目争取国家无偿扶持资金问题。会议认为，国家近期出台政策，对水质提升项目给予资金支持，三合水厂改造项目争取成功的可能性很大。如果争取成功，可大大缓解公司资金紧张状况，对项目建设带来积极影响。但按照使用中央资金管理要求，项目需重新编制可行性研究报告，报省发改委立项，严格按程序办理初步设计审查、施工图审查、工程招投标等建设手续，需要时间较长，会推迟项目建设。会议认为，推迟项目建设不会对泰安创建宜居城市工作造成影响。会议确定，成立专门工作机构开展项目资金的争取工作，形成书面材料向市公用事业管理局及上级主管部门报告。专门工作机构由申立堂、赵新峰负责，李华荣、赵树秋、何俊文、续青、程德、张彬为成员。

4月，市公用事业管理局下发《关于泰安市自来水公司三合水厂改造工程争取中央补助资金及实施黄前水库虹吸取水工程请示的批复》（泰公用发〔2012〕58号），同意三合水厂改造工程重新办理省发改委立项手续，按期完成工程建设，确保创城目标实现。上海市政工程设计研究总院调整可行性研究报告。公司委托山东农业大学编制环境影响报告表，市环保局下发审批意见（泰环审报告表〔2012〕44号），同意三合水厂改造工程按照报告表中提出的污染防治措施和该批复要求进行设计建设。5月，公司委托山东省工程咨询院编制关于《泰安三合水厂改造工程可行性研究报告》的评估报告。

6月，省水利厅下发《关于对泰安市三合水厂改造工程取水申请的批复》（鲁水资字〔2012〕18号）。原则同意三合水厂改造工程年取用黄前水库地表水3650万立方米，供水保证率91%。是月，省发改委下发《关于泰安三合水厂改造工程可行性研究报告的批复》（鲁发改投资〔2012〕710号），同意建设泰安三合水厂改造工程，项目改造规模10万吨/天，工程总投资13138万元。

10月16日，三合水厂改造工程开工建设。山东鲁岳勘察开发有限公司承担工程地质勘察，山东兴润建设有限公司承建膜车间、加氯加粉炭间、清水池土建及5万吨/天的设备安装工程，泰安瑞兴工程咨询有限公司监理。11月，市政府颁发土地证［泰土国用（2012）第T-0461号］，划拨土地5170平方米，用途为公用设施用地。是月，市规划局颁发建设工程规划许可证（建字第370900201200356号），建设膜处理车间、加氯加粉炭间、清水池，建设规模3002平方米。同月，省建设厅下发《关于泰安三合水厂改造工程初步设计的批复》（鲁建设审〔2012〕100号），同意泰安三合水厂改造工程改造规模10万吨/天；同意设计推荐的“高锰酸钾预氧化+混凝沉淀+浸没式超滤膜组合工艺”的净水处理工艺；核定工程总投资概算为13066.63万元。公司委托济南齐鲁施工图审查有限公司对工程施工图设计文件进行审查，核发施工图审查合格证（2012第56号）。公司召开会议专题研究三合水厂改造工程招标事宜，会议确定委托山东省鲁成招标有限公司代理招标事宜；工程采取公开招标方式；整个工程分五个包；膜设备分8格膜池和4格膜池两个标段。12月，市住建委颁发建筑工程施工许可证（2012-00-101）。

2013年2月，市公用事业管理局同意对膜设备招标采取进场自主公开招标方式（泰公用办字〔2013〕24号）。4月，公司通过公开招标确定膜设备及工艺、自动化设备供应商。天津膜天膜科技股份有限公司承担8格膜池超滤膜的供货安装任务，采用PVDF柱式膜，中标价1258万元。8月，开始安装模架，单格膜池安装CMFS-32标准化机台16台，每台32柱，膜设计通量25.5升/（平方米·小时），每格膜池有效过滤面积

17920平方米。苏州膜华材料科技有限公司承担4格膜池超滤膜的供货安装任务，采用PVDF帘式膜，中标价669.8万元。10月，开始安装模架，单个膜池安装ESMF-D2000标准化机台6台，每台88帘，膜设计通量27升/（平方米·小时），每格膜池有效过滤面积18480平方米。太平洋水处理工程有限公司承担工艺设备、自动化系统采购及安装任务，中标价1918万元。三合水厂改造工程的自动化系统采用以PLC控制为基础的集散型控制系统，全厂自控系统总体框架分为信息层、控制层、设备层三层结构，形成基于管理和控制技术相结合的多级、开放、模块化、可扩展的实时多任务的自动化集成系统。

同月，市发改委下发《关于转发城镇供排水设施建设2013年中央预算内投资计划的通知》（泰发改资〔2013〕348号），对泰安三合水厂改造工程下达2013年中央预算内投资计划1000万元。要求切实加强项目建设和资金管理，严格落实项目法人责任制、招标投标制、合同管理制、工程监理制，加强对工程质量、建设进度和资金使用的监督管理，推进项目有序实施。11月9日，公司在水厂东墙外敷设直径2400毫米水泥管78米，作为厂区东侧溢洪管道及膜池溢流排水管道，是公司自成立以来安装的最大口径的管道。12月26日，太平洋水处理工程有限公司、天津膜天膜科技股份有限公司、江苏膜华材料科技有限公司及工程技术人员对膜系统、自动化系统进行联合调试，12格膜池联机试车一次成功。整个工艺流程包括进水、出水、排水、水冲、气冲、药洗等均实现自动化运行，水质、水量、水位、水压等技术参数实时监控。31日，实现并网试运行。三合水厂改造工程作为水质提升工程采用国际先进的“超滤膜组合制水工艺”，出水水质稳定，各项指标达到国家《生活饮用水卫生标准》（GB 5749—2006），出水水质合格，圆满完成了市委、市政府为民要办的实事工程任务。实事工程的正式投产，标志着泰城水质提升工作走在了全省前列。

2014年1月18日，膜系统进入全负荷正常产水阶段，供水规模10万吨/天。1月21日，泰安市城建指挥部2013年招商引资和重点项目建设检查考核小组到三合水厂改造工程现场观摩、检查，城建指挥部指挥长陈湘安、副指挥长郑晓明、指挥部成员及各分指挥部负责人听取公司党委书记、经理尚绪岳关于项目建设情况的汇报。陈湘安指挥长对工程如期完工并顺利通水给予高度评价。

2月17日，沉淀池改造工程开工建设，由黑龙江新金山环保工程有限公司承建，按照一期斜管池、二期斜管池、平流池顺序施工，更换吸泥机、不锈钢集水槽、斜管、排泥阀、电线电缆等；增加自动控制系统，实现自动吸泥、排泥；增加鼓风机及管式曝气器，防止絮凝矾花淤堵斜管，延长斜管冲洗周期。4月29日，沉淀池改造完工，达到设计要求，逐个投入正常运行。

公司委托山东五岳园林市政有限公司进行厂区绿化设计，山东鑫颖园林市政工程有限公司施工。7月，厂区绿化完工，三合水厂建成花园式单位。三合水厂改造工程完成土石方开挖26000立方米，商品混凝土（含毛石混凝土）浇筑8650立方米；安装工艺管道1072米，其他管道1700余米；安装主要设备57套、阀门287台套，工程总投资1.2亿元。

2014年10月，市环保局下发验收意见《关于泰安三合水厂改造工程项目竣工环境保护验收的批复》［泰环验〔2014〕55号］，项目基本符合建设项目竣工环境保护验收有关规定，验收合格。

2015年5月，省水利厅颁发黄前水库取水许可证［取水（鲁）字〔2015〕第14号］，取水量3650万立方米/年。

2016年1月，市建设工程竣工验收备案办公室核发工程竣工验收备案证书（BA2016-006）。市城建档案馆核发山东省建设工程档案合格证（鲁建档证0018367）。省建设厅授予泰安三合水厂改造工程为2014年度山东省建筑工程质量“泰山杯”工程。

二、三合水厂新建供水设施

三合水厂改造工程新建膜处理车间、清水池、加氯加粉炭间、加药间、沉淀池防护棚，拆除一期配水井、一期加氯加药间。

膜处理车间　2012年10月16日，膜处理车间开工建设，2013年8月主体工程验收，10月设备安装调试，12月底投入试运行。膜处理车间设计水处理规模10万吨/天，校核规模12万吨/天，车间内分膜池及辅助车间两部分。采用浸没式超滤膜，沉淀池出水为膜池进水，浸没式膜池共12格，分四排布置，两排之间设管廊，单格平面尺寸10.6米×5.5米，单格膜池设计净产水量为1.1万吨/天，膜池下部叠建排水池。膜池采用日常气水联合反冲洗与周期性化学清洗相结合。膜堆浸没在池水中，淹没深度1.0米。膜池每格设1台抽吸泵，共配置12台，置于膜池中间管廊内，变频调速控制产水量。膜池反冲洗水泵选用卧式离心泵，2台，1用1备，置于辅助车间内，变频调速。膜堆配套空气擦洗的冲洗管路置于膜堆底部，采用鼓风机供气，2台，1用1备，置于辅助车间内。为防止出水母管积气，设真空常吊系统1套，每格膜池出水母管上方安装抽真空阀组1套。膜池水冲洗过膜通量60升/（平方米·小时），气擦洗强度60立方米/（平方米·小时）（按膜池面积）。除日常水冲洗和空气擦洗外，膜堆运行一段时间后，需进行周期性化学清洗，包括维护性化学清洗和恢复性化学清洗，在线清洗。

膜处理车间为单层，建筑面积2598平方米，平面尺寸50.88米×49.98米。建筑类别二类，建筑设计使用年限50年，地震设防烈度7度，主体为框架结构，钢构件采用薄性防火涂料，耐火等级二级，火灾危险性戊类，钢屋面板，防水等级Ⅱ级，建筑高度15.2米。

加氯加粉炭间　2013年8月7日，加氯加粉炭间开工建设，10月9日加氯加粉炭间主体验收，2013年底完成设备调试，投入使用。加氯加粉炭间按功能分为氯库、氯气吸收装置室、加氯机室、配电室、值班室、粉末活性炭投加间。加氯系统配置2套氯气压力自动切换装置、电子秤、漏氯报警器，5台真空加氯机，1台漏氯吸收装置，中和能力1000公斤/小时。粉炭自动投加系统由料仓储存系统、粉料精确计量输送系统、炭浆制备存储系统、炭浆螺杆泵投加系统、PLC自动化控制系统5部分组成。粉末活性炭自动投加，最大投加量30毫克/升，料仓直径3.5米，有效容积50立方米；制备储液罐9立方米，连体双罐设计；3台螺杆泵，2用1备。螺杆泵额定流量2.2立方米/小时，压力0.4

兆帕。加氯加粉炭间为单层，建筑面积404平方米，平面尺寸43.74米 ×9.24米。加氯加粉炭间建筑类别二类，建筑设计使用年限50年，地震设防烈度6度，主体为框架结构，现浇楼屋面板，耐火等级二级，火灾危险性戊类，防水等级Ⅱ级，建筑高度9.1米。

2016年6月，距氯库不足20米的水厂院墙外新建成连排住宅楼，并陆续有购房户装修入住。上百户居民靠近加氯车间生活，三合水厂安全生产压力很大。为避免环境风险，公司决定投资20万元对加氯间进行内部改造，用次氯酸钠溶液代替液氯消毒。拆除原加氯设备，砌筑2座15立方米储液池，安装4台170升/小时计量泵。外购食品级10%的次氯酸钠药液，加水稀释至3%，通过计量泵投加到原水、滤前水及清水池，正常投加量1.5毫克/升。8月，改造工作完成，投入运行，替代液氯清毒，消除安全运行风险。

清水池　2013年3月13日，清水池开工建设，5月清水池注水，8月清水池主体工程验收，清水池出水管道与二级泵房进水母管连通蓄水，12月底投入运行。清水池北侧建设配水井，接纳膜池产水，向水厂一、二期清水池配水。清水池为半地下式，容积3000立方米，其中消毒接触区容积485立方米，接触时间20分钟，平面尺寸57.55米 ×16.5米，有效水深4米，最高水位标高165.6米。清水池建筑设计使用年限50年，抗震设防类别乙类，地震设防烈度7度，抗震等级二级，地基基础设计等级乙级，筏板基础，主体为框架结构。

加药间　原加药加氯间始建于1992年5月，建筑面积210平方米，加药工艺采用固态聚合氯化铝现场搅拌溶解制备，劳动强度大，投加计量不准确。2013年底，公司决定在滤站东侧新建加药间。2014年1月，加药间开工建设，加药间设溶液搅拌池3格，单池有效容积10立方米，设搅拌机3台，计量泵4台，最大投加量30毫克/升，搅拌池下叠建储液池，设2格，总有效容积60立方米，设液下耐腐蚀提升泵2台。5月完成设备安装调试、新旧加药系统切换，实现液态聚合氯化铝溶液自动投加，准确计量，降低工人劳动强度。6月原加药间拆除，原址整平建成花园。新建加药间一层，局部二层，建筑面积171平方米，平面尺寸17.25米 ×7.75米。加药间建筑设计使用年限50年，抗震设防类别乙类，地震设防烈度6度，抗震等级三级，主体为框架结构。

平流及二期斜管沉淀池防护棚　平流沉淀池始建于1993年，露天布置，冬季易结冰。二期斜管沉淀池始建于2001年，在三合水厂北侧，距离院墙仅2米，池顶做有简易防护棚，锈蚀较严重。2013年底，公司决定建设平流及二期斜管沉淀池防护棚。2014年1月，公司委托泰安市建筑设计院有限责任公司进行施工图设计，委托泰安立信建筑工程鉴定加固有限公司进行鉴定及加固设计。2014年3月10日，工程开工建设，由山东广厦建设集团有限公司承建。9月9日防护棚竣工，沉淀池防护棚实现保温与临边防护兼顾，工程造价172.47万元。防护棚单层，建筑面积2339平方米，平面尺寸86.72米 ×26.97米。建筑类别二类，建筑设计使用年限50年，地震设防烈度6度，主体为钢结构，建筑高度6.97米。

2017 年三合水厂膜处理车间主要设备一览表

表 2–1

编号	设备名称	数量	单位	性能规格	备注
1	卧式双吸离心泵	2	套	$Q=1360m^3/h$ H=14m P=75Kw	膜处理车间反冲洗增压泵，1 用 1 备，变频，两台水泵旋转方向相反
2	立式离心泵	2	套	$Q=480m^3/h$ H=10m P=22Kw	膜处理车间恢复性化学洗循环泵，2 常用，变频，耐 0.5% 浓度的酸、0.5% 浓度的碱、1000mg/L 浓度的次氯酸钠、2% 浓度的柠檬酸腐蚀
3	抽吸凸轮转子泵	12	套	流量：$730m^3/h$ 压差：0.5bar 功率：45Kw 3 翼螺旋转子	引进，输送介质：清水，要求能短时抵御 10% 的次氯酸钠溶液腐蚀
4	罗茨鼓风机	2	套	$Q=2600m^3/h$ H=5m 率 55Kw	1 用 1 备，变频调速，附消声器、过滤器、隔音罩、安全阀、止回阀、柔性橡胶接头等
5	空气压缩机	2	台	$Q=40\sim45m^3/h$ H=1.0MPa P=5.5Kw	1 用 1 备，包括空气过滤器、空气干燥器、减压阀、储气罐等，成套配置，储气罐容积 $1.0m^3$
6	真空引水装置	1	套	流量 $456m^3/h$ 功率 11Kw 最低吸气压力 $9mH_2O$	内设真空泵 2 台及真空罐
7	隔膜计量泵	2	套	$Q=4m^3/h$ H=3bar 功率 2.2Kw	引进，耐腐蚀泵，柠檬酸（30%）及 HCl 原液（30%）投加。包括脉冲阻尼器、背压阀、安全阀等
8	隔膜计量泵	2	套	$Q=4m^3/h$ H=3bar 功率 2.2Kw	引进，耐腐蚀泵，NaOH 原液（30%）投加。包括脉冲阻尼器、背压阀、安全阀等配件
9	隔膜计量泵	2	套	$Q=4m^3/h$ H=3bar 功率 2.2Kw	引进，耐腐蚀泵，次氯酸钠（10%）投加。包括脉冲阻尼器、背压阀、安全阀等配件
10	隔膜计量泵	2	套	$Q=4m^3/h$ H=3bar 功率 2.2Kw	引进，耐腐蚀泵，亚硫酸钠（30%）投加。包括脉冲阻尼器、背压阀、安全阀等配件

第二节　三合水厂配套工程建设

水厂安全防范工程　2008 年 4 月，北京奥运会前夕，泰安市安全生产委员会下发《关于认真做好隐患排查治理第二战役工作的通知》，要求深入排查治理各类事故隐患，严防重特大安全事故发生，确保全市安全生产形势持续稳定。5 月，中共泰安市委政法委员会与市社会治安综合治理委员会办公室联合下发《关于加强危险化学品管理保障供水系统安全的通知》，明确指出毒品源头治理与供水源头治理统筹从严进行，确保不发生城市供水污染。省建设厅下发《关于印发〈城市供水水厂安全管理特别规定〉的通知》（鲁建城字〔2008〕36 号），要求水厂重要构筑物、输水管线、供电线路等实施全天候 24 小时监控。

同年 4 月，公司经调研后认为，随着泰城城区面积的扩大，三合水厂逐渐被周边道

路、高大建筑包围，周边居住人员纷杂，安全防范距离不足，城市供水安全受到威胁。为保证供水安全，防止投毒等恶性事件发生，应上级主管部门要求，公司决定在三合水厂西北角距离市区道路较近的一期斜管沉淀池上建设防护棚。防护棚工程由泰安市明星化学制瓦有限公司承建，泰安瑞兴工程咨询有限公司监理。4 月底开工，5 月底完工，工程造价 33.1978 万元。6 月，市财政局与市安全生产监督管理局联合下发《泰安市市级安全生产专项资金管理暂行规定》(泰财建〔2008〕36 号)。7 月，公司根据规定向市城建国资公司申报三合水厂斜管沉淀池防护棚、氯气吸收装置及三合水厂、南关水厂、泉河水厂监控报警、电子围栏项目的建设资金，争取资金 20 万元。

三合水厂建成于 1993 年，至 2011 年初未设电子围栏和视频监控。2011 年，公司为确保三合水厂供水安全，防止不法分子入侵、投毒或投放污染体造成重大人身伤亡和引发社会恐慌等恶性事件的发生，决定投资 30 万元建设电子围栏报警防范系统和视频闭路电视监控系统。公司通过询价招标方式确定由泰安市力天新元科贸有限公司承建。同年 6 月，电子围栏开工建设，7 月建成。厂区主要出入口及重点部位实行实时监控，厂区围墙周围监控点与电子围栏相互配合，发挥联动作用，确保周边防区无死角、无盲区，形成安全防范屏障，保证水厂安全。

钢结构车间工程 2011 年 7 月，公司决定在三合水厂一期斜管沉淀池北侧建设钢结构车间，作为水厂维修车间。工程通过竞争性谈判方式确定由泰安市泰兴现代钢结构有限责任公司承建，投标报价 18.2155 万元。7 月，车间开工建设，8 月完工。10 月敷设供排水管道及动力电缆，作为膜设备中试车间使用。

黄前水库虹吸取水工程 黄前水库 1992 年底作为水源地向三合水厂供水，取水方式为南放水洞有压取水，进水口底高程为 188 米，出水口底高程为 184.75 米。由于取水口高程低，取用水库底层水，浊度较低，冬季属于低温低浊水，总氮及锰浓度高，氨氮及耗氧量较低，部分时日藻类含量高。原水经现有水处理工艺处理后，出水水质存在口感差、浊度高和锰含量超标现象，而水库上层水质较底部水质优良，锰含量符合标准。2012 年 3 月，公司决定投资 300 万元新建虹吸取水工程，取用黄前水库上层优质水，保障泰城用水安全。公司委托泰安市水利勘测设计研究院编制施工方案及施工图设计。4 月，市公用事业管理局下发《关于泰安市自来水公司三合水厂改造工程争取中央补助资金及实施黄前水库虹吸取水工程请示的批复》(泰公用发〔2012〕58 号)，同意按照专家论证意见，实施黄前水库虹吸取水工程。10 月，市水利和渔业局下发《关于黄前水库实施虹吸取水工程的批复》(泰水汛旱字〔2012〕19 号)，同意实施黄前水库虹吸取水工程，要求确保大坝安全。

2013 年初，公司与泰安市岱岳区黄前水库管理局签订黄前水库虹吸取水工程建设管理合同，合同约定由黄前水库管理局组织项目实施，建成后移交泰安市自来水公司。黄前水库管理局委托山东省水利工程局承建黄前水库虹吸取水工程，委托山东省科源工程建设监理中心监理。3 月 22 日工程开工建设，5 月 23 日完工。在水库近岸点设置浮船，安装取水口，取水口采用浮筒平台取水，由浮筒、连接构件及平台板组成，平面尺寸 15 米 ×7.5 米。平台采用桁架式摇臂联络钢管与岸边支撑平台支座连接。设计最高取水位 209 米，最低取水位 201 米，进出管口水位高差 21 米，设计流速 1.16 立方米 / 秒。在水库大坝右肩入库坡道外破挖水库大坝，并排敷设 2 条直径 800 毫米虹吸焊接钢管，与原取水管道连通，全长 567.6 米。在大坝下方管道弯头位置标高 206 米处建设一间泵房，设置抽真空泵组，抽取管道内析出空气，保证管道正常流量。

2014 年 3 月，岱岳区水务局主持黄前水库虹吸取水工程验收，质量评定为合格。泰安市开元工程造价咨询有限公司进行工程决算审计，工程定案值为 308.149259 万元，补偿及其他费用 11.0263 万元。3 月 15 日，黄前水库虹吸取水设施由黄前水库管理局移交公司所属三合水厂运营管理。

三合水厂砂滤池改造 三合水厂砂滤池 1993 年投入运行。原设计为双层滤砖多层滤料敷设，采用砾石堆积承托的级配结构“滤层”，6 组滤池，每组 2 格，单排布置，单格滤池尺寸 9.0 米 ×2.7 米，单池过滤面积 48.6 平方米，滤池深度 4.2 米，设计产水量 6 万吨 / 天。2007 年，砂滤池实施第一次改造。经过近十年的超负荷运行，出现滤料含泥率较高、板结、混层、漏砂、配水不均匀、反洗周期缩短、滤后水浊度偏高等问题，严重影响了水厂生产。

2016 年 6 月，公司决定改造砂滤池，提高滤后水水质，缓解膜处理车间运行压力。砂滤池改造工程由黑龙江新金山环保工程有限公司承建。8 月 18 日开工建设，11 月 6 日竣工，历时 78 天，工程投资 89.9 万元。改造内容有清除废旧石英砂，填装新滤料，采用浅层均质级配石英砂滤料，厚度 1 米，第一层石英砂粒径 0.5 ～ 1.0 毫米，厚度 500 毫米；第二层粒径 0.8 ～ 1.2 毫米，厚度 350 毫米；承托层粗砂粒径 2 ～ 4 毫米，厚度 150 毫米。更换新型 ABS 整体一次成型微缝隙过滤滤头 18144 套，更换不锈钢配水槽 72 条，并进行整体调平处理。经过六组砂滤池通水试运行，滤速 7.86 米 / 小时，水冲洗强度 15 升 /（秒 · 平方米），单水反冲冲洗水量为 730 升 / 秒，历时 6 ～ 8 分钟，膨胀率 40%，反洗周期 12 小时。进水浊度不大于 3NTU 的情况下，滤后水浊度不大于 0.8NTU，单池产水量达到 1 万吨 / 天。

第三节　环湖水厂一期工程

环湖水厂位于东岳大街西段路南、京沪铁路以北、大官庄奇石厂东邻，占地 2.13 公顷。为加快泰安旅游经济开发区、岱岳新区基础设施建设步伐，促进城市快速发展，保障人民正常生活用水及社会各项事业稳定发展，2009 年 3 月，公司决定实施环湖水厂建设工程。

一、环湖水厂建设过程

2009 年 3 月，公司委托山东农业大学编制完成环境影响报告表。市环保局下发审批意见（泰环审报告表〔2009〕28 号），同意环湖水厂项目按照报告表中提出的污染防治措施和批复要求进行设计建设。市发改委下发《关于泰安市自来水公司环湖水厂工程项目可行性研究报告的批复》（泰发改投资〔2009〕95 号），同意建设环湖水厂项目，

工程规模5.0万吨/天。建设内容有絮凝沉淀池、滤站、清水池、泵房、综合楼等；敷设输水管线3.5公里，配水管线6公里；工程总投资2808万元。11月，公司与岱岳区粥店办事处大官庄村签订土地补偿协议，对土地及地上附属物进行分户清点丈量，由金土地测绘信息中心现场测绘征地边界。

2010年4月，公司先期建设水厂院墙，由泰安隆鑫建筑安装工程有限公司承建，泰安市瑞兴工程咨询有限公司监理。9月，水厂院墙、厂区回填及高低压供水管网连接工程完工。12月，公司委托山东省鲁岳勘查开发有限公司进行地质勘察。

2011年5月，公司委托山东建大建筑规划设计研究院进行施工图设计，委托泰安市建设工程施工图审查中心进行施工图审查，核发施工图审查合格证（2011第157号）。10月，市政府颁发土地证（泰土国用2011第D-0405号），用途为公共设施用地；使用权类型划拨；使用权面积21324平方米。11月，市规划局颁发建设工程规划许可证（建字第370900201100649号），规划建筑面积2387平方米。公司经过实地调研后认为，泰安旅游经济开发区供水管网不配套，水厂供水区域小，用户较少，每天需水量不足5000立方米。公司决定先建设环湖水厂一期工程，水源由东岳大街供水主管道供给，经水厂增压后向旅游经济开发区供水。因供水控制方式简单，暂不建设中心控制室，建设规模由2387平方米调整为1176平方米。公司委托山东超越建设项目管理有限公司为招标代理进行施工和监理招标。工程设两个标段：机加工及仓储车间由山东泰安建筑工程集团有限公司承建；清水池、中心控制室、泵房、加氯间、传达室等由山东一箭建设有限公司承建，泰安市银桥工程建设监理有限公司监理。

2012年2月16日，环湖水厂开工建设，4月市住建委颁发建筑工程施工许可证（2012-00-017）。12月工程竣工，建成泵房、加氯间、机加工及仓储车间、清水池、传达室等，工程总投资1170万元。2013年初，环湖水厂向东岳大街西段供水，初步解决泰城西部缺水问题。

2014年3月，市环保局下发关于环湖水厂（一期）建设项目竣工环境保护验收的批复（泰环验〔2014〕17号），项目基本符合建设项目竣工环境保护验收规定，验收合格。

2015年7月，泰安市建筑工程质量监督站核发工程验收备案证书（备案编号BA2015-116号），工程达到合格标准。泰安市城建档案馆核发山东省建设工程档案合格证（鲁建档证0018318号）。

二、环湖水厂新建供水设施

环湖水厂一期工程建成泵房、加氯间、机加工及仓储车间、清水池、传达室等，建筑面积1176平方米。

泵房 单层，建筑面积259平方米，平面尺寸34.5米×7.4米，按功能分为泵房、配电室、仪表室、值班室等。泵房建筑类别二类，建筑设计使用年限50年，地震设防烈度6度，耐火等级二级，火灾危险性丁类，主体为混凝土框架结构，现浇楼屋面板，防水等级2级，建筑高度5.55米。2015年7月，在泵房西侧加建一间，平面尺寸5.1米×7.4米，作为水厂材料仓库。

加氯间 单层，建筑面积102平方米，平面尺寸12.8米×8米，建筑高度6.55米，安装1台二氧化氯发生器，补加氯。2014年底拆除，原址建设中心控制室。

机加工及仓储车间　单层，建筑面积785平方米，平面尺寸42.48米×18.48米，用于存储公司及水厂材料、设备等。车间建筑类别二类，建筑设计使用年限50年，地震设防烈度6度，耐火等级二级，火灾危险性戊类，主体为门式钢架结构，主体檐口高度6.9米。2014年12月，为建设综合加药间，拆除东侧三间18米，存有452平方米。

清水池　地下式，容积3000立方米。混凝土结构，平面尺寸28.6米×28.6米，有效水深4.4米，最高水位标高190.8米。

传达室　单层，建筑面积30平方米，砖混结构，设内外间，公司雇人值班。

第四节　环湖水厂二期工程

2014年初，公司按照泰城供水总体规划，结合泰城供水工作现状，在对泰城西部供水工作进行全面调研的基础上，经市政府同意，决定续建环湖水厂，供水规模1.0万吨/天，校核规模2.0万吨/天，取用大河水库原水，采用“高锰酸钾预氧化+混凝沉淀+超滤膜”水处理工艺。

一、环湖水厂二期建设过程

2014年6月，安通公司敷设直径600毫米环湖水厂原水输水管道2公里，原水由大河水库取水泵站加压经大辛庄村、天庭乐园、大官庄村输送至环湖水厂。

同年8月，市规划局颁发建设工程规划许可证（建字第370900201400311），规划建筑面积2860平方米，建设6栋1～2层，絮凝沉淀池及滤站、综合加药间、中心控制室、机加工及仓储车间、泵房、传达室，其中机加工及仓储车间、泵房、传达室为已在一期工程建成。环湖水厂项目列为2015年市委、市政府为民要办的十件实事之一。环湖水厂工程由上海市政工程设计研究总院（集团）有限公司设计，山东泰安建筑工程（集团）有限公司承担土建施工，天津南洋建筑工程有限公司承担工艺设备及自动化控制，泰安瑞兴工程咨询有限公司监理。11月2日，环湖水厂工地现场举行开工仪式，公司领导班子成员尚绪岳、丁合、杜丽丽、申立堂、赵新峰、杨勇及参与工程建设的工程技术人员参加了仪式。12月完成基础土方开挖、砂石充填，按级配分层分部充填砂石1.6万立方米，压路机碾压施工，静载试验地基承载力达到120千帕。

2015年1月，絮凝沉淀池及滤站、综合加药间、排泥排水池、中心控制室主体框架浇筑完成。5月，天津膜天膜科技股份有限公司进场安装不锈钢折板、吸泥机、工艺管道、阀门及超滤膜膜架。7月，公司调整泵房机泵及出厂管线配置，设高低压两套供水系统。水厂低压系统安装3台卧式双吸离心泵，2用1备，其中一台大泵，流量700立方米/小时，扬程30米；另外2台水泵流量387.5立方米/小时，扬程30米；水厂高压系统继续沿用1台立式离心泵，流量50立方米/小时，扬程50米。7月27日，副市长陈湘安带队到环湖水厂检查指导，调研抗旱应急供水工作。8月1日，水厂自动化调试成功，实现试产水。低压出水沿东岳大街、环湖路向城区、旅游经济开发区、岱岳新区供水；高压出水沿东岳大街西段向环山路以南区域供水。8月底，公司通过调整配水管网沿途阀门，向环山路以南、旅游经济开发区、岱岳新区、高铁新片区加压供水，流量增至700立方米/小时，扬程25米。环湖水厂工程采用国际先进的“超滤膜组合制水工艺”，出水水质稳定，检测结果表明，各项指标达到国家《生活饮用水卫生标准》（GB 5749—2006），出水水质合格，圆满完成了市委、市政府为民要办的实事工程任务，是公司水质提升工作的又一力作。

同年12月，公司邀请市质监站、勘察单位、设计单位、监理单位、施工单位、跟踪审计单位依据建设工程质量验收标准对环湖水厂工程进行质量验收，工程达到合格标准。环湖水厂二期工程总投资3600万元。

2016年3月，厂区绿化开工，6月完工，完成绿化面积近1万平方米。2017年4月，泰安市城市建设档案管理处核发山东省建设工程档案合格证（鲁建档证0027462号）。

二、环湖水厂二期新建供水设施

环湖水厂二期工程新建絮凝沉淀池及滤站、综合加药间、中心控制室、清水池、排泥排水池，取水泵站，拆除加氯间及机加工车间东三跨，新建建筑面积2277平方米。

絮凝沉淀池及滤站 2014年11月絮凝沉淀池及滤站开工，2015年4月设备安装，7月设备及自动化系统调试，8月1日试运行。絮凝沉淀池及滤站地上一层，建筑面积1306.9平方米，平面尺寸62米×21.95米，内设絮凝沉淀池、膜池及控制室、配电室、加药间、空压机房、鼓风机房等辅助车间。絮凝沉淀池采用机械混合折板絮凝斜管沉淀工艺，平面尺寸17.7米×23.6米，分2格。进水最高水位标高193.7米，出水水位标高192.7米，设置2台长杆低速搅拌机，2台真空自吸刮泥机。膜池采用浸没式超滤膜，平面尺寸10.5米×24.9米。设6格，单格平面尺寸3.8米×4.3米，进水最高水位标高192.5米。每格设8排膜架，192柱膜，单池膜面积6720平方米，设计膜通量24升/（立方米·小时），强制通量35.9升/（立方

环湖水厂 （2017年10月 摄）

米·小时），水冲洗过膜通量 65 升 /（立方米·小时），气擦洗强度 70 立方米 /（平方米·小时）。膜处理车间内设 6 台容积式抽吸泵，2 台鼓风机，2 台反冲洗离心泵，1 台立式离心泵，2 台空气压缩机，1 套常吊真空装置，4 台隔膜计量泵等。膜池采用日常气水反冲洗与周期性化学清洗相结合，化学清洗又分为相对较短周期的维护性化学清洗和相对较长周期的恢复性化学清洗。

絮凝沉淀池及滤站建筑类别二类，建筑设计使用年限 50 年，地震设防烈度 6 度，耐火等级二级，火灾危险性戊类，主体为框架结构，钢屋面，建筑高度 12.069 米。

综合加药间 2014 年 12 月综合加药间开工，2015 年 5 月设备安装，7 月设备及自动化系统调试，8 月 1 日投入试运行。综合加药间地上一层，建筑面积 271.94 平方米，平面尺寸 17.95 米 ×15.15 米，按使用功能分为粉炭投加间、矾液投加间、次氯酸钠投加间、高锰酸钾投加间、配电室、控制室。次氯酸钠投加间，设 4 台隔膜计量泵，2 台 0.9 立方米次氯酸钠贮罐。室外设 2 格次氯酸钠储液池，有效容积 12 立方米，安装 2 台液下耐腐蚀提升泵。水厂设投加点 3 处，正常加氯量 1.5 毫克 / 升。加矾间，设 3 台隔膜计量泵，2 格溶液搅拌池，有效容积 6 立方米，2 台溶液搅拌机。室外设置 2 格储液池，有效容积 16 立方米，液下耐腐蚀提升泵 2 台。水厂设投加点 2 处，最大加矾量 25 毫克 / 升。粉末活性炭投加间采用料仓式投加成套设备，由料仓储存系统、粉料精确计量输送系统、炭浆制备存储系统、炭浆螺杆泵投加系统、PLC 自动化控制系统五部分组成。粉末活性炭自动投加，最大投加量 27.5 毫克 / 升，水厂设投加点 1 处。料仓直径 2.5 米，有效容积 30 立方米；制备储液罐 7 立方米，连体双罐。安装 2 台螺杆泵，1 用 1 备，全变频防爆。螺杆泵额定流量 1 立方米 / 小时，压力 0.4 兆帕。高锰酸钾投加间，采用现场制备溶解池溶解计量泵投加。投加间内设 2 格溶解池，有效容积 6 立方米，设 2 台搅拌机，2 台隔膜式计量泵，1 用 1 备。水厂设投加点 1 处，最大投加量 1 毫克 / 升。

综合加药间建筑类别二类，建筑设计使用年限 50 年，地震设防烈度 6 度，耐火等级二级，火灾危险性粉炭投加间为乙类，其余为戊类，主体为框架结构，现浇楼屋面板，防水等级Ⅱ级，建筑高度 9.35 米。

中心控制室 2014 年 12 月中心控制室开工，2015 年 8 月中心控制室启用，水厂工作人员顺利入驻。中心控制室按使用功能分为办公室、会议室、微机室、化验室、多功能厅等。中心控制室地上二层，建筑面积 458 平方米，平面尺寸 18.54 米 ×12.34 米，建筑类别为三类普通办公建筑，建筑设计使用年限 50 年，地震设防烈度 6 度，耐火等级二级，主体为框架结构，现浇楼屋面板，防水等级Ⅱ级，建筑高度 8.9 米。

清水池 2015 年 3 月清水池开工，6 月主体完工，7 月投入运行。清水池地下式，容积 2371 立方米，其中消毒接触区容积 475 立方米，平面尺寸 28.6 米 ×20.6 米，有效水深 4.4 米，最高水位标高 190.8 米。清水池东侧设连通管、阀门与一期清水池连通蓄水，南侧设连通管、阀门与泵房进水母管连通。

排泥排水池 分三格，分别为排泥池、排水池、中和池，单池容积 229 立方米，平面尺寸 18 米 ×10.8 米，有效水深 3.3 米。

排泥池接纳沉淀池排泥水，排水池接纳膜池反冲洗废水，中和池接纳膜池化学冲洗废水，设置潜污泵排水和直排两种方式，排入东岳大街市政污水管网或水厂东侧溢洪道。

取水泵站　占地 2.5 亩，未办理土地征用手续，土地分属市果树研究所及大河水库管理处。取水泵站由上海市政工程设计研究总院（集团）有限公司设计，泰安市水建工程承包有限责任公司承建，泰安瑞兴工程咨询有限公司监理。2015 年 1 月开工建设，在大河水库西侧近岸点筑土围堰，倒运土方近 2 万立方米，设置施工通道，方便施工，保证施工安全。7 月取水泵站完工，建成泵房、配电室、吸水井。由于天平湖兼顾抽水蓄能发电，水位升降频繁，落差近 2 米，对水岸土方剥蚀较大，影响原水水质。取水泵站外围采用浆砌毛石围堰，用挖沙船、长臂挖掘机将原土围堰及取水口周边杂物清理干净，保证原水水质。7 月 17 日，取水头部开机试运行，调整沿线阀门，向环湖水厂输送原水，为水厂工艺自动化设备调试创造条件。8 月 1 日，环湖水厂正式运行，向环湖水厂日供水 1 万 ~ 2 万立方米。

泵房、配电室单层，建筑面积 266.36 平方米，平面尺寸 25.87 米× 8.75 米。泵房地下部分深 6.9 米，安装 4 台水泵，1 台真空泵，其中 2 台水泵流量 480 立方米 / 小时，扬程 41 米；另 2 台水泵流量 240 立方米 / 小时，扬程 41 米，2 用 2 备。泵房建筑类别二类，建筑设计使用年限 50 年，地震设防烈度 6 度，耐火等级二级，火灾危险性戊类，主体为混凝土框架结构，现浇楼屋面板，防水等级Ⅱ级，建筑高度 7.7 米。

吸水井平面尺寸 9 米 ×7.4 米，分 2 格，池底标高 158.5 米，池顶标高 167.8 米，混凝土结构。出水侧与泵房机泵进水管连接，原水侧安装直径 450 毫米涂塑钢管向湖区延伸 18 米，连接预制混凝土取水箱。取水箱尺寸为 2 米 ×2 米 ×2.5 米（高），取水箱上坪标高 159.59 米，低于大河水库蓄能发电水位 1 米，上口安装不锈钢格栅，间距 10 厘米，防止杂物被吸入。涂塑钢管底抛石铺平，管顶压石，起到抗浮及稳定作用。

2017 年环湖水厂絮凝沉淀池及滤站主要设备一览表

表 2-2

编号	设备名称	数量	单位	性能规格	备注
1	立式单吸离心泵	2	套	Q=450m^3/h H=15m P=30Kw	膜处理车间反冲洗增压泵，1 用 1 备，变频，耐 0.5% 浓度的酸、0.5% 浓度的碱、1000mg/L 浓度的次氯酸钠、2% 浓度的柠檬酸腐蚀
2	卧式单吸离心泵	1	套	Q=150m^3/h H=20m P=15Kw	膜处理车间药洗循环泵，变频，耐 0.5% 浓度的酸、0.5% 浓度的碱、能抵御 10% 的次氯酸钠溶液腐蚀
3	抽吸凸轮转子泵（产水泵）	6	台	流量：245m^3/h 压差：1bar 功率：15Kw 3 翼螺旋转子	引进，要求能短时抵御 10% 的次氯酸钠溶液腐蚀
4	罗茨鼓风机	2	套	Q=16.2m^3/min H=5m 功率 22Kw	1 用 1 备，变频调速

续表 2-2

编号	设备名称	数量	单位	性能规格	备注
5	空气压缩机	2	台	Q=40~45m^3/h H=1.0MPa P=5.5Kw	1 用 1 备，储气罐容积 1.0m^3
6	真空引水装置	1	套	流量 3.8m^3/min 功率 5.5Kw 最低吸气压力 9mH$_2$O	内设真空泵 2 台及真空罐，2 常用
7	隔膜计量泵	4	套	30L/h 3bar 0.37Kw	投加次氯酸钠，3 用 1 备，包括脉冲阻尼器、背压阀、安全阀等

第五节 泉河水厂、南关水厂清水池建设

泉河水厂清水池建设 泉河水厂 2 座清水池始建于 1998 年 6 月，总容积为 6000 立方米，一直在使用。2013 年 12 月，为适应高新区昼夜用水变化，增强泉河水厂的调控能力，公司决定结合泰安高新区泺亨物流项目实施，在泉河水厂周边新征地 19.3 亩，建设清水池及水质提升设施。

2014 年 3 月，泉河水厂 3 号清水池开工建设，6 月完工，工程投资 260 万元。清水池由泰安市城市建设设计院设计，山东泰安建筑工程集团有限公司承建，泰安瑞兴工程咨询有限公司监理。因厂区空间受限，3 号清水池做成梯形，容积 5100 立方米，平面尺寸长边 48.65 米，短边 37.55 米，宽 33.85 米，水深 3.6 米，水池最高水位标高 127.7 米。3 号清水池建成后，泉河水厂清水池总容积达到 11000 立方米，增强了泉河水厂的供水调控能力。

2017 年 1 月，公司委托山东益通安装有限公司在新增地块内填土压实，清退 2 户搬迁户，回填土方量 19920 立方米。2 月开始砌筑泉河水厂院墙，整修水厂传达、路面等，11 月工程完工，砌筑院墙 460 米，整修院墙 147 米，整修抬高进厂路面、传达、大门等，为实施水质提升工程创造条件。

南关水厂清水池建设 南关水厂 3 座清水池始建于 1987 年 3 月，总容积为 6000 立方米，一直在使用。2014 年 9 月，为适应城区昼夜用水变化，增强南关水厂的调控能力，公司决定在南关水厂西侧加建 4 号清水池。

2015 年 3 月 6 日，南关水厂 4 号清水池开工建设，6 月完工，工程投资 100 万元。清水池由泰安市城市建设设计院设计，泰山区王家庄建筑公司承建，泰安瑞兴工程咨询有限公司监理。因厂区空间受限，4 号清水池做成梯形，容积 1800 立方米，平面尺寸长边 25 米，短边 15.9 米，宽 25.6 米，水深 3.6 米，水池最高水位标高 130.91 米。8 月初，重建水厂传达室。4 号清水池建成后，南关水厂清水池总容积达到 7800 立方米，增强了南关水厂的供水调控能力。

第三章　供水增压站建设

2008—2017 年，公司运行的主要增压站有青春创业园供水增压站、东区供水增压站、西区供水加压站、高铁新区供水加压站、凤凰岭供水增压站，其中青春创业园增压站于 2008 年 12 月启用，东区增压站于 2012 年 11 月试运行，迁建后的西区加压站于 2017 年 6 月试运行，高铁新区加压站于 2017 年 8 月实现简易加压供水，凤凰岭增压站补办用地手续。

第一节　青春创业园供水增压站

青春创业园供水增压站始建于 2003 年 5 月，位于泰东路以西泰肥一级路北侧，占地 2.38 公顷，设计供水规模 5.0 万吨 / 天。因泰东路输水管道未贯通，建成后未发挥供水增压作用。2008 年 5 月，市政府颁发青春创业园增压站国有土地使用许可证，划拨土地 23751 平方米，用途为公用设施用地。

为解决岱岳新区、青春创业园区供水量、水压不足问题，解决青春创业园供水增压站来水问题，2008 年初，泰东路改造，公司与岱岳区政府协商，决定沿泰东路敷设青春创业园增压站进水管线，由岱岳区政府负责沟槽开挖回填及沿线的协调赔偿工作，公司负责管材采购及安装。同年 6 月，泰东路供水管道工程开工，11 月，泰东路供水管线全线贯通，敷设直径 800 毫米管道 3965 米，其中钢筋混凝土管道 3530 米，钢管 435 米，途径岱岳区上旺村、宋家庄、六郎坟、李家庄，跨京福高速公路、李家庄桥、宋家庄桥，到达青春创业园供水增压站。公司召开专门会议研究增压站供水范围、供水压力和供水量问题，保证增压站顺利运行。12 月 9 日，增压站举行通水庆典仪式，公司领导及岱岳区领导出席仪式，正式向青春创业园区、岱岳新区各用户供水，解决岱岳新区、青春创业园区供水压力压不足的问题。

2013 年 12 月，为适应青春创业园区昼夜用水变化，增强增压站调控能力，公司决定加建 2 号清水池。2014 年 2 月 26 日，2 号清水池开工，6 月清水池完工，工程投资 255 万元。清水池由泰安市城市建设设计院设计，山东泰安建筑工程集团有限公司承建，泰安瑞兴工程咨询有限公司监理，清水池容积 5000 立方米，平面尺寸 48.65 米 × 30.1 米，水深 3.6 米，水池最高水位标高 165 米。青春创业园增压站两座清水池总容积达到 8000 立方米，增强了增压站供水调控能力，供水规模达到 2 万吨 / 天。青春创业园增压站由泉河水厂管理。

第二节　东区供水增压站

随着泰山工业园区快速发展，泰山方特、山东电校、鲁商国际社区等项目陆续开建，加上北部地势较高，水压和水量均不能满足使用要求，泰城东部新区供水日趋紧张。为抢占泰城东部新区供水市场，解决水量不足问题，2011年9月，公司决定建设东部新区供水增压站，增压站位于东部新区明堂路以东，富城路以北，明堂河以西，占地3.05亩，设计供水规模1.0万吨/天。因建设用地、规划手续繁杂，为加快工程建设进度，公司决定工程采取合作建设方式，委托泰安市科苑基础产业投资建设有限公司负责建设，山东泰山工业园管委会全过程监督。东区供水增压站由济南市政设计院设计，泰安市东城建筑工程有限公司承建，泰安市瑞兴工程咨询有限公司监理。

2012年2月7日，增压站开工，9月竣工、验收，11月2日，联合试运行成功，实际供水2000立方米/天，工程投资404万元。2013年底，安装2台立式泵，流量分别为85立方米/小时、32立方米/小时，扬程60米。东区供水增压站由泉河水厂管理。

东区供水增压站建成泵房、清水池各一座，建筑面积183.6平方米。泵房单层，建筑面积129.6平方米，平面尺寸13.5米×9.6米，设置4台水泵机位。加氯间与泵房合建，单层，建筑面积20.25平方米，平面尺寸4.5米×4.5米，建筑高度3.6米，设计采用1台二氧化氯发生器，补加氯。值班室与泵房合建，单层，建筑面积33.75平方米，平面尺寸7.5米×4.5米，建筑高度4.9米。泵房地震设防烈度6度，耐火等级二级，主体为混凝土框架结构，现浇楼屋面板，防水等级二级，建筑高度5.6米。清水池为半地下矩形钢筋混凝土结构，容积2600立方米，分2格，平面尺寸30.4米×22.8米，有效水深3.75米，最高水位标高148.7米。清水池建筑结构安全等级二级，建筑设计使用年限50年，地震设防烈度6度，耐火等级一级，地下防水一级。

第三节　西区供水加压站迁建

西区供水加压站始建于1989年，位于东岳大街以南、长城路以东、泰安海关以西王家庄村，占地13.13亩，后因东岳大街拓宽占用0.78亩，路边绿化占用0.96亩。设计供水规模1.5万吨/日，主要承担增压站以西、长城路和迎宾大道两侧的供水任务，至2017年6月，一直在使用。

2012年8月，市规划局调整泰山乐园地块规划条件，将公司西区供水加压站迁至河东A-02地块重建，用地性质为供水用地。储备现加压站土地11.40亩，并办理注销和变更手续。11月，市土地收购储备中心与公司签订国有建设用地使用权预划拨协议书，将正元大厦西地块3505平方米划拨给公司，要求支付土地价款197.15625万元。将原西区加压站土地7603平方米收储，按划拨评估价进行补偿。是月，公司委托济南市政设计院编制项目申请报告。市环保局下发审批意见（泰环审报告表〔2012〕176号），同意西区供水加压站项目建设。12月，市发改委下发《关于泰安市西区供水加压站建设项目的核准意见》（泰发改投资〔2012〕519号），同意公司建设西区供水加压站项目，建设清水池一座，控制楼5200平方米，项目总投资1943.35万元。

2013年4月，公司委托山东正元建设工程有限责任公司编制岩土工程勘察报告，委托山东省建筑设计研究院进行施工图设计。

2015年4月，市政府颁发西区加压站土地证［泰土国用（2015）第012号］，地类为公共设施用地，使用权类型为划拨，使用权面积3505平方米。市规划局颁发建设工程规划许可证（建字第370900201500135号），建设规模5040平方米。4月16日，西区供水加压站控制楼开工，山东泰安建筑工程集团有限公司承建，泰安瑞兴工程咨询有限公司监理。9月泰安市住建局颁发建设工程施工许可证（2015-00-078）。10月23日清水池开工，12月16日清水池主体完工，2016年1月7日，清水池试水成功。

2016年9月控制楼工程整体完工。泵房设在控制楼地下一层，安装2台卧式离心泵，大泵流量285立方米/小时，扬程62米；小泵流量160立方米/小时，扬程78米。2017年6月，试运行，在应急状态下向泰城西部增压供水。西区加压站由泉河水厂管理。

2017年9月，市环保局下发竣工环境保护验收的批复（泰环验〔2017〕85号）。10月，公司将地上六层整体租赁给威海市商业银行。12月泰安市城市建设档案管理处核发山东省建设工程档案合格证（鲁建档证0027535号）。工程总投资1890万元。

西区供水加压站建成控制楼、清水池各一座。控制楼框架结构，独立基础，地上六层，地下一层，建筑面积5040平方米，设有泵房、加氯间、机修间、化验室、在线监测、值班室等。控制楼建筑类别二类，建筑设计使用年限50年，地震设防烈度6度，耐火等级二级，屋面防水等级二级，建筑高度23.8米。清水池地下式，位于控制楼北侧停车场，容积2400立方米，平面尺寸27.6米×23.4米，水深4米，最高水位标高160.3米，池顶覆土0.5米，浇筑混凝土地面，作为楼前广场。主体为框架结构，筏板基础。建筑结构安全等级二级，建筑设计使用年限50年，地震设防烈度6度，耐火等级一级，地下防水Ⅰ级。

第四节　高铁新区供水加压站

随着京沪高铁泰安站区建设及区内招商引资项目的开展，高铁新区成长为以公建和居住为主的城市综合组团，成为泰城新的经济增长点。为全面做好高铁新区及周边区域的供水服务工作，解决供水问题，2016年11月，公司决定在高铁新区建设一座供水加压站，加压站位于万官大街以北，粥顶山路以东，普惠家园西区西邻，占地6.5亩，供水规模为2.0万吨/天。

为尽快解决高铁新区住宅小区缺水问题，公司先期建设清水池。2017年4月清水池开工，7月竣工，工程投资170万元。清水池由山东泰安建筑工程集团有限公司承建，泰安瑞兴工程咨询有限公司监理。8月公司二次供水办公室在池顶设置临时泵房，安装成套变频供水设备，安装3台水泵，流量120立方米/小时，扬程55米，实现简易供水，有效解决了周边新建小区居民的用水问题，促进周边居民、村民的顺利回迁。清水池全地下钢筋混凝土结构，容积1800立方米，因空间受限，平面形状为梯形，平面尺寸长边28米，短边13.5米，宽27.7米，有效水深4米，最高水位标高151.6米。

同年8月，公司委托泰安市睿泰建设项目管理有限公司编制高铁新区供水加压站项目申请报告；委托山东环泰环保科技有限公司编制环评报告表；委托泰安市城市建设设计院编制工程规划和施工图设计。12月，市环保局下发审批意见（泰环审报告表〔2017〕49号），同意建设。至2017年底，公司办理高铁新区供水加压站土地规划等手续。

第五节　凤凰岭供水增压站

泰安高新区凤凰岭供水增压站始建于2006年，位于泰安市高新区凤天路以东，南天门大街以南，占地40.44亩，设计供水规模5万吨/天。2007年8月建成泵房、机修间、清水池、传达等，未投入运行。

2015年1月，公司补办建设手续。9月，市规划局核发规划条件。12月，公司委托泰安市城市建设设计院编制高新区凤凰岭供水增压站项目规划和施工图。

2016年3月，公司补办高新区凤凰岭供水增压站项目选址意见。11月，公司委托山东环泰环保科技有限公司编制凤凰岭供水增压站环境影响评价报告表。市环保局下发审批意见（泰环审报告表〔2016〕K23号），同意项目建设。公司委托泰安市睿泰建设项目管理有限公司编制凤凰岭供水增压站项目申请报告。12月，市高新区管委会下发《关于凤凰岭供水增压站建设项目申请报告的核准意见》（泰高项核字〔2016〕5号），同意建设凤凰岭供水增压站，建筑面积10708.2平方米，主要建设业务综合楼、加氯间、配电室、机修车间、仓库、泵房及附属配套设施；工程总投资4941.86万元。

2017年2月，市规划局颁发建设用地规划许可证（地字第370900201700016号），项目占地26963平方米。至2017年底，公司办理凤凰岭供水增压站土地手续。

第四章　输配水管网

泰安市区地势由北向南倾斜，北高南低，北部地面平均坡度为5% ~ 8%；中部及南部为1% ~ 2%，地势高差100余米，供水系统采用分区分压供水，供水管网以环状网为主，辅以枝状网布置方式。十年间，公司经过不断发展壮大，供水规模不断扩大，泰安城区输配水管网不断延伸，敷设改造直径75毫米以上输配水管网460余公里，形成了一定的规模。

第一节　输水管网建设与改造

旧县水源地至南关水厂输水管线改造工程　旧县水源地至南关水厂输水管线始建于1982年，经过近三十年的运行，开始频繁发生破裂、爆管事故，严重影响公司的生产经营，已经不能满足供水需要。2011年12月，公司研究决定借泰楼路改造之机对输水管道

进行改造，敷设一条长7.9公里，直径800毫米的球墨铸铁管。公司成立旧县水源地输水管线改造工程建设指挥部，公司党委书记、经理尚绪岳任指挥，党委委员、副经理赵新峰任副指挥，赵树秋、陈军、张帆、李秋强、刘海明、焦成龙、续青、张宝忠、林涛为成员。

2012年2月，工程开工，工程由安通公司施工，山东同力建设项目管理有限公司监理。8月，泰山区公路局对泰楼路篦子店至泮河大街路段进行改造，公司抓住机会，同泰山区公路局合作，敷设宅子村至泮河大街直径800毫米球墨铸铁管共6.7公里，基本完成更新旧县水源地一期、二期直径600毫米输水管线的施工任务。工程竣工后，旧县水源地向南关水厂正常供水，有效保障泰城的供水需求，解决了旧县水源地供水安全问题。

汶口水源地输水主管道改造工程 为彻底解决汶口源地输水主管道（三阶段水泥管）的爆管问题，2011年12月，公司决定对汶口水源地至泉河水厂输水管线进行改造。工程由保定市浩宇管道维护有限公司和河南中拓石油工程技术股份有限公司承担不锈钢内衬改造施工，安通公司承担球墨铸铁管道施工。为加快施工进度，2012年7月，公司成立改造工作领导小组，公司党委书记、经理尚绪岳任组长，党委委员、纪检书记暴勇生，党委委员、副经理赵新峰任副组长，赵树秋、刘海明、续青、陈军、张宝忠为成员。

2010年10月至2013年6月，公司分段实施了汶口水源地输水主管道不锈钢内衬改造工程，累计完成不锈钢内衬改造12公里，更新敷设直径1000毫米球墨铸管2.36公里。2013年6月汶口水源地输水主管改造基本完成，公司补办建设审批手续。公司委托泰安市城市建设研究院编制泰安市城区供水基础设施工程项目可行性研究报告，委托泰安市环境保护科学研究所编制环境影响报告表。7月，山东省工程咨询院编制《关于山东省泰安市城区供水基础设施工程可行性研究报告的评估报告》（鲁供咨投字资〔2013〕208号）。市环保局下发审批意见（泰环审报告表〔2013〕65号），同意项目建设。8月，省发改委下发《关于泰安市城区供水基础设施工程可行性研究报告的批复》（鲁发改投资〔2013〕1049号），同意项目建设，工程规模为改建汶口水源地直径1000毫米输水管线14.9公里，其中更换预应力混凝土管道9.9公里，采用不锈钢内衬技术改造管道5公里，项目总投资4552万元。11月，公司委托山

供水管道敷设　　（2013年12月　摄）

东华城城建设计工程有限公司承担工程施工图设计。

2014年1月，济南齐鲁施工图审查有限公司核发施工图审查合格证（2014第05号）。7月，市规划局颁发建设工程规划许可证（建字第370900201400282号），同意规划建设供水管道14.9公里。公司委托泰安市睿泰建设项目管理有限公司对施工及监理单位进行公开招标，确定由安通公司承建，青岛市政监理咨询有限公司监理。2015年6月，市住建局颁发建筑工程施工许可证（2015-06-001），至2017年底，公司办理工程验收备案手续。

小安门水库引水工程 2013年前后，泰安连续干旱，降水未形成地表径流，黄前水库蓄水严重不足，无法保障泰城居民用水需求，对泰城供水构成严峻险情。小安门水库兴利库容1380万立方米，是一座以防洪为主兼顾灌溉和城镇供水等综合利用的中型水库，公司经实地考察后认为小安门水库可以作为泰城应急水源地。2014年10月，公司决定建设小安门水库引水工程，并向上级主管部门报告。12月4日，市政府副秘书长郑晓明主持召开会议，专题研究小安门水库引水工程建设问题（专题会议纪要第62期）。会议要求尽快实施小安门水库引水工程，实现与黄前水库输水管线合拢，减轻黄前水库供水压力。会议确定小安门水库引水工程由市自来水公司负责，市审计局对工程进行工程决算审计。会议还确定了临时占地补偿问题、建设用地及选址问题、水源保护、建设资金及实施、建设手续办理等问题。小安门水库引水工程被市委、市政府列为2015年为民要办的十件实事之一。12月，公司委托淄博市工程咨询院编制可行性研究报告，委托泰安市水利勘测设计研究院编制《泰安市小安门水库引水工程水资源论证报告书》。12月27日，小安门水库引水工程开工。输水管线由泰安城市建筑设计院设计，安通公司施工，青岛市政监理工程咨询有限公司监理。

2015年1月，取水泵站开工。取水泵站位于小安门水库东南角放水洞附近，占地0.17公顷，建设泵房、变配电室、值班室一座，建筑面积322平方米。泵房由山东省鲁岳勘查开发有限公司勘察，上海市政工程设计研究总院设计，泰安聚隆建筑安装公司施工，青岛市政监理工程咨询有限公司监理。3月，取水头部安装500千伏安箱式变压器1台，水泵2台，流量690立方米/小时，扬程58米。4月，输水管线全线贯通，从小安门水库取水头部途径岱岳区祝阳镇、山口镇2个乡镇5个自然村至黄前水库输水管道西碾疃村处合口，安装直径600毫米球墨铸铁管16.7公里。5月，小安门水库原水引入三合水厂，实现简易供水，最高日供水2万立方米，缓解了三合水厂供水紧张状况。7月，取水泵站完工。

小安门水库引水工程是应对持续干旱少雨，保障泰城供水的应急抢险引水工程，公司依据市政府专题会议纪要意见补办建设手续。2015年11月，泰安市岱岳区小安门水库管理所同意公司占用水库大坝管理区土地建设取水泵站，双方签订土地租用协议。公司委托泰安市环境保护科学研究所编制项目环境影响报告表。12月，市环保局下发环评批复（泰环评报告表〔2015〕90号），同意项目建设。

2016年2月，省水利厅下发《关于泰安

市小安门水库引水工程取水申请的批复》（鲁水许字〔2016〕61号），同意泰安市小安门水库引水工程选取小安门水库作为泰城应急供水水源地，向泰安城区及泰安市岱岳区祝阳镇、山口镇镇驻地供水，遭遇特枯年份或应急状况下，年可向泰安城区供水162万立方米。泰安市工程咨询院编制可行性研究报告的评估报告（泰工咨评〔2016〕2号）。6月，市发改委同意补办《关于泰安市小安门水库引水工程可行性研究报告的批复》（泰发改审批〔2016〕36号），同意可行性研究报告提出的建设方案，项目取水泵站规划占地2200立方米，工程管线经金井村、东大官庄、大路官庄、夹河村、东太平村，在西碾疃村附近并入黄前一期、二期引水管线，项目取水规模为3万吨/天。主要建设内容包括取水头部改造，新建取水泵站1座，454.5平方米，敷设直径600毫米球墨铸铁管16.5公里。工程估算投资3964.6万元，其中工程费用2702万元。所需资金由市财政扶持1818万元，其余部分由公司自筹解决。

2017年3月，市规划局颁发建设工程规划许可证（建字第370900201700077号）。8月，济南齐鲁施工图审查有限公司进行施工图纸审查，核发山东省市政工程施工图设计文件审查合格证（2017第130号）。9月，市审计局对小安门水库引水工程进行审计，出具审计报告（泰审报〔2017〕55号），审计定案值2435.49万元。10月，公司委托山东国泰建筑工程设计咨询有限公司出具工程检测鉴定报告，至2017年底，公司办理工程验收备案手续。

彩山水库应急引水工程　彩山水库兴利库容1055.8万立方米，是一座以防洪为主，兼顾灌溉和城镇供水等综合利用的中型水库。彩山水库上游基本无污染源，水质良好，清澈透明，宜作饮用水源，水质和水量符合向城区供水条件。2014年5月，省水利厅下发《关于泰安市自来水公司应急水源地办理取水许可意见的函》（鲁水资函字〔2014〕19号），同意为提高泰安城区在遭遇特枯年、连续干旱年及发生突发性污染事件等供水风险时的供水保障能力，选取彩山水库为应急供水水源地，每年可向泰安城区应急供水313.3万立方米。

2015年，泰安降水量仍偏少，各水源地蓄水量不足。为缓解泰城严重缺水局面，保障泰城人民用水需求，同年10月9日，市委副书记、市长王云鹏召开会议，专题研究彩山水库应急引水工程及供水保障工作等有关事宜（专题会议纪要第43期）。会议认为，为进一步增强城市供水基础设施保障能力，加快实施彩山水库应急引水工程建设十分必要。会议确定，为积极应对当前持续干旱的严峻形势，先期实施彩山水库应急引水工程，要求10月底开工建设，力争2016年3月底前并网送水。彩山水库应急引水工程由泰安市自来水公司负责具体实施，建设资金企业筹集一部分，市财政补贴一部分。为加快工程推进，由陈湘安副市长牵头成立专门工作班子，围绕目标，分清职责，精心组织，研究并落实会议确定的各项工作任务。

公司召开会议，认为彩山水库引水工程是市政府确定的应急引水工程，借鉴小安门水库引水工程边施工边办理相关手续的模式尽快实施。同年10月21日，彩山水库应急引水工程输水管线开工。输水管道由泰安市城市建设设计院设计，安通公司施工，青岛市政监理咨询有限公司监理。11月，公司委托泰安市睿泰建设项目管理有限公司编制可行性研究报告；委托泰安市环境保护科学研究所编制项目环境影响报告表。岱岳区彩山水库管理所同意公司占用水库大坝管理区土地建设取水泵站，双方签订土地租用协议。同月，取水泵站开工，由上海市政工程设计研究总院设计，山东禹工建设工程有限公司承建，青岛市政监理咨询有限公司监理。取水泵站位于彩山水库东北角，供水规模2.5万吨/天，建筑面积123平方米。12月，市环保局下发环评批复（泰环审报告表〔2015〕91号），同意项目建设。

2016年2月，泰安市工程咨询院编制《泰安市彩山水库引水工程可行性研究报告》的评估报告（泰工咨评〔2016〕1号）。3月，彩山水库应急引水工程输水管线完工，向三合水厂试送水。输水管线途经化马湾、角峪、徂徕、范镇、祝阳五个乡镇及十多个村庄，敷设直径600毫米球墨铸铁管21.263公里，在大路官庄附近汇入小安门水库引水管线。同月，取水泵站安装250千伏安箱式变压器2台，安装水泵2台，流量505立方米/小时，扬程74米，实现简易供水，最高日供水2万立方米，缓解了三合水厂供水紧张状况。5月27日，取水泵站竣工。

同年6月，市发改委同意补办《关于泰安市彩山水库引水工程可行性研究报告的批复》（泰发改审批〔2016〕35号），同意可行性研究报告提出的建设方案，项目取水规模为2.5万吨/天，主要建设内容：取水头部改造，新建取水泵站1座，286平方米，敷设直径600毫米球墨铸铁管21公里。工程估算投资4619.2万元，其中工程费用3177万元。所需资金由市财政扶持2000万元，其余部分由公司自筹解决。

2017年3月，由泰安市规划局颁发建设工程规划许可证（建字第370900201700076号）。8月，公司委托济南齐鲁施工图审查有限公司完成施工图纸审查，核发山东省市政工程施工图设计文件审查合格证（2017第130–1号）。10月，山东国泰建筑工程设计咨询有限公司出具工程检测鉴定报告，公司办理工程验收备案手续。

黄前水库至三合水厂输水管线工程 为解决黄前水库一期输水管道胶圈老化、爆管、跑冒滴漏等问题，保障泰城供水安全，提高供水保障率，2016年7月，公司召开会议，认为黄前水库一期输水管道已运行24年，存在一定的安全隐患。为进一步增加三合水厂生产能力，确保优先使用地表水，会议确定新敷一条黄前水库至三合水厂输水管线18公里，替代原输水管线，管材选用直径1200毫米球墨铸铁管。公司委托山东省鲁岳资源勘查开发有限公司进行输水管线工程岩土勘察。8月，公司委托泰安市睿泰建设项目管理有限公司编制黄前水库至三合水厂输水管线工程项目申请报告。9月，公司委托泰安市环泰环保科技有限公司编制项目环境影响报告表。10月，市环保局下发审批意见（泰环审报告表〔2016〕56号），同意项目建设。12月，市发改委下发《关于泰安市黄前水库至三合水厂输水管线工程核准意见》（泰发改审批〔2016〕64号），建设取水头部及输水管线，项目估算总投资10828.61万元，项目建设期5年。黄前水库至三合水厂输水管线工程主要建设内容有黄前水库取水头部改造和18公里直径1200球墨铸铁管输水管线敷设。黄前水

库取水头部改造利用放水洞兼做取水涵洞，涵洞末端封堵后连接直径1400毫米钢管，钢管后分两路：一路直径900毫米作为灌溉预留管头，一路直径1200毫米作取水总管；输水管线自黄前水库起在黄前西干渠内敷设，再沿黄前西干渠南侧现状路、谢过城街、黄前西干渠路敷设，下穿温泉路后至三合水厂。

2017年2月，公司邀请中国城市建设研究院有限公司、济南市市政工程设计研究院（集团）有限责任公司、上海市政工程设计研究总院（集团）有限公司3家具有甲级资质设计单位进行施工图设计比选，公司决定由济南市市政工程设计研究院（集团）有限责任公司承担设计咨询任务，设计费48万元。3月，市规划局颁发黄前水库至三合水厂输水管线工程建设工程规划许可证（建字第370900201700078号），敷设输水管线17.184公里。8月，济南市建设工程勘察设计质量监督站进行施工图审查，核发审查合格证（2017第431号）。12月，公司抓住黄前西干渠路及佛光路改造的有利时机，敷设直径1200毫米球墨铸铁管近1公里，完成黄前西干渠路下穿温泉路至三合水厂东南角输水管线的敷设。

第二节 老城区供水消防管道建设

老城区供水管网改造工程 为解决城区供水管网发展滞后、供水管网“卡脖子”、供水保证率低、管网漏失率居高不下等问题，2008年5月，公司决定对老城区供水管网进行改造，委托山东省工程咨询院编制《老城区供水管网改造项目可行性研究报告》。6月，市环保局下发建设项目环境影响登记表审批意见，同意项目建设。8月，省发改委下发《关于泰安市自来水公司老城区供水管网改造工程可行性研究报告的批复》（鲁发改投资〔2010〕775号），同意改造岱宗大街东段、擂鼓石大街中段、环山路中东段、金山路、迎春西路、学院路、老泰莱路供水管道共计15.8公里，工程总投资1900万元。

2010年4月，公司进行施工及监理招标，确定由泰安市安通供水工程有限公司（安通公司）承建，泰安市瑞兴工程咨询有限公司监理。6月，省发改委下发《关于转发国家下达我省供水管网等建设与改造2010年中央预算内投资计划的通知》（鲁发改投资〔2010〕759号），拨付公司中央预算内投资400万元。要求切实强化工程实施管理，严格项目建设资金管理，加强监督检查。9月，省监察厅发电《关于对中央扩大内需促进经济增长政策落实情况和工程建设领域突出问题专项治理情况开展检查的通知》（鲁监发电〔2010〕2号），电文中指出中央扩大内需促进经济增长政策落实检查工作领导小组、中央治理工程建设领域突出问题工作领导小组于9月至10月组织开展检查工作。10月，市发改委下发《关于做好迎接2010年秋季中央检查组到我市检查的通知》（泰发改投资〔2010〕378号），要求做好秋季检查工作。是月，泰安市扩大内需促进经济增长政策落实情况检查工作领导小组对老城区供水管网改造建设情况进行检查。11月，市规划局颁发规划许可证（建字第370900201000196号）。是月12日，老城区供水管网改造工程开工。年底，公司敷设环山路、学院路、老泰莱路等部分路段的供水管道7598米，消除了城区部分供水管网发展滞后、供水管网“卡脖子”

现象，提高了供水保证率。

2011 年 4 月，市住建委颁发施工许可证（2011-01-001）。公司委托山东金岳建设工程咨询有限公司对老城区供水管网改造工程学院路、老泰莱路、环山路东段（红门路至三合水厂）已完工路段进行工程审计，审计定案值为 5194536.57 元。11 月，公司委托山东金岳建设工程咨询有限公司对老城区供水管网改造工程迎春西路、环山路东段（三合水厂至泰明路）、金山路、岱宗大街东段已完工路段进行工程审计，审计定案值为 6241901.77 元。

2014 年 1 月，市质监站出具工程实体竣工验收监督证明，工程达到合格标准。

环山路消防供水管道工程 2008 年 8 月 10 日，环山路东段工程开工，西起红门路，东至泰明路。由于路面标高改变及道路、桥梁加宽，公司对红门路至岱道庵路段直径 600 毫米的供水管道进行局部改造。11 月，供水主管线全面贯通，安装直径 355 毫米的 PE 管 4.6 公里，改造管线 376 米，安装过路管 18 条，砌筑各种内径阀门附属井 90 座，水表井 10 座，泄水阀门井 4 座，泄水 4 处，安装排气阀 9 座。虎山东路至水厂段管线改造，安装直径 600 毫米钢管 820 米，直径 1000 毫米钢管 30 米（用于顶管处套管）。2009 年 2 月工程完工，环山路东段共安装消防栓 49 套，安装消防（绿化）用水管道 6185 米，工程总投资 370 万元。

同年 3 月，环山路西段工程开工，东起樱桃园蓄能电站专用通道，西至桃花峪停车场，全长 6.7 公里，管材选用直径 355 毫米 PE 管。环山路西段及黄草岭、石腊河支路共安装消防栓 80 套，安装消防（绿化）用水管道 10842 米，其中环山路西段消防管道 8648 米、绿化管道 520 米，黄草岭、石腊河支路 1674 米，工程总投资 800 万元。西段路基标高均在 220 米以上，最高达 252 米，供水管网压力无法满足消防用水要求，经公司设计院水力计算及现场踏勘，在蓄能电站东院墙外建设一座加压泵站，满足道路高点及管网末梢消防压力要求。

环山路中段（泰山抽水蓄能电站至望岳东路）消防供水工程全长 4.1 公里，消防主供水管道采用 PE 管，过路过桥采用钢管，工程内容有消防栓安装、阀门井砌筑、加压泵罐安装等，材料由政府采购。2009 年 12 月，经市财政投资评审中心审计，审定值为 442594.00 元。安装直径 315 毫米 PE 管 3945 米，消防栓 36 座。

2010 年 2 月 6 日，环山路中段（望岳东路至红门路）工程开工，安装消防用水管道 3747 米，消防栓 32 套。其中望岳东路至天外村段安装 2176 米，天外村至红门段安装消防用水管道 944 米、改造直径 800 毫米供水主管道 624 米，工程总投资 350 万元。环山路消防管道工程全部由政府投资。

2011 年，环山路中段（天外村广场段）供水管线敷设供水管线直径 250 毫米 PE 管 310 米、直径 200 毫米 PE 管 120 米，完成投资约 12.5 万元。环山路消防管道工程共安装消防供水管道 21873 米，工程总投资约 1440 万元。公司领导及相关人员积极争取政府投资，整个工程管材采购、土石方开挖回填、管道安装全部由政府投资，公司只承担施工任务，为公司节省了大量费用，同时拓展了用水户，扩大了供水服务范围。

供输水管道迁改工程 2009 年，京沪

高速铁路泰安段一立交桥桥墩占压泉河水厂输水管线，公司迁改直径1000毫米管线82米。方特欢乐世界游乐场占压刘家庄水库直径600毫米输水主管道，公司迁改管线1010米，并沿明堂路敷设直径400毫米的供水管线2公里，向方特游乐场供水。宝龙广场占压三合水厂3条出水管线，公司迁改供水主管道231米。供水管道迁改争取到单位、政府资金支持，迁改后消除了供水主管线的安全隐患。

时代发展轴供水管网工程　2010年，天平街、望岳西路被列为市重点工程。公司在天平街安装直径300毫米球墨铸铁管600米，在望岳西路安装直径300毫米球墨铸铁管1.4公里，总投资100万元，政府投资管材及消防栓，公司承担土石方及安装工程。2011年，公司敷设望岳东路三期工程直径300毫米球墨铸铁管855米、望岳西路三期工程直径300毫米球墨铸铁管1200米，完成投资721万元。

泰安市城区供水管网完善项目　为满足城市发展需要，进一步优化城区供水管网结构，改善城市基础设施，2011年5月，公司决定建设城区供水管网完善项目。公司委托山东省工程咨询院编制泰安市城区供水管网完善项目可行性研究报告，委托泰安市城市建设设计院进行施工图设计。6月，公司委托泰安市环境保护科学研究所编制项目环境影响报告表。市环保局下发审批意见（泰环审报告表〔2011〕72号），同意项目建设。是月，公司委托山东省政府投资项目评审中心编制泰安市城区供水管网完善项目可行性研究报告的评估报告。7月，省发改委下发《关于泰安市城区供水管网完善项目可行性研究报告的批复》（鲁发改投资〔2011〕778号），同意改造建设供水管网19.46公里，工程总投资3250万元。工程内容有：1.沿天烛峰路（原泰明路）南段西侧从创业大街至东湖路敷设直径400毫米球墨铸铁管1.43公里，东湖路至泮河大街敷设直径600毫米球墨铸铁管2公里；2.沿长城路北段东侧敷设直径400毫米球墨铸铁管5.3公里，局部采用钢管0.3公里；3.沿迎宾大道西段泰盟电气至石蜡河支路东敷设直径355毫米PE管1.855公里，直径300毫米球墨铸铁管0.18公里，大官庄桥至大河路路口敷设直径400毫米球墨铸铁管0.49公里；4.改造旧县水源地至南关水厂原水输水管线直径800毫米球墨铸铁管7.9公里。9月，市规划局颁发建设工程规划许可证（建字第370900201100483号），同意规划建设。11月，工程采取竞争性谈判方式确定由山东球墨铸铁有限公司供应球墨铸铁管。12月，工程采取公开招标方式确定由安通公司施工，山东同力建设项目管理有限公司监理。2012年2月，工程开工。

2012年7月，市住建委颁发施工许可证（2012-01-001）。市发改委下发《关于转发供水管网建设与改造2012年中央预算内投资计划的通知》（泰发改投资〔2012〕259号），下达中央预算内投资800万元。市财政局下发《关于下达国家补助2012年供水管网建设与改造中央基本建设投资预算指标的通知》（泰财建指〔2012〕65号），转发财政省厅下达的国家补助2012年中央基建投资预算指标800万元，具体用于城区供水管网完善项目。10月，市发改委下发《关于转发市政基础设施建设2012年中央预算内投资计划的通知》（泰发改投资〔2012〕449号），对泰安市城区供水管网完善项目下达中央预算内投资170万元，与上次合计970万元。

2013年底工程完工，公司敷设长城路北段、天烛峰路南段、旧县水源地至南关水厂、东岳大街（迎宾大道）西段供水管道13.4公里，进一步优化了城区供水管网结构，改善了城市供水基础设施建设水平。

2014年1月，市质监站出具工程实体竣工验收监督证明，工程达到合格标准。2016年4月，公司委托天津中审联工程造价咨询有限公司对城区供水管网完善项目长城路北段、天烛峰路南段、旧县水源地至南关水厂、东岳大街（迎宾大道）西段已完工路段进行工程审计，审计定案值为25287735.85元。

泰安市城区供水管网建设与改造工程 为解决泰安市城区供水保障率偏低、管网末梢压力低的问题，2012年9月，公司决定对城区金牛山路、明堂路、长城路供水管道进行建设与改造。公司委托济南市市政工程设计院（集团）有限责任公司编制可行性研究报告，委托泰安市城市建设设计院进行施工图设计，委托泰安市环境保护科学研究所编制项目环境影响报告表。泰安市环保局下发审批意见（泰环审报告表〔2012〕138号），同意项目建设。10月，省发改委下发《关于泰安市城区供水管网建设与改造项目可行性研究报告的批复》（鲁发改投资〔2012〕1261号），同意项目建设，工程内容包括金牛山路（泰肥一级路至泰东路）、明堂路（谢过城大街至碧霞大街）、长城路（泉河水厂至凤天街）供水管道建设与改造，新敷设管线直径400～600毫米球墨铸铁管6.95公里，改造直径1000毫米的管线1.9公里，改造建设供水管网共8.55公里，工程总投资2896万元。是月，市发改委下发《关于转发市政基础设施建设2012年中央预算内投资计划的通知》（泰发改投资〔2012〕449号），泰安市城区供水管网建设与改造项目下达中央预算内投资860万元。公司委托济南施工图审查有限公司审查管道施工图，核发审查合格证（2012第T04号）。

2013年3月，公司通过公开招标确定工程由安通公司承建，山东同力建设项目管理有限公司监理。8月，为充分发挥泉河水厂的供水能力，进一步改善高新区供水工作，公司决定将泉河水厂至凤天路出厂水主管道改造为直径1000毫米球墨铸铁管，新敷设水厂至凤凰岭加压站直径600毫米高压球墨铸铁管。12月，市规划局颁发建设工程规划许可证（建字第370900201300390号），同意规划建设。

2015年3月，市住建局颁发施工许可证（2015-03-001B）。公司敷设长城路泉河水厂供水管线、长城路（泉河水厂至凤天街）、明堂路（谢过城大街至碧霞大街）、金牛山路（泰肥一级路至泰东路）供水管道7公里，有效解决了城区供水保障率低、管网末梢压力不足的问题。

2016年5月，公司委托泰安长峰建设工程项目管理有限公司对城区供水管网建设与改造项目进行工程审计，审计定案值为12641409.38元。至2017年底，公司办理工程验收备案手续。

泰安市岱岳区供水管网完善工程 为缓解岱岳区供水压力不足及部分小区无水可用的问题，公司决定建设岱岳区供水管网完善工程，保障岱岳区居民生产生活用水，2008

年6月至2014年底，公司敷设完成泰东路、泰肥一级路、创业大街、九女山路的供水管道16.6公里。

2015年1月，公司补办建设审批手续，委托泰安市工程咨询院编制泰安市岱岳区供水管网完善工程项目申请报告。泰安市岱岳区发改局下发山东省建设项目登记备案证明（登记备案号1509030002）。3月，市发改委下发《关于泰安市岱岳区供水管网完善工程的核准意见》（泰发改审批〔2015〕19号），同意敷设泰东路段、泰肥一级路段、创业大街路段、九女山路段供水管网17.68公里，其中直径800毫米球墨铸铁管6.63公里，直径400毫米球墨铸铁管11.05公里，项目估算投资2529.86万元。4月，公司委托泰安市环境保护科学研究所编制泰安市岱岳区供水管网完善工程项目环境影响报告表。5月，市环保局下发审批意见（泰环审报告表〔2015〕35号），同意项目建设。

2016年4月，公司委托山东金岳建设工程咨询有限公司对工程进行施工、监理招标，确定由安通公司承担施工任务，泰安建业工程咨询有限公司监理。球墨铸铁管管材按标段由日照铸福实业有限公司、山东球墨铸铁管有限公司、新兴铸管股份有限公司三家供应。6月，岱岳区财政局下发《关于拨付2015年省预算内城乡建设基础设施基建投资资金的通知》（泰岱财建指〔2016〕16号），拨付公司2015年省级基本建设投资资金400万元。至2017年底，公司办理工程验收备案手续。

泰城公共消火栓建设及维护工程 消火栓是市政公用消防设施的重要组成部分，是提高城市抵御火灾能力、迅速扑救火灾必不可少的重要设施，也是城市文明的重要标志。2008年—2013年，泰城主干道尤其是人员聚集场所区域路段的消火栓有损坏、缺失情况，未按消防专业规划和道路实际情况进行消火栓布点、设置，泰城公共消火栓的规划建设管理存在不足。

2014年1月23日，市政府召开泰城市政公共消火栓建设及维护管理工作专题会议（专题会议纪要第6期），要求对现有市政消火栓全面排查，分阶段开展消火栓补建工作。会议决定对泰安城区61条市政道路公共消火栓进行建设维护。根据市政府专题会议纪要（第6期）文件精神，公司对现有市政消火栓全面排查，在2月中旬前，确保环山路、岱宗大街、擂鼓石大街、普照寺路、文化路、虎山东路消火栓完整好用。公司制定具体实施方案，对泰城东岳大街、温泉路等32条道路的市政消火栓进行增设和更换，增设410座消火栓，更换95座旧消火栓，敷设消防管道37公里。公司进行施工图设计，提报施工预算。2014年4月，经市财政投资评审中心审计，审定值为17343930.10元。

同年5月14日，市政府副秘书长张耀组织召开会议（指挥部第1期），专门研究泰城市政消火栓建设及维护管理问题。为确保工程顺利实施，按照市政府部署安排，成立泰城公共消火栓建设工程指挥部，下设综合协调组、工程建设组、审计财务组。会议确定市自来水公司为公共消火栓建设工程项目业主，安通公司为施工单位；建设资金按照市财政投资评审中心“评审报告书”确定的审定值，由市财政部门以注入资本的形式拨付公司；两年内完成剩余55条道路的消火栓建设任务。

2014年7月泰城公共消火栓建设及维护

工程开工。公司委托山东龙融招投标代理有限公司泰安分公司对球墨铸铁管、消火栓等管材招标，山东球墨铸铁管有限公司、青岛开元阀门有限公司、诸城市三维管件有限公司、莱芜市白象消防器材有限公司、泰安市泰鑫通信器材有限公司五家单位中标。工程由安通公司施工，泰安建业工程咨询有限公司监理。2015年6月，公司结合泰城市政道路建设及消防工程完成青年路、文化路、泰山大街、长城路、天颐湖5号支路等13条道路的消防改造任务，安装直径100 ~ 1000毫米球墨铸铁管近12公里，安装消火栓610座，并办理交接验收手续。

2016年1月15日，市政府打私办专职副主任彭恒玖召开专题会议（专题会议纪要第5期），确定2016年对泰安城区长城路、泮河大街、泰明路等21条道路市政消火栓进行增设和更换。要求2016年6月底前全面完成消火栓建设任务。根据专题会议纪要精神，公司制定具体实施方案，增设669座消火栓，更换42座旧消火栓，敷设消防管道71公里，其中长城路、泮河大街消防为双侧设置。公司进行施工图设计，委托山东东岳联合工程造价咨询有限公司编制施工预算。2016年1月，经市财政投资评审中心审计，审定值为37103211.66元。同年6月公司完成对城区60条道路进行消防供水管道改造，新建改造消防供水管道136公里（其中新敷设82.1公里），安装维护公共消火栓1223个，其中新增933个，更换290个。指挥部组织消防、监理及建设维护单位进行专项联合验收，验收合格率100%。财政资金全部拨付公司账户。

在搞好消火栓建设的同时，为加强公共消火栓的管理维护工作，结合泰城实际情况，公司研究制定了《泰安市城市道路公共消火栓管理规定》及《泰安市自来水有限公司道路公共消火栓管理办法》。公司成立专门维护小组，将日常巡查、管理维护责任按网格化要求落实到人。安排专人对城区建成的公共消火栓进行编号和GPS定位，建立公共消火栓目录及台账，做到消火栓建管合一。

三路一河消防工程　2013年，根据市政府办公室下发的关于双龙路、佛光路、五马街及双龙河修建工作的专题会议纪要精神，确定修建双龙路（五马街至东湖路段）、佛光路（五马街至交警支队段）、五马街（双龙路至泰明路段），对双龙河（双龙小区路至五马街段）进行综合治理，双龙路460米，佛光路330米，五马街901.65米。按照城市新建道路建设规范，需同步敷设消防管线，公司对消防给水管线进行施工图设计，做施工预算。2014年4月，经市财政投资评审中心审计，审定值为632079.76元。6月，三路一河消防工程开工，2015年6月完工，公司敷设直径250 ~ 300毫米球墨铸铁管1974米。

花园路供水消防工程　花园路（东岳大街至向阳北大街段）为2014年市委、市政府为民要办的十件实事之一，全长1684米。按照城市新建道路建设规范，需同步敷设消防管线，公司对消防给水管线进行施工图设计，做施工预算。2014年4月，经市财政投资评审中心审计，审定值为792541.42元，为招标预算控制价。2014年7月，花园路供水消防工程开工，2015年6月完工，公司敷设直径300毫米球墨铸铁管1684米。

万官大街供水消防工程　万官大街西段供水消防工程（龙潭路至泰东路）全长7.069

公里，2015 年 6 月开工，至 2017 年 12 月，公司在路北敷设龙潭路到恒大城直径 800 毫米球墨铸铁管 6.5 公里。路南为消防供水管道，经市财政投资评审中心评审，审定值为 6249875.74 元，为招标预算控制价。公司敷设龙潭路到中心医院分院直径 250 毫米球墨铸铁管 2.28 公里。

万官大街东段供水消防工程（龙潭路至灵山大街） 全长 6306 米，2016 年 6 月开工，2017 年 4 月完工，公司在路北敷设泮河大街至泮河桥段直径 800 毫米球墨铸铁管 3.6 公里。路南为消防供水管道，经市财政投资评审中心审计，审定值为 4058036.27 元，为招标预算控制价。公司敷设直径 300 毫米球墨铸铁管 3.6 公里。万官大街上跨龙潭路立交桥，龙潭路路西直径 800 毫米水泥管改造为直径 800 毫米球墨铸铁管，长度 813 米。

泮河大街管道迁移工程 泮河大街供水主管道为直径 800 毫米水泥管于 2004 年敷设。2015 年，市政府实施泮河大街改造扩建工程，原位于道路北侧的供水主管道成了位于道路中央隔离带。为保障供水安全，应泰城道路建设工程指挥部要求，公司决定将 6.8 公里供水主管道迁移至道路北侧绿化带内。2015 年 6 月，泮河大街东段管道迁移工程（长城路至灵山大街）开工，2016 年 6 月完工。泮河大街东段全长 7.05 公里，公司敷设直径 1000 毫米球墨铸铁管 3.4 公里、直径 800 毫米球墨铸铁管 3.5 公里；路南敷设直径 300 毫米球墨铸铁管 2.3 公里、直径 200 毫米球墨铸铁管 1.7 公里。管道安装工程由安通公司施工，土石方工程由泰城道路建设工程指挥部安排市政公司施工。

泮河大街公铁立交桥下供水管线为公司机修厂卷制的直径 800 毫米钢管，已使用多年，存在一定的安全隐患。2015 年 9 月，公司委托山东超越建设项目管理有限公司对南关水厂及泮河大街（儿童医院段）管道内衬采购及安装工程进行竞争性谈判，钢管直径 800 毫米，长度 285 米。确定成交供应商为保定市浩宇管道维护有限公司，成交价 99.9 万元。10 月，市发改委向市住建局下发《关于泮河大街道路改造工程增加建设内容及追加投资概算的批复》（泰发改审批〔2015〕45 号），工程内容包括实施自来水管线迁移。

2016 年 4 月，泮河大街管道迁移工程竣工结算提报值为 17925621.00 元。12 月，经山东新求是工程造价咨询有限公司审计，审计值为 15681824.64 元，向市财政局提报拨付资金申请。

泮河大街西段管道工程 2017 年 3 月，泮河大街西段（长城路至泰肥路）管道工程开工，全长 4.52 公里。路南敷设直径 1200 毫米球墨铸铁管 3.5 公里，路北敷设直径 300 毫米球墨铸铁 3.6 公里。土石方工程由泰城道路建设工程指挥部安排市政公司施工。同年 9 月，泮河大街高铁桥西延段开工，与引黄入泰工程供水主管道相衔接。至 2017 年 12 月，路南敷设直径 1400 毫米球墨铸铁管 560 米（向西已安装至岔河），路北敷设高铁桥至高速桥段直径 500 毫米球墨铸铁管 228 米。

佛光路消防工程 佛光路全长 4.1 公里。佛光路消防工程经市财政投资评审中心评审，审定值为 2955270.81 元，为招标预算控制价。2016 年 9 月佛光路消防工程开工，2017 年 10 月完工，佛光路北段敷设直径 200 毫米球墨铸铁管 1.3 公里，为高压消防供水管道；南段敷设直径 300 毫米球墨铸铁管 2.8

公里，为低压消防供水管道。

擂鼓石大街（温泉路至花园路）消防改造工程 擂鼓石大街（温泉路至花园路段）全长464米，主要施工内容为开挖管沟，敷设管道、砌垒检查井及消防栓。2016年10月，经市财政投资评审中心审计，审定值为22.35万元，为招标预算控制价。2017年7月擂鼓石大街消防管道工程开工，11月完工，公司敷设直径200毫米球墨铸铁管284米，安装消防栓4座，另180米因管位受限延用老管道。

双龙路（环山路至紫欣路）消防改造工程 双龙路（环山路至紫欣路段）全长747米。市住建局提报建设方案及施工图纸，委托山东金岳建设工程咨询有限公司编制招标控制价，经市财政投资评审中心审计，审定值为333295.40元，为招标预算控制价。2016年9月双龙路消防改造工程开工，2017年12月完工，公司敷设直径300毫米球墨铸铁管774米，安装消防栓7座。

黄前西干渠路（温泉路至白凤路）改造工程 黄前西干渠路全长830米，路段内一段三合水厂输水管道有碍道路施工，需对其进行迁移改造。2016年10月，市住建局提报建设方案及施工图纸，委托山东金岳建设工程咨询有限公司编制招标控制价，经市财政投资评审中心评审，迁移工程审定值为1824226.71元。消防管道工程审定值442559.29元，为招标预算控制价。泰城道路建设工程指挥部通过政府采购确定供货单位，签订采购合同，所购管材交给公司用以道路消防供水管线敷设。

2017年8月黄前西干渠路改造工程开工，至12月公司沿黄前西干渠路敷设黄前水库至三合水厂输水管道直径1200毫米球墨铸铁管368米；敷设高压供水管道直径400毫米球墨铸铁管300米；敷设三合小学至白凤路输水管道直径800毫米球墨铸铁管300米。

东湖路东段（天烛峰路至碧霞湖南路）供水消防工程 东湖路东段全长456米，经市财政投资评审中心审计，审定值为382244.73元，为招标预算控制价。2017年7月东湖路东段供水消防工程开工，至12月公司敷设直径300毫米球墨铸铁管360米。

博阳路供水消防工程 博阳路全长10.44公里，其中碧霞大街至谢过城街段为直径400毫米球墨铸铁管1.54公里，谢过城街至泰新高速为直径600毫米球墨铸铁管8.9公里。2017年6月，市委副书记、市长李希信主持召开会议，专题研究博阳路（环山路至泰新高速）、泰楼路（泰新高速至新泰泗水段）改造工程实施方案（专题会议纪要第28期），将博阳路、泰楼路改造工程列为市委市政府倾力建设的头号工程，对泰安东部具有重大的支撑拉动作用。10月博阳路供水消防工程开工，至12月公司敷设灵山大街至泰新高速段直径600毫米球墨铸铁管2公里。

第三节 新城区供水消防管道建设

岱岳区青春创业园区供水管网建设 2009年，公司与岱岳区青春创业开发区管委会对接，敷设卫校西路等4条路直径200～500毫米供水管线7公里，工程总投资500万元，公司承担材料及安装费用，约占总投资60%；开发区管委会承担土石方费用。2013年，泰安监狱小区供水工程，敷设直径400毫米球墨铸铁管2120米。

泰安旅游经济开发区供水消防管网建设 2009年，公司提前介入规划、设计，对先期开工的府东路、环湖中路、泮河大街供水管道的材料、安装及土石方进行测算。公司与旅游经济开发区经多次洽谈达成协议，泰安旅游经济开发区指挥部承担消防给水主管材采购，公司承担消防给水设计，阀门、井盖、过路管道、配件材料采购，检查井、支墩砌筑，管道及消防栓的安装及土石方工程。公司敷设府东路及泮河大街消防管道4.2公里，完成投资100万元。

2010年，公司敷设府东路、泮河大街、环湖中路消防给水管道直径300毫米球墨铸铁管16094米，直径200毫米管线1044米，直径150毫米管线890米，直径100毫米管线845米，安装消火栓98座。完成投资700万元，其中320万元主管材由政府采购，公司承担土建安装费380万元。

2017年，泰安旅游经济开发区实施消防工程，涉及开发区内新建二十里埠街、学院路、大辛庄北街、韩刘冯街、葫芦山路、粥店路、西黄路、陡山路、凤凰山路、西黄东路、新湖街11条道路的公共消防栓建设。同年6月，公司委托山东东岳联合工程造价咨询有限公司编制施工预算，经市高铁新区政府投资评审中心审计，审定值为7999765.27元。2017年底，开发区拨付公司资金400万元。公司敷设韩刘冯路直径400毫米、直径300毫米球墨铸铁管1.7公里；敷设桃花源路直径400毫米球墨铸铁管700米；敷设大辛庄北街直径300毫米球墨铸铁管2.2公里；敷设新湖街直径300毫米球墨铸铁管450米；敷设小辛庄北路直径300毫米球墨铸铁管822米。

京沪高铁泰安站区供水消防管网建设 2010年，京沪高铁泰安站片区供水管网工程开工，主管道采用球墨铸铁管，过路过河采用钢管。公司敷设开元路、学院路、西外环路、新站北街、新站南街、广场路、曹家路、马弯路等供水管线直径400毫米球墨铸铁管3695米；直径300毫米球墨铸铁管16313米；直径150毫米球墨铸铁管100米；消防栓165座。高铁新片区建设工程指挥部承担部分消防管材的采购，共计414.05万元。公司承担消防给水设计，管材采购、管道安装及土石方工程。

2011年7月，公司敷设西外环（广场前）直径300毫米球墨铸铁管1020米；站前街直径200毫米供水管道810米，保证高铁泰安站区用水需求，完成投资约70.2万元。

2016年5月，高铁片区实施消防工程，涉及高铁新区南片区新建设的粥顶山路、新站街南延伸段、开元路、学院路、高铁新区横四路、天平湖路、纵二路、纵三路、横一路、横三路、环一路、纵四路、横二路、纵一路、纵五路、纵六路、纵七路、泮河东路18条道路的公共消防栓建设。工程内容包括土石方挖填、室外消防栓、阀门、球墨铸铁管及管件安装等。公司对消防给水管线进行施工图设计。同年6月，公司委托山东东岳联合工程造价咨询有限公司编制施工预算。

2017年7月，经市高铁新区政府投资评审中心审计，审定值为19561014.73元，高铁新区将资金拨付公司账户。至2017年底，公司敷设高铁新区供水管线直径200～800毫米球墨铸铁管28公里，完成工程总进度的75%。其中纵一路全线总长2.89公里，直径400毫米钢管1.297公里，明设于综合地下管廊内，用固定支座和导向支座之撑，其余采用直径400毫米球墨铸铁管，直埋方式，敷设完成2.7公里。

高新技术开发区供水消防管网建设 2008年，公司敷设高新区9号路直径400毫米1公里。2010年，公司敷设高新区12号路向东延伸段直径400毫米球墨铸铁管1.1公里；11号路直径400毫米球墨铸铁管1.1公里；6号路直径200毫米球墨铸铁管1.13公里。高新区承担新建道路供水管道的沟槽开挖回填工程，公司承担管材采购及安装工程，完成投资100万元。

2011年，结合高新区道路建设，公司敷设新凯南路、12号路东段（包括横穿京沪铁路）、6号路东段等4公里，完成投资150万元。高新区承担新建道路供水管道的沟槽开挖回填，其余由公司承担。

2013年2月，公司委托山东信一项目管理有限公司对泉河水厂至凤凰岭增压站直径1000毫米供水管道衬管项目进行询价招标，确定由保定市浩宇管道维护有限公司承担施工任务，全长800米，中标价184万元。同年4月完成改造任务。借高新区奥特莱斯供水项目敷设直径600毫米球墨铸铁管1200米。2014年，公司沿天颐湖五号支路、二号支路敷设直径400毫米球墨铸铁管800米。沿党校南支路敷设直径300毫米球墨铸铁管460米。

2015年，公司沿龙腾路至渠西支路、龙腾路至胜利渠、泉河水厂至凤天路、十二号路、二号路西段、渠西支路、新凯南路敷设直径300 ~ 1000毫米球墨铸铁管9.4公里。

2016年，公司敷设长城路消防管道直径300毫米球墨铸铁管700米，敷设北天门大街向西延伸段直径400毫米球墨铸铁管600米。

2017年，公司敷设泺亭北路直径600毫米球墨铸铁管400米，泺亭西路直径600毫米球墨铸铁管900米，龙潭南路直径300毫米球墨铸铁管450米。

徂汶景区 2016年2月，公司召开会议，认为徂汶景区是市委、市政府确定的“泰安市由依山而建向依山傍水发展”的战略发展区域，会议要求公司各部门积极与景区各部门对接，认真做好景区内供水工作，及时抢占供水市场。公司委托山东东岳联合招标代理有限公司就泰安徂汶景区滨河大道供水管道工程施工进行公开招标，确定由安通公司施工，2016年4月滨河大道供水管线工程开工，12月完工，公司沿徂汶景区滨河大道敷设供水管线直径600毫米球墨铸铁管及钢管6.5公里。

2008—2017 年泰城主要道路公共消火栓一览表

表 2-3

道路名称	道路起点	道路终点	消火栓数量（座）	状态
傲徕峰路	迎胜东路	东岳大街	9	正常
北上高大街	白凤路	温泉路	6	正常
长城路	东岳大街	配天门大街	68	正常
创业大街	博阳路	白凤路	25	正常
财源街	虎山路	龙潭路	20	正常
岱宗大街	白凤路	龙潭路	30	正常
岱道庵路	环山路	东岳大街	14	正常
岱北街	仰圣街	青年路	4	正常
岱西街	岱北街	东岳大街	1	正常
东湖路	天烛峰路	湖东路	32	正常
东岳大街	天烛峰路	长城西路	91	正常
迎宾大道	长城西路	石腊河东路	55	正常
白凤路	环山路	繁荣大街	12	正常
附中西路	迎胜东路	擂鼓石大街	4	正常
佛光路	环山路	东岳大街	37	正常
佛光路	五马街	东湖路	4	正常
广生泉路	金山路	普照寺路	1	正常
芙蓉路	泰良路	泮河大街	2	正常
观光路	东首	红门路	1	正常
环山路	天烛峰路	桃花峪	155	正常
花园路	北上高大街	灵山大街	8	正常
湖东路	东湖路	灵山大街	2	正常
红门路	红门	岱北街	6	正常
虎山路	岱宗大街	灵山大街	12	正常
虎山东路	环山路	岱宗大街	8	正常
金山西巷	金山路	普照寺路	5	正常
金山路	烈士陵园	岱宗大街	4	正常
校场街	岱宗大街	灵山大街	8	正常
旧镇路	灵山大街	旧镇桥	6	正常

续表 2-3

道路名称	道路起点	道路终点	消火栓数量（座）	状态
康复路	傲徕峰路	龙潭路	6	正常
科山路	迎胜东路	东岳大街	5	正常
科技中路	科技中路北首	创业大街	13	正常
科技西路	北首	创业大街	2	正常
擂鼓石大街	普照寺路	望岳东路	18	正常
擂鼓石大街	岱道庵路	花园路	7	正常
龙潭路	环山路	天颐湖	45	正常
灵山大街	东区 1 号井	高铁站前街	83	正常
明堂路	环山路	繁荣大街	39	正常
南湖大街	农场路	灵山大街	24	正常
南关大街	灵山大街	王家店	13	正常
奈河西路	龙潭路	岱宗大街	8	正常
奈河东路	岱宗大街	灵山大街	11	正常
普照寺路	环山路	岱宗大街	10	正常
青年路	岱宗大街	南湖大街	20	正常
荣院东路	北首	三里大街	3	正常
三里大街	龙潭路	荣院东路	9	正常
石腊河东路	环山路	东岳大街	8	正常
岱溪河路	环山路	东岳大街	5	正常
双龙路	东湖路	五马街	4	正常
双龙路	环山路	紫欣园街	7	正常
通天街	东岳大街	灵山大街	5	正常
天平南街	望岳西路	长城路	3	正常
泰山大街	龙潭路	金牛山路	67	正常
唐訾路	东岳大街	泮河大街	11	正常
繁荣大街	明堂路	迎春路	30	正常
天烛峰路	擂鼓石大街	灵山大街	28	正常
泰东路	长城路	滂河大桥	2	正常
文化路	奈河西路	科山路	15	正常
望岳东路	环山路	泮河大街	17	正常
望岳西路	环山路	泮河大街	17	正常

续表 2-3

道路名称	道路起点	道路终点	消火栓数量（座）	状态
温泉路	环山路	万官大街	44	正常
五马街	天烛峰路	花园路	6	正常
迎胜南路	迎胜东路	泮河大街	16	正常
迎春路	岱宗大街	灵山大街	15	正常
迎春西路	灵山大街	南湖大街	8	正常
樱桃园路	环山路	东岳大街	9	正常
迎胜东路	龙潭路	西首	11	正常
仰圣街	岱宗大街	东岳大街	4	正常
站前街	龙潭路	站西街	1	正常
站西街	东岳大街	火车站	1	正常
凤天路	北天门大街	中天门大街	2	正常
岱岳南街	泮河西路	府东路	1	正常
岱阳大街	龙潭路	长城路	11	正常
南天门大街	龙腾路	南天门大街西首	1	正常
天颐湖二号支路	天颐湖五号支路	南首	2	正常
天颐湖五号支路	一天门大街	南首	5	正常
北天门大街	龙潭路	凤天路	1	正常
东天门大街	龙潭路	力明职业学院	27	正常
党校南支路	凤天路	南支路西首	3	正常
正阳门大街	龙潭路	凤天路	5	正常
中天门大街	东首	凤天路	12	正常
财兴街	泮河西路	大河路	9	正常
曹家路	天平湖路	桃花源路	7	正常
府东路	环湖路	泰山大街	6	正常
高铁北街	天平湖路	桃花源路	8	正常
高铁东路	南黄路	高铁北街	12	正常
高铁前路	高铁北街	泰东路	14	正常
环湖路	蓄能电站	铁路桥	73	正常
佳苑路	天平南街	灵山大街	12	正常
开元路	泰山大街	天平湖路	9	正常
马湾路	南黄路	高铁北街	5	正常

续表 2-3

道路名称	道路起点	道路终点	消火栓数量（座）	状态
南黄路	泰山大街	天平湖路	5	正常
泮河西路	环湖路	灵山大街	2	正常
桃花源路	泰山大街	泰东路	22	正常
天平湖路	东岳大街	泮河大街	45	正常
英才街	天平湖路	桃花源路	14	正常
支一路	天平湖路	曹家路	1	正常
泮河大街东段	长城路	灵山大街	110	正常
泮河大街西段	长城路	泰肥路	3	正常
万官大街东段	泮河大街	泮河桥	64	正常
万官大街西段	龙潭路	恒大城	88	正常

第四节　其他重点工程管道建设

2008 年，公司敷设东湖路、唐訾路、学院路直径 400 毫米球墨铸铁管 520 米，敷设万官大街直径 400 毫米球墨铸铁管 320 米，敷设唐訾路支路直径 200 毫米球墨铸铁管 300 米，敷设龙潭路（儿童医院门前）直径 800 毫米球墨铸铁管 160 米，敷设泰明路直径 600 毫米球墨铸铁管 650 米，敷设泰南大街直径 300 毫米球墨铸铁管 650 米。

2009 年，公司敷设府东路及泮河大街消防管道 4.2 公里，完成投资 100 万元。改造灵山大街西段直径 500 毫米供水管线 500 米，完成投资 50 万元。

2010 年，公司敷设泰明路南段（东湖东路至灵山大街）直径 400 ~ 600 毫米球墨铸铁管 340 米；敷设财源街直径 300 毫米球墨铸铁管 300 米。灵山大街中段管道工程政府采购管材，采购价 320 万元；火车站站前街、望岳东路、15 号路由政府采购管材，公司负责安装供水管线。

2011 年，灵山大街、高新区、高铁片区为市重点工程，沟槽开挖、回填由道路施工单位统一施工，监理、跟踪审计单位由泰城道路建设工程指挥部通过公开招标方式确定，公司承担管道安装等相关费用。白凤路、迎胜西路消防工程全部由政府投资，公司承担南湖大街原有管线的改造费用。公司敷设白凤路 784 米，迎胜西路 450 米，南湖大街 1700 米。灵山大街消防给水管道工程，西起长城路，东到龙潭路。经过公司协调，灵山大街中段消防给水管道改为南侧敷设直径 500 毫米球墨铸铁管，北侧敷设直径 250 毫米球墨铸铁管，主管材及消防栓由政府采购。公司敷设直径 500 毫米球墨铸铁管 540 米、直径 250 毫米球墨铸铁管 430 米、直径 1000 毫米球墨铸铁管 83 米。公司敷设泰明路直径 600 毫米球墨铸铁管 900 米、直径 300 毫米球墨铸铁管 500 米，敷设泰安火车站站前

街（站西路至商场巷）直径 300 毫米球墨铸铁管 410 米。公司改造泰山大街西段（高铁西外环至青创开发区创业大街），敷设直径 500 毫米球墨铸铁管 540 米，敷设迎宾大道西段直径 300 毫米球墨铸铁管 360 米。

2012 年 6 月，由市公用事业管理局牵头进行长城路北段消防用水管道工程材料采购招投标，确定管道供应商为新兴铸管股份有限公司青岛销售分公司，合同额 434305.80 元。公司敷设灵山大街、温泉路北段、南湖大街东段消防供水管道。京沪高铁泰安站区、泰安火车站站前街供水管道主材由政府采购。公司敷设灵山大街中段、温泉路北段、南关大街、大河路、向阳北大街供水管线 5597 米，完成投资约 350 万元。

2013 年，公司结合市政道路建设，敷设樱桃园路、温泉路南段、龙潭南路直径 300 毫米以上供水管线约 11 公里，完成投资 1200 万元。市中心医院停车场工程，改造直径 300 毫米钢管 300 米。泰东路汽车城供水工程，敷设直径 400 毫米球墨铸铁管 400 米。敷设樱桃园路直径 300 毫米球墨铸铁管 1164 米。公司抢抓机遇、紧盯市重点项目建设，争取各级财政对供水工程的扶持。2013 年，争取市财政补贴 793 万元。

2014 年，公司完成温泉路南段、开元路、南黄路、曹家村路、万官大街、泰肥一级路、泰明路、高铁支一路、15 号路、长城路等 17 条道路管道敷设任务，共敷设直径 200 ~ 600 毫米供水管道 10.7 公里，完成投资 1000 余万元。针对应急水源建设带来供水管网调度格局变化，公司配套建设市区管网。10 月，公司敷设直径 1000 毫米球墨铸铁管 2.1 公里，实现南部开发区与老城区主干道长城路（名嘉广场段至南外环堰北）供水管线贯通，对于提高区域供水安全保障能力，解决泰城南北结合部供水干管输送“瓶颈”，满足沿途用户用水需求起到重要作用。

2015 年 4 月，公司借道路消防工程实施之机，对城区老旧管网和瓶颈地段进行彻底改造。沿梳洗河防洪通道、五马街、温泉路北段、樱桃园路、万官大街、泮河大街、紫欣路、傲徕峰路敷设直径 200 ~ 800 毫米球墨铸铁管 27.6 公里。

2016 年 1 月，市政府专题会议纪要第 5 期要求，公共消防栓与道路要同步规划、同步建设、同步验收。佛光路、博阳路、迎春路南段、东湖路东段、万官大街东段消防管线施工需要同步敷设。根据共建原则，市政府承担消防工程所需资金。因道路规划需要敷设自来水供水管道，与消防管线同向敷设，为便于施工及后期管理，公司与泰城道路建设工程指挥部商定，消防管道与供水管道合二为一，以消防管线工程图纸评审出具控制价作为资金置换，置换为球墨铸铁管管材，通过政府采购交给公司。城区道路佛光路、岱溪河路、万官大街东段等安装供水管线直径 200 ~ 1200 毫米 4.3 公里，完成投资 230 万元。

2017 年，公司敷设揺鼓石大街、佛光路、万官大街东段、双龙路、黄前西干渠路、泮河大街西段等直径 200 ~ 800 毫米供水管线 10 公里。

2008—2017 年，在供水管道安装工程中，公司积极争取政府资金支持，创造性地提出多种工程投资合作模式，有效缓解了公司资金紧张状况，完善了供水管网，扩大了公司供水服务范围。

第五节 管网信息管理系统

2008 年以来，公司将地下供水管线普查成果不间断更新到供水管线综合管理信息系统，并输入泰安市规划局地下管线信息管理系统。泰安市地下管线信息管理系统，是智能化的操作管理系统，对公司输配水管网定位、确认、保护发挥重要作用。

2010 年 9 月，市规划局下发《关于加强管线单位项目规划管理的通知》（泰规通字〔2010〕18 号），要求泰安市各管线产权单位吸取南京“7·28”管线泄露爆燃事故的深刻教训，提高公共安全意识，做好管线安全管理，严格按《泰安市城市地下管线规划建设管理办法》（市政府 107 号令），依法定程序申报、补办各类管线工程规划许可，管线工程竣工申请规划核实。

2013 年 4 月，省建设厅会同卫生厅、监察厅印发《山东省城市饮用水水质提升工程三年（2013—2015）行动计划实施方案》，要求在现有管网资料的前提下，收集管网数据信息，建成并完善供水管网地理信息系统。10 月 21 日，公司成立管线普查领导小组，由公司党委委员、副经理申立堂任组长，党委委员、副经理赵新峰任副组长，各部门负责人为小组成员。领导小组办公室设在设计院，陈军任办公室主任，具体负责供水管线普查工作。为保障测量精确度，公司购置南方测绘 RTK 及手持机两套。普查小组依据《城市地下管线探测技术规程（CJJ 61—2003 J 271—2003）》《地下管线电测法探测规程（YB/T 9027—1994（2009））》《城市测量规范（CJJ 8—2011）》《地形图图式（GB/T 20257.1—2007）》、1954 年北京坐标系及 1985 年国家高程基准等有关标准规范规定进行地下管线测量、绘制。管线普查范围为 2006 年至 2015 年新敷设及更新改造的管径大于等于 100 毫米的供水管线；路面宽 3 米（含 3 米）以上的道路、主要街巷沿线的地下供水管线及穿越非普查区且管径大于等于 100 毫米的连贯的地下供水管线。

2015 年 11 月，管线普查工作结束。管线普查小组共完成包括黄前一、二期供水管道、汶口水源地供水管道、小安门水库引水管道、彩山水库引水管道以及环山路消防供水管道在内的 61 条道路、80 条管线的外业普查任务，管线普查总长度 236 公里。管线普查小组使用 CAD 制图软件完成对管网信息系统图的内业绘制，并将管网信息上传至市地理信息中心及公司各部门。供水管网地理信息系统在实际供水管线工作中得到应用。公司设计院依据该系统查询了解现场供水水源和管线情况，确定经济合理设计方案。测漏中心、管线所利用系统提供的电子图和管线数据，可以在现场对管线和漏点进行快速定位，对管道快速维修、减少供水损失、保证供水有重要作用。管线普查工作结束后，设计院对管网信息图继续维护。设计院成立跟踪测量小组，对供水管道的施工进度实施跟踪测量。公司管线所、安通公司各购置南方测绘 RTK 及手持机一套，对管网定位及管网信息图进行补充。至 2017 年底，设计院跟踪测量小组完成对京沪高铁泰安站区 18 条路、城区泮河大街等 24 条道路的测量工作，跟踪测量供水管线 55 公里。

2008—2017 年泰安市区新建和改造供水主管道情况一览表

表 2-4

道路	起点	终点	管材	管径（毫米）	总长（米）
天烛峰路	国家级科技企业孵化器	天竹佳苑北	球墨管	300	1895
	东湖路口	安居上上城	球墨管	300	606
	繁荣大街	东湖路	球墨管	600	852
			球墨管	400	250
			球墨管	200	860
	东湖路	灵山大街	球墨管	600	1146
天烛峰路	东湖路	灵山大街	球墨管	300	210
明堂路	方特欢乐世界	创业大街	球墨管	400	1781
	创业大街	东区增压站	球墨管	400	2246
	繁荣大街	岔河小区	砼管	400	74
			钢管	200	58
			PE 管	160	164
	杨家庄小区	大安绿世界	钢管	200	177
南关大街	灵山大街	南湖大街	球墨管	600	1500
	南湖大街	北铁路桥	铸铁管	300	400
	北铁路桥	第二污水处理厂南墙	球墨管	300	3800
环山路	天烛峰路	黄山头回迁楼	球墨管	200	589
	黄山头村委	桃花源路	PE 管	355	18900
东岳大街	泰山学院	温泉路	铸铁管	500	12000
迎宾大道	浪潮工业园	石蜡河支路	PE、球墨管	300	3873
环湖路	水库铁路桥	水库铁路桥	球墨管	300	17792
灵山大街	龙潭路	唐訾路	铸铁管	500 ~ 300	4500
新灵山大街	迎胜南路	高铁广场	球墨管	500	2756
			水泥管	500	1620
			球墨管	400	835
			球墨管	300	753
			球墨管	300	807
望岳东路	会展中心	泰山大街	球墨管	300	836
	泰山大街	泮河大街	球墨管	300	1230
			球墨管	300	1300

续表 2-4

道路	起点	终点	管材	管径（毫米）	总长（米）
望岳西路	会展中心	泰山大街	球墨管	300	800
	泰山大街	泮河大街	球墨管	300	1135
市府东路	擂鼓石大街	迎胜东路	PE 管	160	342
南湖大街	南关大街	温泉路口	球墨管	400 ～ 200	1700
	光明机械厂西路	温泉路口	球墨管	400	802
佛光路	环山路	东岳大街	球墨管	300	2800
			球墨管	200	1300
	东湖路	五马街	球墨管	300	558
双龙路	环山路	紫欣路	球墨管	300	774
	东湖路	五马街	球墨管	250	492
五马街	双龙路	天烛峰路	球墨管	300	924
白凤路	创业大街	青山家园	球墨管	400	1704
石蜡河支路	迎宾大道	环山路	球墨管	200	800
唐訾路	东岳大街	灵山大街	球墨管	500	1400
温泉路	环山路	万官大街	铸铁管	800、400	7800
岱道庵路	三合水厂	东岳大街	水泥管	800	2100
			球墨管	100	200
康复路	龙潭路	傲徕峰路	球墨管	200	230
花园路	北上高大街	东岳大街	球墨管	300	1684
	东岳大街	灵山大街	球墨管	300	1501
拥军路	泰山大街	特种大队	球墨管	300	696
东湖路东段	唐訾路	天烛峰路	球墨管	600	1360
	天烛峰路	碧霞湖南路	球墨管	300	360
樱桃园路	环山路	迎宾大道	球墨管	300	1168
岱溪河路	环山路	迎宾大道	球墨管	300	730
泰山大街	板大山路	龙潭路	球墨管	600 ～ 400	10200
徂徕路	南湖大街	南关水厂	球墨管	600	1300
长城路	东岳大街	铁路桥北	球墨管	300	1500
	新灵山大街	万官大街	球墨管	1000 ～ 600	2711
	正阳门大街	南天门大街	球墨管	400	1152
虎山东路	环山路	岱宗大街	球墨管	400	960

续表 2-4

道路	起点	终点	管材	管径（毫米）	总长（米）
虎山路	岱宗大街	灵山大街	球墨管	400	1750
迎春西路	灵山大街	南湖大街	球墨管	400	700
迎春路	岱宗大街	灵山大街	球墨管	300	2000
红门路	红门停车场	岱北街	铸铁管	150	1300
仰圣街	岱宗大街	东岳大街	铸铁管	200	590
青年路	岱北街	东岳大街	球墨管	300	580
	东岳大街	南湖大街	球墨管	400	1500
通天街	东岳大街	财源街	球墨管	300	380
擂鼓石大街	温泉路	花园路	球墨管	200	460
金山路	报业宿舍	岱宗大街	铸铁管	300	780
普照寺路	环山路	岱宗大街	铸铁管	300	1350
奈河东路	岱宗大街	灵山大街	铸铁管	150	1000
			球墨管	400	450
奈河西路	龙潭路	岱宗大街	铸铁管	150	1450
傲徕峰路	迎胜东路	康复路	球墨管	300～200	1537
科山路	迎胜东路	东岳大街	铸铁管	200	980
迎胜南路	迎胜东路	泮河大街	水泥管	600～300	3400
御碑楼路	环山路	东岳大街	PE 管	300	850
创业大街	佛光路	博阳路	球墨管	600～400	3600
创业大街中段	创业大街	福运达彩印	球墨管	200	502
繁荣大街	迎春路	明堂路	铸铁管	300	3480
	温泉路	天烛峰路	球墨管	600	462
岱宗大街	傲徕峰路	白凤路	铸铁管	600	5200
向阳北大街	温泉路	白凤路	球墨管	500	735
长城西路	东岳大街	泰山大街	球墨管	300	1700
泮河大街东段	龙潭路	长城路	球墨管	300	2300
			球墨管	200	1700
			球墨管	1000	3100
			钢管	1000	320
	龙潭路	灵山大街	球墨管	800	3050
			钢管	800	340

续表 2-4

道路	起点	终点	管材	管径（毫米）	总长(米)
泮河大街西段	高铁立交桥	岔河东桥	球墨管	1400	560
	高速立交桥	长城路	球墨管	1200	3500
	高铁立交桥	京福高速立交	球墨管	500	228
	高铁立交桥	长城路	球墨管	300	3600
万官大街西段	龙潭路	恒大城	球墨管	800	6500
	龙潭路	中心医院分院	球墨管	250	2280
万官大街东段	泮河大街	泮河桥	球墨管	800	3600
			球墨管	300	3600
财源街	青年路	校场街	球墨管	300	1000
	通天街	虎山路	球墨管	300	500
科技中路	啤酒厂	创业大街	球墨管	400	2600
博阳路	灵山大街	泰新高速	球墨管	600	2000
黄前西干渠路	温泉路	白风路	球墨管	800	300
			球墨管	400	300
黄前西干渠路	温泉路	白风路	球墨管	1200	368
北天门大街（1号路）	9号路	7号路	水泥管	400	2927
	凤天路	规划二路	球墨管	400	600
党校南支路	凤天路	规划二路	球墨管	300	460
东天门大街（2号路）	泰医南门	8号路	球墨管	1000	267
	8号路	泰颐幼儿园	PE管	225	539
	泰颐幼儿园	东首	球墨管	200	2250
	8号路	凤天路	球墨管	300	1060
	凤天路	力明科技学院	球墨管	300	468
正阳门大街（3号路）	龙潭路	龙腾路	球墨管	300	728
	9号路	龙潭路西	球墨管	300	3517
南天门大街（4号路）	9号路	8号路	球墨管	1000	590
			球墨管	600	1000
	8号路	10号路	球墨管	400	2193
	10号路	11号路	球墨管	300	777
	9号路	西外环路	球墨管	250	520
配天门大街（5号路）	9号路	泰山恒信	水泥管	400	3933

续表 2-4

道路	起点	终点	管材	管径（毫米）	总长（米）
中天门大街（6 号路）	9 号路	龙潭路	球墨管	800	1189
	龙潭路	东首	球墨管	400	1953
龙泉路（7 号路）	1 号路	4 号路	水泥管	400	3297
	4 号路	5 号路	水泥管	600	1154
	5 号路	6 号路	球墨管	800	973
凤祥路（8 号路）	3 号路	6 号路	水泥管	400	2267
	2 号路	4 号路	球墨管	1000	1279
凤天路（9 号路）	1 号路	凤凰岭增压站	水泥管	400	2945
	凤凰岭增压站	泺亨路	球墨管	600	1518
龙潭路（10 号路）	环山路	财源街	铸铁管	600 ～ 300	2100
	蒿里山	1 号路	球墨管	800 ～ 600	5500
	1 号路	龙泉小区	水泥管	800	3780
	2 号路	3 号路	球墨管	300	1040
	4 号路	高压开关厂	球墨管	300	500
龙腾路（11 号路）	4 号路	12 号路	水泥管	400	2988
一天门大街（12 号路）	7 号路	11 号路西	球墨管	400	3432
经纬支路	嘉和新城西门	9 号路	PE 管	300	647
渠西路	一天门大街	国电	球墨管	500	1282
新凯路	龙腾路	国电大门	球墨管	300	699
泉河水厂北路	泉河水厂大门	汽车城	PE 管	200	224
振兴街	金牛山路	振华路	球墨管	300	1213
金牛山路	泰山大街	泰肥一级路	水泥管	400	2300
	泰肥一级路	泰东路	球墨管	400	2134
卧虎山路	金牛山路	青春创业园增压站	球墨管	300	2505
泰东路	泮河大桥西路南	青春创业园增压站	水泥管	800	3431
			球墨管	800	510
			钢管	800	435
监狱管线	泰山大街	新监狱	球墨管	400	2120
中科环保管线	泰山大街	中科环保	球墨管	400	650

续表 2-4

道路	起点	终点	管材	管径（毫米）	总长(米)
开元路	新站北街	泮河大街	球墨管	400	1786
	泰山大街路口	新灵山大街	球墨管	400	1050
	泮河大街	万官大街	球墨管	200	1460
新站北街马湾路	新站北街	马湾桥	球墨管	300	503
新站北街	西外环路	新客站路	球墨管	300	733
新站南街	新开元路口	西外环路	球墨管	300	680
高铁新站路	新灵山大街	新站北街	球墨管	400	303
	新灵山大街	泰东路	球墨管	300	1230
	泮河大街	纵六路	球墨管	200	2508
高铁学院路	大河路	西外环路	球墨管	400 ~ 200	1650
西外环路	泰山大街	泰东路	球墨管	300	2814
振华路	泰肥一级路	泰山大街	球墨管	400	770
财兴街	泮河西路	大河路	球墨管	200	1200
	开元路	大河路	PE 管	200	191
高铁纵一路	泮河大街	纵二路	球墨管	400	2700
高铁纵二路	环一路	横四路	球墨管	200	2180
高铁纵三路	横一路	环一路	球墨管	200	1049
高铁纵四路	横三路	横四路	球墨管	200	290
高铁纵五路	灵山大街	天平湖路	球墨管	200	1750
高铁纵六路	天平湖路	横四路	球墨管	200	2104
高铁纵七路	天平湖路	横四路	球墨管	200	2400
高铁环一路	天平湖路	纵七路	球墨管	200	3852
			球墨管	400	636
高铁横一路	万官大街	纵六路	球墨管	200	2476
高铁横二路	开元路	粥顶山路	球墨管	200	560
			球墨管	400	2200
高铁横三路	纵一路	粥顶山路	球墨管	200	1930
高铁横四路	纵二路	粥顶山路	球墨管	200	1683
粥顶山路	天平湖路	北天门大街	球墨管	200	2515
天平湖路	泮河大街	长城路	球墨管	200	2119
泮河东路	泮河大街	长城路	球墨管	200	1390

续表 2-4

道路	起点	终点	管材	管径（毫米）	总长(米)
荣昌路	大河路	泰山大街	球墨管	200	726
大辛庄北街	石腊河东路	环湖路	球墨管	300	2200
老王府街	泮河东路	长城路段	球墨管	300 ～ 200	770
大河路	迎宾大道	泮河大街	球墨管	500 ～ 300	4800
	大河桥	曹家村	球墨管	300	3208
韩刘冯路	凤凰山路	环湖路	球墨管	400 ～ 300	1729
荣昌路	泰山大街	大河路	球墨管	200	740
希望路	泰山大街西段	泰肥一级路	球墨管	300	600
南黄路	泰山大街	大河路	球墨管	300	1000
滨河路	泰楼路	泰新高速	球墨管	600	6500
黄前一期输水	水库取水头部	博阳路	砼管	1000	12222
黄前二期输水	水库取水头部	博阳路	玻璃钢	800	11963
东区应急供水	东苑庄水源地	创业大街东首	球墨管	800	7506
小安门引水管线	小安门水库取水头部	西碾疃东黄前一、二期管线合口处	球墨管	600	16702
彩山应急引水管线	彩山水库取水头部	大路管庄	球墨管	600	21200
汶口输水管线	汶口水源地各单井	大白峪钢材市场	水泥管	1000	20048
旧县输水管线	泮河大街	旧县水源地 17 号井	球墨管	800	8498

第五章 供水调度设施建设

公司供水调度中心大楼始建于 1999 年，位于东岳大街西段南侧、海关大楼以东，占地 1.13 公顷，建筑面积 1.2 万平方米，共 11 层。2008—2010 年 12 月，公司供水调度监控系统设在供水调度中心第十层，实现对水厂、加压站、供水管网压力、流量等参数远程监测及供水调度。

第一节 水表检定站技术楼建设

为了更好地为泰城广大居民服务，满足不断增长的水表校验需求，2008 年 4 月，公司决定在迎胜东路以北，东尊华美达西邻建设水表检定站技术楼项目，占地 0.58 公顷。

5月，市发改委下发《关于下达调整泰安市水表检定站技术楼建设项目投资计划的通知》（泰发改投资〔2008〕125号），同意建设水表检定站技术楼工程，调整投资1200万元。

2009年7月8日，水表检定站技术楼开工，由山东省鲁岳资源勘查开发有限公司勘察，山东省建筑设计研究院设计，泰安市东城建筑工程有限公司承建，泰安瑞兴工程咨询有限公司监理。为提高技术楼的技术指标和利用率，经公司研究，在原设计基础上增建一层，建设六层。该项目被市委、市政府列为2009年为民要办的十二件实事之一。

2010年5月，市发改委下发《关于泰安市水表检定站技术楼建设项目调整投资计划的批复》（泰发改投资〔2010〕171号），同意将水表检定站建筑面积调整为8585平方米，投资调整为1900万元。10月，技术楼主体完工，进入装饰装修阶段，由山东鲁泉建设工程公司、山东欧典装饰有限责任公司、泰安市新方圆装饰有限责任公司分别承担3个标段的装修工程；泰安市华威装饰有限责任公司承担外墙石材及五楼展厅装饰、玻璃幕墙及铝合金窗安装工程；泰安市泰山风景名胜区泰来石材厂承建庭院石材安装工程。11月30日，工程竣工，泰安市建筑工程质量监督站对工程质量进行全过程质量监督，技术楼通过市规划局、市公安消防分局、市环保局等行政主管部门的验收，工程总体质量情况较好，主控项目全部合格，一般项目满足规范要求。12月4日，水表检定站技术楼启用，机关科室除安通公司、水质化验中心外顺利入驻技术楼。

为了提高供水服务水平，加强供水调度，增强供水服务能力，节能降耗，公司在技术楼四楼设置供水调度中心和客服中心。同年12月，公司投资近百万元安装武汉易维SCADA供水调度系统，其核心部件采用法国施耐德品牌，产品配置适合公司供水现状，供水调度系统部分原码授权使用，保证公司更好的维修维护。供水调度中心设置大屏幕显示系统，由山东万维网络工程有限公司制作安装。DLP大屏幕系统采用8台彩讯DLP背投单元TRX6060L1拼接成显示墙，高品质DLP机芯，分辨率1024×768，对比度2000∶1，亮度900流明。客服系统采用杭州蒲菲特客服系统，依托中国移动GPRS网络平台，实现C/S架构的实时数据通信平台、Oracle数据库平台、B/S架构的web应用平台三者合一的现代化客服系统。2011年初，调度中心及客服中心投入使用。至2017年底，公司陆续建设压力监测点75处，其中管网18处、水厂5处、加压站3处、水源井18处、二次供水加压点31处，扩展了供水调度范围，提高了公司供水调度水平。公司供水调度系统及客户服务系统的投用，标志着公司的供水服务工作迈上一个新台阶。

2011年3月，泰安市建筑工程质量监督站核发工程验收备案证书（备案编号BA2011-015号）。泰安市城建档案馆核发山东省建设工程档案合格证（鲁建档证0002810号）。水表检定站技术楼工程荣获2011年度山东省建筑工程质量“泰山杯”奖。水表检定站技术楼建筑面积7257平方米（另地下室1328平方米），地上六层，地下一层，层高3.6～4.2米，建筑高度23.4米，二类公共建筑，耐火等级二级，工程总投资2600万元。

2012年6月，公司水质化验中心启用，

公司化验人员顺利入驻技术楼。7月，公司投资20万元按水质化验中心标准配置前处理室、干燥室、无菌室、检测室等，购置化验用品、药品。

第二节 职工食堂及活动中心建设

为更好地做好做强供水事业，解决职工的后顾之忧，提高工作效率，改善职工文体活动条件，2010年底公司决定在水表检定站技术楼北侧建设职工食堂及活动中心，占地0.33公顷。

2011年1月，市发改委下发《关于下达市自来水公司建设职工食堂及活动中心投资计划的通知》（泰发改投资〔2011〕20号），同意建设职工食堂及活动中心工程，投资500万元。5月，市规划局颁发建设工程规划许可证（建字第370900201100122号）。7月，职工食堂开工，由山东省鲁岳资源勘查开发有限公司勘察，山东省建筑设计研究院泰安建筑设计所设计，泰安市鲁中建设总公司承建，山东同力建设项目管理有限公司监理。8月，市住建局颁发建筑工程施工许可证（2011-00-061）。

2012年6月，工程竣工。泰安市建筑工程质量监督站对工程质量进行全过程质量监督，并通过市规划局、市公安消防分局、市环保局等行政主管部门的验收，工程总体质量情况较好，主控项目全部合格，一般项目满足规范要求。6月16日，职工食堂及活动中心启用，安通公司、供应科、职工食堂、活动中心顺利入驻。

2013年12月，市城建档案馆核发山东省建设工程档案合格证（鲁建档证0018213号）。2014年1月，市建筑工程质量监督站核发工程验收备案证书（备案编号BA2014-046号）。2017年3月，审计科入驻。

职工食堂及活动中心建筑面积1386平方米（另地下室284平方米），地上三层，地下一层，层高3.6～4.2米，建筑高度12.55米，二类公共建筑，耐火等级二级，工程投资620万元。

第三篇

供水生产

DISANPIAN GONGSHUISHENGCHAN

水是城市命脉，是城市建设的重要支撑。泰安市自来水有限公司始终把保障城市供水工作放在重中之重，2008年以来，随着泰安经济和社会的飞速发展，带动了供水需求的持续快速增长，公司紧跟泰城建设步伐，进一步提升城市供水的要素保障能力，不断拓宽城市供水水源，三合水厂水质提升工程、小安门引水工程、彩山水库引水工程、环湖水厂先后建设完成，在泰安供水建设史上前所未有。同时加大资金投入，改造老旧供水设备，大力运用科技手段，提升城市供水调度、水质检测、自动化设备管理水平，制定公司供水应急预案，完善泰城供水应急手段，对未来泰城供水水厂建设提前筹划，促使供水服务与城市发展并肩前行，为加快“推进富民强市、建设幸福泰安”做出积极贡献。

第一章　生产流程

第一节　地表水生产流程

一、三合水厂生产流程

三合水厂于1992年12月建成，为公司主要的供水系统。2008—2015年，水厂以黄前水库为主要水源，2016年以后增加彩山水库、小安门水库作为备用水源，生产工艺流程分为取水、输水、水处理和配水管道4部分。

（一）取水工艺

黄前水库为三合水厂主要取水水源地，水库位于泰城东北约20公里的石汶河上，汇流面积292平方公里，最高水位210.65米，总库容8240万立方米。其中，兴利库容6350万立方米，死库容450万立方米，死水位190.6米，水库水质良好，达到国家Ⅲ类水质标准。

2008年以前，黄前水库取水头部设计采用有压取水方式，取水头部位于黄前水库大坝南侧，洞外设大型水流调节柜，输水洞利用水库水位和水厂地形高差形成重力水头进行取水。

2012年对黄前水库取水口进行改造，重新选取取水口，取用表层水，采用虹吸管从黄前水库内取水，取水口设于水库大坝右肩坡道处，进口采用浮动平台取水，取水高程最低为200米。管道采用管径800毫米两根钢管并排布置。

小安门水库是三合水厂备用水源地，在水库东南角建有灌溉用放水闸及放水洞，取水头部建于放水洞附近，经取水泵站加压，将原水输送至黄前水库输水管道，最后进入三合水厂。

彩山水库是三合水厂备用水源地，取水头部建于大坝东侧放水洞附近，经取水泵站加压与小安门水库引水工程管线汇合，进入三合水厂进行处理，保障泰城供水。

（二）输水工艺

2008年初，黄前水库一直通过一期管径DN1000毫米预应力钢筋混凝土管、二期管径DN800毫米的玻璃钢管，两条输水管道靠重力输送至三合水厂。

2014年12月，为应对持续干旱少雨，保障泰城供水安全，公司启动小安门引水工程，应急调用小安门水库蓄水，工程于2014年12月27日开工建设，并于2015年3月完工，输水管线穿越祝阳、山口2个乡镇13个村庄，沿小安门水库放水洞及环山路东段南北侧公路界施工，至西碾疃村与黄前水库输水管道连接，共敷设DN600毫米球墨铸铁输水管线18.5公里，将小安门水库原水输送到三合水厂，为泰城新增500万立方米水源，实现了水源互补，发挥了应急供水作用。

2015年10月，针对黄前水库水量较少，水源不足的情况，公司启动彩山水库引水工程，于2015年10月21日开工建设，并于2016年3月完工，该工程南起彩山水库北至祝阳镇，在大路官庄村与小安门水库输水管线联通，沿途经过高新区化马湾、徂徕、岱岳区角峪、范镇、祝阳5个乡镇，共敷设DN600毫米球墨铸铁输水管线21公里，为泰城新增600万立方米水源，对于缓解泰城水源不足、保障供水安全具有重要作用。

（三）水处理工艺

1. 常规水处理工艺

三合水厂主要采用常规处理工艺，当原水浊度低时，采用微絮凝直接过滤。

黄前水库原水靠重力（彩山、小安门水库原水通过取水泵站加压）输送到三合水厂，首先经过管式静态混合器，在管式静态混合器前端设有加药投加装置，实现水跟药剂的初步混合。絮凝净水剂为聚合氯化铝，主要是起到吸附水中的悬浮物形成大颗粒，加速沉淀，去除水中固体颗粒的作用。

水厂采用混凝沉淀的常规工艺，使用1993年建成的一期供水工程的两组平流沉淀池和一组斜管沉淀池，采用虹吸式机械排泥。2002年二期供水工程建设两组网格反应、小孔径蜂窝斜管沉淀池。采用重力漏斗型排泥，2013年对该工程进行改造，增加了对蜂窝斜管曝气清堵的功能。沉淀池设计规模10万立方米/天，平行流速为0.25米/秒，竖向流速0.12米/秒，经过沉淀后水浊度可降至3NTU左右，沉淀后的水自流至滤站，一期供水工程采用普通4阀快滤池，通过控制4个阀门的开启和关闭，实现过滤产水和反冲洗的工艺流程。滤池共6组，2组54平方米，采用双层滤料设计，介质为石英砂和活性炭。利用水冲洗方式，反冲洗周期为12小时。

二期供水工程有两组高效纤维滤池，每组49.8平方米，滤芯为130厘米的聚丙烯纤维束，采用气水相结合的反冲洗方式。高效纤维滤池运行时需要滤前水加氯，过滤后的水经加氯后进入清水池；清水池一方面起到调节水量的作用，另一方面使氯气和清水接触30分钟以上，保证消毒效果。

2. 浸没式超滤膜水处理工艺

三合水厂致力于全面提升出水水质工作目标的前提下，2013年启用了浸没式超滤膜水处理自动化控制运行系统，并获得“泰安市2013年十大为民惠民工程”殊荣。

超滤膜处理工艺，主要是应用于市政供水行业，其技术工艺是利用水压使水分子及小分子物质导透过超滤膜，而悬浮微粒、胶体、微生物（如细菌和大部分病毒）、铁、锰、

三合水厂膜处理车间 （2014年12月 摄）

大分子有机物则被截留在超滤膜表面，滤后水水质稳定，出水浊度小于0.1NTU，二虫去除率达到6log（99.9999%）、细菌去除率达到4log（99.99%）、病毒去除率达到3log（99.9%）。另外，超滤膜工艺化学洗药剂成本较低，运行可靠，可实现全面自动化控制。

三合水厂膜处理车间采用浸没式超滤膜运行系统，车间内包括膜池及辅助设备运行车间。膜池进水为现有沉淀池出水，膜池共设置12格，分4排布置。设计规模10万立方米/天，校核规模为12万立方米/天。超滤膜过水道量设为21.4升/平方米·小时。反冲洗水通量为60升/平方米·小时，气擦洗强度为50立方米/平方米·小时。膜池每格设抽吸增加泵1台，膜池出水由抽吸增加泵抽至中央集水渠，由管道连接至清水池。膜池反冲洗水泵单独设置，反冲洗用水取自中央集水渠。膜池采用日常的气水联合反冲洗与周期性的化学清洗相结合的方式，化学清洗又分为相对较短周期的维护性化学清洗和相对较长周期的恢复性化学清洗。维护性清洗采用NaCLO（次氯酸钠）溶液，恢复性化学洗采用NaOH（氢氧化钠）和NaCLO溶液的碱洗，以及采用HCL（盐酸）或柠檬酸溶液的酸洗。维护性清洗、恢复性清洗设计为在线清洗方式。所有膜池运行辅助设备置于辅助车间内，膜池反冲洗废水排入调节池，再经由调节池出水泵均匀回收至现有两座原水配水井进水管。膜池化学洗废水排至中和池内，经池内中和，符合pH值排放要求后，经两台排污泵，废水排入厂区现有排水系统。膜车间投入运行后，原有普通快滤池系统留做备用。

3. 食品级次氯酸钠投加工艺

2016年，采用食品级次氯酸钠投加工艺消毒，次氯酸钠是一种高效、广谱、安全的强力灭菌、杀病毒药剂，与水的亲和性好，能与水在任意比互溶，操作安全，使用方便，易于储藏，可以再任意工作状况下投加。而且，次氯酸钠消毒液在水中不会产生游离态分子氯，所以在消毒过程中一般难以发生因存在分子氯而引发的氯代化合反应，生成不利于人体健康的有害有毒化学物质。

三合水厂在2001年以前，加氯工艺采用液氯作为投加药剂，其在存储、使用方面很难实现自动化控制，在操作过程中，极易发生液氯泄露事故，给操作人员和水厂周围居民带来危险。2016年以后使用食品级次氯酸钠作为投加药剂，在存储、使用方面非常安全，可自动化控制程度高，可并入现有膜池集成化控制系统进行统一控制。

食品级次氯酸钠投加工艺主要由3个部分组成：次氯酸钠原液稀释搅拌、计量和投加。食品级次氯酸钠原液浓度为10%，需加水稀释至3%后由加氯计量泵通过管道投入水体。食品级次氯酸钠投加点共5个，设4台立式加氯机，三用一备。

4. 应急处理工艺

为进一步提高出水水质，去除水中异味，改善饮用水口感，应对突发性水质污染事件，三合水厂于2013年开始采用粉末活性炭投加工艺，粉末活性炭主要通过物理化学吸附作用去除水中污染物质，能有效去除嗅、味、色度、氯化、有机物、农药、天然有机物及人工合成有机物，同时对重金属、放射性物质到无机物也具有较好的去除效果，粉末活性炭投加采用一体化投加设备，最大投加量为30毫克/升，投加浓度为5～30PPM。制配好的溶液通过螺杆泵加压，经过PVC管道，输送至投加点。

5. 水质在线检测工艺

水质在线检测工艺是指使用检测仪表对水质信息进行自动在线实时检测，并将数据上传的工艺。检测项目包括：原水浊度、滤后出水浊度、pH值、余氯值、颗粒计数值。取样用水分别由取样泵进、出水管道采集并输入仪器废水统一收集后，排放至排水管道内。

（四）配水管道

2008年以来从三合水厂出厂敷设4条管道，2条高压管道和2条低压管道，高压管道分别是沿环山路的一条直径600毫米管道和沿宝龙别墅区到电视台敷设的一条直径800毫米的管道，2条低压管道直径800毫米的管道与市区管网相连接。

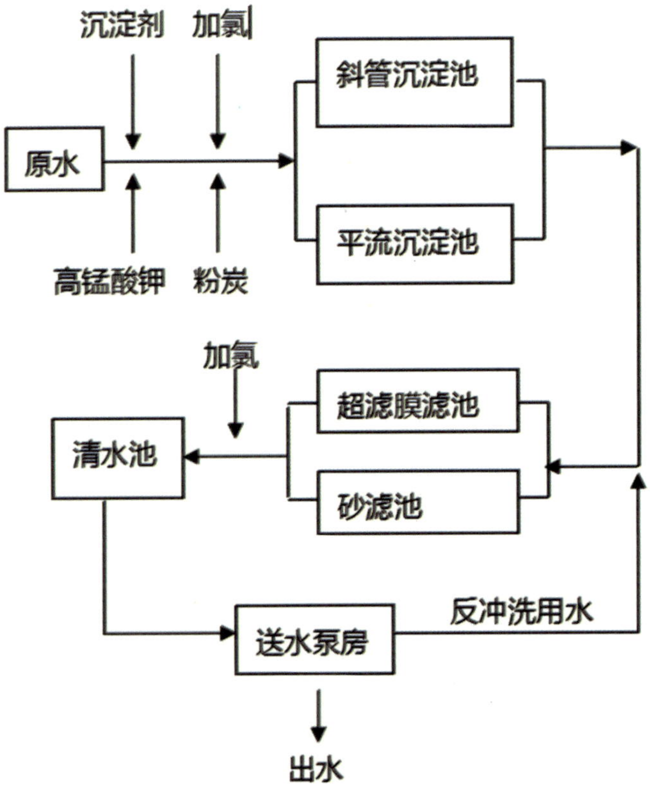

图3-1　三合水厂生产工艺流程示意图

二、环湖水厂生产流程

环湖水厂于2014年11月开工建设，2015年7月竣工投产，是泰城西部主要的供水水厂，水厂以天平湖水库为主要水源地，生产工艺流程分为取水、输水、水处理和配水管道4部分。

（一）取水工艺

2014年11月，在天平湖水库取水头部建设一座加压泵房，从天平湖水库取水，设计采用水泵加压，泵房内安装有4台卧式离心泵。

（二）输水工艺

2014年11月，天平湖水库的原水经过取水头部水泵加压，通过2公里长，直径600毫米输水管道送至环湖水厂。

（三）水处理工艺

1. 超滤膜处理工艺

2015年以来，环湖水厂采用超滤膜处理工艺，其技术工艺是利用水压，使水分子及小分子物质导透过超滤膜，而悬浮微粒、胶体、微生物（如细菌和大部分病毒）、铁、锰、大分子有机物则被截留在超滤膜表面，滤后水质稳定，出水浊度小于0.1NTU，二虫去除率达到61og（99.9999%）、细菌去除率达到41og（99.99%）、病毒去除率达到31og（99.9%）。另外，超滤膜工艺化学洗药剂成本较低，运行可靠，可实现全面自动化控制。超滤膜滤池采用天津膜华公司提供的超滤膜丝，共设置6组膜池，单座膜池面积为16.34平方米，设置4套浸没式膜组件，每个膜组件设置46支膜元件，即单座膜池设置184支膜元件，每个膜单元表面积为34.7平方米，单格总膜丝表面积为6390平方米。超滤膜过滤精度0.03μm，单支膜过滤面积35平方米。12℃时膜组件运行通量为25.4升/平方米·小时。水冲洗过膜通量为65升/平方米·小时，气洗强度为70立方米/平方米·小时。膜池采用日常的气水联合反冲洗与周期性的化学清洗相结合的方式，化学清洗又分为相对较短周期的维护性化学清洗和相对较长周期的恢复性化学清洗。维护性清洗采用NaCLO溶液，恢复性化学洗采用NaOH和NaCLO溶液的碱洗。以及采用HCL或柠檬酸溶液的酸洗。维护性清洗、恢复性清洗设计为在线清洗方式。所有膜池运行辅助设备置于辅助车间内。膜池反冲洗废水排入调节池，再经由调节池出水泵均匀回收至现有两座原水配水井进水管。膜池化学洗废水排至中和池内，经池内中和，符合pH值排放要求后，经两台排污泵，废水排入厂区现有排水系统。膜车间投入运行后，原有普通快滤池系统留做备用。

2. 食品级次氯酸钠投加工艺

次氯酸钠是一种高效、广谱、安全的强力灭菌、杀病毒药剂。与水的亲和性好，能与水在任意比互溶，操作安全，使用方便，易于储藏，可以在任意工作状况下投加。而且，次氯酸钠消毒液在水中不会产生游离态分子氯，所以在消毒过程中一般难以发生因存在分子氯而引发的氯代化合反应，生成不利于人体健康的有害有毒化学物质。环湖水厂使用食品级次氯酸钠作为投加药剂，在存储、使用方面非常安全，可自动化控制程度高，可并入现有膜池集成化控制系统进行统一控制。

食品级次氯酸钠投加工艺主要由3个部分组成：次氯酸钠原液稀释搅拌、计量和投加。食品级次氯酸钠原液浓度为10%，需加水稀释至3%后由加氯计量泵通过管道投入水体。设投加点4处，储液罐2座。储液罐尺寸为1立方米/座，材质为PE。配有加次氯酸钠计量泵4台（另有1台备用），最大投加量15毫克/升，每台泵流30升/小时、压力3bar、功率0.37千瓦；液下耐腐蚀提升泵2台，每台泵流量5立方米/小时、压力10米、功率1.1千瓦。

3. 应急处理工艺

2015年以来，为进一步提高出水水质，去除水中异味，改善饮用水口感，应对突发性水质污染事件，环湖水厂采用了粉末活性炭投加工艺，粉末活性炭主要通过物理化学吸附作用去除水中污染物质，能有效去除嗅、味、色度、氯化、有机物、农药、天然有机物及人工合成有机物，同时对重金属、放射性物质到无机物也具有较好的去除效果。粉末活性炭投加采用一体化投加设备，最大投加量为30毫克/升，投加浓度为5～30ppm。制配好的溶液通过螺杆泵加压，经过PVC管道，输送至投加点。

4. 水质在线检测工艺

水质在线检测工艺是指使用检测仪表对水质信息进行自动在线实时检测，并将数据上传的工艺。检测项目包括：原水浊度、滤后出水浊度、pH值、余氯值、颗粒计数值。取样用水分别由取样泵进、出水管道采集并输入仪器，废水统一收集后排放至排水管道内。

（四）配水管道

2015年以来，环湖水厂供水管网采用分区、分压进行布置。配水管网计算水量为0.72万立方米/天。配水管网分为高、低压供水区，各供水区配水管网以环形管网布置为主，布局和边沿地区采用枝状管网。生活给水和消防用水采用同一供水水源。

1. 高压供水区：2015年至今，该区域由环湖水厂高压设备加压供水（2万立方米/天）。沿迎宾大道、环山路西段主要道路及用水量集中的区域布置供水主干管，边沿地区布置枝状管网。水经环湖水厂加压后，一路沿迎宾大道向北、向西供给浪潮科技园、泰盟电器、奥特控制中心、民俗村、石蜡旧村改造、小辛庄旧村改造等用户。

2. 低压供水区：2015年至今，该区域由环湖水厂低压设备加压供水（3万立方米/天）。沿环湖中路、西环路、南环街等主要

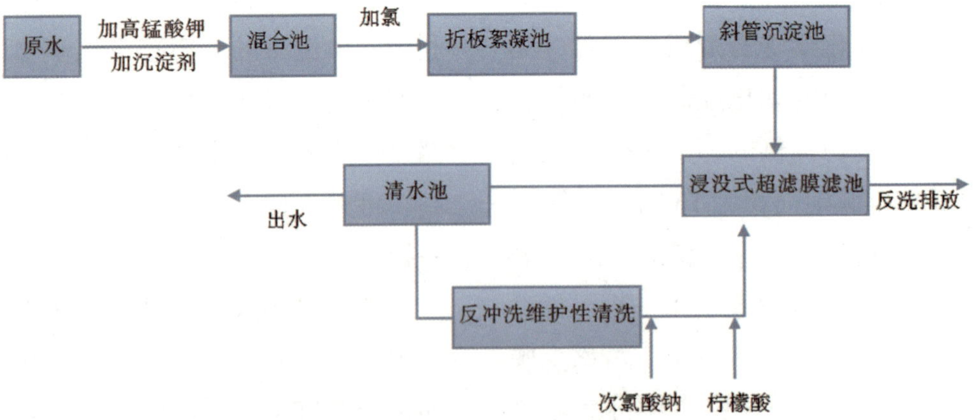

图3-2 环湖水厂生产工艺流程示意图

道路及用水量集中的区域布置供水主干管，边沿地区布置枝状管网；沿环湖中路向东供给泰山逍遥岛及预留用地，向西供给天庭乐园、大辛庄旧村改造、泰山国际运动休闲中心及预留用地等用户。环湖水厂出水由泮河大街、西黄街进入度假区与规划管线相连接。

第二节 地下水生产流程

一、泉河水厂生产流程

泉河水厂于1998年10月建成。2008—2017年以泰安市大汶口镇东武村、宋驾庄、大小候村地下水为水源，生产流程分为取水、输水、水处理、配水管道、增压。

（一）取水工艺

汶口水源地位于泰安市南23公里，主要开采岩溶地下水，区内地势平坦，地层自南向北为寒武系、奥陶系、第三系，单井日涌水量为5280～9386立方米，含水层埋藏于第四系、第三系之下，补给条件好，富水性好，储水能力强。水井位于东武村、宋驾庄村、大侯村境内，水质为重碳酸钙型水，pH值在7.5左右，符合饮用水标准，其日开采量为5.6万立方米。汶口水源地可用水井11眼。地面标高为95米，水源地动水位标高为70米，经抽水试验，单井日出水量均在5000立方米以上，地下水位始终处于动平衡状态。井群的日总出水量为73316万立方米。水源地管井结构扩孔口径550毫米，水井管材使用直径377毫米、壁厚8毫米的钢管和桥高1.0～1.2毫米、壁厚6毫米的钢制桥式滤水管，滤水管长度为50～80米，滤水管外填粒径大于1.2毫米的较纯砂，井底留10米沉淀管。水源井之间设连通管，单井的出水均通过连通管输入干管，连通管直径100～400毫米，连通管总长度为2410米。在6号井设置中心控制室，对各井的运行进行观测和控制。

（二）输水工艺

水源地原水经深井泵提升后，经过输水管道送至泉河水厂，再供给至泰城西部地区，水源地至泉河水厂输水管道全长12.53公里，输水干管采用直径1000毫米和直径1200毫米的钢筋混凝土管，沿东庄—颜家庄—辛庄—满庄镇—泉河（配水厂）—洋栏—下水泉—大白峪—下旺—涝洼—泰东路—西区增压站，总长28.9公里，平均地面高程93米。2012年，汶口水源地至陈家石墙村的输水管道更换为球墨铸铁管，自陈家石墙村至泉河水厂、泉河水厂至凤凰岭加压站的输水管道进行了不锈钢内衬，大大减少了爆管事件的发生，改善水质的同时提高了供水保障能力。

（三）水处理工艺

水源地来水先进入清水池，在清水池与消毒剂进行接触，消毒灭菌，泉河水厂建厂初期有3000立方米清水池2座，2014年又建设5000立方米清水池1座，有效水深3.5米，钢筋混凝土结构，内设导流墙。2001年3月，水厂改用氯气消毒处理。2008年，加氯间配备氯气捕消器2台和防化服、空气呼吸器1套。2012年下半年，又改用济南艾德尔科技有限公司生产的先进二氧化氯发生器进行消毒，加氯间内有盐酸罐和二氧化氯罐各一个，其中盐酸为活化剂，二氧化氯为消毒剂。

（四）配水管道

2008—2017年，泉河水厂配水范围是泰安南部高新技术开发区、泰东路、泰肥路及长城小区及西区增压站，直接配水区范围内日供水规模3万立方米，南部高新技术开发

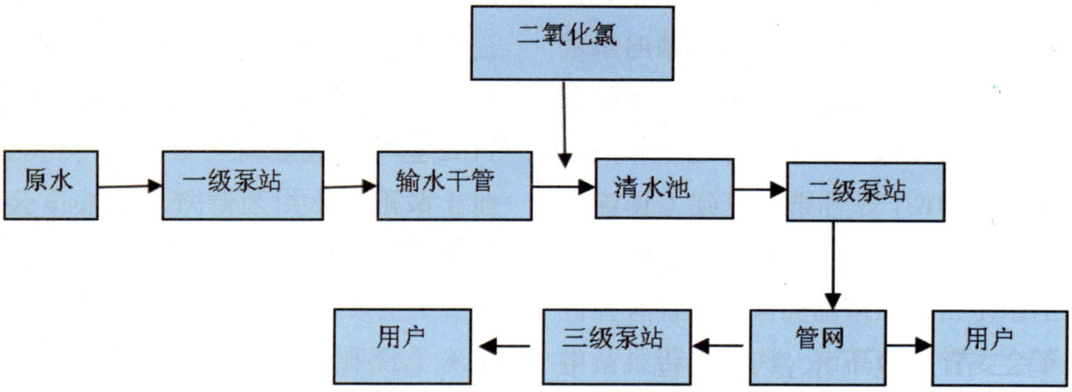

图 3-3　泉河水厂水处理工艺示意图

区、长城小区及乐园小区的管网布置为直径 200 ~ 800 毫米的管道，组成支状网和环状网相结合的配水管网。此外还向西区增压站供水，经西区增压站供给泰城西部、西北部地势较高地区。

二、南关水厂生产流程

南关水厂于 1982 年 12 月建成，2008 年至今以邱家店镇旧县村地下水为水源，生产流程分为取水、输水、水处理、配水管道、增压站。

（一）取水工艺

旧县水源地位于泰莱断陷弧形盆地的南沿，汶河北岸，距泰城约 9 公里，2008 年至今，一直作为南关水厂水源地，该区分布有齐全的寒武系奥陶系石灰岩，隐伏于地下 8 ~ 12 米，裂岩隙熔岩发育，水量丰富，水质良好，山东省勘察公司《旧县水源地水文地质勘查报告》中指出基岩地下水日开采储量为 68606.50 立方米，日供水量 5 万立方米。水源井之间设立连通管，单井出水均通过直径为 300 ~ 500 毫米的连通管输入干管，在 17 号井设置中心控制室，对各井的运行进行观测和控制。

（二）输水工艺

旧县水源地原水通过直径 600 毫米，长度 9 公里的预应力钢筋混凝土管输水管道，穿过十里河、梳洗河，越过宅子前后三道沟渠，经宅子村、南关大街输送至南关水厂。2015 年，在原二期工程的基础上，输水管道由钢筋混凝土管更换为 DN800 球墨铸铁管。

（三）水处理工艺

2008—2012 年，南关水厂采用氯气消毒，氯气通过加氯管道进入水厂内 2 座 2000 立方米的清水池内，进行反应处理，加注量为每升水 1 毫克，投氯设备为 J-2 型转子加氯机 1 台，加氯间内设 2 吨电动单梁悬挂起重机 1 台，另设碱池 1 座，用于中和泄漏的氯气，值班室配有氧气呼吸器和活性炭防毒面具。2012 年下半年，改用济南艾德尔科技有限公司生产的二氧化氯发生器进行消毒，加氯间内有盐酸罐和二氧化氯罐各 1 个，其中盐酸为活化剂，二氧化氯为消毒剂。2015 年，为增加水厂供水能力，新建 1 座 1800 立方米的清水池。

（四）配水管道

按设计要求共敷设配水管道 9.84 公里。

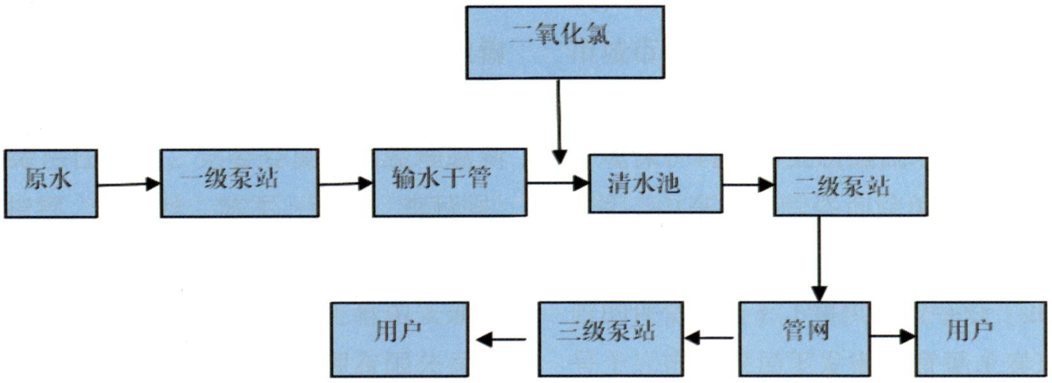

图 3-4 南关水厂水处理工艺示意图

（五）增压站

1. 老西区增压站

2008 年至 2017 年 9 月，公司在东岳大街西段路南设有西区增压站。西区增压站设计日供水能力 1.5 万立方米，有 2000 立方米清水池 1 座，泵房 1 座。2017 年 9 月，该增压站拆除。

2. 新西区增压站

2015 年 4 月，公司建设新西区增压站。该加压站位于东岳大街西段路南、正元大厦西邻，占地面积 3505 平方米。建设清水池一座，最高水位 4 米，容积 2400 立方米，池顶覆土 0.5 米，位于控制楼北停车场下；控制楼一栋，框架结构，地上六层，地下一层，泵房位于地下一层，共有 2 台水泵，其中电机功率为 55 千瓦、流量为 160 立方米 / 小时的水泵 1 台，电机功率为 75 千瓦、流量为 280 立方米 / 小时的水泵 1 台。

3. 青春创业园增压站

2008 年至今，公司在青春创业园设有青春创业园增压站，占地 2.146 公顷，初期，有 1 座水池容量为 3000 立方米的清水池。2014 年 6 月，新建 1 座水池容量为 5000 立方米的清水池。泵房共有 4 台水泵，其中电机功率为 55 千瓦、流量为 210 立方米 / 小时的水泵 2 台，电机功率为 132 千瓦、流量为 650 立方米 / 小时的水泵 2 台。

4. 东区增压站

2012—2013 年 10 月，公司在泰城东北部东城村新建东区增压站，占地面积 3.05 亩，水池容量为 2600 立方米，泵房共有 4 台水泵，其中电机功率为 11 千瓦、流量为 32 立方米 / 小时的水泵 1 台，电机功率为 22 千瓦、流量为 85 立方米 / 小时的水泵 1 台，电机功率为 55 千瓦、流量为 180 立方米 / 小时的水泵 1 台，电机功率为 75 千瓦、流量为 420 立方米 / 小时的水泵 1 台。

三、泰东水厂生产流程

泰东水厂于 2007 年 1 月由公司与泰安市泰山区省庄镇合资成立。水厂以省庄镇苑庄地下水为水源，生产流程分为取水、输水、配水管道。

（一）取水工艺

苑庄水源地位于省庄镇西苑庄附近，该水源地位于泰安城区东南部，泰莱断陷盆地的西部，地形较平坦。2008 年至今，有探采结合井 6 眼，日涌水量 1.2 万立方米，地下水为低矿化的重碳酸盐水，pH 值 7 ~ 7.5，总硬度为 12.01 毫克 / 升 ~ 17.50 毫克 / 升，达到国家饮用水的标准。

（二）输水工艺

水厂共敷设深井之间联络管线（De200-De400输水管线）2公里；深井至泰东水厂输水管线共敷设4.6公里，从各井取水后进入各自输出管道，然后经联络管道汇合后进入东部城区管网。

（三）配水管道

泰东水厂至东部高新区创业大街敷设DN600-DN800三阶段预应力砼管道2.4公里。

四、市区单井

市区4号井（岱宗4号井），位于岱宗大街南侧，北新街以东，市实验学校西邻，由山东省建设厅城市建设局勘查测量大队勘探，1971年7月21日建成，占地面积1676.6平方米，日涌水量4000立方米，建成泵房2座及配套机电设备、水池等，铺设DN150～250管网2公里。2016年初重新启用供水，上水量达到180立方米/小时。

市区8号井（老市政府），位于青年路市政府院内西北角，由山东省建设厅城市建设局勘查测量大队勘探，1974年11月4日建成投产，日涌水量800立方米。2016年初重新启用供水，上水量达到50立方米/小时。

市区10号井，位于更新村水果批发市场附近，由山东省建设厅城市建设局勘查测量大队勘探，1976年5月19日建成投产，占地面积355.6平方米。自三合水厂建成后，该井作为泰城应急备用水源使用，上水量达到175立方米/小时。

东区1号井，位于訾家灌庄村，泰新公路以北凤凰小区，占地410.9平方米，地面高程130.9米。自三合水厂建成后，该井作为泰城应急备用水源使用，上水量达到100立方米/小时。

东区4号井，位于訾家灌庄村，唐訾路东，东湖路南，占地306.7平方米，地面高程132.5米，自三合水厂建成后，该井作为泰城水应急备用水源使用，上水量达到125立方米/小时。

西区2号井，位于更新村，泰安市啤酒厂院内，上海市政工程设计院设计，山东省勘测凿井大队钻探，1977年8月11日建成，占地132.9平方米。自三合水厂建成后，该井作为泰城应急备用水源使用，上水量达到133立方米/小时。

第二章　生产运行

第一节　生产调度

一、调度管理

调度管理是合理组织和协调给水系统各组成部分之间有效配合，以保障供水安全、提高供水水质、提升管理水平、优化供水成本的管理过程。

公司供水调度中心根据泰城各个区域及各季节的实际用水情况，结合管网压力的变化规律合理配置供水量，科学合理地调度增

压站点，调整管网压力以满足用水需求，减少爆管事件发生，以达到“安全供水、经济运行”的目的；当管网水压升降偏离正常范围时，迅速调查原因，采取紧急应对措施；供水管网发生事故时，及时通知管线所，在最短的时间内关闭相关阀门，减少水资源流失。根据市区供水情况调整各水厂的运行方式，调整供水方案，水厂根据调度指令在第一时间内进行开、停机组，各水厂根据调度中心指令及清水池的贮水情况调度水源地开、关机，保持水池高水位并做好应急开机的准备。

为加强处理供水事故时的指挥协调，施工抢修人员在抢修的同时向调度中心反馈抢修的有关信息，管线所、营业所、安通公司等各相关单位，在实施计划性管线维修、停水合口、管道合口施工前，要报经公司批准，恢复正常供水时及时向调度中心反馈信息，调度中心合理进行供水调配，保障泰城供水管网压力动态平衡。

2008—2017 年，随着公司供水保障能力的不断提高，供水调度中心积极探索实践新形势下推进和加强供水调度管理工作的新思路、新举措，实行科学调度、精细化管理，本着“优先开采地表水，合理利用地下水”的原则，按计划取水，科学供水，积极节水，并及时关注泰城降雨量、各水库水量变化情况，未雨绸缪，提前制定供水调度计划，通过采用多水源互补联合调度等措施，统筹安排、合理调配，保障泰城安全度过了水资源紧张期。随着测压点的不断增加以及调度系统的升级完善，泰城供水监控盲区逐步缩小，为更好地服务于泰城生产和居民生活用水，调度工作人员 24 小时昼夜值班，监测整个泰城供水管网运行状态，科学合理地调度加压站点来调整管网压力以满足用水需求。近年来，公司着力加强部门间信息共享力度，加强供水监控和信息共享，逐步完善从“源头”到“龙头”的全过程监测体系，全方位服务泰城经济社会发展。

二、调度系统

2008 年，公司拥有 17 个测压点，另有 3 个遥控点，分别是天外村遥控点、乐园小区遥控点、红门小区遥控点。

2009 年，由于凤凰庄拆迁和环山路改造，原有的 2 个测压点被拆除。为了保证调度系统的安全运行，更全面地掌握管网的服务压力，进行合理调度，优质服务，根据管网的分布状况及测压点的布置原则，在泰山医学院、通讯营、青春创业园增压站、开元小区新建了四个测压点。

泰安市自来水有限公司供水调度中心　（2013 年 8 月　摄）

2010 年，公司原有的供水调度系统已经运行多年，随着泰城的快速发展和新水质标准的要求，老系统已经无法满足复杂多变的供水调度要求。公司经过多方对比，斥资 80 余万元，由武汉易维结合公司实际设计安装了第一代供水调度系统。新系统采用GPRS通信方式和PLC终端通信，使数据的传输更及时、稳定、精确无盲区，新系统还增加了在线监测功能，可以实现对压力、流量、清水池水位、余氯、浊度的在线检测及分析报警。结合新系统的建设，还在方特、农大新校、天成棉业等7个地点增加了新的测压点，扫除了供水调度盲区。

2014年，继续学习和建设第二代供水调度系统，逐步实现对全市供水管网、厂站及

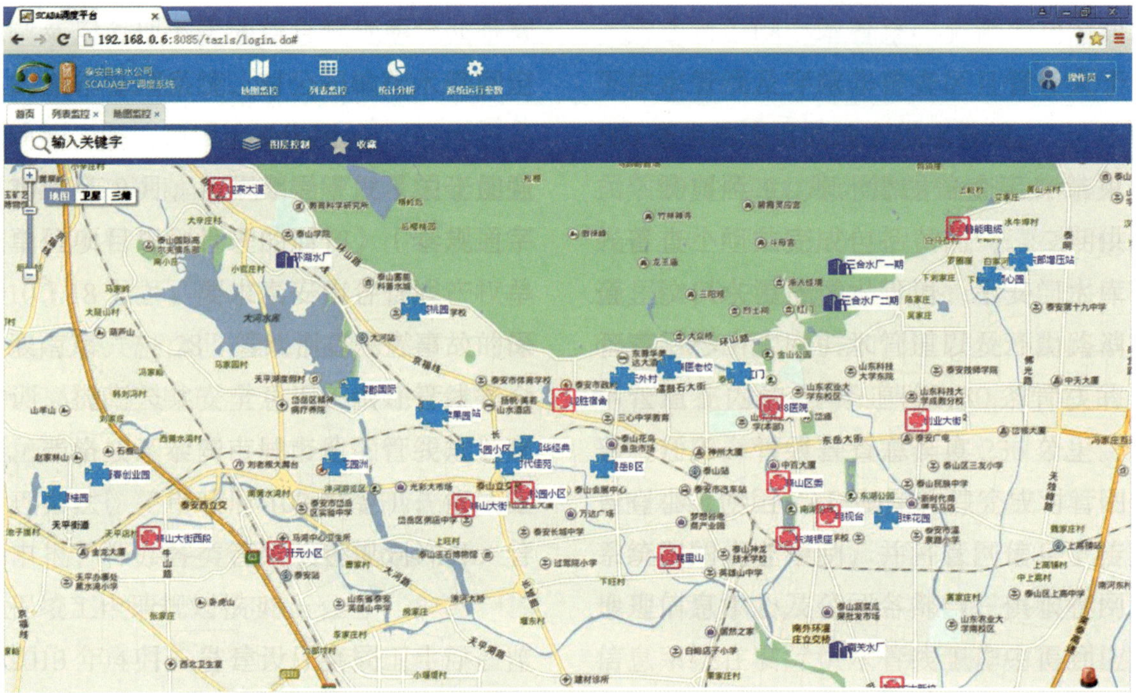

图3-5　泰安市自来水有限公司SCADA生产调度系统测压点位置示意图

站点	压力(MPa)	站点	压力(MPa)	站点	压力(MPa)	站点	压力(MPa)
三合一期低压	0.173	彩山水库	0.463	88医院	0.333	天成棉业	0.286
三合一期高压	0.539	鲁能电缆	0.331	泰医老校	0.271	开元小区	0.574
三合水厂二期	0.150	电视台	0.389	迎胜宿舍	0.303	宝盛广场	0.340
南关水厂	0.446	岱宗大街	0.274	红门	0.313	医学院南校区	0.220
泉河水厂	0.507	心怡家园	0.189	松园小区	0.353	龙泉C区	0.308
环湖水厂	0.254	东湖丽座	0.361	幸福里	0.570	碧桂园	0.550
东部增压站	0.641	蒿里山	0.357	农大新校	0.493	高铁新区	0.436
青春创业园	0.450	泰山区委	0.241	迎宾大道	0.359	容郡国际	0.610
西区加压站	0.465	新湖绿园	0.360	泰山大街西段	0.414	高铁A站	0.200
三合水厂一期				三合水厂二期			
1泵状态	停止	瞬时流量1	37	1泵状态	停止	瞬时流量1	0
2泵状态	运行	瞬时流量2	0	2泵状态	停止	瞬时流量2	0
3泵状态	运行	瞬时流量3	863	3泵状态	停止	瞬时流量3	0
4泵状态	停止	瞬时流量4	556	4泵状态	运行	瞬时流量4	1277
5泵状态	运行	水位	2.470			水位	3.524
南关水厂				泉河水厂			
1泵状态	运行	瞬时流量1	748	1泵状态	停止	瞬时流量1	0
2泵状态	停止	瞬时流量2	0	2泵状态	运行	瞬时流量2	638
3泵状态	停止	水位	2.059	3泵状态	停止	瞬时流量3	0
4泵状态	停止			4泵状态	停止	瞬时流量5	1278
5泵状态	停止			5泵状态	运行	水位	2.328
环湖水厂送水泵		环湖水厂取水泵		青春创业园		东部增压站	
送水瞬时流量1	799	取水瞬时流量	843	水位	1.975	水位	2.396
送水瞬时流量2	90	取水水位1	2.605	瞬时流量	551	低区瞬时流量	0

图3-6　泰安市自来水有限公司SCADA生产调度系统运行监控示意界面

其水源井的运行情况进行实时的动态测控和数据分析。10月，完成了18个水源井监控和20个管网测压点升级工作。新增了管网测压点2个，二次供水加压点4个。三合水厂数据传输系统已建设完毕，基本上满足了供水调度上的数据要求。

2015年，逐步实现对全市供水管网、厂站及其水源井的运行情况进行实时的动态测控和数据分析。12月，完成东区增压站的光纤改造和视频监控工作，实现远程开停机和无人值守；完成汶口水源井的光纤改造和视频监控工作，实现远程开停机和无人值守已经具备条件；三合水厂老泵房PLC改造完成，基本上满足远程开停机的数据要求；新增了二次供水加压点6个，可以远程监测水泵运行状态和参数。升级完善第二代供水调度系统，根据供水调度的实际需求，继续整合供水调度系统、二供加压点监测系统、水质在线监测系统，继续完善远程自控系统，大大加快了供水调度现代化的步伐。南关水厂和泉河水厂自动化系统已经升级改造完成，汶口和旧县共建设完成18个井群远程遥控点，可实现远程遥控和无人值守；完成汶口数据传输的升级工作，由原先的移动手机卡升级为移动光纤，升级后数据传输速度、稳定性大大提高；完成视频模拟信号向数字化信号的升级工作，升级后在水厂值班室或水源井值班室可实现远程启动和停止泵机、实时监测压力、电压、电流、机温、噪声和开关状态。新供水调度系统可实现对全市供水管网、厂站及其水源井等31个测压点的运行情况进行24小时动态测控和数据分析；并根据压力、流量、电流、机温等情况对供水设备进行远程控制；在线水质监控功能与水厂的膜处理系统的实施，能够保证出厂水质达到国内领先水平；通过生产数据统计分析系统，实现了数据采集与分析的自动化，并能自动生成完整的生产报表，便于领导及生产调度人员对不同测压点、不同时间段的数据进行对比分析，掌握压力、水位等参数的变化规律，为生产调度提供可靠依据。

2016年，完成对旧县水源地井群的光纤升级改造工作，实现远程开停机和无人值守；完成对供水服务范围内的10多个二供加压点的光纤升级改造工作，增加了进、出水的高、中、低压的各项参数；完善了三合水厂、南关水厂、泉河水厂、环湖水厂的供水调度CS和BS系统，修复流量缺陷，使用水量统计、漏损率监测更准确。

2017年2月，公司成立网络中心，原生计科调度维修组划归网络中心，全面负责供水调度系统的日常升级和维护工作。

2017年供水调度系统测压点位置参照表

表3-1

序号	测压点名称	测压点地址
1	三合一期低压	三合水厂内
2	三合一期高压	三合水厂内
3	三合二期	三合水厂内
4	南关水厂	南关水厂内
5	泉河水厂	泉河水厂内

续表 3-1

序号	测压点名称	测压点地址
6	环湖水厂	环湖水厂内
7	东区增压站	方特南部汉明堂路电校南
8	青春创业园	青春创业园加压站内
9	西区增压站	西区加压站内
10	八十八医院	88 医院对面通讯营传达
11	泰医老校	迎胜东路医学院内
12	迎胜宿舍	公司迎胜宿舍院内
13	鲁能电缆	方特南鲁能电缆南
14	创业大街	凤台机修厂院内
15	心怡家园	水牛埠南心怡家园内
16	岱宗大街	原岱宗四号井家属院内
17	东湖银座	灵山大街水箱厂内
18	电视台	岱道庵路财政局院内
19	泰山区委	升平街地矿院内
20	蒿里山	原灵山大街自来水老公司院内
21	宝盛广场	泰山大街迎胜路口西南宝盛社区
22	松园小区	泰山大街南附属医院东　松园小区内
23	泰山大街	泰山大街坦克营院内
24	农大新校	泮河大街原路灯所
25	医学院南校区	长城路 619 医学院南校区内
26	龙泉 C 区	泰安高新技术产业开发区　龙泉小区内
27	泰山大街西段	泰山大街岩庄社区岱西花园对面
28	开元小区	新灵山大街西段开元路北　开元小区内
29	迎宾大道	东岳大街西煤炭地质局　第五勘探队门口
30	蓄能电站	泰安市岱岳区泰城西部　上库路抽水蓄能电站
31	碧桂园	泰山大街西段路北　青春创业开发园碧桂园西南
32	天成棉业	南开发区北天门大街西段

第二节　供水能力

2008—2010 年，公司日供水能力为 23 万立方米，实际平均日供水量为 12 万立方米。共有地表水源地 1 处（黄前水库）、地下水源地 4 处（大汶口水源地、旧县水源地、苑庄水源地、市区水源地）、水厂 3 座（三合水厂、南关水厂、泉河水厂）、增压站 3 座（西区增压站、凤凰岭增压站、青春创业园增压站）。

2012 年 5 月，公司委托山东省水文水资源勘探局编写了《泰安市三合水厂改造工程

水资源论证报告书》，并通过省水利厅组织的专家论证；2012年6月，《三合水厂改造工程可行性研究报告》通过省工程咨询院组织的专家论证，省发改委同意三合水厂改造工程建设；2012年10月，三合水厂改造工程开工建设，2013年底正式并网运行，2014年11月通过水利厅组织的专家验收。工程有效保障了供水能力，出厂水的水质显著提高，各项指标均优于国家《生活饮用水卫生标准》（GB 5749—2006）的要求。

2014年，全市降雨明显偏少，黄前水库库存不足，供水形势比较严峻。为确保供水安全，保障泰城居民生产、生活用水不受影响。公司投资3500万元，实施了小安门水库引水工程，工程于2014年12月27日开工建设，2015年3月份竣工并投入使用，共敷设DN600球墨铸铁管道18.5公里，新建取水泵站一座，为泰城新增500万立方米水源，实现了将小安门水库原水输送到三合水厂，实现了水源互补，发挥了应急供水作用，有力提高了泰城的供水保障能力。

2015年，黄前水库水量较少，泰城水源不足，引起市委、市政府高度重视。公司为增强供水保障能力，解决供水总量不足、水源单一问题，决定从彩山水库引水，投资4600万元启动彩山水库引水工程。工程于2015年10月21日开工，2016年3月份完工，该工程南起彩山水库，北至祝阳镇，沿途经过高新区化马湾、徂徕，岱岳区角峪、范镇、祝阳5个乡镇，与小安门水库引水管线联通，共敷设DN600球墨输水管线21公里，新建取水泵站一座，新增600万立方米水源，供水保障能力向前迈进了一步。

为保障供水安全，公司专门成立领导小组，启动抗旱应急预案，多措并举保障泰城供水。2014—2015年，公司在南关水厂建成1800立方米清水池一座，在泉河水厂和青春创业园分别建成5000立方米清水池各一座，提高了水厂和增压站在用水高峰和低谷期的调节能力，保障水压和水量24小时均衡调节。

为积极跟进泰城西部发展规划保障区域用水需求，本着“项目建设在哪里，供水保障到哪里”的原则，公司多方筹措资金于2014年11月开工建设环湖水厂工程，并于2015年8月完工送水，供水规模1万立方米/日，主要向环山路以南、旅游经济开发区、岱岳新区、高铁新片区加压供水，出水各项水质指标优于国家规定的106项要求。工程的正式运行，解决了市旅游经济开发区、岱岳新区和高铁新区等西部片区快速发展带来的区域供水“瓶颈”问题，为区域内项目引进及周边居民生活用水提供了根本保障。该项目被列为2015年市委、市政府为民要办的十件实事之一。

公司严格贯彻落实《最严格水资源管理制度》，按照《取水许可和水资源费征收管理条例》（国务院令第460号）、《泰安市取水许可管理办法》（市政府令第125号）的有关规定，坚持项目水资源论证，取水许可审批，依法取水用水，于2015年5月延续办理了泰安市黄前水库取水许可证（取水鲁字〔2015〕第14号），取水量3650万立方米/年，泰安市旧县、汶口水源地取水许可证（取水鲁字〔2015〕第15号），取水量1460万立方米/年，制定科学合理的取水计划，并按时向泰安市水利和渔业局提报年度取水计划申请表及年度取水计划检查统计表，按时交纳水资源费，保障水源供应稳定持续。

至2017年，公司日供水能力为23万立

方米，实际平均日供水量约15.4万立方米。共有3个主要供水水源地（黄前水库、汶口水源地、旧县水源地），3个应急备用水源地（大河水库、小安门水库、彩山水库），4座水厂（三合水厂、泉河水厂、南关水厂、环湖水厂），5座供水增压站（西区增压站、东部新区增压站、青春创业园增压站、凤凰岭增压站、高铁新区增压站）。

第三章 生产设备

第一节 设备配置

2008年，随着生产规模的扩大，生产设备逐步增加，至2009年，公司共有生产设备280余套，主要有卧式离心泵、三相异步电动机、高低压配电柜、变压器、长轴深井泵等。

2010年，公司主要生产设备共有300余套。主要有卧式离心泵36台、立式深井泵24台、潜水泵33台、三相异步电动机30台、立式电动机24台、高压开关柜60台、低压开关柜70台、化验设备30余台，商务用车26部，工程机械车辆3台，水表检定装置3台。

2013年，三合水厂水质改造工程膜处理生产设备投入运行，增加化学洗循环泵、抽吸凸轮转子泵、隔膜计量泵、抽真空阀组、超声波液位计、压力变送器、电磁流量计、配液搅拌机、鼓风机、排污泵等，主要生产设备增加到400余套。

2014年，为防备电业部门停电，供水机组不能正常运行，公司投资26万元，购买一台400千瓦的柴油发电机组，以备停电之需。

2015年，随着供水生产规模的扩大，小安门水库取水头部生产设备安装双吸泵和三相异步电动机、高压配电柜和低压开关柜、电动单梁桥式起重机等，主要生产设备增加到410余套，是年4月，环湖水厂生产设备投入运行，增加卧式离心泵和三相异步电动机、高压配电柜和低压开关柜、箱式变压器等，主要生产设备增加到450余套，是年6月，东区水源地1号井、4号井和市区10号井、西区2号井供水机组进行改造，安装新型供水设备，供水设备有潜水泵、变压器等，主要生产设备增加到460余套。

2016年，彩山水库取水头部投入运行，主要生产设备增加到470余套，主要生产设备为双吸泵和三相异步电动机、高压配电柜和低压开关柜、箱式变压器等。

2017年，西区增压站迁移不再承担供水任务，原供水设施拆除10余套，主要生产设备为变压器、卧式离心泵、三相异步电动机、高低压开关柜等。

截至2017年，公司主要生产设备共有460余套，其中卧式离心泵56台、立式深井泵30台、潜水泵40台、三相异步电动机60台、立式电动机30台、高压开关柜80台、低压开关柜90台、化学洗循环泵2台、抽吸凸轮转子泵13台、隔膜计量泵10台、化验设备30余台、商务用车30部、水表检定装置3台。

2017 年泰安市自来水有限公司三合水厂机电设备一览表

表 3-2

设备名称	型号	规格	生产厂家	出厂日期	出厂编号	使用日期
高压开关柜	KYN28A-12	12Kv300A	泰安科力电器有限公司	2013.12	G1311138	2014.1
高压开关柜	KYN28A-12	12Kv300A	泰安科力电器有限公司	2013.12	G1311139	2014.1
高压开关柜	KYN28A-12	12Kv300A	泰安科力电器有限公司	2013.12	G1311140	2014.1
高压开关柜	KYN28A-12	12Kv300A	泰安科力电器有限公司	2013.12	G1311141	2014.1
高压开关柜	KYN28A-12	12Kv300A	泰安科力电器有限公司	2013.12	G1311142	2014.1
高压开关柜	KYN28A-12	12Kv300A	泰安科力电器有限公司	2013.12	G1311143	2014.1
高压开关柜	KYN28A-12	12Kv300A	泰安科力电器有限公司	2013.12	G1311144	2014.1
高压开关柜	KYN28A-12	12Kv300A	泰安科力电器有限公司	2013.12	G1311145	2014.1
高压开关柜	KYN28A-12	12Kv300A	泰安科力电器有限公司	2013.12	G1311146	2014.1
高压开关柜	KYN28A-12	12Kv300A	泰安科力电器有限公司	2013.12	G1311147	2014.1
高压开关柜	KYN28A-12	12Kv300A	泰安科力电器有限公司	2013.12	G1311148	2014.1
高压开关柜	KYN28A-12	12Kv300A	泰安科力电器有限公司	2013.12	G1311149	2014.1
高压开关柜	KYN28A-12	12Kv300A	泰安科力电器有限公司	2013.12	G1311150	2014.1
高压开关柜	KYN28A-12	12Kv300A	泰安科力电器有限公司	2013.12	G1311151	2014.1

续表 3-2

设备名称	型号	规格	生产厂家	出厂日期	出厂编号	使用日期
电力变压器	S9-M	630KVA	泰安第二变压器厂	2002.12	2002-691	2003.1
电力变压器	S11-M	500KVA	泰安金鑫电力设备有限公司	2014.10	145344	2014.10
电力变压器	S11-M	500KVA	泰安金鑫电力设备有限公司	2014.10	113453	2014.11
低压进线柜 P1	GGD	380V	泰安天润电气科技有限公司	2015.8	1508001	2015.8
低压电容柜 P2	GGD	380V	泰安天润电气科技有限公司	2015.8	1508002	2015.8
低压馈线柜 P3	GGD	380V	泰安天润电气科技有限公司	2015.8	1508003	2015.8
低压馈线柜 P4	GGD	380V	泰安天润电气科技有限公司	2015.8	1508004	2015.8
低压联络柜 P5	GGD	380V	泰安天润电气科技有限公司	2015.8	1508005	2015.8
低压馈线柜 P6	GGD	380V	泰安天润电气科技有限公司	2015.8	1508006	2015.8
低压馈线柜 P7	GGD	380V	泰安天润电气科技有限公司	2015.8	1508007	2015.8
低压馈线柜 P8	GGD	380V	泰安天润电气科技有限公司	2015.8	1508008	2015.8
低压电容柜 P9	GGD	380V	泰安天润电气科技有限公司	2015.8	1508009	2015.8
低压进线柜 P10	GGD	380V	泰安天润电气科技有限公司	2015.8	1508010	2015.8
1 号机组变频柜	GGD	380V	泰安天润电气科技有限公司	2015.8	1508011	2015.8
2 号机组变频柜	GGD	380V	泰安天润电气科技有限公司	2015.8	1508012	2015.8

续表 3-2

设备名称	型号	规格	生产厂家	出厂日期	出厂编号	使用日期
5 号机组变频柜	GGD	380V	泰安天润电气科技有限公司	2015.8	1508013	2015.8
卧式离心泵	12SH-13	Q=792m³/h，H=32.2m	博山水泵厂	1994.6	384	1995.1
三相异步电动机	Y280M-4	90Kw164.3A380V	张店电机厂	—	—	—
中开双吸泵	KP29-1617-5/6-DV0069	Q=1700m³/h，H=20m	格兰富水泵(无锡)有限公司	2013.10	98525657	2014.3
变频电动机	1LE0002	132Kw240A380V	西门子电机	2012.12	6319c3	2014.3
卧式离心泵	ASP350-450A	Q=1400m³/h，H=60m，效率 88.5%	安德里茨（中国）有限公司	2014.10	—	2015.1
三相异步电动机	1LE0001-3BB63-3AJ4	315Kw/4P/380V/IP55/FB/B3	西门子电机	2014.10	—	2015.1
卧式离心泵	ASP350-450A	Q=1400m³/h，H=60m，效率 88.5%	安德里茨（中国）有限公司	2016.4	—	2016.9
三相异步电动机	1LE0001-3BB63-3AJ4	315Kw/4P/380V/IP55/FB/B3	西门子电机	2016.4	—	2016.9
卧式离心泵	ASP250-450CD	Q=600m³/h，H=57m	安德里茨（中国）有限公司	2013.10	132290655	2014.5
三相异步电动机	1LE0001-3AB2	132Kw240A380V	西门子电机	2012.1	1310/8Q000883	2014.5
浊度仪控制器	Sc200	—	哈希（中国）有限公司	2013.10	—	2013.12
浊度仪传感器	1720E	—	哈希（中国）有限公司	2013.10	—	2013.12
在线余氯分析仪	CL17	—	哈希（中国）有限公司	2013.10	—	2013.12
吸泥机	—	1.1Kw6.3m	黑龙江新金山环保有限公司	2014.3	—	2014.6
吸泥机	—	1.1Kw6.3m	黑龙江新金山环保有限公司	2014.3	—	2014.6

续表 3-2

设备名称	型号	规格	生产厂家	出厂日期	出厂编号	使用日期
虹吸排泥机	—	1.1Kw	黑龙江新金山环保有限公司	2014.3	—	2014.6
控制箱	JX1108	380V	泰安高压开关厂	—	93–1158	1993.12
控制箱	JX1108	380V	泰安高压开关厂	—	93–1159	1993.12
控制箱	JX1108	380V	泰安高压开关厂	—	93–1160	1993.12
控制箱	JX1108	380V	泰安高压开关厂	—	93–1161	1993.12
控制箱	JX1108	380V	泰安高压开关厂	—	93–1162	1993.12
控制箱	JX1108	380V	泰安高压开关厂	—	93–1163	1993.12
电源柜	XGLA–21	380V	黑龙江新金山环保有限公司	2014.3	140301	2014.6
PLC 柜	XGLA–21	380V	黑龙江新金山环保有限公司	2014.3	140304	2014.6
1 号～ 15 号阀柜	XGLA–21	380V	黑龙江新金山环保有限公司	2014.3	140302	2014.6
16 号～ 30 号阀柜	XGLA–21	380V	黑龙江新金山环保有限公司	2014.3	140303	2014.6
动力配电箱	—	380V	泰安高压开关厂	1993.8	93–1149	1993.12
电气控制柜	JX10	380V	黑龙江新金山环保有限公司	2014.3	140306	2014.6
风机配电柜	JX5	380V	黑龙江新金山环保有限公司	2014.3	140305	2014.6
三相异步电动机	HM2P–160L–4	15Kw380V	山东华力电机集团	2014.3	K213247B	2014.6
罗茨鼓风机	BK5009	9m^3/min	百事得机械(江苏)有限公司	2014.3	1475009042	2014.6
1 号吸泥机控制柜	JX10	380V	黑龙江新金山环保有限公司	2014.3	140307	2014.6

续表 3-2

设备名称	型号	规格	生产厂家	出厂日期	出厂编号	使用日期
2 号吸泥机控制柜	JX10	380V	黑龙江新金山环保有限公司	2014.3	140308	2014.6
隔膜计量泵	GB1000/0.4	1000l/h	浙江力高泵业科技有限公司	2016.9	34401	2016.10
隔膜计量泵	GB1000/0.4	1000l/h	浙江力高泵业科技有限公司	2016.9	55933	2016.10
隔膜计量泵	GB1000/0.4	1000l/h	浙江力高泵业科技有限公司	2016.9	55934	2016.10
隔膜计量泵	S-041000PC	1030l/h	普罗名特（中国）公司	2016.9	—	2016.10
搅拌机	CRMBY-13-1-3-22E01	85.2RPM	—	2014.4	398388	2016.10
搅拌机	CRMBY-13-1-3-22E01	85.2RPM	—	2014.4	398389	2016.10
搅拌机	CRMBY-13-1-3-22E01	85.2RPM	—	2014.4	398390	2016.10
三相异步电动机	YX3-132W-4	7.5Kw	常州南方电机有限公司	—	—	2016.10
高压开关柜	XGN2-10-07G	10Kv100A	泰安高压开关厂	1998.6	98-0332	2003.4
高压开关柜	XGN2-10-07G	10Kv50A	泰安高压开关厂	1998.6	98-0334	2003.4
高压开关柜	XGN2-10-07G	10Kv75A	泰安高压开关厂	1998.6	98-0331	2003.4
高压开关柜	XGN2-10-07G	10Kv	泰安高压开关厂	1998.6	98-0333	2003.4
动力配电柜	GGD	380V	泰安东岳仪表有限公司	2002.10	2002107	2003.4
动力配电柜	GGD	380V	泰安东岳仪表有限公司	2002.10	2002106	2003.4
动力配电柜	GGD	380V	泰安东岳仪表有限公司	2002.10	2002105	2003.4

续表 3-2

设备名称	型号	规格	生产厂家	出厂日期	出厂编号	使用日期
动力配电柜	GGD	380V	泰安东岳仪表有限公司	2002.10	2002104	2003.4
无功补偿柜	GGD	380V	泰安东岳仪表有限公司	2002.10	2002103	2003.4
主进行柜	GGD	380V	泰安东岳仪表有限公司	2002.10	2002102	2003.4
备用进行柜	GGD	380V	泰安东岳仪表有限公司	2002.10	2002101	2003.4
中央信号屏	CK-1/800	220V50A	泰安东岳仪表有限公司	2002.10	0249	2003.4
2 号保护屏	CK-1/800	220V50A	泰安东岳仪表有限公司	2002.10	0248	2003.4
1 号保护屏	CK-1/800	220V50A	泰安东岳仪表有限公司	2002.10	0247	2003.4
控制屏	CK-1/800	220V50A	泰安东岳仪表有限公司	2002.10	0246	2003.4
直流屏	—	—	泰安东岳仪表有限公司	2002.1	—	2003.4
电池屏	—	—	泰安东岳仪表有限公司	2002.1	—	2003.4
变频器柜	GGD	1PF-132K	泰安东岳仪表有限公司	2002.1	—	2003.4
控制柜	GGD	380V	泰安东岳仪表有限公司	2002.2	—	2003.4
控制柜	GGD	380V	泰安东岳仪表有限公司	2002.2	—	2003.4
控制柜	GGD	380V	泰安东岳仪表有限公司	2002.2	—	2003.4
控制柜	GGD	380V	泰安东岳仪表有限公司	2002.2	—	2003.4

续表 3-2

设备名称	型号	规格	生产厂家	出厂日期	出厂编号	使用日期
流量计	1FM4110	DN400-NEOP-MO	上海光华仪表有限公司	2000.8	C3603	2003.4
流量计	1FM4110	DN400-NEOP-MO	上海光华仪表有限公司	2000.8	C3601	2003.4
流量计	1FM4110	DN400-NEOP-MO	上海光华仪表有限公司	2000.8	C3602	2003.4
流量计	FM410-400SMF110P2N-226-4523	226 ~ 4523m^3/h	天津欧柏仪表有限公司	2014.9	E400409021	2014.10
变压器	S9-M	500KVA	泰安金鑫电力设备有限公司	2011.8	—	2011.12
浊度仪控制器	Sc200	—	哈希（中国）有限公司	2013.10	—	2013.12
浊度仪传感器	1702E	—	哈希（中国）有限公司	2013.10	—	2013.12
在线余氯分析仪	CL17	—	哈希（中国）有限公司	2013.10	—	2013.12
卧式离心泵	14SS-19	Q=1260m^3/h，H=26m	沈阳辉力机电泵业有限公司	2006.3	20070308-1	2007.4
三相异步电动机	Y315M-4	132Kw240A	万高（南通）电机制造有限公司	2007.2	A07003206	2007.4
离心泵	300S-32A	Q=720m^3/h，H=32m	上海东方泵业有限公司	2010.4	—	2010.6
三相异步电动机	Y2-280S-4	75Kw140A	上海东方威尔电机有限公司	2009.4	040343	2010.6
卧式离心泵	12SS-13A	Q=720m^3/h，H=26m	沈阳辉力机电泵业有限公司	2007.3	20070308	2007.4
三相异步电动机	HM2-280S-4	75Kw138A	山东华力电机集团	2012.5	10768	2012.7
卧式离心泵	350S-26A	Q=1116m^3/h，H=26m	上海东方泵业有限公司	2010.4	—	2010.6

续表 3-2

设备名称	型号	规格	生产厂家	出厂日期	出厂编号	使用日期
三相异步电动机	Y2-280M-4	90Kw168A	上海东方威尔电机有限公司	2009.4	110614	2010.3
HJ-6B 六连恒温加热搅拌器	—	—	江苏卫基仪器有限公司	2016.4	60412125	2016.5
电热恒温培养箱	HPX-9052MBE	—	上海报讯实业有限公司医疗设备厂	2016.1	160089	2016.5
隔水式恒温培养箱	GSP-9050MBE	—	上海报讯实业有限公司医疗设备厂	2016.1	160015	2016.5
立式压力蒸汽灭菌器	BXM-30R	—	上海报讯实业有限公司医疗设备厂	2016.4	654	2016.5
电热鼓风干燥箱	BGZ-30	—	上海报讯实业有限公司医疗设备厂	2016.1	160004	2016.5
电热恒温水浴锅	PK-98-II	—	天津市秦斯特仪器有限公司	2016.1	01279	2016.5
自动菌落计数器	YLN-50	—	北京誉朗诺科技有限公司	2016.4	—	2016.5
电子天平	FA2004B	—	上海佑科仪器仪表有限公司	2016.3	—	2016.5
超纯水机	E-JY2-10	—	尤根（中国）科技有限公司	2016.4	YI-2016-04-220	2016.6
浊度计	WGZ-100	—	上海昕瑞仪器仪表有限公司	2017.2	T220N.1702023	2017.3
紫外可见分光光度仪	TU-1810D	—	北京普析通用仪器有限责任公司	2017.9	PG/R-056	2017.9
主机	—	ThinkservevTS230	联想集团	2013.11	NCO1269692	2013.12
配显示器	LA2406X	24”	惠普	2014.5	—	2014.6
主机	610	P Ⅲ 86620G	研华工控	2013.11	—	2013.12
配显示器	195LM00001	21”	AOC	2014.3	GBZE3EA00946ZY4	2014.4

续表 3-2

设备名称	型号	规格	生产厂家	出厂日期	出厂编号	使用日期
主机	M2015N	—	联想集团	2010.7	NS12792362	2010.8
配显示器	238LM00018	24”	易美逊	2017.4	EEP1871520945	2017.5
打印机	BOISB-0207-01	—	惠普	—	—	2017.5
显示器	LA2405X	24”	惠普	2014.5	—	2014.6
反冲洗卧式双吸离心泵	ASP350-360B	Q=1360m^3/h，H=14m	安德里茨（中国）有限公司	2013.9	132283557	2013.11
电动机	—	75Kw380V148A	西门子电机	2013.9	—	2013.11
反冲洗增压泵控制箱	ACS550-01-157A-4	75Kw380V	太平洋水处理公司	2013.9	721	2013.11
立式离心泵	—	Q=480m^3/h，H=10m	上海凯士比泵有限公司	2013.1	99724656610001	2013.5
电动机	—	22Kw380V44.7A	苏州东元电机有限公司	2013.1	—	2013.5
化学洗循环泵控制箱	ACS550-01-045A-4	22Kw380V	太平洋水处理公司	2013.9	740	2013.11
抽吸凸轮转子泵	—	Q=480 ~ 730m^3/h	美国罗博思达	2013.9	18175705	2013.11
三相异步电动机	—	45Kw86A380V	西门子电机	2013.9	—	2013.11
抽吸增压泵控制箱	ACS550-01-125A-4	45Kw380V	太平洋水处理公司	2013.9	734	2013.11
罗茨鼓风机	—	Q=2600m^3/h，H=5m	德莱赛	2013.9	—	2013.11
三相异步电动机	—	55Kw103A380V	西门子电机	2013.9	—	2013.11
鼓风机控制箱	ACS550-01-125A-4	55Kw380V	太平洋水处理公司	2013.9	724	2013.11
空气压缩机	SA06A-10	Q=42m^3/h 压力 1.0MPa，P=5.5Kw	复盛实业有限公司	2013.9	SS9130249	2013.11

续表 3-2

设备名称	型号	规格	生产厂家	出厂日期	出厂编号	使用日期
真空引水装置	—	Q=2*230m^3/h	上海雅润工贸有限公司	2013.8	YR−1302	2013.11
三相异步电动机	—	2*5.5Kw380V	上海雅润工贸有限公司	2013.8	—	2013.11
抽真空阀组	—	DN80	—	2013.9	—	2013.11
电磁阀	—	DN20	—	2013.9	00045293	2013.11
电磁阀	—	DN20	—	2013.9	00045223	2013.11
手动闸阀	—	DN80	—	2013.9	13100342	2013.11
潜水排污泵	—	Q=10m^3/h，H=11m	上海水泵制造有限公司	2013.9	—	2013.11
潜水排污泵	—	Q=10m^3/h，H=11m	上海水泵制造有限公司	2013.9	—	2013.11
排水池回收水泵	—	Q=275m^3/h，H=11m	上海水泵制造有限公司	2013.9	TEG200−250	2013.11
配套三相异步电动机	—	15Kw，380V，30.1A	上海水泵制造有限公司	2013.9		2013.11
回收水泵控制箱	—	350*420*250	泰安天润电气科技有限公司	2013.9	1309012	2013.11
中和池废水排放泵	—	Q=60m^3/h，H=5m	上海水泵制造有限公司	2013.9	121−009	2013.11
配套三相异步电动机	—	3Kw380V6.78A	上海水泵制造有限公司	2013.9	—	2013.11
废水排水泵控制箱	—	350*420*250	泰安天润电气科技有限公司	2013.9	1309015	2013.11
隔膜计量泵	—	Q=2100l/h，H=4bar	普罗敏特	2013.9	2.013E+09	2013.11
配套三相异步电动机	—	1.5Kw230/400V，3.3 ~ 5.7A	普罗敏特	2013.9	2.013E+09	2013.11
配液搅拌机	—	叶轮直径 700mm，转速 1430/92r/min	SEW	2013.9	—	2013.11

续表 3-2

设备名称	型号	规格	生产厂家	出厂日期	出厂编号	使用日期
配套三相异步电动机	—	3Kw220/380V，6.1 ~ 3.5A	SEW	2013.9	—	2013.11
MCC 柜	ACS510-01-04A-4	1000*600*2000	太平洋水处理公司	2013.9	757	2013.11
柜式真空加氯机	—	10Kg/h	—	2013.9	—	2013.11
氯源压力切换器	—	50Kg/h	—	2013.9	—	2013.11
氯源压力切换器控制箱	—		太平洋水处理公司	2013.9	—	2013.11
真空调节器	—	50Kg/h	—	2013.9	96681283	2013.11
氯气过滤及减压装置	—	50Kg/h	—	2013.9	10365867	2013.11
远程固定水射器	—	10Kg/h	—	2013.9	—	2013.11
电子磅秤	—	0 ~ 2000kg	梅特勒－托利多设备有限公司	2013.9	8.337E+09	2013.11
轴流排风机	T35-11-6.3 号	11000m^3/h，104PA，0.75Kw，380V	上海开利通用机械有限公司	2013.9	—	2013.11
轴流排风机	T35-11-5 号	5880m^3/h，81PA，0.37Kw，380V	上海开利通用机械有限公司	2013.9	—	2013.11
风机箱	—	600*1200*400	泰安天润电气科技有限公司	2013.9	1309007	2013.11
风机箱	—	350*420*250	泰安天润电气科技有限公司	2013.9	1309004	2013.11
轴流排风机	FT35-11-5.6 号	7766m^3/h，81PA0.37Kw，380V	上海开利通用机械有限公司	2013.9	—	2013.11
轴流进风机	FT35-11-5.6 号	7724m^3/h，81PA0.37Kw，380V	上海开利通用机械有限公司	2013.9	—	2013.11
轴流排风机	FT35-11-5 号	4500m^3/h，61PA0.37Kw，380V	上海开利通用机械有限公司	2013.9	—	2013.11

续表 3-2

设备名称	型号	规格	生产厂家	出厂日期	出厂编号	使用日期
轴流进风机	FT35-11-5#	4263m^3/h，61PA0.37Kw，380V	上海开利通用机械有限公司	2013.9	—	2013.11
轴流排风机	BT35-11-5#	5800m^3/h，81PA0.37Kw，380V	上海开利通用机械有限公司	2013.9	—	2013.11
风机控制箱	—	户内型 IP4X 金属外壳	泰安天润电气科技有限公司	2013.9	—	2013.11
风机机旁箱	—	户外型 IP65 金属外壳	泰安天润电气科技有限公司	2013.9	—	2013.11
电动单梁悬挂式起重机	Lx-5t	LK=19m 水平速度 10m/min，起吊速度两档 0.8m/min 和 8m/min，悬臂长 0.75m，	河南华东起重机集团有限公司	2013.9	—	2013.11
电动单梁悬挂式起重机	Lx-3t	LK=5m 泵房起吊，水平速度 10m/min，起吊速度两档 0.8m/min 和 8m/min，悬臂长 0.5m，	河南华东起重机集团有限公司	2013.9	—	2013.11
电动单梁悬挂起重机	Lx-3t	Lk=5.50m，5.7Kw 水平速度 10m/min，起吊速度两档 0.8m/min 和 8m/min，起升高度 6 米	河南华东起重机集团有限公司	2013.9	—	2013.11
吊车负荷开关	—	380V32A 防腐型	泰安天润电气科技有限公司	2013.9	—	2013.11
液下耐腐蚀提升泵	—	Q=3m^3/h，H=10m，P=2.2Kw	—	2014.1	—	2014.4
电动球阀	—	de63	—	2014.1	—	2014.4
电动球阀	—	de50	—	2014.1	—	2014.4

续表 3-2

设备名称	型号	规格	生产厂家	出厂日期	出厂编号	使用日期
溶液池搅拌机	—	轴、叶轮材质 316SS，输出转速 84rpm（CW）叶轮 -1- 层 HE-3，叶轮直径 864mm	—	2014.1	—	2014.4
隔膜计量泵	—	Q=2100l/h，H=4bar	普罗名特（中国）公司	2013.9	2013121943	2013.11
三相异步电动机	—	1.5Kw230/400V3.3 ~ 5.7A	普罗名特（中国）公司	2013.9	—	2013.11
轴流排风机	T35-11-6.3 号	11000m^3/h，104PA0.75Kw，380V	上海开利通用机械有限公司	2013.9	—	2013.11
吸泥机	—	Lk=17.6mN=1.1Kw	黑龙江新金山环保工程有限公司	2013.9	—	2014.3
鼓风机	—	9m^3/min35kpa N=11Kw P=15Kw 380V	山东华力电机集团股份有限公司	2013.9	—	2014.3
手动蝶阀	—	DN300，D341X-6	—	—	—	2013.11
电磁流量计	OPTIFLUX4300	W1K4G1CCSSROSAFAM010	上海光华爱而美特仪器有限公司	2013.8	—	2013.11
电磁流量计	OPTIFLUX4300	W500G1CCSSROSAFAM010	上海光华爱而美特仪器有限公司	2013.8	—	2013.11
热式流量计	MODEL1OA/IN	SERTION-18I-SSS-ERA-DD-NM	上海光华爱而美特仪器有限公司	2013.8	—	2013.11
电磁流量计	OPTIFLUX4300	W300G1CCSSROSAFAM010	上海光华爱而美特仪器有限公司	2013.8	—	2013.11
电磁流量计	OPTIFLUX4300	C050G466SPA00AFAM000	上海光华爱而美特仪器有限公司	2013.8	H13215605	2013.11
超声波液位计	SON61	XXAGHKMAX	恩德斯豪斯自动化设备（苏州）有限公司	2013.8	H900212513E	2013.11
超声波液位计	SON61	XXAGHKMAX	恩德斯豪斯自动化设备（苏州）有限公司	2013.8	H9002F-2513E	2013.11

续表 3-2

设备名称	型号	规格	生产厂家	出厂日期	出厂编号	使用日期
超声波液位计	SON61	XXAGHKMAX	恩德斯豪斯自动化设备（苏州）有限公司	2013.8	H9002132513E	2013.11
压力变送器	BR52	XXGV1EHKMAX	恩德斯豪斯自动化设备（苏州）有限公司	2013.8	H9008E25128	2013.11
压力变送器	BR52	XXGV1EHKMAX	恩德斯豪斯自动化设备（苏州）有限公司	2013.8	H9007C25128	2013.11
压力变送器	BR52	XXGV1DHKMAX	恩德斯豪斯自动化设备（苏州）有限公司	2013.8	H9008125128	2013.11
压力变送器	BR52	XXGV1DHKMAX	恩德斯豪斯自动化设备（苏州）有限公司	2013.8	—	2013.11
压力变送器	BR52	XXGV1GHKMAX	恩德斯豪斯自动化设备（苏州）有限公司	2013.8	—	2013.11
压力变送器	BR52	XXGV1IHKMAX	恩德斯豪斯自动化设备（苏州）有限公司	2013.8	—	2013.11
压力变送器	BR52	XXGV1EHKMAX	恩德斯豪斯自动化设备（苏州）有限公司	2013.8	H90017135128	2013.11
压力变送器	BR52	XXGV1RHKMAX	恩德斯豪斯自动化设备（苏州）有限公司	2013.8	H90017125128	2013.11
压力变送器	BR52	XXGV1EHKMAX	恩德斯豪斯自动化设备（苏州）有限公司	2013.8	H9007D25128	2013.11
压力变送器	BR52	XXGV1DHKMAX	恩德斯豪斯自动化设备（苏州）有限公司	2013.8	—	2013.11
低浊度仪	—	1720E+SC200	哈希（中国）有限公司	2013.8	—	2013.11
PH 仪	—	DPC1R1A+SC200	哈希（中国）有限公司	2013.8	—	2013.11
颗粒计数仪	—	2200PCX	哈希（中国）有限公司	2013.8	2084433-02	2013.11
余氯仪	—	CL17	哈希（中国）有限公司	2013.8	—	2013.11

续表 3-2

设备名称	型号	规格	生产厂家	出厂日期	出厂编号	使用日期
漏氯探测报警仪	—	4 探头式，AC220V	ALLDOS	2013.8	—	2013.11
10KV 开关柜	—	800*1000*2200	—	2013.9	—	2013.11
变压器柜	SCB11	630KVA，10/0.4Kv	泰安科力电器有限公司	2013.9	—	2013.11
低压配电柜	MNS	380V	泰安天润电气科技有限公司	2013.9	1309019	2013.11
低压配电柜	MNS	380V	泰安天润电气科技有限公司	2013.9	1309031	2013.11
低压开关柜	MNS	380V	泰安天润电气科技有限公司	2013.9	—	2014.3
低压开关柜	MNS	380V	泰安天润电气科技有限公司	2013.9	—	2014.3
照明箱	—	PZ30-18 暗装	泰安天润电气科技有限公司	2013.9	—	2014.3
气动闸板阀	—	500（B）×500（H），双向受压，工作水压 2.5m	—	2013.9	—	2013.11
气动蝶阀	—	DN500PN10	上海冠龙阀门机械有限公司	2013.9	C13103102212	2013.11
手动蝶阀	—	DN500PN10	上海冠龙阀门机械有限公司	2013.9	C13093001859	2013.11
手动闸阀	—	DN50PN10	上海冠龙阀门机械有限公司	2013.9	R13090200994	2013.11
复合式排气阀	—	DN50PN10	上海冠龙阀门机械有限公司	2013.9	A13090300664	2013.11
气动蝶阀	—	DN500PN10	上海冠龙阀门机械有限公司	2013.9	C13103102213	2013.11
手动闸阀	—	DN50PN10	上海冠龙阀门机械有限公司	2013.9	R13090200998	2013.11

续表3-2

设备名称	型号	规格	生产厂家	出厂日期	出厂编号	使用日期
气动蝶阀	—	DN300PN10	上海冠龙阀门机械有限公司	2013.9	C13101801618	2013.11
气动蝶阀	—	DN400PN10	上海冠龙阀门机械有限公司	2013.9	C13101800893	2013.11
手动蝶阀	—	DN400PN10	上海冠龙阀门机械有限公司	2013.9	C13101801143	2013.11
气动蝶阀	—	DN500PN10	上海冠龙阀门机械有限公司	2013.9	C13101800893	2013.11
电动球阀	—	De63 1.6MPa	天津通天阀门有限公司	2013.9	133197133205	2013.11
手动球阀	—	De63 1.6MPa	上海冠龙阀门机械有限公司	2013.9	133200133202	2013.11
手动球阀	—	De90 1.6MPa	上海冠龙阀门机械有限公司	2013.9	13091166	2013.11
电磁阀	—	DN50	—	2013.9	—	2013.11
双法兰传力伸缩接头	—	DN500CF	上海冠龙阀门机械有限公司	2013.9	—	2013.11
双法兰传力伸缩接头	—	DN500CF	上海冠龙阀门机械有限公司	2013.9	—	2013.11
双法兰传力伸缩接头	—	DN300CF	上海冠龙阀门机械有限公司	2013.9	—	2013.11
双法兰传力伸缩接头	—	DN400C2F	上海冠龙阀门机械有限公司	2013.9	—	2013.11
双法兰传力伸缩接头	—	DN400CF	上海冠龙阀门机械有限公司	2013.9	—	2013.11
手动闸板阀	—	600（B）×1200（H），双向受压，工作水压2.5m	上海冠龙阀门机械有限公司	2013.9	—	2013.11
气动闸板阀	—	500（B）×500（H），双向受压，工作水压2.5m	上海冠龙阀门机械有限公司	2013.9	—	2013.11

续表 3-2

设备名称	型号	规格	生产厂家	出厂日期	出厂编号	使用日期
气动蝶阀	—	DN500PN10	上海冠龙阀门机械有限公司	2013.9	C13103102215	2013.11
手动蝶阀	—	DN500PN10	上海冠龙阀门机械有限公司	2013.9	C13093001865	2013.11
单法兰传力伸缩接头	—	DN500CF	上海冠龙阀门机械有限公司	2013.9	13091933	2013.11
手动闸阀	—	DN50PN10	上海冠龙阀门机械有限公司	2013.9	R13090200998	2013.11
手动闸阀	—	DN100PN10	上海冠龙阀门机械有限公司	2013.9	R13082707211	2013.11
复合式排气阀	—	DN50PN10	上海冠龙阀门机械有限公司	2013.9	A13090300641	2013.11
复合式排气阀	—	DN100PN10	上海冠龙阀门机械有限公司	2013.9	—	2013.11
复合式排气阀	—	DN100PN10	上海冠龙阀门机械有限公司	2013.9	—	2013.11
气动蝶阀	—	DN500PN10	上海冠龙阀门机械有限公司	2013.9	C13092901704	2013.11
气动蝶阀	—	DN500PN10	上海冠龙阀门机械有限公司	2013.9	C13092801904	2013.11
手动蝶阀	—	DN500PN10	上海冠龙阀门机械有限公司	2013.9	C13093001868	2013.11
手动蝶阀	—	DN700PN10	上海冠龙阀门机械有限公司	2013.9	C13100900377	2013.11
双法兰传力伸缩接头	—	DN500C2F	上海冠龙阀门机械有限公司	2013.9	13091919	2013.11
双法兰传力伸缩接头	—	DN500CF	上海冠龙阀门机械有限公司	2013.9	13091920	2013.11
双法兰传力伸缩接头	—	DN700CF	上海冠龙阀门机械有限公司	2013.9	13091903	2013.11

续表 3-2

设备名称	型号	规格	生产厂家	出厂日期	出厂编号	使用日期
手动闸阀	—	DN50PN10	上海冠龙阀门机械有限公司	2013.9	R13090200991	2013.11
气动蝶阀	—	DN300PN10	上海冠龙阀门机械有限公司	2013.9	—	2013.11
手动蝶阀	—	DN300PN10	上海冠龙阀门机械有限公司	2013.9	—	2013.11
双法兰传力伸缩接头	—	DN300C2F	上海冠龙阀门机械有限公司	2013.9	—	2013.11
双法兰传力伸缩接头	—	DN300CF	上海冠龙阀门机械有限公司	2013.9	—	2013.11
双法兰传力伸缩接头	—	DN300CF	上海冠龙阀门机械有限公司	2013.9	—	2013.11
气动蝶阀	—	DN400PN10	上海冠龙阀门机械有限公司	2013.9	C13101800883	2013.11
气动蝶阀	—	DN150PN10	上海冠龙阀门机械有限公司	2013.9	C13090403268	2013.11
电动球阀	—	de50	天津通天阀门有限公司	2013.9	133198	2013.11
电动球阀	—	de63	天津通天阀门有限公司	2013.9	133201	2013.11
Y型过滤器	—	de50	上海冠龙阀门机械有限公司	2013.9	13091105	2013.11
手动球阀	—	de50	上海冠龙阀门机械有限公司	2013.9	13101712	2013.11
手动球阀	—	de63	上海冠龙阀门机械有限公司	2013.9	13091206	2013.11
手动球阀	—	de90	上海冠龙阀门机械有限公司	2013.9	13111713	2013.11
手动蝶阀	—	DN400PN10	上海冠龙阀门机械有限公司	2013.9	C13101801143	2013.11

续表 3-2

设备名称	型号	规格	生产厂家	出厂日期	出厂编号	使用日期
手动闸阀	—	DN150PN10	上海冠龙阀门机械有限公司	2013.9	T13090403266	2013.11
电磁阀	—	DN50	上海冠龙阀门机械有限公司	2013.9	—	2013.11
止回阀	—	DN150	上海冠龙阀门机械有限公司	2013.9	A13091101028	2013.11
双法兰传力伸缩接头	—	DN400C2F	上海冠龙阀门机械有限公司	2013.9	19031905	2013.11
单法兰传力伸缩接头	—	DN400CF	上海冠龙阀门机械有限公司	2013.9	13091905	2013.11
气动蝶阀	—	DN500PN10	上海冠龙阀门机械有限公司	2013.9	—	2013.11
单法兰传力伸缩接头	—	DN500CF	上海冠龙阀门机械有限公司	2013.9	—	2013.11
气动蝶阀	—	DN500PN10	上海冠龙阀门机械有限公司	2013.9	—	2013.11
手动球阀	—	de110	上海冠龙阀门机械有限公司	2013.9	13091246	2013.11
气动蝶阀	—	DN500PN10	上海冠龙阀门机械有限公司	2013.9	C13101800890	2013.11
气动蝶阀	—	DN300PN10	上海冠龙阀门机械有限公司	2013.9	C1310189913	2013.11
手动蝶阀	—	DN300PN10	上海冠龙阀门机械有限公司	2013.9	C13082101305	2013.11
止回阀	—	DN300	上海冠龙阀门机械有限公司	2013.9	A13082602067	2013.11
手动蝶阀	—	DN300PN10	上海冠龙阀门机械有限公司	2013.9	C13082101301	2013.11
双法兰传力伸缩接头	—	DN300C2F	上海冠龙阀门机械有限公司	2013.9	13091938	2013.11

续表3-2

设备名称	型号	规格	生产厂家	出厂日期	出厂编号	使用日期
单法兰传力伸缩接头	—	DN300CF	上海冠龙阀门机械有限公司	2013.9	13091934	2013.11
手动蝶阀	—	DN1400D341X-10	青岛伟隆阀门股份有限公司	2013.9	—	2013.11
手动蝶阀	—	DN1000D341X-10	青岛伟隆阀门股份有限公司	2013.9	—	2013.11
手动蝶阀	—	DN800D341X-10	青岛伟隆阀门股份有限公司	2013.9	—	2013.11
电动调流阀	—	DN1400PN10	青岛伟隆阀门股份有限公司	2013.9	—	2013.11
复合式排气阀	—	DN150PN10	青岛伟隆阀门股份有限公司	2013.9	—	2013.11
水环式真空泵	2BVA161	Q8.33m^3/min	淄博业达真空泵厂	2014.4	—	—
三相异步电动机	Y2-112M-4T	15Kw380V	淄博博山嘉伟电机厂	2014.3	—	—
超声波流量计	NV2118-A22-500	—	大连索尼卡仪表有限公司	2014.1	18329917F	—
变压器	S7-20/10	20KVA	泰安变压器厂	1991.12	—	—
低压配电屏	XL-21	380V	泰安市电力设备厂	1996.6	00121	—
隔膜计量泵	JBB15/L0	15L/h	浙江力高泵业科技有限公司	2017.5	68001	2017.6
低压配电柜	GGD	380V100A	泰安天润电气科技有限公司	2012.8	1208001	2015.7
低压配电柜	GGD	380V200A	泰安天润电气科技有限公司	2012.8	1208002	2015.7
低压配电柜	GGD	380V100A	泰安天润电气科技有限公司	2012.8	1208003	2015.7

续表 3-2

设备名称	型号	规格	生产厂家	出厂日期	出厂编号	使用日期
PLC 控制柜	TWIDO-01	220V3A	武汉易维科技股份有限公司	2015.8	E01510	2015.7
管道泵	—	Q=25m³/h，H=50m，P=7.5Kw	—	—	—	2015.7
中开双吸泵	KP1020-3/4	Q=700m³/h，H=30m	格兰富水泵（无锡）有限公司	2015.6	15W00659-001A	2015.7
三相异步电动机	SIEMENS1LE0001	75Kw，6 极，315S	西门子电机	2014.1	—	2015.7
中开双吸泵	KP6015-1/2	Q=387m³/h，H=30m	格兰富水泵（无锡）有限公司	2015.6	15W00659-002B	2015.7
三相异步电动机	SIEMENS1LE0001	45Kw，4 极，225m	西门子电机	2014.1	—	2015.7
中开双吸泵	KP6015-1/2	Q=387m³/h，H=30m	格兰富水泵（无锡）有限公司	2015.5	15W00659-002A	2015.7
三相异步电动机	SIEMENS1LE0001	45Kw，4 极，225m	西门子电机	2014.1	—	2015.7
变压器	S11—M	250KVA	山东新都电气有限公司	2014.10	201410351	2015.4
变压器	S11—M	250KVA	山东新都电气有限公司	2014.10	201410352	2015.4
低压配电柜	MNS	380V400A	泰安天润电气科技有限公司	2015.5	1505013	2015.7
低压配电柜	MNS	380V200A	泰安天润电气科技有限公司	2015.5	1505014	2015.7
低压配电柜	MNS	380V100A	泰安天润电气科技有限公司	2015.5	1505015	2015.7
低压配电柜	MNS	380V200A	泰安天润电气科技有限公司	2015.5	1505016	2015.7
低压配电柜	MNS	380V32A	泰安天润电气科技有限公司	2015.5	1505017	2015.7

续表 3-2

设备名称	型号	规格	生产厂家	出厂日期	出厂编号	使用日期
低压配电柜	MNS	380V200A	泰安天润电气科技有限公司	2015.5	1505018	2015.7
低压配电柜	MNS	380V16A	泰安天润电气科技有限公司	2015.5	1505019	2015.7
低压配电柜	MNS	380V100A	泰安天润电气科技有限公司	2015.5	1505020	2015.7
低压配电柜	MNS	380V200A	泰安天润电气科技有限公司	2015.5	1505021	2015.7
中开双吸泵	KP50159–14A069	Q=240m^3/h，H=41m	格兰富水泵（无锡）有限公司	2015.5	98882704	2015.7
三相异步电动机	SIEMENS1LE0002	37Kw380V 变频范围 5 ~ 50Hz	西门子电机	2014.2	—	2015.7
中开双吸泵	KP50150–14A069	Q=240m^3/h，H=41m	格兰富水泵（无锡）有限公司	2015.5	98882705	2015.7
三相异步电动机	SIEMENS1LE0002	37Kw380V 变频范围 5 ~ 50Hz	西门子电机	2014.2	—	2015.7
中开双吸泵	KP80153–15A069	Q=480m^3/h，H=41m	格兰富水泵（无锡）有限公司	2015.5	98882706	2015.7
三相异步电动机	SIEMENS1LE0002	75Kw380V 变频范围 5 ~ 50Hz	西门子电机	2014.2	—	2015.7
中开双吸泵	KP80154–15A069	Q=480m^3/h，H=41m	格兰富水泵（无锡）有限公司	2015.5	98882707	2015.7
三相异步电动机	SIEMENS1LE0002	75Kw380V 变频范围 5 ~ 50Hz	西门子电机	2014.2	—	2015.7
变压器	S11—M	250KVA	山东新都电气有限公司	2014.10	201010347	2015.4
中开双吸泵	DFSS300–8N/4	Q=690 ~ 845m^3/h，H=58 ~ 51m	上海东方泵业有限公司	2015.3	G1503S105	2015.5
中开双吸泵	DFSS300–8N/4	Q=690 ~ 845m^3/h，H=58 ~ 51m	上海东方泵业有限公司	2015.3	G1503S106	2015.5

续表 3-2

设备名称	型号	规格	生产厂家	出厂日期	出厂编号	使用日期
变压器	SCB10-500/10	500KVA	山东金科电器有限公司	2013.12	2013129109	2015.5
三相异步电动机	HM2-315L1-4	160Kw380V	山东华力电机集团股份有限公司	2015.2	02708	2015.5
中开双吸泵	DFSS250-6/4	$Q=505 \sim 635m^3/h$，$H=74 \sim 66m$	上海东方泵业有限公司	2016.1	G1601S202	2016.2
三相异步电动机	HM2-315L1-4	160Kw380V	山东华力电机集团股份有限公司	2015.2	02707	2016.2
中开双吸泵	DFSS250-6/4	$Q=505 \sim 635m^3/h$，$H=74 \sim 66m$	上海东方泵业有限公司	2016.3	G1603S266	2016.4
三相异步电动机	Y3-315L1-4	160Kw380V	山东华力电机集团股份有限公司	2015.9	L90068	2016.4
变压器	ZBW/12/0.4/250	250KVA	泰安鼎成电气有限公司	2016.4	1604020	2016.4
变压器	ZBW/250	250KVA	泰安鼎成电气有限公司	2016.1	1601052	2016.2

2017 年泰安市自来水有限公司泉河水厂机电设备一览表

表 3-3

设备名称	型号	规格	生产厂家	出厂日期	出厂编号	使用日期
三相异步电动机	JS-115-4	135Kw380V249A	郑州发电设备厂	1993.6	006	1999.10
卧式离心泵	250S-65	$Q=486m^3/h$，$H=65m$	沈阳第二水泵厂	1997.6	1082	1999.10
减压启动柜	XJOL-190	380V	泰安高压开关厂	1998.6	98-0310	1999.10
信号控制箱	JK-3008	380V	泰安高压开关厂	1998.6	98-0312	1999.10
三相异步电动机	JS-115-4	135Kw380V249A	郑州发电设备厂	1993.6	008	1999.10
卧式离心泵	250S-65	$Q=486m^3/h$，$H=65m$	沈阳第二水泵厂	1997.6	1083	1999.10
变频器柜	ACS800-04P00320	250Kw	ABB（中国）电器有限公司	2016.3	—	2016.4

续表3-3

设备名称	型号	规格	生产厂家	出厂日期	出厂编号	使用日期
信号控制箱	JK-3008	380V	泰安高压开关厂	1998.4	98-037	—
卧式离心泵	ASP350-450C	Q=1250m^3/h，H=55m，效率 87%	安德里茨（中国）有限公司	2016.3	132674262	2016.4
三相异步电动机	1LE0001-3BB33-3AA4-Z	250Kw380V	西门子电机	2016.3	C16077	2016.4
变频器柜	ACS800-04P-0320	250Kw	ABB（中国）电器有限公司	2016.3	—	2016.4
信号控制箱	JK-3008	380V	泰安高压开关厂	1998.12	98-047	1999.10
三相异步电动机	Y335M-4	250Kw380V459A	江苏清江电机厂	1997.12	1083	1999.10
卧式离心泵	14SA-10A	Q=1170m^3/h，H=65m	沈阳第二水泵厂	1997.12	1093	1999.10
减压启动柜	XJOL-190	380V	泰安高压开关厂	1998.12	98-034	1999.10
信号控制箱	JK-3008	380V	泰安高压开关厂	1998.12	98-036	1999.10
卧式离心泵	ASP350-450C	Q=1250m^3/h，H=55m	安德里茨（中国）有限公司	2015.3	132536838	2015.4
三相异步电动机	1LE0001-3BB33-3AJ4	250Kw380V	西门子电机	2015.3	C15115	2015.4
变频器柜	ACS800-04P-0320	250Kw	ABB（中国）电器有限公司	2015.3	—	2015.3
信号控制箱	JK-3008	380V	泰安高压开关厂	1998.7	—	1999.10
高压开关柜	XGN2-10-67	10Kv50A	泰安高压开关厂	1998.6	98-0325	1999.10
高压开关柜	XGN2-10-43	10Kv	泰安高压开关厂	1998.6	98-0326	1999.10
高压开关柜	XGN2-10-67	10Kv100A	泰安高压开关厂	1998.6	98-0327	1999.10
高压开关柜	XGN2-10-07	10Kv75A	泰安高压开关厂	1998.6	98-0328	1999.10
高压开关柜	XGN2-10-29	10Kv75A	泰安高压开关厂	1998.6	98-0329	1999.10
高压开关柜	XGN2-10-46	10Kv	泰安高压开关厂	1998.6	98-0330	1999.10
高压开关柜	KYN28A-12	10Kv100A	泰安胜亚电力器材有限公司	2016.12	G1612062	2016.12

续表 3-3

设备名称	型号	规格	生产厂家	出厂日期	出厂编号	使用日期
低压开关柜	GGD	380V600A	泰安胜亚电力器材有限公司	2016.12	P1612181	2016.12
低压开关柜	GGD	380V600A	泰安胜亚电力器材有限公司	2016.12	P1612182	2016.12
低压开关柜	GGD	380V1000A	泰安胜亚电力器材有限公司	2016.12	P1612183	2016.12
低压开关柜	GGD	380V600A	泰安胜亚电力器材有限公司	2016.12	P1612184	2016.12
低压开关柜	GGD	380V1500A	泰安胜亚电力器材有限公司	2016.12	P1612185	2016.12
隔离开关	—	—	泰安胜亚电力器材有限公司	2016.12	—	2016.12
微机保护屏	PK-10	—	泰安高压开关厂	1998.6	98-0380	1999.10
继电器屏	PK-1	—	泰安高压开关厂	1998.6	98-0311	1999.10
电度表屏	PK-1	—	泰安高压开关厂	1998.6	98-0310	1999.10
所用变屏	PK-1	—	泰安高压开关厂	1998.6	98-0312	1999.10
直流屏	BZGN-10/220-20	—	泰安高压开关厂	1998.6	98-0301	1999.10
直流屏	BZGN-10/220-20	—	泰安高压开关厂	1998.6	98-0299	1999.10
变压器	S9-630/100	630KVA	泰安变压器厂	1998.3	971439	1999.10
二氧化氯发生器	—	—	济南艾德尔科技发展有限公司	2012.5	—	2012.5
高压开关柜	KYN-28	10Kv100A	泰安胜亚电力器材有限公司	2016.12	G1612059	2016.12
高压开关柜	KYN-28	10Kv100A	泰安胜亚电力器材有限公司	2016.12	G1612060	2016.12
高压开关柜	KYN-28	10Kv100A	泰安胜亚电力器材有限公司	2016.12	G1612061	2016.12
微机保护屏	PK-10	—	泰安高压开关厂	1998.6	98-0379	1999.10
继电器屏	PK-1	—	泰安高压开关厂	1998.6	98-0314	1999.10
电度表屏	PK-1	—	泰安高压开关厂	1998.6	98-0309	1999.10
所用变屏	PK-1	—	泰安高压开关厂	1998.6	98-0315	1999.10
直流屏	BZGN-10/220-20	—	泰安高压开关厂	1998.6	98-0302	1999.10

续表 3-3

设备名称	型号	规格	生产厂家	出厂日期	出厂编号	使用日期
直流屏	BZGN-10/220-20	—	泰安高压开关厂	1998.6	98-0300	1999.10
变压器	S11-100/10	100KVA	泰安市泰山区恒瑞电器有限公司	—	—	2016.1
低压配电柜	GGD-36G	500V	泰安高压开关厂	1998.6	—	1999.10
低压电容柜	GGD	500V	泰安高压开关厂	1998.6	—	1999.10
深井泵	300JC/220×6	Q=220m^3/h，H=67m	南京古尔兹制泵有限公司	1998.9	—	1999.10
三相异步电动机	YLB250-1-4	55Kw104A380V	上海人民电机厂	1998.10	—	1999.10
变压器	S7-100/10	100KVA	泰安变压器厂	1998.5	ITB710	1999.10
低压配电柜	GGD	500V	泰安高压开关厂	1998.6	98-0237	1999.10
低压电容柜	GGD	500V	泰安高压开关厂	1998.6	98-0230	1999.10
深井泵	300JC/220×6	Q=220m^3/h，H=67m	南京古尔兹制泵有限公司	1998.9	—	1999.10
三相异步电动机	YLB250-1-4	55Kw104A380V	上海人民电机厂	1998.10	10005	1999.10
变压器	S11-100/10	100KVA	泰安市泰山区恒瑞电器有限公司	—	—	2016.1
低压配电柜	GGD	500V	泰安高压开关厂	1998.6	98-0239	1999.10
低压电容柜	GGD	500V	泰安高压开关厂	1998.6	98-0240	1999.10
深井泵	300JC/220×6	Q=220m^3/h，H=67m	南京古尔兹制泵有限公司	1998.9	—	1999.10
三相异步电动机	YLB250-1-4	55Kw104A380V	上海人民电机厂	1998.10	10006	1999.10
变压器	S11-M-100/10	100KVA	泰安鼎宏电力设备有限公司	2013.10	—	—
低压配电柜	GGD	500V	泰安高压开关厂	1998.6	98-0235	1999.10
低压电容柜	GGD	500V	泰安高压开关厂	1998.6	98-0231	1999.10
深井泵	300JC/K210×6F	Q=210m^3/h，H=63m	上海深井泵厂有限公司	2014.9	1460r.p.m	2014.12
三相异步电动机	YLB250-1-4	55Kw104A380V	上海深井泵厂有限公司	2014.9	—	2014.12
变压器	S7-100/10	100KVA	泰安变压器厂	1998.5	—	1999.10

续表 3-3

设备名称	型号	规格	生产厂家	出厂日期	出厂编号	使用日期
低压配电柜	GGD	500V	泰安高压开关厂	1998.6	98-0230	1999.10
低压电容柜	GGD	500V	泰安高压开关厂	1998.6	98-0232	1999.10
深井泵	300JC/K210×5F	Q=210m^3/h，H=52m	上海深井泵厂有限公司	—	1460r.p.m	2014.4
三相异步电动机	YLB250-1-4	55Kw104A380V	上海深井泵厂有限公司	—	—	2014.4
变压器	S7-100/10	100KVA	泰安变压器厂	1998.5	—	1999.10
低压配电柜	GGD	500V	泰安高压开关厂	1998.6	98-0237	1999.10
低压电容柜	GGD	500V	泰安高压开关厂	1998.6	98-0229	1999.10
深井泵	300JC/K210×6F	Q=210m^3/h，h=63m	上海深井泵厂有限公司	—	1460r.p.m	2014.4
三相异步电动机	YLB250-1-4	55Kw104A380V	上海深井泵厂有限公司	—	—	2014.4
变压器	S11-100/10	100KVA	泰安市泰山区恒瑞电器有限公司	—	—	2015.1
低压配电柜	GGD	500V400A	泰安新华电器有限公司	2002.9	0136	2002.9
低压电容柜	GGD	500V100A	泰安新华电器有限公司	2002.9	0132	2002.9
深井泵	300JC/K210×6	Q=210m^3/h，H=63m	上海深井泵厂	2002.8	0208004	2002.9
三相异步电动机	YLB250-2-4	55Kw380V104A	上海人民电机厂	2002.8	—	2002.9
变压器	S11-100/10	100KVA	泰安市泰山区恒瑞电器有限公司	—	—	2016.1
低压配电柜	GGD	500V	泰安新华电器有限公司	2002.9	0134	2002.9
低压电容柜	GGD	500V	泰安新华电器有限公司	2002.9	0135	2002.9
深井泵	350JC300×4F	Q=300m^3/h，H=63m	上海深井泵厂有限公司	—	1460r.p.m	2014.9
三相异步电动机	YLB250-2-4	75Kw380V140A	上海电机厂	—	—	2014.9
变压器	S11-100/10	100KVA	泰安市泰山区恒瑞电器有限公司	2014.10	—	2014.10
低压配电柜	GGD	500V400A	泰安新华电器有限公司	2002.9	0133	2003.9
低压电容柜	GGD	500V100A	泰安新华电器有限公司	2002.9	0137	2003.9

续表 3-3

设备名称	型号	规格	生产厂家	出厂日期	出厂编号	使用日期
深井泵	300JC/K210×6	Q=210m³/h，H=63m	上海深井泵厂	2002.8	—	2003.9
三相异步电动机	YLB250-2-4	55Kw380V104A	上海人民电机厂	2002.8	—	2003.9
变压器	S11-100/10	100KVA	泰安市泰山区恒瑞电器有限公司	2014.10	—	—
低压配电柜	GGD	500V	泰安新华电器有限公司	2002.9	—	2003.9
低压电容柜	GGD	500V	泰安新华电器有限公司	2002.9	—	2003.9
深井泵	350JC/K340×4	Q=340m³/h，H=67m	上海深井泵厂	2002.8	—	2003.9
三相异步电动机	YLB250-2-4	75Kw380V140A	上海人民电机厂	2002.8	—	2003.9
高压配电柜	KYN28-12	12Kv630A	泰安华能电力设备有限公司	2016.12	161201	2016.12
高压配电柜	KYN28-12	12Kv630A	泰安华能电力设备有限公司	2016.12	161202	2016.12
高压配电柜	KYN28-12	12Kv630A	泰安华能电力设备有限公司	2016.12	161203	2016.12
高压配电柜	KYN28-12	12Kv630A	泰安华能电力设备有限公司	2016.12	161204	2016.12
高压配电柜	KYN28-12	12Kv630A	泰安华能电力设备有限公司	2016.12	161205	2016.12
高压配电柜	KYN28-12	12Kv630A	泰安华能电力设备有限公司	2016.12	161206	2016.12
高压配电柜	KYN28-12	12Kv630A	泰安华能电力设备有限公司	2016.12	161207	2016.12
高压配电柜	KYN28-12	12Kv630A	泰安华能电力设备有限公司	2016.12	161208	2016.12
干式变压器	SCB10-400KVA	400KVA	泰安华能电力设备有限公司	2016.12	1612023	2016.12
干式变压器	SCB10-400KVA	400KVA	泰安华能电力设备有限公司	2016.12	1612052	2016.12
直流屏	RD22-40/220-13	220V6A	泰安华能电力设备有限公司	2016.12	1611011	2016.12
低压配电柜	MNS	400V400A	泰安华能电力设备有限公司	2016.12	161209	2016.12
低压配电柜	MNS	400V400A	泰安华能电力设备有限公司	2016.12	161210	2016.12
低压配电柜	MNS	400V400A	泰安华能电力设备有限公司	2016.12	161211	2016.12
低压配电柜	MNS	400V400A	泰安华能电力设备有限公司	2016.12	161212	2016.12

续表 3-3

设备名称	型号	规格	生产厂家	出厂日期	出厂编号	使用日期
低压配电柜	MNS	400V400A	泰安华能电力设备有限公司	2016.12	161213	2016.12
低压配电柜	MNS	400V400A	泰安华能电力设备有限公司	2016.12	161214	2016.12
低压配电柜	MNS	400V400A	泰安华能电力设备有限公司	2016.12	161215	2016.12
低压配电柜	MNS	400V400A	泰安华能电力设备有限公司	2016.12	161216	2016.12
低压配电柜	MNS	400V400A	泰安华能电力设备有限公司	2016.12	161217	2016.12
启动箱	XJ01-190	380V190Kw	上海第一开关厂	1992.12	17	—
离心泵	300S-58A	Q=735m^3/h，H=33m	上海水泵厂	1982.5	048-308	—
三相异步电动机	JS116-4	155Kw380V	上海电机厂	1982.7	22635-5	—
启动箱	XJ01-225	380V225Kw	上海第一开关厂	1984.5	8424	—
离心泵	300S-58A	Q=735m^3/h，H=33m	上海水泵厂	1982.5	048-307	—
三相异步电动机	JS116-4	155Kw380V	上海电机厂	1982.7	22635-7	—
电容柜	—	500V	泰山低压开关厂	1988.9	1215	—
启动箱	XJ011	380V115Kw	天津市电器设备厂	1990.1	—	—
离心泵	KQSN250-M6/383	Q=412m^3/h，H=49m	上海凯泉泵业有限公司	2013.1	HFS130112002	—
三相异步电动机	Y280M-4	90Kw167A380V	江苏清江电机制造有限公司	—	—	2012.9
启动箱	XJ01-190	380V190Kw	上海第一开关厂	1988.3	88-11	—
离心泵	300S-58A	Q=735m^3/h，H=33m	上海水泵厂	1988.7	B316	—
三相异步电动机	JS116-4	155Kw380V	上海电机厂	1987.11	87539-2	—
启动箱	XJ01-190	380V190Kw	上海第一开关厂	1988.3	88-8	—
离心泵	KQSN350-N13/406	Q=1069m^3/h，H=44m	上海凯泉泵业有限公司	2013.1	HFS130112001	—
三相异步电动机	Y3151-4	185Kw328A380V	六安江淮电机有限公司	2012.8	—	—
真空泵	Y100L1-4	380V5A	衡水电机有限公司	1998.3	009	—

续表 3-3

设备名称	型号	规格	生产厂家	出厂日期	出厂编号	使用日期
二氧化氯发生器	—	—	济南艾德尔科技发展有限公司	2012.5	—	2012.5
高压开关柜	GG-1A-07	10Kv630A	济宁开关厂泰安分厂	1988.5	0104	—
高压开关柜	GG-1A-07	10Kv630A	济宁开关厂泰安分厂	1988.5	0104	—
高压开关柜	GG-1A-55	10Kv630A	济宁开关厂泰安分厂	1988.5	0105	—
高压开关柜	GG-1A-07	10Kv630A	济宁开关厂泰安分厂	1988.5	0101	—
高压开关柜	GG-1A-118	10Kv630A	济宁开关厂泰安分厂	1988.5	0107	—
高压开关柜	GG-1A-07	10Kv630A	济宁开关厂泰安分厂	1988.5	0106	—
高压开关柜	GG-1A-07	10Kv630A	济宁开关厂泰安分厂	1988.5	0100	—
高压开关柜	GG-1A-07	10Kv630A	济宁开关厂泰安分厂	1988.5	0102	—
变压器	S11-100/10	100KVA	泰安市泰山区恒瑞电器有限公司	2014.10	—	—
深井泵	300JC/K210×6	Q=210m^3/h，H=63m	上海深井泵厂	1990.3	0003024	—
三相异步电动机	YLB250-1-4	55Kw380V104A	上海人民电机厂	1999.12	1201024	—
变压器	S7-100/10	100KVA	泰安变压器厂	1992.3	92-110	—
三相异步电动机	YLB250-1-4	55Kw380V104A	上海人民电机厂	1999.12	8001	—
配电柜	BSL-1	500V	泰安低压电器厂	1986.11	1001	—
深井泵	300JC/K210×6	Q=210m^3/h，H=63m	上海深井泵厂	1990.3	—	—
变压器	S7-100/10	100KVA	泰安变压器厂	1992.3	—	—
配电柜	BSL-1	500V	泰安低压电器厂	1987.9	1320	—
深井泵	350RJC300-15	Q=300m^3/h，H=63m	上海深井泵厂	1995.4	4055	—
三相异步电动机	YLB250-2-4	75Kw380V140A	上海人民电机厂	2002.8	—	2002.9
变压器	S11-100/10	100KVA	泰安市泰山区恒瑞电器有限公司	—	—	2016.1
配电柜	BSL-1	500V	泰安低压电器厂	1987.7	1238	—

续表 3-3

设备名称	型号	规格	生产厂家	出厂日期	出厂编号	使用日期
深井泵	300JC/K210×6	Q=220m³/h，H=63m	上海深井泵厂	1990.3	—	—
三相异步电动机	YLB250-1-4	55Kw380V104A	上海人民电机厂	1999.7	7003	—
变压器	S11-100/10	100KVA	泰安市泰山区恒瑞电器有限公司	2014.10		—
深井泵	350RJC300-15	Q=300m³/h，H=63m	上海深井泵厂	—	—	—
三相异步电动机	JLB283-4	100Kw380V	上海电机厂	1984.12	12177	—
变压器	S11-M-100/10	100KVA	泰安鼎宏电力设备有限公司	—	—	2013.10
深井泵	300JC/K210×6	Q=210m³/h，H=63m	上海深井泵厂	1990.3	—	—
三相异步电动机	YLB250-1-4	55Kw104A380V	上海人民电机厂	1998.10	—	1999.10
变压器	S11-M-100/10	100KVA	泰安鼎宏电力设备有限公司	—	—	2013.10
深井泵	350JC300×4F	Q=300m³/h，H=63m	上海深井泵有限公司	—	1460r.p.m	2014.9
三相异步电动机	YLB250	75Kw380V	江苏电机厂	—	—	—
变压器	S7-100/10	100KVA	泰安变压器厂	1993.1	92-1570	—
深井泵	300JC/K210×6	Q=210m³/h，H=63m	上海深井泵厂	1990.3	—	—
三相异步电动机	YLB250-1-4	55Kw380V104A	上海人民电机厂	1998.5	A5028	—
卧式离心泵	200S-95B	Q=245m³/h，H=78m	上海水泵厂	1989.3	—	—
低压开关柜	GGD	500V	泰安东岳仪表厂	2003.5	—	—
低压开关柜	GGD	500V	泰安东岳仪表厂	2003.5	—	—
低压开关柜	GGD	500V	泰安东岳仪表厂	2003.5	—	—
低压开关柜	GGD	500V	泰安东岳仪表厂	2003.5	—	—
低压开关柜	GGD	500V	泰安东岳仪表厂	2003.5	—	—
低压开关柜	GGD	500V	泰安东岳仪表厂	2003.5	—	—
低压开关柜	GGD	500V	泰安东岳仪表厂	2003.5	—	—
变压器	S11-200/10	200KVA	泰安鼎宏电力设备有限公司	2014.2	0-14-007	2014.9

续表 3-3

设备名称	型号	规格	生产厂家	出厂日期	出厂编号	使用日期
卧式离心泵	ASP125-500A	Q=210m^3/h，H=55m	安德里茨（中国）有限公司	2015.1	132536839	2015.6
三相异步电动机	1LE0001-2CB23-3AJ4	55Kw380V	西门子电机	2015.1	—	2015.6
卧式离心泵	ASP200-450R	Q=610m^3/h，H=55m	安德里茨（中国）有限公司	2015.1	132536836	2015.12
三相异步电动机	1LE0001-3AB23-3AJ4	132Kw380V	西门子电机	2014.1	—	2015.12
三相异步电动机	YLB250-1-4	55Kw380V104A	上海电机厂	—	—	
长轴泵	12JD230X7	Q=230m^3/h，H=75m	上海深井泵厂	—	—	—
三相异步电动机	YLB280-2-4	132Kw380V241A	上海人民电机厂	2003.8	—	—
深井泵	350H-621	Q=650m^3/h，H=55m	上海人民电机厂	—	—	—
1 号变频器	SB200-132T4	50 ~ 60Hz	森兰科技	—	—	—
2 号变频器	—	—	ABB（中国）电器有限公司	—	—	—
3 号变频器	—	—	ABB（中国）电器有限公司	—	—	—
低压开关柜	GGD	500V	泰安东岳仪表厂	2005.7	—	2005.9
低压开关柜	GGD	500V	泰安东岳仪表厂	2005.7	—	2005.9
变压器	S9-50/10	50KVA	泰安变压器厂	2005.6	—	2005.7
三相异步电动机	Y160L-4	15Kw	江苏靖江电机厂	2005.6	—	2005.7
离心泵	8SS-6	Q=117m^3/h，H=24m	沈阳辉力水泵厂	2005.7	—	2005.7
变压器	SCB10-250	250KVA	泰安人民电器有限公司	2012.3	2010302	2012.4
低压配电柜	GGDNLS	380V200A	泰安天润电气科技有限公司	2012.8	1208001	2012.9
控制柜	GGDNLS	380V200A	泰安天润电气科技有限公司	2012.8	—	2012.9
控制柜	GGDNLS	380V200A	泰安天润电气科技有限公司	2012.8	—	2012.9
ABB 变频器	ACS510-01-108A-4	380V90Kw	ABB（中国）电器有限公司	2012.8	3122900013	2012.9
ABB 变频器	ACS510-01-046A-4	380V22Kw	ABB（中国）电器有限公司	2012.8	3133901327	2012.9

续表 3-3

设备名称	型号	规格	生产厂家	出厂日期	出厂编号	使用日期
ABB 变频器	ACS355-03E-23A1-4	380V11Kw	ABB（中国）电器有限公司	2012.8	—	2012.9
立式离心泵	COL32-50-2	Q=32m³/h，H=60m	南方泵业股份有新公司	2012.1	OM12542015	2012.9
三相异步电动机	Y2-160M1-2	380V11Kw	南方泵业股份有新公司	2012.1	1208225955v2	2012.9
立式离心泵	CDL85-30	Q=85m³/h，H=64m	南方泵业股份有新公司	2012.1	Om12560661	2012.9
三相异步电动机	Y2-180M-2	22Kw380V	南方泵业股份有新公司	2012.1	131022098	2012.9
离心泵	OTS80-270A	Q=180m³/h，H=62m	上海水泵制造有限公司	2012.5	P312	2012.9
三相异步电动机	HM2-250w-2	55Kw380V	山东华力电机集团	2012.5	I52572	2012.9
中开双吸泵	DFSS250-14N/2B	Q=420m³/h，H=45m	上海东方泵业股份有限公司	2016.1	G1601S167	2016.3
三相异步电动机	Y3-280S-2	75Kw380V	荣成市华宇电机有限公司	2016.1	150324	2016.3
二氧化氯发生器	—	—	济南艾德尔科技有限公司	2012.11	JNID-1237	2012.9
浊度仪控制器	Sc200	—	哈希（中国）有限公司	2012.1	—	2012.9
浊度仪传感器	1702E	—	哈希（中国）有限公司	2012.1	—	2012.9
在线余氯分析仪	CL17	—	哈希（中国）有限公司	2012.1	—	2012.9
潜水泵	200qj	200qj63-60-18.5Kw	博山颜山水泵厂	—	—	2016.1
潜水泵	250qj	250qj140-82-55Kw	博山颜山水泵厂	—	—	2016.1
变压器	S7-315/10	315KVA	泰安变压器厂	—	—	1990.3
潜水泵	250qj	250qj125-88-45Kw	博山颜山水泵厂	—	—	2015.11
潜水泵	250qj	250qj100-90-37Kw	博山颜山水泵厂	—	—	2015.11
磁悬浮潜水电泵	250qj	250qj125-77-37Kw	易扬科技有限公司	—	—	2015.6
变压器	SJ3-50/10	50KVA，10/0.4Kv	泰安电器厂	—	—	1978.6
深井水泵	250JC/K130-8×6	Q=130m³/h，H=48m	上海深井泵厂	—	—	1991.6
电动机	YLB200-1-4	30Kw59A380V	上海人民电机厂	—	—	1991.5
变压器	SJ3-50/10	50KVA，10/0.4Kv	泰安电器厂	—	—	1978.6

第二节　管理制度

2008 年，公司制定设备设施检查制度，分为日常检查和定期检查。日常检查主要是由操作工每天对设备进行检查；定期检查主要是由专业机电维修工负责，操作工参与检查。同时规定，对设备的运行情况、电气和机械技术要求、磨损以及腐蚀程度等也要及时进行检查。

2009 年，公司修订设备管理和检修维护制度，规定了标准修理法、定期修理法和检查后修理法内容。标准修理法是根据设备的磨损规律和零件的使用寿命，预先规定检修的日期、类别和内容；定期修理法是根据设备的实际情况和机件磨损的程度，制定修理计划，规定修理的日期和内容；检查后修理法主要是根据设备实际的磨损情况确定，避免过度修理，适用于不太重要或精度要求不太高的设备。

2010 年，公司制定《设备设施检修安全管理制度》，适用于设备设施小修、中修、大修以及临时停机抢修范围。制度规定在设备设施检修前，必须认真做好下列工作：一是必须明确检修内容、检修时间。二是确定检修项目安全负责人、安全监督员和参加检修的人员。三是所有参加检修作业的人员必须熟悉检修现场环境和安全作业条件，并拟定好安全防范措施。四是重大检修项目必须制定好安全预案，特别是对高空作业、交叉施工作业、停电及供电作业、设备检修起重作业及易燃易爆、易中毒、易腐蚀、易窒息部位的作业必须采取切实可靠的防范措施，向参加检修的人员作技术交底，并报设备管理部门备案。五是设备检修的安全用具、检修工具、器具应进行严格检验，确认安全可靠。六是明确工作内容、注意事项、安全防范措施，加强对上班之前的检修人员的安全思想和防范意识教育，做到检修项目安全措施到位。同时规定设备设施检修中应做好下列工作：一是进入检修岗位必须做好安全确认，确保无危险因素后方可作业。二是特殊工种岗位的检修作业，必须配备相应持证的作业人员，严格按照安全要求作业。三是检修人员要相互协助、相互监督。四是检修项目安全负责人和安全监督员必须做好安全防范措施的检查工作，对检修人员的安全作业状态进行监督，及时制止违章作业行为，发现险情应及时停止检修作业，撤离人员，采取紧急处置措施，并及时向相关部门汇报。五是穿戴好劳动保护用品。

2011 年，公司制定《供水设施和设备三级维护检修制度》，分为日常保养和定期维护。日常保养属经常性工作，由运行值班人负责，对设备进行经常性的保养和清扫灰尘，日常保养应检查设备运行状况，使设备环境卫生清洁，传动部件按规定润滑；定期维护属阶段性工作，由维修人员负责，每年进行 1 ~ 2 次专业性的检查、清扫、维修、测试，接地和测接地电阻值的检查应在每年春季进行，避雷器应每年进行检查和试验，定期维护应定期对设施进行检查，发现异常情况及时维修或安排计划修理，防止设备损坏或出现故障，对有关设备进行全面强制性的检查和整修，每年列入年度计划。

2012 年，公司制定《设备安全管理制度》，规定机械设备的安全管理要求为：各种机械设备必须按规定定期检修、保养，提高设备

完好率和运转率，保证设备安全运转；设备防护装置要完善，机械设备中的联轴器等必须安装有牢固的防护罩。规定起重设备的安全管理要求为：起重设备必须建立齐全的管理制度和操作规程，作业前和作业时，必须做到“四检查”和“两不准”，“四检查”即检查电动行车、葫芦的可靠性；检查行车各部件或三脚架是否紧固；检查钢丝绳是否损坏、钢绳卡是否紧固；检查起重物件绑挂是否牢靠。“两不准”即起重物不准跨越人和设备上空，起重物不准超过葫芦和行车的设计吨位。规定电动机安全管理要求为：各种电动机设备必须装有完整的接地设施，电动机的继电保护装置必须定期检查、调整，各种电动机不得超负荷运行，并要定期检修、保养。

2014 年，公司制定《水厂膜车间、综合投加间设备巡检规程》，加氯、加药安全操作规程规定加药投加系统实现自动化液位控制，药液投加使用自动配制、自动搅拌、自动投加的运行模式，投加设备应处于完好状态，工作前应仔细检查，如有损坏需修复后方可投入使用，严格程序设定等级管理，禁止擅自设定更改投加参数，操作人员观察混凝效果及水质时应位于防护栏以外，严禁翻越栏杆，如原水浊度升高时，调整增大计量泵行程，启用备用计量泵，加大投加量，配药池的药液浓度配比现场操作是操作柜进药阀、进水阀开至手动操作位置，开进药阀，药液提升泵控制开至手动操作，开泵运行，视情况开进水阀，进行药液浓度配置。活性炭投加系统安全操作规程规定螺杆泵首次启动或者长时间未启动使用时，应先在吸入室中注满介质，人工转动泵轴数转后再启动，以防止定子和转子间干摩擦，对定子造成损害或降低泵的吸入性能，运行前应先用清水试泵 5 ~ 10 分钟，启动前要确保管内畅通，需将进口管路和出口管路上的阀门都打开，电动阀门开启是否正常以及阀门到位信号是否正常。

2015 年，公司制定《有限空间作业制度》，制度规定确属生产、检修、安装或急需改造作业，无法进行置换、处理且危险较大、必需进人作业的有限空间作业，所属部门组织技术人员，对需进人作业的有限空间进行现场检测，确认符合安全要求并在现场安全员的监督下方可作业。

至 2017 年，公司共制定设备管理制度 10 余项。

第三节　设备维护

2008 年，三合水厂机电维修班负责三合水厂及黄前水源地机电设备的维修工作。泉河水厂机电维修班负责泉河水厂、汶口水源地、南关水厂、旧县水源地、青春创业园供水增压站、西区供水增压站、市区单井机电设备的维修工作。办公室维修班负责东岳大街 157 号大楼、外出租房屋和管理范围内配电室的维修工作。安通公司负责管道施工机电设备维修工作。管线所维修队负责管道维修机电设备的维修工作。生产计划科负责供水调度系统及供水测压点设备的维修工作。校表站负责校表设备的维修工作。

2011 年，办公室维修班负责东岳大街 157 号大楼、迎胜东路 26 号办公楼、外出租房屋和管理范围内配电室的维修工作。

2012 年，东区供水增压站投入运行，由三合水厂机电维修班负责东区供水增压站供水设备维修，2016年，东区供水增压站供水设备由泉河水厂负责维修。

2014年，二次供水管理办公室负责二次供水加压泵房机电设备的维修。

2015年，小安门水源地投入运行，由三合水厂机电维修班负责小安门水源地供水设备维修。同年，环湖水厂二期投入运行，由三合水厂机电维修班负责环湖水厂供水机电设备的维修。

2016年，彩山水源地投入运行，三合水厂机电维修班负责彩山水源地供水机电设备的维修。

2017年，网络中心负责供水调度系统、供水测压点和公司网络运行通信设备的维修工作。

至2017年，三合水厂机电维修班负责三合水厂、黄前水源地、环湖水厂、小安门水源地、彩山水源地机电设备的维修工作。泉河水厂机电维修班负责泉河水厂、汶口水源地、南关水厂、旧县水源地、青春创业园供水增压站、新建西区增压站、东区供水增压站、市区各单井机电设备的维修工作。办公室维修班负责东岳大街157号大楼、迎胜东路26号办公楼、外出租房屋和管理范围内配电室的维修工作。安通公司负责管道施工机电设备维修工作。管线所维修队负责管道维修机电设备的维护工作。校表站负责校表设备的维修工作。二次供水管理办公室负责二次供水加压泵房机电设备的维修。网络中心负责供水调度系统、供水测压点和公司网络运行通信设备的维修工作。

第四节　设备改造

2009年，公司对三合水厂老泵房3号机组进行改造，安装132千瓦变频器，设置能量优化控制程序，保持供水管网压力平稳性，年节约电费8万元。是年9月，公司对三合水厂二期2号132千瓦机组、老泵房2号75千瓦机组，采用贝尔佐纳超滑金属材料对叶轮、泵壳内表面进行涂敷改造，每立方米供水单耗分别降低0.0058千瓦时和0.0129千瓦时，年节约电费7万元。

2010年，公司对三合水厂二期潜水泵进行技术改造，改造新装2台75千瓦、1台90千瓦和1台132千瓦的卧式离心泵，新改造安装卧式离心泵更接近供水工况、效率更高，改造后比原潜水泵功率合计减少60千瓦，改造后供水单耗降低了0.0220千瓦时/立方米，全年可节省电费开支17万元。

2012年，公司对泉河水厂、南关水厂的所有的生产设备进行实地调研，形成报告后向公司领导进行了专题汇报，公司经理办公会做出了对泉河水厂、南关水厂老旧设备进行升级改造的决定，解决了电动机绝缘老化、水泵气蚀、高压配电柜油断路器漏油、电动阀门、止回阀、闸阀失效等问题。

2013年，公司全面实施供水设备的节能升级改造，共完成深井泵改造2台、更换离心泵4台、喷涂维护离心泵5台、更新高压配电柜15面、安装流量计6台。

2014年，公司对三合水厂、泉河水厂的高低压设备、供水机组进行升级改造力度，全年更换水泵机组5套、变压器7面、高低压配电柜21面，升级维修设备10余次。

2015年，按照《泰安市市级节能专项资

金使用管理办法》要求，收集、整理、完善近两年水厂已实施的节能改造以及管线改造工作的相关资料，形成《泰安市自来水公司综合节能改造项目》节能技术文件，节能文件上报到市经信委节能办，争取了2015年度市级节能专项资金的支持，节能专项资金批复文件号为泰经信节字〔2014〕180号。是年5月，公司综合节能改造项目通过市、区两级节能办及评审专家组的审核验收，获得市级节能专项资金项目奖励，奖励金额84万元（泰经信节字〔2015〕137号）。7月3日，省住房城乡建设厅节能改造评审专家组通过了对原东岳大街157号大楼节能改造验收，该项目获得40万元国家节能项目资金支持。是年，完成三合水厂一期老泵房低压配电设备和供水机组控制系统招标、改造施工、验收等工作；完成了东区水源地1号井、4号井和市区10号井（肉联厂）、西区2号井（啤酒厂）供水机组（潜水泵）选型和安装，东区水源地1号井、4号井、市区10号井、西区2号井供水量分别为125立方米/小时、100立方米/小时、176立方米/小时、100立方米/小时；实施了青春创业园加压站改造方案，由原来的长轴深井泵改造为卧式离心泵，提高了工作效率。

2016年，彩山水库取水头部安装一台250千伏安箱式变压器。是年，完成市区8号井、市区4号井供水机组的选型和安装。完成了汶口水源地3号井、5号井、4号井、9号井和旧县水源地15号井变压器的更新改造工作，原来变压器安全系统低、耗能大，改造后全部换成了S11系列的变压器，共计新安装变压器5台。

2017年，完成南关水厂、汶口水源地、泉河水厂高低压配电柜的更新改造，南关水厂低压开关柜由BSL-1-10型更换为MNS型，改造安装9面低压柜，南关水厂高压开关柜由GG-1A型更换为KYN28-12户内金属铠装抽出式开关设备，改造安装了8面高压配电柜，汶口水源地高压开关柜由10面XGN2-10型更换为KYN-2型，改造安装了3面高压配电柜，泉河水厂压低配电柜由GCK2型更换为GGD型，改造安装9面低压柜。是年，公司更换三合水厂老泵房4号机组1台315千瓦变频器。4月，对市区岱宗4号井配电设施进行了升级改造，配电设施更换成为1台新型S11型100千伏安节能环保型变压器和3台低压配电柜。

第四章　水质保障

第一节　水源防护

2008年，公司联合岱岳区卫生监督所、市疾控中心对黄前水源地、安家林等备用水源地周边环境进行安全检查，检查结果符合安全规定的要求，并现场安设水源防护警示牌。

2009年，由岱岳区卫生监督所、市疾控

中心、公司共同排查城市供水地下水源地安全隐患，结果符合安全规定的要求，并现场安设水源防护警示牌。

2010年4月，公司对大河水库库区水质进行检测，为新建环湖水厂规划建设及水质处理提供了设计资料。7月，公司在黄前水库取水头部建造高锰酸钾净水剂投加系统，通过投加泵向输水管道投加高锰酸钾，解决原水水质铁锰季节性超标问题。11月，公司召开大河水库供水工程水资源论证会。12月，公司对大河水库实行常规化检测，并加大对大河水库的水质检测频次，按照地表水水源地水质检测相关要求进行检测，为环湖水厂建设提供了完善的水质监测资料。

2012年6—9月，公司进行地表水特殊监测项目的检测工作以预防地表水源（黄前水库）的水体富营养化。

2016年4月，由市卫生监督所、公司共同排查城市供水水源安全隐患，对黄前水库和彩山水库进行重点排查，黄前水库符合安全规定，彩山水库出现个别捕鱼网箱等隐患，市卫生监督所令其整改后排除安全隐患。

2017年10月，泰山景区黄前水库管理局依据《关于做好2016年度重要饮用水水源地安全保障达标建设评估工作的通知》（鲁水资函字〔2017〕9号）要求，与公司签订协议，公司对黄前水库管理局水库水质监测进行技术支持等工作，以保障黄前水库水源地安全。

第二节　水质检测

一、原水水质

（一）旧县水源地与汶口水源地水质

2008—2017年，旧县水源地与汶口水源地水质稳定。自2008年至2017年仍按照《地下水质量标准》（GB/T 14848-93）的要求，每月进行一次全分析检测，检测结果均符合地下水Ⅲ类水标准要求，其中在2013年5月，公司对旧县水源地与汶口水源地重点进行农残检测，检测结果均小于检出限，符合地下水Ⅲ类水标准。

（二）黄前水库水质

2008—2017年，按照《地表水环境质量标准》（GB 3838—2002）要求，每年进行水库取水全分析检测，总氮一直符合Ⅴ类水标准，锰在2014—2015年间出现偏高，其他检测项目达到Ⅲ类水标准。黄前水库原水经过三合水厂处理后符合国家出厂水水质标准。

（三）大河水库水质

2008年5月，公司对大河水库原水进行水质检测，按照《地表水环境质量标准》（GB 3838—2002）要求，总氮符合Ⅲ类水标准，其余指标均达到Ⅱ类水标准，并建立大河水库的水质数据档案。

2010年10月，公司对大河水库水质进行水质全分析检测，全面掌握大河水库水质情况，除总氮符合Ⅲ类水标准外，其余指标均符合Ⅱ类水标准。

2013年全年分丰水期和枯水期检测大河水库水质共6次，除总氮符合Ⅲ类水标准外，其余指标均符合Ⅱ类水标准，多年来水质检测结果变化不大。

2015年5月，公司联合岱岳区卫生监督所对大河水库水质进行追踪检测，检测结果指标均符合Ⅱ类水标准。

2016年11月，公司联合岱岳区卫生监督所对大河水库水质进行追踪检测，检测结果指标均符合Ⅱ类水标准。

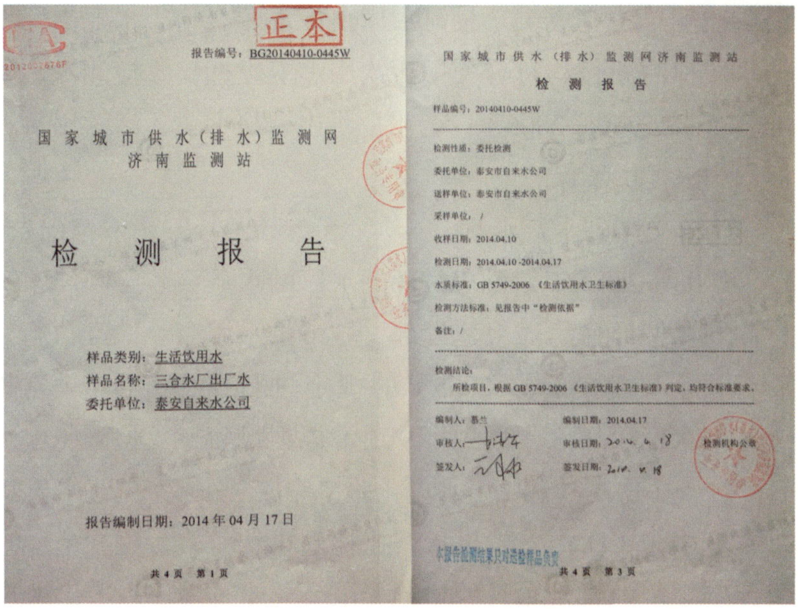

正本

报告编号：BG20140410-0445W

国家城市供水（排水）监测网
济南监测站

检 测 报 告

样品类别：生活饮用水
样品名称：三合水厂出厂水
委托单位：泰安自来水公司

报告编制日期：2014年04月17日

共4页 第1页

国家城市供水（排水）监测网济南监测站

检 测 报 告

样品编号：20140410-0445W

检测性质：委托检测
委托单位：泰安市自来水公司
送样单位：泰安市自来水公司
采样单位：/
收样日期：2014.04.10
检测日期：2014.04.10-2014.04.17
水质标准：GB 5749-2006 《生活饮用水卫生标准》
检测方法标准：见报告中“检测依据”
备注：/

检测结论：
所检项目，根据GB 5749-2006《生活饮用水卫生标准》判定，均符合标准要求。

编制人：
编制日期：2014.04.17
审核人：
审核日期：2014.4.18
签发人：
签发日期：2014.4.18
检测机构公章

共4页 第3页

2014年三合水厂出厂水106项水质合格报告（省监测站）

2017年5月，公司对大河水库水质进行检测，重点检测项目加大检测频率，检测结果符合水质标准，并进行了留样复检，复检结果同初检一致。

（四）备用水源地水质

2008—2010年，公司每年在丰水期和枯水期分别对小安门、彩山等备用水源地进行原水检测，两水库水总氮符合Ⅴ类水标准，其他检测项目达到Ⅲ类水标准。

2012年9月，公司对小安门水库水质进行检测，水库水总氮符合Ⅴ类水标准，其他检测项目达到Ⅲ类水标准。检测数据归入备用水源水质数据资料库。

2013年6月，公司对小安门、彩山水库进行水质检测，两水库水总氮符合Ⅴ类水标准，其他检测项目达到Ⅲ类水标准。11月，再次对小安门、彩山水库进行水质检测，小安门水库水总氮符合Ⅴ类水标准，其他检测项目达到Ⅲ类水标准；彩山水库水符合Ⅲ类水标准。

2015年7月，对彩山、小安门水库进行水质全分析检测，两水库水源水总氮均为Ⅴ类水标准，彩山水库水总磷为Ⅴ类水标准。

二、制水及出厂水水质

（一）三合水厂水质

2008—2017年，公司一直按照住房城乡建设部《城市供水水质标准》（CJ/T 206—2005）的规定，对三合水厂出厂水水质进行九项常规项目每日不少于1次的检测（由水厂化验室完成）；每月不少于1次山东省供水企业检测机构等级评定规定的常规项目的检测（由公司水质检测中心完成）；每年进行2次《生活饮用水卫生标准》（GB 5749—2006）中规定的106项检测（由省级第三方资质监测单位完成）。

三合水厂出厂水所有的水质检测项目均符合《生活饮用水卫生标准》（GB 5749—2006），尤其是水厂在使用膜处理工艺后，色度、浊度降低效果显著，使水质更加纯净；生化污染项目有所改善，增强了水质的活性；杂质去除率高，大大减少了微生物滋生的几率。出厂水水质有许多检测项目优于《生活饮用水卫生标准》，达到国家优质水的标准。

（二）泉河水厂水质

2008年以来，公司一直按照住房城乡建设部《城市供水水质标准》（CJ/T 206—2005）的规定，对泉河水厂出厂水水质进行9项常规项目每日不少于1次的检测（由水厂化验室完成）；每月不少于1次山东省供水企业检测机构等级评定规定的常规项目的检测（由公司水质检测中心完成）；每年进行1次《生活饮用水卫生标准》（GB 5749—2006）中规定的106项检测（由省级第三方资质监测单位完成）。泉河水厂出厂水所有的水质检测项目均符合《生活饮用水卫生标准》（GB 5749—2006），为水厂供出合格生活饮用水提供了保障。

（三）环湖水厂水质

2008—2017年，公司对环湖水厂的水质检测同样按照住房城乡建设部《城市供水水质标准》（CJ/T 206—2005）的规定进行，对环湖水厂出厂水水质进行9项常规项目每日不少于1次的检测（由水厂化验室完成）；每月不少于1次山东省供水企业检测机构等级评定规定的常规项目的检测（由公司水质检测中心完成）；每年进行2次《生活饮用水卫生标准》（GB 5749—2006）中规定的106项检测（由省级第三方资质监测单位完成）。环湖水厂使用先进的膜处理工艺，出厂水所有的水质检测项目均符合《生活饮用水卫生标准》（GB 5749—2006），其中许多检测项目优于国家标准，水厂供出优质的生活饮用水。

（四）管网水水质

2012年，国家《生活饮用水卫生标准》（GB 5749—2006）强制执行，公司严格按照标准执行管网水水质检测：每月不少于2次的7项常规检测；每月不少于1次的全分析检测（由水质检测中心完成），水质均达标。三级水质监测体系有效地保障了城市管网及管网末梢水的水质安全。2015—2016年，公司对所有供水管网点水质进行全面摸底检测，水质均达到《生活饮用水卫生标准》（GB 5749—2006）的要求，并去除设置不合理的管网点，添置调整若干管网点，在2017年4月最终确定了40个管网采样点，包括30个常规采样点，10个随机采样点。

2017年泰城常规管网采水点分布一览表

表3-4

序号	管网点	地址
1	东部开发区（管网末梢）	泰安市东开发区创业大街5号
2	嘉德现代城	泰山区温泉路与向阳街交汇处西北
3	服装学院	泰山区天烛峰路299号
4	农大南校区	泰安市泮河大街7号
5	交警支队	泰山区东湖路30号
6	军分区	泰山区财源大街东首路北（3号）
7	泰山区委	泰山区东岳大街与升平街路口（39号）
8	迎春小区	泰山区南湖大街
9	金山宿舍（管网末梢）	泰山区金山路33号
10	三联小区	泰山区奈河西路36-5号
11	火车站	老火车站广场西
12	灵山小区	灵山大街16号（老自来水公司）
13	新儿童医院	龙潭路与泮河大街交会处
14	奥林匹克花园	泰安市南开发区龙潭路8799号

续表 3-4

序号	管网点	地址
15	望山花园	泰山区东岳大街 116 号（新汽车站对过）
16	自来水有限公司	迎胜东路 26 号
17	五环小区	泰山区长城路北段路西
18	浪潮	迎宾大道泰山学院西临
19	岱岳区委区政府	泰山大街西段〈岱岳区政府广场路南〉
20	青春创业园区（加压站）	泰山大街西首路北〈山东护理职业学院西临〉
21	南部开发区（管网末梢）	泰安市南高新区中天门大街 6 号
22	泰山医学院南校区	岱岳区长城路 619 号
23	嘉禾新城	南高新开发区凤祥路 1508 号
24	城建大楼	泰山区东岳大街 247 号
25	轴承厂宿舍	泰山区南关路 14 号
26	市质监局	泰山区东岳大街 42 号
27	肿瘤医院	泰山区灵山大街 196 号
28	泰安西客站（管网末梢）	岱岳区英才街 11 号
29	南关水厂	泰良路与宁家结庄路口
30	三合御都	温泉路北段环山路南侧

第三节　水质管理与督察

一、水质管理

2008 年，为了做好水质有机物检测预处理工作，公司为检测中心购置旋转蒸发仪。

2010 年，公司为气相色谱仪配置了火焰光度检测器和氢火焰检测器，扩展了有机物检测项目。

2012 年 6 月，水质检测中心迁入公司新办公楼，经过不断完善后使用面积占 800 平方米，布局更加合理，办公区与检测区域隔开，排风排污设施齐全，防爆防毒防火措施得当，强酸碱剧毒辐射药品管理严谨，公司为水质检测工作提供了安全保障。10 月，公司更新两台大型检测仪器，购置 PF-6 型非色散原子荧光光度计和 LB-2 型低本底 α β 测量仪，使检测过程更加方便快捷，检测结果准确性提高。2013 年，公司

2012 年公司购进的 PF6-2 型非色散原子荧光光度计

购置 LC6000 型离子色谱仪，扩展了检测项目。2014 年，公司购置 GDYS-101SE2 二氧化氯测定仪，可以方便快捷地检测出厂水及管网水中二氧化氯的余量。2016 年，公司购置 PCII 余氯和总氯水质分析仪，以便及时检测管网水中的余氯量。水质检测中心现有仪器设备 50 余套，主要检测仪器 30 余台。

主要水质检测仪器一览表

表 3-5

序号	仪器设备名称	型号 / 规格	制造单位	检定机构
1	离子活度计	PXS-215	上海雷磁厂	泰安市计量所
2	酸度计	PHS-3C	上海雷磁厂	泰安市计量所
3	光电天平	TG328A	上海天平厂	泰安市计量所
4	生物显微镜	XSF-16A	日本精密仪器所	泰安市计量所
5	生化培养箱	LRH-150B	广东省医疗器械厂	泰安市计量所
6	浊度计	WGZ-200	上海昕瑞仪器仪表公司	山东省计量研究院
7	数字式电导率仪	DDS-307 型	上海雷磁	泰安市计量所
8	箱式电阻炉	SX2-4-10	济南精科	泰安市计量所
9	分析型纯水机	1015C	上海摩尔	泰安市计量所
10	紫外分光光度计	TV-1810	北京普析通用仪器公司	泰安市计量所
11	原子吸收分光光度计	TAS-990	北京普析通用	泰安市计量所
12	红外测油仪	ET-1200	上海欧陆科仪	山东省计量研究院
13	气相色谱仪	GC-2014	日本岛津制作所	泰安市计量所
14	便携式溶解氧仪	JPB-608	上海精密科学仪器公司	泰安市计量所
15	低本底 α β 测量仪	LB-2	北京高能科迪科技公司	山东省计量研究院
16	原子荧光光度计	PF6-2	北京普析通用仪器公司	泰安市计量所
17	离子色谱仪	LC6000	安徽皖仪仪器有限公司	山东省计量研究院
18	二氧化氯测定仪	GDYS-101	长春吉大仪器有限公司	泰安市计量所
19	余氯和总氯分析仪	PCII	北京科仪有限公司	泰安市计量所

2013 年初，山东省住房和城乡建设厅、山东省卫生厅和山东省监察厅鲁建城字〔2013〕9 号文关于印发《山东省城市饮用水水质提升工程三年（2013—2015）行动计划实施方案》的通知中要求：各地要在 2013 年 3 月前建立水质信息公告制度。此后公司水质检测中心在泰安市自来水公司网站每月公布当月水质信息，并按时通过“城市供水水质监测预警系统技术平台”上报有关数据和信息。同年 12 月，山东省供排水监测站对公司进行城市供水企业水质检测机构能力等级评定的初评，公司获得山东省城市供水企业水质检测机构能力等级评定 B- 级。

2014 年，公司参加住房城乡建设部举办

的全国第十二届城市供水水质监测机构质量控制考核，氟化物、氯化物两个项目均达到标准要求。

2016年，公司参加住房城乡建设部举办的全国第十三届城市供水水质监测机构质量控制考核，挥发酚、氯酸盐、浊度、余氯、铅5个项目均达到标准要求。

2017年1月，山东省供排水监测站对公司进行城市供水企业水质检测机构能力等级评定的复评，公司获得山东省城市供水企业水质检测机构能力等级评定B级。同年10月，公司参加住房城乡建设部举办的全国第十四届城市供水水质监测机构质量控制考核，细菌总数、总大肠菌群、耐热大肠菌群、大肠埃希氏菌群四个项目均达到标准要求。

二、水质督察

城市供水水质督察是保障城市供水水质安全，强化水质监测监督，提升城市供水质量的强效措施，由国家、省级、市级、县级各级水质督察体系共同完成督察工作。多年来公司在执行和接受水质督察的工作中都取得了良好成效。

山东省城市供水企业水质检测机构

能力等级证书

证书编号：B37092017005

供水企业：泰安市自来水有限公司

检测机构：泰安市城市供水水质检测中心

地　　址：泰安市迎胜东路26号（271000）

等　　级：B

水质检测能力及授权签字人见证书附表。

能力等级印章

本证书由山东省住房和城乡建设厅制定，在全省城市供水行业内有效。

2017年山东省城市供水企业水质检测机构B级能力等级证书

2008年，公司迎接省住建厅水质督察工作，全部检测项目符合督察要求。

2010年，市卫生监督所对城市出厂水和管网水水质进行水质督察，结果符合督察要求。

2012年，市疾控中心对城市出厂水和管网水水质进行水质督察，结果符合督察要求。

2013年，公司迎接住房城乡建设部水质督察工作，全部检测项目符合督察要求。

2014年11月，市公用事业管理局组织公司成立水质督察小组，对新泰、肥城等县市区自来水公司水质化验室进行等级评定，并对各县市区进行水质抽检工作。

2015年1月和9月，公司按照市公用事业管理局要求，完成了对各县市区自来水公司的水样采集和水质检测及分析报告工作。

2016年3月和9月，公司按照市公用事业管理局要求，完成了对各县市区自来水公司的水样采集和水质检测及分析报告工作。同年8月，公司成立供水水质督察领导小组，迎接住房城乡建设部供水水质督察。11月2日至3日，住房城乡建设部专家对全市3个管网点及5个二次供水点进行了样品采集，公司顺利通过国家供水水质督察。同年10月，受山东省住建厅委托，公司对济宁市汶上县、泗水县及梁山县3个县出厂水、管网水进行水质督察采样工作。同年10月，山东省住建厅水质督察小组对公司三合水厂出厂水及管网水进行水质督察采样工作，11月，公司顺利通过山东省供水水质督察。

2017年6月，省饮用水水质保障工作督导组对公司的城市供水水质进行检查指导，

2017年6月，省饮用水水质保障工作督导组对公司水质保障工作进行评论指导

公司的水质保障工作得到督导专家的好评。同年11月，山东省城市供水水质督察小组对三合水厂出厂水、管网末梢水进行水样采集检测督察工作，公司顺利通过供水水质督察。

第四节　水质保障技能

随着国家对城市供水质量的更加重视，公司2008—2017年通过参加比赛、组织培训、开展课题、能力验证等渠道来不断地提升水质检测技能来保障水质保障民生。

2008年6月，公司参加山东省城市供水水源水专项课题，承担地表水源水特项叶绿素a、藻类检测的基础技术开展工作并获得专家认可。

2011年8月，公司组织2名水质检测人员参加山东省城市供排水行业职业技能竞赛，1人获得供水水质检验竞赛银奖，1人获得优秀奖。

2012年6月，公司组织4名水质检测人员参加山东省供水行业知识竞赛，1人获得二等奖，2人获得三等奖，1人获得优秀奖。同年10月，公司5名水质技术人员创造的《采用高锰酸钾法去除铁锰提高出厂水质量》获得泰安市企业管理现代化创新成果二等奖。

2013年7—9月，公司组织11人分3批参加山东省城市供排水监测站的技能培训，均获得城市供水行业检测技能证书。

2014年10月，公司组织2人参加市人社局开办的检验工培训班，通过学习考核后，2人获得食品检验工职业资格证。

2015年7月，公司顺利通过山东省供排水水质监测中心开展的能力验证考核，高锰酸盐指数、砷、三氯甲烷三项检测全部合格，评定为满意。

2016年11月8日，泰安市公用事业管理局举办“泰安市城市供水水质检测工职业技能竞赛”，公司具体负责实施并在竞赛中取得优异成绩。11月26日，公司组织2名技术人员参加山东省城市供水水质检测工职业技能竞赛，2人获得优秀奖。

2017年，公司组织2名技术人员参加人力资源社会保障部管理司联合山东省人社厅举办的专业技术人才知识更新工程研修项目，其“全国城市供排水水质监控预警及应急技术”顺利通过考核。

第四篇

营销　服务

DISIPIAN　YINGXIAO　FUWU

2008年以来，公司不断就制度中的劳动保护、安全生产事故排查、岗位标准化操作、应急救援和调查等内容对职工进行培训，强化安全生产责任落实，牢固树立安全发展理念，构建安全生产长效机制。

公司领导和部门负责人连续多年参加“政风行风网络热线”直播节目，与听众和广大市民进行沟通、交流，宣传供水企业的服务宗旨，进一步提高服务水平和服务质量。公司从制度上加强饮用水二次供水管理，规范城市二次供水设施的建设和维修，确保运行安全及水质安全。实施“抄表入万家、服务进万户、信息点对点”移动服务提升工程，将传统服务方式升级为现代信息技术支持新模式，利用定位手机对抄表员、维修员进行服务跟踪管理。抄表员、维修员可利用手机信息服务技术，对各自的服务用户“点对点服务、事就事沟通”，拉近与用户的距离，提升工作效率，受到用户好评。根据市公用事业管理局要求，重点从有效利用信息平台、建立工作微信群、做好窗口服务工作、文明施工、严格落实抢修时限5个方面进行全面规范，不断提高服务能力，拓深服务层次。

经过十年的不懈努力，泰城户表改造工作基本完成，合计改造用户14万余户。公司供水户达到22万余户，供水服务人口80多万人。水费收缴实现公司收费大厅与中国建设银行、中国工商银行、中国银行、中国农业银行、泰安银行、泰安市农村商业银行、兴业银行、浦发银行共8家银行的实时联网，用户可通过网上银行、手机银行、自助缴费设备支付水费，也可通过微信、支付宝完成水费缴纳。“泰安市自来水有限公司”微信公众号不断升级完善，方便用户及时了解用水情况、掌握停水信息，成为供水人与用户之间一种快捷有效的沟通桥梁。

第一章 供水营销

第一节 营销管理

2008年6月，公司印发《泰安市自来水公司安全生产规章制度》，并就制度中的劳动保护、安全生产事故排查、岗位标准化操作、应急救援和调查等内容对职工进行培训。12月，公司协调有关部门，对高新区范围内各类企事业单位、个体工商户及社区的自备井进行集中关闭整顿，并将延期封停的自备井纳入正常管理，运行期间征收其水资源费和排污费。

2010年4月，为规范财务收支，公司决定营业所不再收取任何费用。营业维修费用由营业所开具单据，后交财务更换发票，工本费每月30号前交财务，复接费改维修费，由财务开具发票。是月，经市城建国资公司批准，公司在职工子女中招收临时计量收费工30人。

2012年3月6日，市水利局和渔业局、市住建委联合决定，继续开展城区范围取用水管理专项集中整治行动。整治行动旨在深入贯彻落实中央、省委、市委2011年1号文件和水利工作会议精神，切实抓好施行最严格水资源管理制度各项措施的落实，严厉打击非法取用水行为，进一步规范城区取用水管理秩序，对城区范围内安装远程监控的取用水单位、征收水资源费的取用水单位和餐饮、洗浴、洗车等高耗水行业的取用水情况，分期分步骤进行全面登记，在自来水管网内坚决封停自备井，全部接通使用自来水；在自来水管网外的坚决规范计量设施，征收水资源费和污水处理费。对于不服从管理、拒不封停自备井、拒不安装取用水计量设施、拒不办理取用水许可证、拒不缴纳水资源费和污水处理费的单位，由工作组依法进行行政处罚，坚决打击非法取用水行为。同年11月11日，根据《山东省用水总量控制管理办法》等有关规定，经市政府批准，《泰安市用水总量控制管理实施办法》（以下简称《办法》）正式下发。《办法》旨在加强用水总量控制管理，促进水资源合理开发和利用，用水总量控制管理遵循分级负责、分类控制、量化到户、动态管理的原则，统筹利用外调水、地表水、地下水，协调安排生活、生产和生态用水，优化用水结构，保障水资源可持续发展。从区域用水总量控制、取用水户用水量管理、监督检查3个方面进行全面规范。

2013年5月8日，公司决定加强对抄表员职业道德和业务知识的培训力度。建立供水服务微信群，将停水、维修等方面的工作信息及时发布至公司微信群。试行给抄表员、维修人员、办公车辆配备定位手机和安装卫星定位装置，实行服务下沉工作。营业所进一步划分抄表员服务区域，发放便民服务卡、建立区域值班点。同年8月，为全面掌握泰城供用水工作的第一手资料，切实摸清泰城供用水的实际情况，公司决定成立泰城供用水情况普查小组，对泰城供用水情况进行地毯式全面普查。普查内容包括用户情况、用水性质、配套费缴纳情况、用户使用自备井情况、管道占压情况、是否存在偷水情况等，要求普查小组建立普查台账，进行详细登记并存档。

2014年8月，为进一步占领市场扩大公司经营规模，公司决定对泰城周边经济发展较好乡镇的供水状况进行调查摸底，形成调研报告，争取尽快占领部分乡镇供水市场。同年9月，为进一步提高公司对旱灾的应急能力，最大限度地减轻因旱灾影响供水对城乡人民生活、生产造成的损失，公司出台《泰安市自来水公司抗旱应急供水预案》（以下简称《预案》），《预案》坚持“以防为主、防抗结合、防重于抗、抗重于救”和“统筹兼顾、突出重点、兼顾一般”的原则，实行先生活、后生产、先节水、后调水，科学调度，优化配置，力求最大限度地满足城区居民生活、生产用水需求。9月22日，因水源地水位严重下降，泰城面临严重缺水的局面，为保障泰城居民生活用水，公司向市环卫处、市园林局、市政项目管理中心发出《泰安市自来水公司关于停止非生活用水的函》，告

知至2015年汛期之前将不再提供除尘、净化路面、园林绿化等非生活用水。

2016年10月，为深入了解用水大户的用水情况，提高售水量，公司决定对用水大户进行定期走访，帮助解决用水方面的实际困难，同时重点对有自备井的用水大户进行调研，摸清用水情况，全力做好用水大户的服务工作。

2017年3月6日，因泰安高新区行政区划调整，公司在高新区的供水服务面积增大数倍。为全面做好高新区的供水服务工作，公司决定与高新区管委会主动对接、重新定位、超前规划，积极应对高新区对供水服务的新要求。同年5月18日，公司要求开发区分公司对辖区内用户的用水量、用水性质、建筑面积、发展情况等进行拉网式排查，认真做好供水政策的宣传工作，全面掌握高新区的规划和发展情况。同年10月13日，公司决定由泰安市安通供水工程有限责任公司收购泰安市启源钻井供水有限公司供水管网及附属设施事宜，要求筹备小组保持工作连续性，全力做好管理运营工作，同时将该区域的供水规划纳入公司整体规划之中。

2008—2015年泰安市自来水公司产销差率情况表

表4-1

年度	供水量（万立方米）	售水量（万立方米）	漏失率（%）	工业用水（万立方米）	生活用水（万立方米）	团体用水（万立方米）	特种用水（万立方米）	经营用水（万立方米）
2008	3972	2671	31	360	974	423	47	554
2009	4060	2660	33	361	925	427	81	539
2010	4153	3079	25	502	928	492	57	627
2011	4598	3272	28	495	897	545	71	657
2012	4976	3548	28	488	1023	570	85	687
2013	5280	3783	28	563	1043	568	91	682
2014	5325	4165	21	543	1064	568	192	819
2015	5362	4612	13	576	1271	627	126	795

2016—2017年泰安市自来水有限公司产销差率情况表

表4-2

年度	供水量（万立方米）	售水量（万立方米）	漏失率（%）	居民用水（万立方米）	非居民用水（万立方米）	特种用水（万立方米）
2016	5570	4755	15	1531	1829	10
2017	5707	4970	13	1556	1876	104

备注：2016年1月1日，机关团体用水、工业用水、经营服务用水简化合并为非居民用水

第二节　水表与抄表管理

2008 年 4 月，营业所引进射频卡智能水表，实行预付水费的方式对部分单位进行供水，改变原来先用水、后交费的模式。8 月，公司开始尝试原水表计量设计方案改为安装新型远传水表，对奥林匹克花园、交运集团等新入户水表集中采集数据，实行抄表到户不入户的计量模式。

2009 年，公司引进安装光电直读、厚膜电路、霍尔传感 3 种远传表。同年 6 月 4 日，公司决定，水表检定站向社会上销售的水表不再进行编号，以免造成水表管理混乱；对发放的水表，尤其是应急借用的水表，事后要及时补全相关手续。

2010 年 3 月 16 日，公司召开专题会议，对远传水表的使用情况进行研讨，并在原有青岛积成、西安山科、青岛海大和烟台德尔 4 家远传表的基础上增加了青州潍微。确定今后大用户、高层建筑均使用远传水表，有产权单位的用户户表改造时，也尽量使用远传水表。11 月 26 日，公司召开关于远传水表使用的专题工作会议。会议认为公司采用的远传水表需 6 年更换一次，成本较高，不符合公司实际需要，确定今后新发展及户表改造的用户，不再采用远传水表。

2013 年 5 月，公司引进申舒斯仪表系统（福州）有限公司的 WPD 和 WSD 两种型号的水表。同年，公司实施“抄表入万家、服务进万户、信息点对点”移动服务提升工程，将传统服务方式升级为现代信息技术支持新模式。投资 10 万余元建立定位手机服务平台，利用定位手机对抄表员、维修员进行服务跟踪管理，抄表员、维修员利用手机信息服务技术，对各自的服务用户“点对点服务、事就事沟通”，及时传递抄表收费、停水、科学用水知识、咨询等信息，用温馨服务滋润百姓心田。

2016 年 10 月，公司引进安装上海肯特公司的 KEFD 系列电磁式水表，对山东农业大学南校、东尊华美达大酒店、泰山职业技术学院、国电泰安热电有限公司进行实时读数和压力检测。电磁式水表具有精度高、量程宽的特点，同时配备蓝牙通信，支持手机 APP 抄表。

2017 年 9 月，公司安装的复合材料黄色水表，开始批量出现损坏，产生水表堵塞、表腿大量漏水等现象，营业所开始进行有计划的规模换表。全年更换金峪小区 490 只，嘉和新城 690 只，花园小区 133 只，三友高层建筑 230 只，望岳 A 区 74 只，望岳 B 区 1500 只，金叶苑 291 只，南关芙蓉小区 74 只，元宝小区 336 只，房管佳园 37 只。同年 10 月，公司接管远传水表达 17132 户，部分安装于地下的远传水表，存在抄表环境湿度大、易进水、鼠咬、线路易破坏等问题，严重影响了抄表数据的提取，营业所开始对安装于地下的远传水表分期分批进行更换，已更换天平花园 323 只，后期逐步更换煤田地质家园、高铁 A 区等区域。

2008—2017 年泰安市自来水有限公司各类口径水表底度对比表

表 4-3

口径（毫米）	15	20	25	40	50	80	100	150	200 以上
底度（立方米）	4	4	40	60	100	300	300	1500	1500

第三节　小区用户接管和抄表

2008 年以来，随着抄表范围的不断扩大，营业厅前台过户量也迅速增加。为使过户工作更加严谨，减少与用户不必要的纠纷，自 2014 年起增加用户在过户时签订供用水合同的环节，并对合同进行定期整理、装订、归档，使档案管理工作更加标准化、制度化。截至 2017 年，共有用户 226208 户，个人用户 224229 户，单位用户 1979 户。单位用户抄表一月一抄，每月 25 日前抄完表；入户抄表及户外设表的用户两月一抄，入户抄表按周期循环抄表，户外设表每月 20 日至月底抄表。抄表范围东至上高办事处桑家疃的阳光小区，西至天平办事处青春创业园，北至景区黄山头村裕隆家园，南至北集坡、泉河村、嘉和新城。

2009 年，公司营业所专门安排工作人员负责整理与用户签订的供用水合同，建立用户信息，完善档案管理，发放用户证。随着“一户一表、计量出户”户表改造工程的持续开展和在新建小区全部推行“一户一表、计量出户”户外设表制度的落实，公司对用户表井在技术标准上全面推行复合材料井盖。因水表安装在户外，为确保用户的用水安全，开始全面推行六棱防盗阀，与原有的八棱防盗阀同时使用。全年新接收小区、单位 67 个，新增用户 10281 户。

2010 年，营业所逐渐有女抄表员加入到户外抄表行列中，从事户外抄表的抄表人数达到 26 名。全年新接收小区、单位 94 个，新增用户 14618 户。

2011 年，公司新增加用户 14950 户，其中接收房地产公司开发的小区住户 8093 户，在全年新增用户的占比超过 50%。接受因企业破产改制而实施户外设表的新户 835 户，占比不到 6%。户外表抄表员人数增加至 33 人。为进一步细化工作、提升服务，营业所组织工作人员逐步在属于公司管理、收费的居民小区中安装固定交费提示牌 200 多张。

2012 年，新增用户 21399 户，为历年来首次年增用户超过 2 万户，同时户外抄表员人数达到 40 人。

2013 年 6 月 13 日，公司召开关于做好供水管理房有关工作的部署会议。为更好地提高供水服务质量，决定在住宅小区和有关单位设立供水管理房。要求营业所根据用户规模，拿出具体的供水管理房面积，由设计院在设计阶段配合相关部门积极做好争取管理用房工作。同年，公司制作便民服务卡向用户发放，使用户能第一时间联系上公司的工作人员，第一时间解决供水需求。营业所户外抄表员人数达到 48 人，其中女性抄表员 26 名，在人数上首次超过男抄表员，当年新增户外表用户 17107 户。

2014 年，为便于服务群众，提升服务质量，加强抄表工作的管理，营业所对抄表一

抄表员查抄户外水表　　（2017年11月　摄）

组、抄表二组、户外抄表组进行整合，按区域将62名抄表员划分为5个抄表组。当年新接收小区55个，新增用户16854户。

2015年，营业所新接收小区46个，新增用户13229户。随着户表改造工程的不断推进，户内表用户减少到不足4000户。

2016年，营业所新增用户8953户，抄表员人数增加至78名。

2017年，营业所改革抄表台账，逐步更换使用新版账本。新版账本增大至A4纸大小，去除了开户银行、结算方式等一部分废旧栏目，新增表井位置、水表位置、特殊情况备注等栏目，内容和布局更加合理。单页账芯横版排列6个用户，新账本可包含300个用户，是旧账本容量的6倍，一年可节约账本1000余本、5万余页。

第四节　供水价格

2008年初，泰安城区居民生活用水价格为3.00元/立方米，机关团体用水价格为3.60元/立方米，工业用水价格为3.70元/立方米，经营服务性用水价格为3.70元/立方米，特种用水价格为7.00元/立方米。2008—2017年用水价格依据泰安市物价局相关文件，共调整了3次，分别是2009年、2016年2次上调及2017年1次下调。

2009年，公司根据鲁政办发〔2000〕16号文件，对各类用水征收其基本水价的10%为水附加费。居民生活用水价格调整为3.17元/立方米，机关团体用水价格调整为3.82元/立方米，工业用水价格调整为3.92元/立方米，经营服务性用水价格调整为3.92元/立方米，特种用水价格调整为7.55元/立方米。

截至2015年12月，泰安市居民用水污水处理费标准为0.90元/立方米，而国家要求城市污水处理收费标准原则上每吨不低于0.95元。结合实际，拟将居民用水污水处理费标准调整为0.95元/立方米。同时，根据国家和省指导意见，基本水价实行阶梯式，分三级：第一级水量原则上覆盖80%居民家庭用水量；第二级水量原则上覆盖95%居民家庭用水量；第三级水量为超出第二级部分。同年12月10日，市物价局在东岳山庄召开城区居民用水价格改革听证会，根据泰安市现行居民用水污水处理费标准及阶梯式基本水价，拟定两个方案：

方案一：第一阶梯用水量不超过144立方米，每立方米1.80元。第二阶梯用水量144～240立方米（含），每立方米2.70元。第三阶梯用水量240立方米以上部分，每立方米5.40元。住户人口超过4人的，每增加1人，核增36立方米。方案二：第一阶梯用水量不超过192立方米，每立方米2.00元。

第二阶梯用水量192～288立方米（含），每立方米3.00元。第三阶梯用水量288立方米以上部分，每立方米6.00元。住户人口超过4人的，每增加1人，核增48立方米。

同年12月30日，价格改革方案确定。根据市物价局《关于调整泰城供水价格及污水处理费征收标准的通知》（泰价格发〔2015〕165号）文件，城区居民生活用水开始实施阶梯价格，污水处理费标准调整为每立方米0.95元，基本水价：第一阶梯，户年用水量不超过144立方米，基本水价为1.80元/立方米；第二阶梯，户年用水量144～240立方米（含）部分，按基本水价的1.5倍，即2.70元/立方米；第三阶梯户年用水量240立方米以上部分，按基本水价的3倍，即5.40元/立方米。

各阶梯水量基本水价价格级差1∶1.5∶3，以年度水量为计量周期；泰安市城区范围内实施一户一表抄表到户的用户，以住宅为单位，一个房产证明对应的住宅为一户，没有房产证明的，以供水企业安装的水表为单位，每户按4人计。住户人口超过4人的，每增加1人，核增每人每年36立方米。

三个阶梯的综合水价分别为3.33元/立方米（基本水价1.80元，污水处理费0.95元，水资源费0.40元，水附加0.18元）、4.32元/立方米（基本水价2.70元，污水处理费0.95元，水资源费0.40元，水附加0.27元）、7.29元/立方米（基本水价5.40元，污水处理费0.95元，水资源费0.40元，水附加0.54元）。

为缓解居民用水价格调整后对特困居民家庭带来的影响，对泰安市持有特困证的居民家庭生活用水继续给予补贴，月用水量不超过5立方米的特困家庭按实际用水量的50%给予减免；月用水量超过5立方米的，减免的最高上限为2.5立方米，其余部分由用户自行承担。

对执行居民生活用水价格的非居民生活用水户，不实行阶梯水价，供水价格在第一阶梯到户水价的基础上，每立方米提高0.20元。

对当时尚未实施一户一表而无法实行阶梯式计量水价的居民生活用水，暂不实行阶梯水价，执行第一阶梯水价。阶梯水价实施一年后，对仍未实现一户一表抄表收费到户的居民用水户，将依据国家和省相关规定适当加价。

将机关团体用水、工业用水、经营服务用水、特种用水简化合并为非居民用水和特种用水两类。

将非居民和特种用水基本水价由现行的每立方米2.20元和5.50元分别调整为每立方米2.60元和12.50元。将非居民和特种用水污水处理费由现行的每立方米1.00元和1.10元统一调整为每立方米1.40元。将非居民和特种用水水资源费由现行的每立方米0.40元调整为每立方米0.79元。城市用水附加征收标准仍按基本水价的10%收取。

调整后，非居民用水综合水价为每立方米5.05元（基本水价2.60元+污水处理费1.40元+水资源费0.79元+水附加0.26元），特种用水综合水价为每立方米15.94元（基本水价12.50元+污水处理费1.40元+水资源费0.79元+水附加1.25元）。

以上价格改革方案，自2016年1月1日起执行。

2017年4月，市物价局下发《关于泰城供水价格中不在包含城市用水附加的通知》

（泰价格发〔2017〕27号）文件，规定自2017年4月1日起取消泰城供水价格中的城市用水附加。居民生活用水第一阶梯用水价格调整为3.15元/立方米，第二阶梯用水价格调整为4.05元/立方米，第三阶梯用水价格调整为6.75元/立方米，执行居民用水价格的非居民用户用水价格调整为3.33元/立方米，非居民用水价格调整为4.79元/立方米，特种用水价格调整为14.69元/立方米。

2008—2017年泰安市自来水有限综合水价情况分类明细表

表4–4　　单位：元

年份	项目	基本水价	水资源费	污水处理费	水附加费	合计水价费
2008	居民用水	1.70	0.40	0.90	—	3.00
	团体用水	2.20	0.40	1.00	—	3.60
	工业用水	2.20	0.40	1.10	—	3.70
	经营用水	2.20	0.40	1.10	—	3.70
	特种用水	5.50	0.40	1.10	—	7.00
2009	居民用水	1.70	0.40	0.90	0.17	3.17
	团体用水	2.20	0.40	1.00	0.22	3.82
	工业用水	2.20	0.40	1.10	0.22	3.92
	经营用水	2.20	0.40	1.10	0.22	3.92
	特种用水	5.50	0.40	1.10	0.55	7.55
2016	居民第一阶梯	1.80	0.40	0.95	0.18	3.33
	居民第二阶梯	2.70	0.40	0.95	0.27	4.32
	居民第三阶梯	5.40	0.40	0.95	0.54	7.29
	执行居民用水价格的非居民用户	1.98	0.40	0.95	0.20	3.53
	非居民用水	2.60	0.79	1.40	0.26	5.05
	特种用水	12.50	0.79	1.40	1.25	15.94
2017	居民第一阶梯	1.80	0.40	0.95	—	3.15
	居民第二阶梯	2.70	0.40	0.95	—	4.05
	居民第三阶梯	5.40	0.40	0.95	—	6.75
	执行居民用水价格的非居民用户	1.98	0.40	0.95	—	3.33
	非居民用水	2.60	0.79	1.40	—	4.79
	特种用水	12.50	0.79	1.40	—	14.69

第五节 收费管理

为方便用户缴纳水费，公司十年来稳步开展电子缴费业务，将代缴水费银行数量增至8家，积极发展微信、支付宝等第三方平台支付方式，努力实现零距离的缴费服务，为用户方便缴费提供便利的同时确保水费的正常回收。

2008年1月，中国人民银行推行小额支付系统定期借记业务，公司成为小额支付业务的首批试点单位，代替原银行同城委托业务。3月，为减轻山东省农村信用社泰安办事处（以下简称农信）的前台压力，提高用户一次性交费的成功率，公司与新成立的泰安市商业银行（即原城市信用社）合作代收自来水水费。泰安市商业银行可办理柜台现金、存折代扣和电话银行付费（“96588”）业务，给用户提供更加方便快捷的交费服务。6月，上海爱科软件科技有限公司整改更名为上海三淼软件有限公司，公司延续与其签订的原合同相关规定。收费系统更名为“三淼自来水营业收费系统”。

2009年4月，收费系统由于数据库格式问题，数据庞大，影响系统内各业务速度与银行前台的收费与打票。营业所与上海三淼合作共同整合收费系统数据库，改变原有数据库结构，将各个历史库按月份剥离，分别放置，从而大大提高收费速度与银行交费时间。9月，农信升级银行系统，不再代收水费。

2010年9月，市政府印发《关于印发〈泰安市城市生活垃圾处理费征收管理办法〉的通知》（泰政发〔2010〕70号）。12月，根据文件规定，居民用水每户每月按5元的标准，分批逐渐地对户外设表用户加收垃圾处理费。因公司代收环卫处垃圾处理费，营业所对营业收费系统及银行收费系统进行升级。系统增加了垃圾处理费的收取，支持二次加压费、超计划加价、阶梯性水价、发票的三级领用。实行数据库数据源操作密码管理、数据操作日志保存及备份、查询规则设置，建立系统运行及数据操作登记制，内外网络数据交换实行非实体连续交换数据，银行等代收费平台数据交换实行隔离转化锁定等方式，实施数据本地与异地本分双管策略、管理系统防病毒等软硬件安全措施和其他安全措施。同年11月，公司增加工商银行为代收银行，实现工行网上银行水费的收缴。营业收费由中国建设银行、交通银行、泰安市商业银行、中国工商银行4家代收银行，泰安市商业银行1家代扣银行及公司收费大厅承担。

2010年12月1日，营业收费系统做了系统和银行收费接口的升级，优化原有的数据库结构，提高数据的运算能力和速度，增加阶梯性水价、发票的三级管理、表务管理、二次加压费和垃圾处理费的收取。12月4日，营业所自原公司（东岳大街157号）正式搬入新地址（迎胜路26号），营业厅在搬迁过程中，始终保证收费工作不间断。

2013年3月，公司增加中国银行为代收费银行。

2015年1月19日，公司与上海三淼软件有限公司签订泰安市自来水公司营业收费系统增加户改费收取功能合同，投资4.5万元用以增加收取户改费的功能。同年12月，公司增加农业银行为代收费银行。

2016年1月4日，公司委托山东超越建

设项目管理有限公司，于长城路天元商务大厦八楼对公司“营业收费系统采购项目”以公开招标方式进行招标，最终武汉易维科技股份有限公司中标。同年1月25日，武汉易维公司与营业所完成数据核对后，新老系统完成了自2000年8月至2016年1月整体数据的迁移。同年2月1日，武汉易维科技“营销管理系统”与正运行的上海三淼“营收系统”完成正式切换，新系统开始实施阶梯水价。同年5月，微信公众号进入内测阶段，开始在平台中发布计划性停水通知。同年7月，公司增加浦发银行为代收银行，同时，在营业厅内增加3台无线POS机，方便用户在大厅内完成自助缴费。同年8月19日，为了更好地提升公司服务水平，便于泰城用户水费缴纳，公司开通“泰安市自来水有限公司微信公众服务平台”，用户通过扫描二维码或微信搜索公众号“泰安市自来水有限公司”或“tazls”添加关注后，绑定用户编号即可进行微信缴费。同年9月，公司与支付宝合作，开通“支付宝缴费”平台。用户登录支付宝，依次点击“生活缴费”“水费”“泰安市自来水有限公司”选项，输入用户编号后即可缴纳水费。同年12月22日，公司微信公众号完成资质审核。

泰安市自来水有限公司微信二维码

2017年5月，“营销管理信息系统”在公司内部通过各授权电脑已实现主要业务的正常运行，营销系统完成验收报告。后期转入“易维售后维护平台”，系统出现的问题以工单的形式在平台中提交、受理、维护、测试和回访。同年8月1日，公司微信公众号完成了预定新功能的升级，增加了“抄表用量的推送”及“欠费金额的推送”两种新功能。用户在关注公众号，绑定相应用户编号后，公众号会在每次出量后的第二天9点及时向用户推送当月用水量、上次表数与此次表数，方便用户了解每月用水情况。同时，公众号会在每月的10号和28号集中向关注公众号并已绑定用户编号的用户推送欠费信息，成为营业催费的一种新方式，方便用户交费。

第六节　小区供水设施维修

2008年，公司对营业所和管线所就小区管理进行维修职能划分，小区内管道归管线所维修管理，户表、单位总表归营业所维修管理。同时营业所撤换表组正式更名为维修组，主要对小区总表和公户单位水表进行维修和更换，年换表、维修量700余块次，此时公司面对用户仅2万余户。

2009年，营业所维修组全年维修3860处，撤换水表1792块，修砌表井20多个，及时补充偷盗表井井盖250余套，做到维修率100%，及时率100%，保证了公司24小时内维修的服务承诺。

2010年，伴随着全国大范围降温、降雪，造成供水设施大规模损坏，营业维修组对冻

表较多的小区加装防冻保温材料，重点做好外挂水表的防冻工作，封闭外挂水表箱并张贴防冻温馨提示。全年更换冻表3000余块。

2011年3月，公司设立居民小区维修站试点工作。随着泰城供水工作的发展，居民小区的供水维修工作越来越繁重。为了适应新形势的发展，公司会议确定设立居民小区供水维修站试点。选取合适的居民小区，公司无偿提供工作房，从社会上招聘工作人员（公司内退或退休人员优先），对用户实行限制性有偿服务，同时为公司提供负责范围内的供水信息。同年5月5日，公司针对用户反映的无水或水压低，凡出保修期，由公司管理的用户，在无法明确原因的情况下，先由营业所检查小区总表、滤网和阀门并进行测压，仍无水或水压低，营业所将勘察结果回馈客服中心，交由管线所处理。整片区域出现无水或水压低的情况直接交管线所处理。维修服务执行公司原有规定。明确新发展用户、户表改造用户在未与营业所交接前及交接收费一年内，出现供水问题由施工单位维修。

2012年，营业所维修组抽调专人对已接管小区的总表进行核查与检测，对总表与户表的数据进行对比，排查小区的漏失情况。全年接听用户来访报修5100余次，维修3227处，完成报修任务1800余次，接待用户来访200余人，维修撤换水表1200余只，其中单位用户换表400余只，居民用户换表700余只。

2013年5月8日，公司对小区维修职能进行划分，管线所小区维修职能划给营业所，夜间小区维修工作仍由管线所负责。营业所组建维修施工队伍，对施工质量达不到要求的施行淘汰制，全力做好公司抢修任务。

2014年12月，因小区维修任务日益繁重，营业所根据人员情况，在原有维修组的基础上，划分调整维修区域，并由公司办公室配备车辆一部。同年，营业所维修组接听处理用户来电来访及公司各类承办单23100余次。单位用户换表240余件，清表测压300余件，配合催费组以及拆迁撤表500余件。配合维修人员进行大面积户表换表加垫、更换防盗阀以及更换表接头共计约3700余个，维修漏水点640余次，对于无继续维修价值的，集中大范围更换供水管道约2800余米。

2015年3月，为给泰城东部地区用户提供更加快捷的服务，营业所在岱道庵路南段泰山学院宿舍院内设立东部维修点，该点的设立承担了泰城40%的维修任务，辐射整个东部地区的日常维修工作，缩短了维修人员来往路程，极大地改善了泰城东部地区的维修效率。同年，为落实公司冬季防冻专题会议精神。营业所统一安排拆除户外表入户的墙垛，水管掩埋至地下，减少极寒恶劣天气对供水设施的影响，避免发生冻表冻管现象。维修组修砌表井及更换井盖共368套，维修表井漏水问题872件，因陶瓷表、表停、表损、计量不正常、盘污、倒装等各种原因导致需更换、清理、复接水表总计2487块次，阀门问题740件，水压问题635件，维修及时率达到100%，保证3～7个工作日内维修处理的服务承诺。小区内供水设施维修工程共计835个，更换供水主管道2421.1米、整改焊接分水器67支。

2016年1月，泰安经历了近30年来的最强寒潮，历史罕见的极寒天气造成泰城用户大面积冻管冻表。营业维修组按照防冻预案，积极调配人员和设备，全员出动使用自制蒸汽喷枪融化管道，更换冻裂水表，帮助用户在最短时间内恢复供水。寒潮期间，营业所维修组日均接待用户来电来访、数字平台等各类承办单 400 余件。

2016 年，营业所维修组对全市范围内小区管线、水表井、阀门开展普查工作。全年共计维修栋表阀门 244 处，更换陶瓷表接头 1028 个，修砌表井、更换井盖 568 套，更换、清理、复接水表总计 3885 块次。同时针对户改时间较早、水表井供水设施维修难度大的小区实施集中整改，共改造 9 个小区，共计 1205 户。维修小区内各种口径管线共计 1180 处，更换供水主管道 1021.5 米。

2017 年，营业所维修组针对使用 PE 管件组装分水器、热熔阀门，不具备防盗阀、球阀的小区，实施集中整改。全年共计完成新元花园、电车线厂、外贸宿舍、食品公司宿舍等 10 个小区的改造工作。维修小区内各种口径管线漏点 1502 处，更换青山家园、市委八宿舍、中岳花园、海普凤栖湾等处供水主管道 1045 米。

营业所维修人员铺设保温材料，做好表井防冻工作
（2017 年 11 月　摄）

第七节　供水稽查

2008 年 4 月，稽查科根据《泰安市城市供水管理办法》，分别对水源地和城区内的管道占压情况进行普查。普查结果显示：水源地至水厂被占压 5677 米；城区内被占压 8093 米，其中直径 1000 毫米高压管线被占压 370 米，直径 1000 毫米低压管线被占压 185 米，直径 800 毫米管线被占压 50 米，直径 600 毫米管线被占压 927 米，直径 400 毫米管线被占压 1162 米，直径 300 毫米管线被占压 2414 米，直径 250 毫米管线被占压 1000 米，直径 200 毫米管线被占压 605 米，直径 150 毫米管线被占压 340 米，直径 100 毫米管线被占压 1040 米。

2009 年 2 月，稽查科与保卫科再次合并，成立保卫稽查科。依据《城市供水条例》《泰安市城市供水管理办法》《泰安市人民政府关于禁止占压城市供水管道的通告》《泰安市人民政府关于加强城市燃气、自来水及供热等地下管网设施安全管理的通告》，对辖区内供水单位进行检查。稽查中对违规用水户的处理先是摸清私接位置，然后做停水处理，最后要求当事人在下达的通知书上签字，限期到公司接受处理。偷盗水的处罚一般用违规用水时间乘以管径经济流量和水价来计算，如损坏供水设施还需另加维修费用。2009 年 10 月 30 日，保卫稽查科对在建工程进行巡查时发现，财源街某商业楼在直径 110 毫米的管道上私自连接直径 20 毫米的管道进行盗水，稽查

人员随即对私接管道予以拆除，并及时下达处罚通知。但该单位不积极接受处理，稽查人员将该情况通报给相关部门，并停止办理该单位的一切用水手续。2010 年 3 月 17 日，在此地点稽查人员再次发现该单位私自连接直径 40 毫米水表用水，立即对其拆除私接设施、停止用水，并向其上级单位下达通知书。最终该私接单位缴纳了违规用水费用及相关用水配套费 1.2 万元，并按公司要求办理合法用水手续。

2010 年，泰城部分老式小区户表改造展开，部分用户拒绝交纳户表改造费用并私接用水。为规范供用水秩序，维护供水企业及广大用户的合法权益，保卫稽查科积极配合户表部门工作，其中较为典型的案例是对迎春小区某用户进行先后 4 次拆除违规用水设施的行动，最终使该用水户按规定交纳了改造费用和所欠水费。同年 3 月，大白峪泰山物流中心钢材区项目占压 800 毫米管道，严重威胁供水安全。通过协调，保卫稽查科与村委签订了协议。该村委按照协议内容对被占压管线进行防护，并停止使用占压管道的营业房，将其闲置，明确双方责任。其次是青春创业园占压管道的某项目，经过多次交涉和函告，最终迫使该项目改变了原有建设方案，制止了占压管道的行为。

自 2010 年 4 月开始到 2010 年底，根据公司安排，保卫稽查科先后参与了泰安市自备井封停领导小组专项整治行动，共检查城区范围内 291 家企事业单位及 340 眼自备井，新封停自备井 14 眼。在城中村自备井普查工作中，共检查 8 个办事处 135 个社区（村）的 207 眼自备井。

2011 年 3 月 9 日，大安建业建筑公司在御泉大院小区内施工时，将公司直径 1000 毫米的供水管线损坏，该管道是三合水厂向泰城供水的主要供水线路。事故造成了泰城范围内的大部分居民、企事业单位、学校、医院全部停水。根据国家相关的管道损坏标准，保卫稽查科及时向该建筑公司追缴造成的经济损失及后期管道维修费用。同年 4 月，稽查人员在巡查时发现某房地产公司在供水管线上私接直径 50 毫米的管道进行盗水，时间长达 66 个月。公司根据《泰安市城市供水管理办法》第二十二条关于“禁止盗用城市公共供水”的规定，以及国家供水管道流量标准，保卫稽查科及时向该单位追缴经济损失。

2011 年，保卫稽查科全年共发现和处理违规用水行为 50 余起，为公司追回经济损失 28 万余元，其中涉及消火栓盗水的 30 余起，收缴水龙带、消防专用管钳等盗水用水工具多宗。针对消防栓盗水机动灵活、时间分散的特点，保卫稽查科于 7 月、8 月开展了为期两个月的专项行动，在盗水行为多发的早间和晚间加大巡查力度，有效遏制了环山路、环湖路、望岳东西路、六中路、高铁新区等路段以及部分小区物业的盗水行为。

2012 年 6 月 5 日，公司管线所在巡查管线过程中发现，某房地产开发有限公司在新电校对过的房地产开发项目施工时，将公司直径 1000 毫米的泰城备用供水管道损坏并私接使用。管线所立即拆除其私接设施，做了停水处理。事件发生后，保卫稽查科及时与该公司交涉，根据国家关于管道损坏的标准，追缴造成的经济损失及后期管道维修费用。

2012 年，保卫稽查科参与处理各类违规用水赔偿工作 16 起，并完成泰楼路万家庄段管道施工、宅子段内衬、黄前爆管以及汶口爆管内衬等协调赔偿工作。

2013年6月4日，公司召开关于供水管道被占压调查的工作会议。决定占压调查工作由保卫稽查科牵头，三合水厂、泉河水厂、管线所配合。调查范围：黄前（一、二期）、汶口、旧县输水主管线；城区调查300毫米以上供水主管线以及管线部门认为可能影响供水安全的100毫米以上供水管线。按照会议要求，开展对占压管道的建筑物、构筑物进行登记、测量、拍照等取证工作，给相关责任人或单位送达占压供水管道的告知书，说明其占压管道的危害，限期整改，明确责任。

同年，保卫稽查科展开被占压供水管道的调查工作。调查小组人员历经3个多月时间，完成了黄前、旧县水源地及城区内供水管道占压工作的普查。此次管道占压普查共发现供水主管道被占压250处，总长12323米。主要包括：（一）1991年11月投入使用的黄前一期被占压水泥管3614米，占总长度的20.07%；2001年4月投入使用的黄前二期（14公里800毫米玻璃钢管+4公里钢筋混凝土管），管道被占压1300米，占总长度的7.22%。两条管线共被占压119处，占压物主要为住宅、厂房、养殖场等。其中下峪村、西城村、东城村、西碾疃村的占压情况比较严重，有大量房屋直接建设在管道的正上方，其次管道沿线的村民种植了大量经济性较高的绿化苗木。（二）1998年，投入使用的汶口水泥材质管道，自水源地至水厂全长12.53公里，被占压37处，长1006米，占总长度的8.02%。占压物主要为住宅、养殖场等，其中满庄镇西河北村、新庄村的占压情况比较严重。西河北村因钢材市场建设搬迁，致使管道经过的原耕地区变为居住、养殖区，成片占压供水管道。（三）城区供水管道被占压情况：城区300毫米（部分100毫米以上）以上供水管线被占压89处，长6331米。占压管线的区域较为集中，其中宁家结庄、下旺村、杜家庄（樱桃园西路）、更新社区附近、大白峪钢材市场、大白峪物流中心、宝龙沿湖别墅区，占压管道的情况较为严重。

2014年3月，保卫稽查科开展对绿化及环卫水车从消防栓私接用水的综合治理。经过2个多月详细调查摸底，大致摸清了泰城及周边各开发区内活动比较频繁的绿化及环卫水车的活动范围和接水频次。为更好地规范用水秩序，保卫稽查科多次同环卫处对绿化车在消防栓上接水问题进行沟通。5月，公司与环卫处签订了用水协议书，同意环卫处的特定车辆在指定道路的消火栓上取水，用于道路洒水车、清扫车等车辆环境卫生作业，环卫处每年向公司缴纳26万元水费，有效地遏制环卫处多年来私接用水的行为。2014年，保卫稽查科共计为公司追缴经济损失78万元。

2015年1月，由于环卫处新增配加水、清扫车辆，取水车辆进一步增加，原有的取水模式已不适应实际工作的发展变化，为此公司与环卫处的用水协议费用调整为每年36万元。2015年，保卫稽查科共计为公司追缴经济损失133.28万元。

2016年10月，保卫稽查科与营业所联合开展居民小区直饮机普查工作。由于直饮机多集中于规模较大的小区，采取与社区、物业以及个人住户合作的方式进行经营，大约每3立方米自来水生产1立方米纯净水，售价一般在每7.5元/升到1.5元/升不等，折合1立方米（1000升）成品水售价在133元

到199元，大多采用预交费售卡的方式进行销售。正规的直饮机水质由防疫部门监管，每月进行抽检。此次普查工作主要包括：该直饮水机是否使用自来水，是否存在私接行为，使用自来水落实到具体水表以及执行何种水价。至2017年3月，保卫稽查科与营业所联合走访居民住宅区100余个，逐个排查每台设备的用水情况，共普查直饮水机134台，发现存在私接用水行为的6台；套表接入饮水机的89台；单独设表的33台；未纳入公司管理的5台；使用井水的1台。对于私接用水的6台饮水机，保卫稽查科实施扣押设备及追缴水费的处理，对套表和单表用户在核查用水性质后已全部执行15.94元/立方米的特种用水价格，从根本上规范了直饮水机的使用模式。2016年，保卫稽查科共计为公司追缴经济损失178万元。

2017年3月，位于青春创业园区金牛山路某小区，共有用水户1000多户。经保卫稽查科核查，该小区自2005年4月在泰安市自来公司400毫米的主管线上私接1根100毫米的管道供该小区使用。由于当时青春创业园区压力不足，直到2007年12月水压调整后开始盗用水。小区内安装水池、泵房等设施，自来水进入水池后加压到居民家中，小区物业以居民用水的价格向住户收缴水费。为计量损失，营业所对该管道进行装表核量，并分不同时段对用水情况进行观察计量。通过核量，该管道一个月的用量为1200立方米，而私接时间从2007年12月至2017年7月，合计115个月。依据2007年11月市政府印发的《泰安市城市供水管理办法》第二十二条、第二十八条之规定，该小区管理方补交了全部私接管道的用水费用，并按规定办理正规用水手续。

同年5月，某小区管理方在没有办理任何合法用水手续的情况下，在小区东南角直径300毫米的供水主管道上开口，对小区1089户用户进行转供水。在公司采取暂停供水的措施后，该小区管理方仍擅自在供水管道上私接，保卫稽查科对其采取强制措施并与公司相关部门紧密配合，最终追缴经济损失300万元。同年7月，保卫稽查科发现某地产开发公司自2014年起，擅自在小区门口西北角直径110毫米供水主管道上开口，为小区内78户用户供水，工作人员对其采取暂停供水措施，经多次协调后与开发商达成协议，追缴经济损失18万元。同年8月，公司供水普查小组在普查过程中，发现某开发商自2014年1月起擅自在直径200毫米的供水主管道上开口，对小区1100余户实施供水。保卫稽查科人员多次通知该开发商到公司说明情况并接受处理，至12月底追缴经济损失16万元。2017年，保卫稽查科全年共发现和处理违规用水行为48起，为公司追缴经济损失900余万元，其中涉及消火栓盗水12起，收缴水龙带、消防专用管钳等盗水用水工具多宗。

2017年，随着泰城工程建设的不断增多以及园林绿化大型车辆增加，用水管理难度加大。为保证公司利益不受损失，公司与环卫处签订的用水协议调整为每年50万元。

2008—2017 年泰安市自来水有限公司查处违规案件统计表

表 4-5 单位：件

年份	案件数量	年份	案件数量
2008	28	2013	58
2009	24	2014	54
2010	47	2015	46
2011	55	2016	45
2012	63	2017	48

第八节　用水开户

一、政策文件

2008 年 7 月，市政府颁布《泰安市城市基础设施配套费征收使用管理办法》（政府令第 131 号），供水专项配套费按建筑面积征收，每平方米 24 元。

2009 年 3 月 3 日，市政府办公室下发关于《泰安市城市基础设施配套费征收使用管理办法》执行中有关问题解释的函。建筑面积 2 万平方米（包括 2 万平方米）至 6 万平方米的工业和服务业项目（房地产开发性质的项目除外），按每平方米 12 元（即规定标准 24 元的 1/2）收取，建筑面积 6 万平方米（包括 6 万平方米）以上的工业和服务业项目（房地产开发性质的项目除外），按每平方米 6 元（即规定标准 24 元的 1/4）收取。

2013 年 2 月 27 日，市物价局、市财政局、市住房和城乡建设委员会联合下发《关于调整泰城住宅小区供水专项配套费标准的批复》（泰价费发〔2013〕31 号），批复供水专项配套费征收、使用和管理仍按照《泰安市城市基础设施配套费征收使用管理办法》规定执行。收费标准调整为：多层住宅（6 层及 6 层以下）执行原标准按建筑面积每平方米 24 元征收，中高层（7 ~ 9 层）和高层（10 层及 10 层以上）住宅按建筑面积每平方米 36 元征收，自 2013 年 3 月 1 日起执行。

2015 年 4 月 8 日，市政府下发《关于城市基础设施专项配套费征缴有关问题的批复》（泰政发〔2015〕21 号），文件批复建设单位或个人在办理项目基本建设手续时，向市住房城乡建设局缴纳城市基础设施配套费，使用城市自来水并且具备配套条件的，可以一次缴清，也可分期缴纳。分期缴纳的，在缴纳综合配套费时，缴纳 50% 专项配套费；在签订专项配套协议时，将其余 50% 专项配套费缴齐，专业经营单位按照工程进度进场进行配套施工。

二、开户流程

2008 年 7 月以来，建设大厦供水专项配套费收取窗口针对已核发建设工程规划许可证的工程项目，具体开户流程为受理—审核—核准—持缴费发票回窗口登记—供水配套工程建设。

在公司办理开户需核验用户所提交的有关资料，核实用户用水性质和用水量，按照配套费政策收取供水专项配套费后，予以办理立户手续。

立户后，由生计科开具传递卡，转到设计院进入设计阶段，设计院在收到传递卡后与用户对接并进行现场勘察及设计工作。施工单位（安通公司或营业所）接到传递卡及设计图纸后与用户联系相关施工事宜。

三、开户时需提交以下资料

1. 建设单位用水申请（范本附后）；2. 建设工程规划许可证副本（查验）复印件 1 份；3. 建设项目规划总平面图（查验）复印件 1 份、电子版规划图（竖向、管综、给水）CAD 格式光盘 1 份，或发送邮件 tazlssjy@126.com；4. 建设工程施工图设计文件审查合格书（查验）复印件 1 份；5. 建设单位或设计单位出具关于用水量的计算书；6. 若分期（批）报建项目，用水申请中必须注明项目总体规划面积、住宅及配套公建的楼数、总住宅户数、商铺户数等基本情况，本期（批）报建面积、住宅及配套公建的楼数及楼号、住宅户数、商铺户数，并在总平面图复印件中作出相应标识；7. 供水专项配套费交纳后，须将缴费发票复印件报送自来水窗口，作为缴费证明。所有复印件需查验原件，复印件必须加盖建设单位公章。

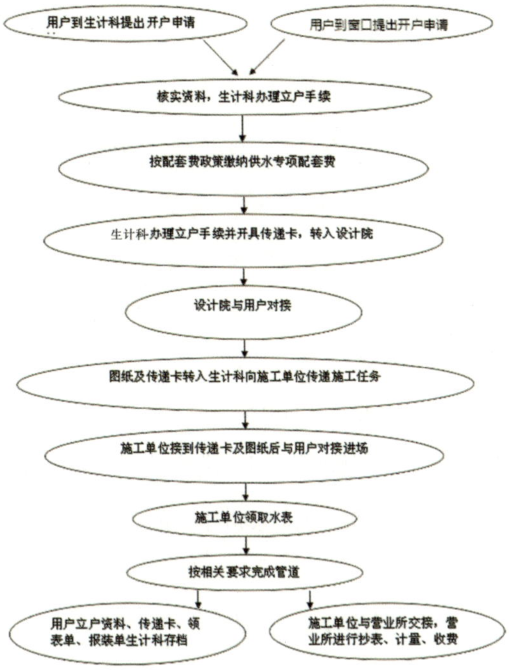

图 4-1 泰城用水开户办理流程示意图

用水申请（范本）

市自来水有限公司：

我单位 ×× 公司，在 ×× 位置建设 ×× 项目。本项目总体规划建筑面积 ×× 平方米；共 ×× 栋 ×× 层住宅楼，共 ×× 户，建筑面积 ×× 平方米；综合楼、商业楼、物业、幼儿园等配套公建各 ×× 栋 ×× 层，建筑面积 ×× 平方米，商铺 ×× 户。

本次报建 ×× 期工程，建筑面积 ×× 平方米，其中：×× 栋 ×× 层住宅楼，共 ×× 户，建筑面积 ×× 平方米；综合楼、商业楼、物业、幼儿园等配套公建各 ×× 栋 ×× 层，建筑面积 ×× 平方米，商铺 ×× 户。

本项目的最大日用水量为 ×× 立方（后附用水量计算书），现项目建设至施工阶段，特此申请接通自来水，以解决当前的施工用水问题，并满足项目建成后的正式用水需求。

请给予办理为盼！

联 系 人：

联系电话：

×× 公司（盖章）

×× 年 ×× 月 ×× 日

收费标准：供水专项配套费按照规划建筑面积征收 24 元 / 平方米，
中高层住宅 36 元 / 平方米。

办结时限：3 个工作日。

第二章　客户服务

第一节　服务制度

为切实解决用户问题，提高用户满意度，公司多年来一直重视服务制度建设。截至2008年，公司已制定《泰安市自来水公司便民服务热线处理办法》《便民服务热线处理工作月度考核办法》等8类服务制度。

2009年7月，公司制定信访工作应急预案，加强对信访稳定工作应急事件处理的综合能力，提高信访工作的反应速度和协调水平，迅速有效地处置各类信访案件。

2010年8月15日，为做好市政府便民服务电话和城建服务热线的处理工作，公司制定《便民服务热线处理工作月度考核办法》，明确公司的分管负责人和办事联络员，要求联络员、承办人员熟悉该单位业务，熟练掌握便民服务工作办理程序，并对接收承办单期限、回复质量、月度办结率、承办单数量等制定相应的分数考核制度。8月23日，公司印发《关于提高便民服务承办单办理质量的通知》，对承办单的办理流程、注意事项提出详细要求，企管科根据每月投诉数量、内容、办理情况进行汇总，编制分析报告，报送公司领导并整理归档。

2011年3月，公司成立客服中心，对外公开服务热线为“6992000”，接受市民关于抢修服务、水费查询、业务咨询、投诉建议、信息咨询、立户申报等服务。同时，公司制定《泰安市自来水公司便民服务热线处理工作考核办法》，规定便民服务承办单由客服中心转派给相关部门处理，认真落实“首问责任制”，每月由客服中心进行考核并汇总，公司纪委负责考核执行。

2013年5月，公司制定《服务工作岗位定位管理规定（试行）》，确定手机定位岗位范围为：营业所抄表员、维修组；管线所维修队、巡检队、夜间值班员；测漏中心测漏组；安通公司现场施工管理员。相关部门每周将本部门配备定位系统的工作人员按照要求对其轨迹进行全面检查，并将检查结果向分管领导书面汇报。检查中发现的问题，一并上报定位管理工作领导小组，经核实后，按照相关规定进行处罚。

2014年11月，公司印发《关于规范公司微信圈信息发布工作的通知》，规定停水维修、施工任务等信息应第一时间在公司微信圈内发布。凡是经部门申请、生产科批准的停水维修或施工任务，由生产科负责发布；其他情况，由现场负责部门发布。同年12月，为进一步提高服务质量，公司制定《客服人员服务规范》，对客服人员的职业道德、形象仪表、工作纪律、客户沟通、回访服务等制定出详细规范，并对公司各部门业务知识和用户经常提出的问题进行整合。

2016年，企管科对《客服人员服务规范》（以下简称《规范》）进行修订完善，结合工作实际对部分内容进行修改，添加公司新政策、新制度，将《规范》更名为《泰安市自来水有限公司客服人员服务指南》，并重新印发。

2017年6月，公司制定《泰安市自来水有限公司工作微信群管理制度》，对公司微信群成员及群管理责任部门、微信群管理责任部门职责、微信群内容及要求等做出了具体规定，并废止《关于规范公司微信圈信息发布工作的通知》。

第二节 服务措施

2008年8月，为提高服务水平，简化办事流程，使项目单位报建手续的办理更加快捷、高效，公司与城区热力公司、港华燃气公司在市行政审批服务中心设立“自来水、燃气、热力综合窗口”。是月起，市区内所有报建的建设项目均要通过窗口办理认定、审核和备案，并按规定缴纳供水专项配套费。项目单位办理水、气、热相关手续无需往返三家单位，在窗口一站式完成，审批窗口实行审批内容、办理程序、申报材料、承诺时限、收费标准“五公开”原则。为减少用户的办理时间，要求认定、备案要在3个工作日内完成。工作人员将窗口收集的审批资料传递至公司，跟踪公司内部的审核，待汇总水气热3家审批意见后，联系客户，协助其缴纳配套费，并督促公司内部立户、设计、施工环节，同时负责自来水业务的咨询服务工作。

2009年8月26日，公司党委书记、经理尚绪岳在市广播电视台演播大厅参加由市纠风办和市广播电视局联合举办的《政风行风热线系民生》电视专题节目，就有关户表改造的问题对群众进行解答。同年11月，公司组织工作人员对之前改造完工的供水管线及水表井进行冬季防冻全面检查。对检查中发现的管件滴漏、管道和表井无保温措施及部分井盖因外力损坏的现象做了及时处理，排除存在隐患，保障泰城用户冬季的正常供水。

2010年9月21日，公司党委书记、经理尚绪岳作为泰安市“政风行风热线”的第三期嘉宾，走进泰安日报社“中华泰山网”网络直播大厅，与网友进行零距离对话、面对面交流，及时解决群众的合理诉求。

2012年5月23日，公司党委副书记、副经理丁合携生产科、营业所负责同志走进泰安广播电台“政风行风热线”直播间，倾听用户意见，解答用水户提出的问题。

2013年7月，公司与泰安电视台联合录制播出七集《关注夏季用水》系列报道，解答民生关注的用水问题。同年11月15日，公司配合公用事业管理局“12319”热线到广生泉社区进行热线宣传，积极向市民介绍泰安市自来水有限公司承办业务的种类及范围，并向用户推广公司客服热线“6992000”，现场倾听用户心声。

公司领导和部门负责人自2009年至2017年连续参加“政风行风网络热线”直播节目，与听众和广大市民进行对话，宣传供水企业的宗旨、服务承诺和供水企业的发展状况。对照网友反映的问题，检查公司供水工作存在的不足，并逐步进行改进、完善，进一步强化服务意识，提高服务水平和服务质量。

2014年5月，公司发起“便民服务到万家”活动，工作人员深入到各个小区，将“便民服务卡”发放到用户手中。“便民服务卡”分为红色和绿色两种，红色为双月交费用户，绿色为单月交费用户。缴费卡正面标注了所辖范围内抄表员的联系方式，背面印有缴费地点、缴费方式、代收银行、热线电话等信息及详细说明，为广大用水户咨询和解决用水问题提供一种方便快捷的途径。同年，为进一步提高用户满意度，提升服务水平，公司营业所抽调业务精湛、经验丰富、服务意识强的工作人员，建立专门接待用户来访、来电的办公室，负责及时解决用户关于用水问题的咨询和处理工作。为方便用户，办公室设在办公大楼一楼营业所118房间。工作人员帮助来访用户解疑释惑、解答水量、水费等各类问题，讲解水价构成、收费依据、水表原理、阀门及水表维修等相关知识，为用户提供最直接有效的面对面服务。同年11月，为防止严寒天气影响小区居民正常用水，公司组织工作人员在供水区域内进行防冻知识宣传。在各小区内及单元门前张贴、发放宣传单，根据用户水表井的情况，增填防冻沙，加盖泡沫板。11月18日，公司制定冬季防冻应急预案，各部门严阵以待，保障冬季用水，最大限度地减少极端恶劣天气对用水户的影响及对公司造成的损失。

2015年4月29日，公司参加“厚道鲁商、诚信兴企”的活动，组织相关人员深入社区进行宣传。参与活动的工作人员向市民发放公司手册和宣传单，让广大市民深入了解用水知识、缴费方式、现行水价及开户流程等服务内容。同年5月，泰安市住建委成立数字化城市服务平台，工单承办工作由企管科负责，具体工作转派给各职能部门，承办内容为井盖、管道、消防栓等道路供水设施的维护与维修。同年8月，根据市公用事业管理局“提升服务座谈会”精神，公司制定《泰安市自来水公司关于提升供水服务工作的实施方案》，重点从有效利用信息平台、建立工作微信群、做好窗口服务、文明施工、严格落实抢修时限5个方面进行规范。

2016年8月19日，公司正式开通微信服务公众平台。用户可关注“泰安市自来水有限公司”的公众号，及时获取停水信息、完成水费查询及缴纳业务。这是公司继托收、支票、现金、电汇、代扣、电子缴费等方式外，采取的一种新型线上缴费方式——第三方支付平台缴费。该平台开通后，公司营业厅在各收费窗口张贴公司微信公众号的二维码，积极引导用户采用微信支付方式缴纳水费。用户只需通过“查询—缴费”两步走，

公司党委书记、经理尚绪岳（左二）与部门负责人参加“12345”热线接听活动
（2017年11月 摄）

就能完成用户编号绑定，方便用户今后的账单查询及水费缴纳。10月18日，公司开通支付宝缴费方式，用户在支付宝的“生活缴费”中输入用户编号，即可实现实时缴费，更加方便了市民生活。同年10月26日，公司党员志愿者服务队响应泰安市公用事业管理局的号召，联合“泰安民生网、泰安政法网、泰安健康网”等惠民服务网站及14个政府职能单位在泰山区岱庙街道花园社区服务中心举办“进社区、走乡镇”的便民服务活动。工作人员通过设立宣传展板、发放宣传资料、现场接受问题咨询等形式，帮助社区居民充分了解公司各项业务及政策依据，为居民用户办理公司各项业务提供便利。

公司参加第二十二个全国城市节水宣传周活动
（2013年5月 摄）

2017年11月23日，公司党委书记、经理尚绪岳与有关部门负责人参加泰安市政风行风部门（单位）主要负责同志“12345”热线接听活动。把接听政风行风热线作为联系群众、服务社会、宣传政策、树立形象的重要渠道和工作手段，着力解决群众反映的问题，进一步促进部门和行业政风行风建设。

第三节　节水宣传

2010年5月15日，公司组织户表办、安通公司、营业所、管线所有关人员参加市住建委在泰山广场举办的第十九个“全国节水宣传周”活动，同时布置展台，宣传新型节水器具，发放节水宣传材料。

2012年2月12日，公司组织多部门工作人员参加在中百商城南临举办的“争创国家节水型城市、建设山水名城宜居泰安”的宣传活动。活动中工作人员精心布置节水展台，摆放宣传展板，以争创国家节水型城市为目标，在社会上推广节水、爱水的理念。

2013年5月11日，公司参加市公用事业管理局举办的以“推进城市节水、保护生态水系”为主题的第二十二个全国城市节水宣传周“节水宣传进社区”活动。通过展板进行宣传，增强广大市民节水意识，促进人水和谐，倡导市民共同节水。同年12月2日，公司组织多部门工作人员在光彩大市场开展以“建设节水型城市、推进可持续发展”为主题的宣传活动。

2014年3月22日，公司参加泰安市水利和渔业局联合市住建委、市公共事业管理局在泰山广场组织开展的“纪念世界水日”大型集中宣传活动。活动现场悬挂气球条幅，树立大型“纪念世界水日”宣传展台，设立宣传咨询站点，摆放宣传展板，发放宣传资料。组织市民开展“节约用水万人签名”、答题免费送矿泉水、现场接受咨询等活动，向全社会宣传水法律、法规和节约用水的知

识，宣传水资源危机和水生态保护的重要性、紧迫性，增强了宣传的直观性和针对性，提高了宣传效果。同年9月11日，因泰城遭遇百年一遇干旱少雨天气，泰安降水量比历年同期减少36%，全市16座大中型水库基本无水入库，地下水位下降严重。针对以上情况，公司面向社会发布节水倡议书，提倡节约用水。

2015年3月22日，公司参加市公用事业管理局等部门在泰山广场举行的纪念第二十三届“世界水日”、第二十八届“中国水周”大型宣传活动。活动集中宣传生活节水和企业节水知识，现场向市民发放各类宣传材料，倡导广大市民提高节约用水意识，从一点一滴做起，节约用水，保护水资源，共同构建人水和谐的水生态文明城市。

2016年，为纪念第二十四届“世界水日”和第二十九届“中国水周”，增强居民的节水意识，受泰前街道擂鼓石社区邀请，公司志愿者参加社区开展的以“节约用水、珍爱生命”为主题的节水宣传活动。活动中公司志愿者通过摆放宣传展板、向过往群众分发节水护水宣传折页、倡议书、水利法规宣传单等资料，针对我国水资源的现状、讲解节约用水的意义、家庭节水小窍门、水资源保护的要点和方法等，现场耐心细致地解答居民提出的问题，并入户为居民讲解节水用水小窍门。

2017年3月20日，公司4名职工在泰山广场参加了2017年“落实绿色发展理念、全面推行河长制”为主题的纪念“世界水日”“中国水周”系列宣传活动。公司职工耐心细致地解答了用户在“三费”（自来水费、污水处理费、生活垃圾处理费）捆绑征收、日常生活节约用水、供水业务办理等方面的问题。在市民提出“山水”是否能够长期饮用的问题时，公司宣讲人员从专业角度进行了详细解释，因“山水”未经检测，受周围环境影响，存在大肠杆菌、重金属等超标的情况，会对身体造成伤害，呼吁市民不要饮用“山水”。此次活动共派发供水宣传手册200多份，为100多名用户解答了用水疑问。同年5月14日，第二十六个“全国城市节约用水宣传周”来临之际，公司党员志愿服务队走进国华社区，参加市公用事业管理局节水办等多部门组织的“全国城市节约用水宣传周”活动。活动旨在动员广大市民共同关注水资源，营造全社会的节水氛围，树立绿色文明意识、生态环境意识和可持续发展意识。活动现场，工作人员向市民分发了节水倡议书和节水宣传手册，倡议广大市民节约用水，从小事做起，从身边做起。

第四节　管线维护

2009年7月8日，公司根据《泰安市人民政府专题会议纪要》（〔2005〕第66号）有关规定，同泰安旅游经济开发区建设指挥部协商确定城市公用消防用水管道的建设及日常维护工作的归属问题，确定公司承担消防给水设计，消防栓、阀门、井盖、过路管道、配件材料采购，检查井、支墩砌筑，管道及消防栓的安装，消防设施日常维护管理等工作属公司负责范围。管线所加大对道路施工改造路段供水管线的巡查、维护等工作。在唐訾路、府东路、花园东路的施工现场，巡检队员全天候进行巡查。其中，府东路施工改造任务重、工期紧，供水管线大部分位于路中线，巡检队员保持每天24小时值守。

供水管道抢修　　（2010年7月　摄）

人员熟悉公司的给水管线情况，负责水源地到水厂、水厂到小区总表之间的总管线维修工作；认真执行各项规定、操作流程，解决施工过程中存在的安全隐患；严格遵守操作规程，执行安全、文明生产规定；小区用户维修要随叫随到，态度热情，主动服务，合理分配维修任务及调动安排高质量维修；街道报修认真填写“维修登记表”，并将维修登记表回执联妥善保存、归档。

2010年4月12日，公司会议研究了近期管道抢修工作。供水管道爆管事故频发，给公司的抢修工作带来了较大压力，造成了资金大量投入。为提高工作效率，降低维修费用，理顺工作关系，会议确定机修厂划归管线所管理。

截至2010年底，管线所负责供水管网的巡查抢修工作。对供水管线每半年巡查一次，发现问题及时处理；根据公司的指示，及时调整供水阀门，保证均衡安全供水；及时发现漏情，做好管道修漏工作；做好各项基础管理工作，台账记录准确完整，统计报表准确及时；落实社会服务承诺有关规定，加强与“110”联动，做好用户服务管理，对用户的来电、来信、来访热情接待，并认真做好记录。公司先后制定了《管线维护巡查制度》《管线所维修制度》等规章制度规范职工工作标准。巡查制度规定：管线人员经常巡视，定期对所有管道和用水设施进行检查，确保管道设施安全运行；发现问题及时修理，遇到大的问题个人不能迅速处理的，及时向所里报告，并根据实际情况提出合理化建议。维修制度规定：管线

2011年12月19日，公司制定《泰安市自来水公司便民服务快速处置工作预案》，对供水设施发生突发性事故的抢修时限作出规定。水管直径在300毫米以下的修复时间不得超过24小时；水管直径在300毫米至800毫米的修复时间不得超过36小时；水管直径在1000毫米以上的修复时间不得超过48小时。抢修施工人员到达现场后应设置围挡和公示牌，夜间设置警示灯，减少对城市交通影响。抢修施工完毕后，应及时对现场进行清理。

2012年7月27日，公司会议研究输水管线内衬改造工作，确定成立公司输水管线内衬改造工作领导小组，管线所负责配合施工单位做好施工现场的相关工作。2012年，因部分小区管道及阀门老化严重，管线所维修工作量明显加大。全年进行小区维修2300余次，其中更换丝杆400多处，维修地下管线、分水器、表井1900余次。全年巡检千余公里，发现管道隐患23次，及时停水为公司减少因管道漏失造成的经济损失数十万元。在新开建的公路施工中，给其他施工单位指

认管道160多处，避免了因市政管网施工给供水管线造成的损害。

2013年5月8日，为保证供水管道安全运行，公司会议要求管线所加大供水管道和供水设施的日常巡查和维护工作。为进一步做好小区供水服务工作，管线所按照生产科的调度要求，做好相关管道阀门的开启、关闭等配合工作。

2014年9月27日，公司召开专门会议，研究如何加强管线抢修工作。按照会议要求，管线所进一步加强对抢修材料和工程量的管理，加强抢修新技术、新工艺的学习，切实提高抢修技能，提高抢修快速反应能力。在抢修时，充分发挥班组长的领导指挥作用，注重收集造成管道破损的原因，定期统计并通报相关部门，为提高管道施工质量提供依据。抢修工作取得新成绩。2014年，管线所进行直径300毫米以上管道维修34次；南开发区直径1000毫米水泥管补口、修口4次；黄前西干渠直径800毫米玻璃钢管包箍3次；泰东路汽车城直径800毫米管线抢修1次；卧牛石水厂直径800毫米玻璃钢管抢修7次。更换直径800毫米全新球墨管道1000余米，配合泰城消防工程，落实更换、维护消防栓200多处。

2015年7月，汶口陈家石墙村段直径1000毫米砼主管线第二次爆管，由管线所对该段约4公里管线进行不锈钢内衬改造。8月底，管线所按时完成该段不锈钢内衬管线改造任务。同年8月17日，公司召开会议专门研究文明规范施工工作。要求在道路管线施工、管线抢修等工作时，一定要严格按照有关部门的要求认真做好各项审批报备工作；认真做好现场围挡设置、警示牌设置等相关工作，做到文明规范施工。根据公司会议精神，管线所针对泰城供水管网及附属设施建设日趋增多现状，对公司“供水管道维修制度”“供水管网控制漏失率处置措施”“供水管线巡检维护处置制度”“泰安市城市公共消防栓养护管理规定”等进行了修订。其中对“供水管线巡检维护处置制度”进行详细补充：随着科学技术的不断发展，将信息技术应用到管网巡检当中，使用供水管线、设施巡检管理系统进行供水管网巡检工作的管理，大大增强了管线巡检定位的工作能力。该系统主要是依靠GPS定位方式，记录巡检人员的巡检情况，巡检信息将数据形成统计报表，管理人员可随时掌握巡检情况，结合地图查看设备分布、巡视轨迹、异常点分布，从而实现对巡检工作信息化、数字化、网络化管理，也为巡检制度落实工作提供了技术保障。

2016年1月，为保障市民冬季安全用水，做好冬季抗寒抢修工作，管线所积极响应公

龙潭路南段路西直径800毫米砼主管线爆管抢修
（2017年2月18日 摄）

司号召，制定快捷有效的抢修方案，保障用水安全。22日，泰城遭遇到近三十年以来同期气温最低的天气。大量户表及户外管道冻结。管线所成立维护小组，自制蒸汽喷枪，深入泰城的各个小区，为一户户居民融化管道，恢复供水。同年“五一”假期，城区供水压力骤增，青年路、东岳大街等路段先后出现多处爆管。管线所加强与有关部门沟通协调，制定抢修施工计划，加快抢修进度，5月4日抢修完毕。同年6月27日，公司会议确定设立工程质量责任倒追机制。对保修期满后两年内出现质量问题的工程，实行责任倒追机制，管线所在抢修的同时综合分析造成质量问题的主要原因（施工质量或材料质量），设立工程质量问题台账，及时汇总，并在公司微信群中发布。

2017年4月，公司配合黄前水库管理局对明堂路西干渠实施改造。明堂路西干渠内直径600毫米、直径400毫米、直径200毫米3条供水管线横跨干渠，施工难度较大。管线所与设计院、黄前水库管理局对现场进行细致勘察，研究制定管线改造施工方案。5月3日，新旧管道合口正式完成。同年5月，为解决主干道井盖异响、弹跳问题，避免影响道路车辆及行人，公司决定引进“五防”井盖技术，文化路成为泰城首个试点道路。“五防”井盖具有“防响、防滑、防盗、防位移、防坠落”五方面的技术特点，有效解决了传统井盖经常出现的沉降、破损、噪音、凸出、被盗等现象。

2008—2017年泰安市自来水有限公司管线所维修数量情况统计表

表4–6　　单位：次

年份	维修次数	年份	维修次数
2008	684	2013	712
2009	1147	2014	533
2010	1436	2015	578
2011	1539	2016	659
2012	2300	2017	559

第五节　管道测漏

因供水管件腐锈老化和不同时期施工方式不同等原因，供水管网都会存在一定的漏水现象。供水管网漏水会造成水压降低，严重的会致使用户无法正常用水，不仅影响到供水系统的连续性，还影响企业对外的服务形象和社会效益，造成公司产销差率居高不下，生产成本增加，直接影响到公司的经济效益。

公司测漏工作始于2001年，时归管线所管理。在2008年之前，测漏设备只有木质听音杆1根和扬州产测漏仪1台。因测漏人员初涉此行、仪器简陋等原因，测漏工作仅针对怀疑存在漏水的管道，还未能对供水管道进行主动检测。

2009年3月，公司成立测漏中心，配备11人，其中专职测漏人员10人。新购进Enigma多探头数字相关仪1台，该仪器具有灵敏度高、有效探测距离长、探测数据可以

与其他 PC 机共享等特点，可用于管网大规模普查，解决传统听音检测法难以解决的复杂漏水情况。同时，公司聘请河北金迪公司吴长虹为测漏中心人员进行为期两天的测漏技术培训。培训结束后，测漏中心对泰城供水管网进行拉网式普查，全年共查修漏水点146 处。

2010 年，测漏中心购入 Omikron 多功能探漏仪 1 台。由于通过常规听音检测法查找漏水点需要较为安静的环境，测漏中心将工作时间调整为在人流、车辆干扰较小的夜晚进行，并与营业所、管线所等部门沟通对接。全年共查修漏水点 151 处。

2011 年，为保障测漏中心人员的人身及车辆安全，公司为测漏中心每名职工配备了反光衣与强光手电，并新增警示爆闪灯和警示带等安全保障设备。同年，测漏中心派出参赛队伍参加由省建设工会、省城镇建设管理协会举办的山东省城镇供水管道检漏工技能竞赛，取得了测漏专业综合成绩团体第一名、个人成绩第一名和第四名的成绩，其中高建勇获得了山东省“富民兴鲁”劳动奖章。同年，测漏中心对泰城供水管网进行了 6 次地毯式普查，共查修漏水点 225 处。

2012—2013 年，测漏中心以双班组轮休方式进行工作，每年巡查泰城供水管网 2 次，巡查检测供水主管线 1600 余公里，检测小区170 余个。2013 年查修漏水点 370 处。

2014 年，测漏中心扩充至 13 人，将原有的 2 个班组调整为 3 个班组，工作方式为划区域交叉检测，延长夜间工作时间，工作效率和测漏准确度大为提高。将泰城供水管网划分为以滦河为分界线，包括南开发区、东开发区在内的 3 个区域，由 3 名部门负责人各带领 1 个班组，每个班组分别负责 1 个区域。将检测结果与漏水点信息分析整理后，在每个月末以书面报告形式报送公司领导，使公司领导可以全面掌握测漏工作情况，以便及时部署下一步的工作安排。全年共计巡查检测供水主管线 1200 余公里，检测小区260 余个，查修漏水点 458 处，总计查修漏水点每小时漏水量约 1142.4 立方米。

2015 年，测漏中心购入 Omikron 数字听漏仪 1 台。在普查的基础上，加强对车辆碾压严重路段及老旧管线的检测力度，发现岱道庵路泰山区公安局门前直径 100 毫米铸铁管环状断裂，漏水量每小时约 40 立方米；松园小区直径 400 毫米水泥管老化断裂，漏水量每小时约 20 立方米；灵山大街富氧水厂路北直径 500 毫米铸铁管纵向断裂，漏水量每小时约 60 立方米等多处较大漏点。同年，测漏中心加强与管线所、营业所等相关部门的合作，将普查与报修发现的漏水点填画成包含漏水点详细信息的漏点申报单，测漏中心与相关负责部门各存 1 份。2015 年共查修漏水点 611 处，总计查修漏水点每小时漏水量约 659.51 立方米。

2016 年，测漏中心购入威脉 VP2 工程鹰眼金属管线定位仪 1 台，日本产听音杆 2 根。其中威脉 VP2 工程鹰眼金属管线定位仪可在不确定地下供水管线位置时用于精确测深、精确定位地下密集管线。根据公司党委要求和本部门年度工作计划安排，将工作重点放在小区内的冻表上，受极寒天气影响，2016年小区冻表较多，小区漏水原因主要集中在水表冻坏、陶瓷表腿老化、丝扣开裂漏水上。待小区供水量稳定后，调整检测区域，将工作重点放在供水主管线、老旧管道的排查上。

测漏中心人员在夜间通过听漏仪巡查道路主管线
（2017 年 11 月　摄）

工作人员每天昼夜轮班深入泰城大街小巷和社区，逐条道路进行排查检测漏点。2016 年，共查修漏水点 719 处，总计查修漏水点每小时漏水量约 598.72 立方米。

2017 年，测漏中心购入 HL5000 专业型数字听漏仪 1 台，该仪器利用漏水噪声可通过漏点附近的土壤传播的声学特性，在地面探查漏点噪声信号，并通过一系列数字化滤波处理，获得有效的漏点检测信息，可有效满足路面听音普查或精确定位漏水点的需求。同年，测漏中心派出参赛队参加了由省建设工会、省城镇建设管理协会举办的山东省城镇供水管道检漏工技能竞赛，取得了优秀组织奖，王昭国、李艺超获得个人成绩第四名和第八名的成绩。2017 年，测漏中心共查修漏水点 617 处，总计查修漏水点每小时漏水量约 383.3 立方米。

第六节　户表改造

2008 年 1 月，市委、市政府将“一户一表、计量出户”改造工程列为 2008 年为民办的十二件实事之一。市政府召开户表改造动员会，动员部署全市户表改造工作。同年 4 月，公司召开专门会议。会议确定，市户表改造办公室与公司户表改造办公室通力合作，协调配合，认真做好户表改造工作。公司所属安通公司成立户表改造项目部，承担市户表改造施工任务，并协助市户表办做好工程招标工作。无论公司户表办还是市户表办安排的户表改造任务，均由公司设计院和安通公司共同去施工现场了解相关情况，出具设计图纸和工程决算，由市户表办办理相关手续。同年 5 月，经公司研究决定，由市户表办和用户签订户表改造合同，由安通公司户表改造项目部与用户签订施工合同。合同项目主要有：改造工程勘察设计前，市户表办尽可能要求用户提供平面图与管网图并交付给设计院和安通公司；用户申请户表改造时，市户表办要求用户指定一名联系人，没有产权单位的要求社区指定一名联系人，负责做好协调工作；安通户改项目部对隐蔽工程验收时，要及时通知市户表办、公司审计科进行联合验收，并填写隐蔽工程验收表，验收后方可回填；户表工程竣工验收时，由生计科牵头组织各部门人员参加联合验收，验收合格后由生计科负责人签字；户表改造工程结束后，由市户表办向营业所领取供用水合同和银行代收协议，由安通公司户改项目部发给用户进行填写。凡提出进行户表改造的单位申请户表改造之前，市户表办必须与营业所对接，营业所确认该单位没有欠费等遗留问题后，市

户表办方可接受户表改造申请。同年7月，市户表办与公司户表办合并。户表改造工作仍以小区改造为主，重点是公司已接管的小区。户表办人员进驻各小区了解情况，做动员宣传工作。走访物业公司，协调与社区、居民的关系，请社区人员帮助做工作。走访居民用户，解答他们的疑问，宣传户表改造的有利方面。同年8月11日，公司决定完善2007年以来户表改造工程资料，完善工程决算资料和其他工程资料。安通公司在编制2007年以来户表改造工程决算资料时，要确保决算值大于户表改造协议值，符合审计部门的要求。2007年以来各单位自行进行改造完毕后移交给公司的户表改造工程也要完善及编制决算资料。同年10月23日，为进一步落实泰安市政协副主席于连荣关于做好创建节水型城市配套工程宣传报道的指示精神，公司制定《泰城创建节水型城市配套工程指挥部户表改造工程的新闻报道方案》，通过电视宣传、宣传车宣传、设立宣传站、发表署名文章、互联网宣传等多种宣传方式，引导广大市民理解市政府的决策和政策，进一步转变思想认识，积极协助配合做好户表改造工作。

2009年，户表办完成迎春小区、花园小区、洼子街、松园小区等处的户表改造工作，改造2万余户。

2010年3月2日，公司明确该年度户表改造1万户，推行小区户表改造费用包干法，对已抄表到户小区的户表改造价格（从供水栋表至室内原水表连接合口）每户大包720元。允许管线所、营业所也可按照大包的方式进行结算，有效发挥两部门的工作特点和优势。同年9月14日，为规范公司户表改造收费工作程序，公司制定《市户表改造收费票据管理规定》。对利民小区、南东岳小区、运舟小区、仰圣小区、元宝小区进行户表改造，完成改造1万余户。至2010年底，合计完成户表改造82105户，包括部分破产单位、单位居民楼、新建小区等。通过改造，以往小区收费难、漏失率高等状况得到明显改善，已改造完的用户基本杜绝了偷水漏水、拖欠水费等问题。

2011年3月3日，公司召开全年户表改造工作动员及工作协调会。明确将已接管抄表的小区1.5万户作为户表改造工作的重点，从根本上杜绝供水管网的跑、冒、滴、漏现象，提高售水量。公司结合材料价格上涨、施工人员工资提高等因素，决定将户表改造大包费用由720元/户提高到780元/户，营业所、管线所也参照此价格执行。2011年，户表改造共完成望岳B区1788户，凤台小区1055户，向阳小区1611户，科大宿舍1736户，市直机关宿舍1360户，小区用户的户表改造工作全年共计完成15210户。同年12月13日，公司就户表改造资金使用工作向市财政局作了《关于“一户一表、计量出户”改造工程资金使用情况的报告》，报告指出：“自2008年我市一户一表、计量出户改造工程实施以来，在市户表改造工程领导小组的正确领导下，经过四年的努力，已完成户表改造8.66万户。经审计，工程决算值为9251万元，其中改造不是使用公共供水的单位6700户。市财政局四年共计拨付户表改造补贴资金1650万元。按照户表改造工程实施方案确定的四家抬的模式，市财政局需承担户表改造资金3025万元。四年来市自来水公司已投入户表改造资金4592万元。所有户表改造费用均有泰安市安通供水工程有限公司垫付，欠施工单位户表改造资金 1457 万元。另外，泰城有低保户 292 户，上述用户由市财政局给予财政协助，所需资金 7.6 万元。市户表办计划 2012 年完成户表改造 1.5 万户，剩余的 1.51 万户在 2013 年进行收尾，全面完成市委市政府交给的户表改造任务。”

2012 年，户表办改造公司已接管的西更道小区、三里小区、青山小区、三友社区等处，完成改造用户 12203 户，工程决算值 1300 余万元。

2013 年，户表办改造公司已接管的电业局宿舍、云海小区、柴家胡同、北新小区、泰山学院等处，完成改造用户 11016 户，工程决算值 1200 余万元。

2014 年 9 月 27 日，公司召开会议，要求落实户表改造完成的小区原供水管道废除情况。对各小区进行地毯式排查，并对未废除的原管道进行废除。年底，望岳 A 区、望岳 C 区全部完成改造，东湖小区改造 1470 余户接近尾声，五马小区主管道全部更换完成并改造 960 余户，清真寺小区改造 720 余户，岱东社区北区主管道更换完成并改造 140 余户，南湖小区主管道已全部更换完成。2014 年共计完成改造 8054 户，其中社区户表改造完成 5624 户。

2015 年 3 月 6 日，公司召开“户表改造”工作会议，决定将户表办和安通公司户改项目部的施工管理人员合并办公。合并后人员归属不变，工作职责统一安排，共同承担户表改造工作。会议要求，下一步开展户改施工的单位，需将施工资质报安通公司备案，没有或达不到施工资质要求的队伍一律不得使用。户改施工中，强化施工全程监管作用，严格施工质量，搞好隐蔽工程验收与工程交接，做到责任层层落实。同年，公司确定了凡是新进入户表改造的社区、用户，统一由公司进行决策。根据公司的决定，户表办进行了认真的排查，优先把公司接管的社区，尤其是尚未进行户改的社区作为重点改造对象，上门做了大量工作，取得了较好的效果。2015 年全年完成改造 8500 余户。

2016 年 5 月 13 日，公司召开户表改造工作会议，会议指出户表改造工作今年必须全部完成，由户表办负责对泰城未改造的小区进行普查，做好相关的动员解释工作，采取倒排工期的方法做好户表改造收尾工作。同年 11 月 21 日，公司召开会议研究户表改造办公室撤销事宜，会议指出经过十多年的不懈努力，泰城户表改造工作已基本完成，会议决定将户表改造办公室所承担的工作全部移交给安通公司，对工作人员进行安置，撤销户表改造办公室。2016 年全年共计完成户表改造 4100 余户。自户表办成立以来，至 2016 年底，户表改造工作合计改造用户 14 万余户。

2017 年 2 月 13 日，公司召开会议指出，经多年不懈努力户表改造工作取得了实实在在的成效，降低了供水漏失率，为阶梯水价顺利实施奠定了良好的基础。会议要求对泰城已改造完成的用户和未进行户表改造的用户进行拉网式排查，对排查出的问题及时解决，确保营业所足量足额抄表收费。年内，安通公司多次与用户对接洽谈，经过不懈努力，对户表改造工作中遗留的卫生局宿舍、市场小区、农大宿舍、华新小区等老大难小区和用户进行了户表改造，共计完成户表改造 1364 户。

2008—2017 年泰安市自来水有限公司户表改造统计表

表 4-7　　单位：户

年份	改造户数	年份	改造户数
2008	40196	2013	11016
2009	20178	2014	8054
2010	11601	2015	8500
2011	15210	2016	4100
2012	12203	2017	1364

第三章　二次供水

第一节　管理规范

2008 年，公司二次供水管理主要是执行省质量技术监督局、省建设厅于 2007 年 12 月联合发布的《城市公共供水服务规范》，规定城市公共供水网干线的服务压力不得小于 0.14 兆帕。公司贯彻国家和省市有关规定，对二次供水区域增设加压设备。

2009 年 2 月 1 日，公司印发《二次供水设计有关技术规定》，旨在进一步加强城市供水水质监督管理，有效解决二次供水设施中存在的供水水质隐患，保证供水管网运行及水质安全。从二次供水适用范围、适用条件、对适用无负压供水设备的要求、二次供水设备的施工、安装验收等方面进行全面规范。同年 6 月 22 日，公司研究决定，《稳压补偿式无负压供水设备》（CJ/T303—2008）作为公司无负压供水设备审核和准入的依据，在城市公共供水范围内，具备条件的新建、改建、扩建住宅楼、办公楼、宾馆饭店等公共建筑，二次供水设施采用无负压供水设备，以便有效解决城市供水二次污染的隐患问题，保证供水管网运行及城市供水水质安全。同年 7 月，公司研究确定二次供水设备实行准入制度，由公司选定一至三家质量好、安全性能高的产品推荐给开发建设单位或物业管理单位使用，对二次供水设备达不到公司要求的不予接收管理。

2011 年 11 月，省物价局、省住房城乡建设厅下发关于印发《山东省住宅物业服务收费管理办法》（以下简称《办法》）的通知（鲁价综发〔2011〕185 号），并于 2012 年 1 月 1 日起实施。由于《办法》出台突然，要求实施的时间紧迫，完全按照《办法》的规定，公司需立即将泰城范围内 400 多处二次供水加压点进行接管，以公司当时的状况，无法达到统一接收。为避免造成供水秩序的混乱，公司紧急向市财政局呈送《关于请求解决泰城住宅小区供水二次加压费用的报告》，请求在市相关配套管理办法出台前，公司先行接管小区，并从市财政价格调节基金中列支二次加压电费，分期分批接管二次供水加压点，以促进公司供水生产良性循环，保障经济社会可持续发展的用水需求。

2012年2月15日，根据《泰安市人民政府关于做好泰城居民住宅二次供水设施移交工作的通知》（泰政发〔2012〕4号）文件，公司成立二次供水管理办公室（以下简称二供办），主要职责是对现有城镇住宅小区的二次供水设施进行移交、管理和维护，以及接手公司已有二次供水加压设施，进行升级改造和电费缴纳工作。部门成立后，根据《城市供水条例》（国务院令第158号）、《城市供水水质管理规定》《二次供水设施卫生规范》（GB 17051—1997）、《生活饮用水卫生监督管理办法》《山东省城镇居民二次供水管理规定》和《二次供水工程技术规程》（CJJ 140—2010）等相关法规及标准，制定了《泰安市生活饮用水二次供水设施建设管理办法》，旨在加强泰安市区饮用水二次供水管理，规范市区范围内城市二次供水设施的建设、保洁、维护和使用，确保安全运行及水质安全。同时，公司成立了二次供水工作领导小组，全面负责二次供水的有关工作。

2015年2月17日，为贯彻落实《国务院关于加强城市基础设施建设的意见》（国发〔2013〕36号），提高城镇居民二次供水设施建设和管理水平，改善供水水质和服务质量，促进节能降耗，加强治安防范，更好的保障生活饮用水质量，住房城乡建设部、发展改革委、公安部、卫生计生委联合下发《关于加强和改进城镇居民二次供水设施建设与管理确保水质安全的通知》（建城〔2015〕31号）。通知要求，充分认识加强和改进二次供水设施建设与管理的重要性和紧迫性，全面加强和改进二次供水设施建设与管理工作，充分发挥政府在二次供水设施建设与管理中的主导作用。结合当地实际，制定或完善当地城镇居民二次供水管理具体办法，确保城镇居民饮用水水质安全。同年4月20日，省住建厅、省发改委、省公安厅、省卫计委联合发布《转发〈关于加强和改进城镇居民二次供水设施建设与管理确保水质安全的通知〉的通知》（鲁城建字〔2015〕13号），公司认真贯彻落实文件要求，提出在今后城镇供水管网建设或改造时，设计供水压力要满足住宅用水的合理需求，统筹规划合理建设二次供水设施。全面排查改造老旧二次供水设施。加强管理，保证二次供水设施工程建设质量。研究制定更科学的二次供水设施运行维护收费办法。同年6月，省住建厅、省卫计委、省物价局联合下发《山东省城镇居民二次供水管理规定》。根据规定公司进一步明确了二次供水设施的概念，二次供水监督管理的责任。对二次供水设施的建设规划、新建、改造等方面提出了新的规范要求，设备选材提出了更加严格的标准。强化了二次供水设施的管理责任。

2017年3月16日，上海熊猫集团山东分公司在公司开展了智慧水务技术研讨会议，主要研讨了关于国务院出台的《水污染防治行动计划》、住房和城乡建设部颁布（城建〔2015〕31号）的具体实施方案，为解决好城镇供水“最后一公里”的水质安全问题，供水专家共同研讨智慧水务的创新与发展。

同年4月，为进一步减少中间采购环节，降低采购成本，公司决定二次供水设备直接从生产厂家订货。二次供水设备定位于中高档产品。公司也对新建、扩建、改建的二次供水设施提出了新标准《泰安市自来水有限公司二次供水设施建设规范》，新规范对泵房的建设选址，基础设施建造，管道选材安装及安全管理提出了更加严格的标准。

第二节 加压设施

2008年，随着户表改造工程的推进，居民社区供水管道“跑冒滴漏”问题逐步得到解决，供水压力上升，一些居民社区的加压泵站不再担当二次供水任务，收归公司统一管理。同年2月，为解决南高新区部分区域水压不足的问题，公司在高新区1号路天成棉业公司院内投资6万元建设供水加压设施，安装200QJ50-39型潜水电泵，借用天成棉业电源，利用18千瓦变频柜控制水泵启停运转。水泵日送水2000立方米，供水范围北起4号路，南至8号支路，西起9号路，东至8号路。2014年4月，周边用户用水量大幅增长，为保障居民、单位用水，加装15千瓦管道泵一台。2017年8月，高铁增压站临时供水设施启用后，高新区1号路供水加压设施停用。

2009年5月，为解决方特欢乐世界项目水压不足的问题，公司在省电校东侧、明堂路投资6万元建设供水加压设施。安装200QJ50-39型潜水电泵1台，借用省电校电源，利用15千瓦变频柜控制水泵启停运转。水泵日送水2000立方米。2010年5月，公司按照协议将供水加压设施转给方特欢乐世界项目经营管理单位。同年11月，为解决环山路消防管道供水及沿线居民水压不足的问题，公司在山东省蓄能电站东侧设置供水加压设施。安装200QJ60-80型潜水电泵，借用常家庄电源，利用30千瓦变频柜控制水泵启停运转。水泵日送水2000立方米。2010年3月，向环山路消防管道及环山路南侧的环泰纺织公司住宅楼供水。2017年5月16日，因设备使用年限长、能耗大，公司借岱溪河路改造之际对原加压设施进行升级改造，在加压设施南侧建设地下式泵房，平面尺寸5米×2.6米，净深2.7米。安装3台海源15千瓦无负压供水设备一套，其中2台主泵流量55立方米/小时，扬程76米；另1台辅泵流量12立方米/小时，扬程76米。取代原加压供水设备，原加压供水设备拆除。新供水设施正式投入使用后，水质得到很大提升，日常维护管理更加便利，大幅降低了能耗，平均每月节约电费约5000元。

2010年，随着市政管网更新换代和户表改造工程的进一步推进，供水压力得以提升，部分老旧小区加压泵停止使用。清真寺小区、文化街小区、北新街小区、运舟街小区、长城小区（一、二期）、更新小区、校场街小区仍保留使用二次加压设备。为保障供水，公司决定在市重点开发建设项目区域配置加压设施。至2017年12月，以上加压泵均已停用。

2012年，高新区龙泉C区二、三期工程的20栋居民楼供水压力不足，影响用水。应高新区管委会要求，公司建设供水加压设施，管委会承担一半的建设费用。工程由泰安市城市建设设计院出具泵房施工图纸，泰安市正兴建筑安装工程有限公司承建，2013年3月完工。安装成套无负压供水设备，水泵3台，流量29立方米/小时，扬程为38米。同年2月27日，高铁A区无负压供水设备采购安装完毕，解决小区内多栋高层供水压力低的问题。

2013年3月27日，因迎宾大道西段，泰盟电器周边用户用水量大、水压不足，公司利用环湖水厂现有加压设施，对该区域进行增压。为解决供水用电能耗过大的问题，公司设计院设计在现有管道上安装管道泵增压。二次供水办公室工作人员在实地勘察中发现，该区域来水量不足，直接安装管道泵不能满足供水。经二供办反复论证，最终决定利用水厂清水池和泵房出水管道，采取在泵房内安装7.5千瓦变频加压泵的设计方案，不仅能加强对加压泵的维护和保养，还能节省大量的人力、物力和财力。

2014年5月20日，为节约资金支出，二供办结合北京威派格“十二五重大科技专项”活动，对国华时代小区进行免费改造。国华时代二次供水加压设施于2008年移交泰安市自来水公司管理，设备是原开发商采购，一直存在单耗高、运行不稳定的情况。改造后该小区单耗和水质两个方面均得到了提升，为公司节约改造费用120万元。同年5月30日，长城小区二次加压设施升级改造完成。长城小区二次加压设施自业主入住以来，已运行二十余年，设备老化严重，能耗较高，由于当时选用高位水箱加压设施，避免水的二次污染是个亟待解决的问题。为提升小区水质，降低能耗，二供办为其更换了无负压供水设施。新供水设施正式投入使用后，为日常维护管理提供了便利，平均每月节约电费1700元。

2015年4月，为解决青春创业开发区水压不足的问题，公司在青创园建设80平方米供水加压泵房，采购一套15千瓦加压设备，并协调由青创管委会支付供水产生的电费。2017年10月25日，为应对青春创业开发区用水户的增加，公司对青春创业开发区加压点进行升级改造，更换一套海源18.5千瓦无负压供水设备，水泵4台，其中3台主泵流量36立方米/小时，扬程70米；另1台辅泵，流量6.5立方米/小时，扬程77米，24小时变频供水，日供水量2300立方米，确保周边用户正常供水。

2016年11月，住房和城乡建设部对公司二次供水进行水质督察工作，对全市二次供水设施进行全面普查，共普查466处（其中123处自备井，49处未交接、8处代管、11处在建）彻底摸清了全市加压设备现状。二供办利用此机会对设备管理单位下达了不合格项目整改意见，完善了设备档案，对上报检查的24处加压泵房的设施不留死角的进行全面完善。

2017年8月18日，为保障高铁片区居民正常用水，公司建设高铁增压站，安装3台30千瓦南方泵业变频供水设施一套，24小时变频供水，日供水1000立方米，满足了周边用户用水需求。同年9月，根据《城市供水行业反恐怖防范工作标准》，保障中共十九大召开期间供水安全，二供办对管理泵房进行安全检查，泵房内外安装监控并接入小区安保，更换泵房大门为防火防盗安全门，对泵房水箱进行安全检查更换锁具。同年10月，二次供水办公室和网络中心联合办公，对国山墅、新城国际和泰山公馆等12处加压泵房安装的远程调控系统进行现场调查，要求做到对泵房进出水压力、流量、电量、频率、电流、电压实时传控。

2017年，根据新标准《泰安市自来水有限公司二次供水设施建设规范》，二供办决定在绿地公馆二组团、司家庄社区回迁楼和泰山公馆泵房改造项目建设标准化泵房。标准泵房将用户感知、能源管理、智能识别、人机互动、水质保障、降噪减震、供电保障等一系列系统进行有效集成，提升二次供水设备的使用寿命，规避水污染风险，降低漏水率，减小泵房噪声污染、实现环保节能，从而保障居民的用水便利与用水安全。标准化泵房要求为独立泵房，泵房层高、面积不仅要满足设备基本需求，更要留有足够的维修更换空间。要有独立可靠电源（电费直接与供电公司结算）不间断供电，电控装置与水泵机组、水池等设备隔离。配备排水系统，泵房内地面应有不小于0.01米的坡度，坡向排水设施；设备基础(在供水设备及电控设备指定位置建造，高于泵房地面20～30厘米)周围设置排水沟（宽≥300毫米，深≥300毫米）并安装不锈钢箅子，排水沟与集水坑连通，集水坑内安装排水泵（液位控制器采用安全电压供电），根据液位高度自动启停。要具有良好通风条件，安装通风排气设施（泵房内相对湿度达到90%，应自动启动排风除湿系统）。泵房地面铺设防滑瓷砖、墙砖，配备保洁功能区，保证泵房卫生整洁，墙面采取吸音构造措施，应符合《民用建筑隔声设计规范》（GB 10070）相关规定，噪声指标应符合（GB 12438）的规定。要求安装带门禁的防火防盗门窗，泵房内外在指定位置安装全方位高清监控系统并接入小区安保。设置正常的工作照明、事故照明和应急照明，采用交流220伏电源，事故照明应有蓄电池或其他固定电源供电，照明采用光学性能和节能特性好的防潮、防爆灯具。泵房设有保温防冻措施，安装挡鼠板，配置干粉灭火器，安装火灾自动报警（温感和烟感探头）并与消防中心联动。泵房内进出水管材使用符合生活用水卫生标准的内外涂塑或不锈钢管材，管道架空安装不得阻碍通道和跨越电气设备，并符合现行国家标准《建筑给水排水及采暖工程施工质量验收规范》（GB 50242）的规定。水箱供水采用不锈钢水箱，材质为SUS304食品级不锈钢，水箱人孔内盖板采用带锁防水防臭防投毒密封盖板，出水口安装紫外线杀菌设备保障用水安全。

泰山公馆标准化泵房　　（2017年12月　摄）

第三节　培训学习

2008—2012年期间，二次供水设备根据安装地点及用途不同分别由公司各部门独立管理，期间各部门自行组织二次供水设备的培训，自2012年二供办成立之后，公司开始统一安排二次供水设备培训。

2012年3月1日，公司组织二次供水设备培训，邀请上海中韩杜科泵业制造有限公司沈月老师进行讲解，近50人参加了惠普家园南区二次供水设备的实地培训。通过此次培训，使公司相关技术人员对二次供水设备有了初步的认识，为今后小区二次供水工作的开展打下了基础。同年6月5日，公司组织二次供水设备培训，邀请上海中韩杜科泵业制造有限公司讲师徐亚军授课，公司有关岗位人员30余人参加培训。主要讲解了关于二次供水设施的基本原理。通过此次培训，使公司相关技术人员对二次供水设备有了更深的了解，加深了对二次供水工作的认识，为今后小区的二次供水管理工作夯实了基础。

2013年3月18日，公司组织二次供水设备培训，邀请厦门海源泵业有限公司讲师李明德授课，公司有关岗位人员30余人参加培训。主要讲解了二次供水设备自动化运行的原理。通过此次培训，使公司相关技术人员，对二次供水设备自动化运行原理有了相关了解，为今后二次供水管理维护工作的科学有效提供了理论基础。

2015年4月9日，公司开展二次供水技能培训，邀请上海熊猫机械有限公司工程师授课，公司有关岗位电工及维修人员30余人参加培训。主要对水泵的节能高效进行培训，通过二次供水专业技术培训，使公司相关技术人员进一步提升专业技能，对今后小区设备选型、施工、安装调试及管理等内容有了更深层的认识，确保二次供水管理工作更加科学有序。

2016年3月27日，公司开展二次供水技能培训，邀请上海格兰富水泵有限公司工程师授课，公司有关岗位电工及维修人员30余人参加培训。主要培训二次供水设备的设计、选型、施工、安装调试、验收及管理等内容。通过二次供水专业技术培训，使公司相关人员进一步提升了专业技能。

2017年7月28日，公司开展二次供水技能培训，邀请杭州南方中金环境股份有限公司工程师唐宝峰授课，公司有关岗位电工及维修人员20余人参加培训。主要培训第六代变压变流控制技术的应用、智慧标准泵房的实际应用及管理办法和智慧水务供水管理平台。通过此次培训，使公司相关技术人员了解了当前二次供水设备的新形势，紧跟科技步伐摸索学习，为今后二次供水管理工作更加科学有效打下基础。

第四节　二次供水设备（施）移交

2008—2011年期间，公司主要对自有二次加压设备（施）进行管理维护。自2012年起根据相关规定开始对老旧小区改造及新建小区加压设备（施）进行接收管理，由二供办负责二次供水设备（施）移交工作，主要包括二次供水设备（施）采购、改造和移交。2012—2017年间，公司共计招标项目125个，完成移交管理63处，收取管理费881万元。已经形成一套较为完备的移交标准和审批程序。

一、移交情况

2012年3月，嘉和新城南区最高楼层6层，为解决管网末端压力不足，采用二次加压供水，保证用户正常用水。选择海源牌加压设备1套（3台主泵、1台辅泵），设备安装在地下加压井内。

2012年，二供办维护管理加压点23处，加压泵55台。对时代佳苑、国华经典的二次加压设施进行改造。完成嘉和新城南区的移交工作，收取移交管理费15万元。

2013年1月，法院宿舍最高5层，为解决管网末端压力不足，选用二次加压供水，保障用户用水。选择美泉牌加压设备1套（共2台泵，互为备用），根据要求电源、控制柜和设备安装在地上独立泵房内。

2013年，二供办维护管理加压点27处，加压泵88台。完成国华时代、乐园小区和圣源小区二次加压设备的改造。对信德彩世界、幸福里、颐心园和过驾院等11处项目二次加压设备进行招投标，共投入390万元；完成法院宿舍、花园洲的移交工作，收取移交管理费19万元。

2014年8月，圣山帝景小区完成加压设备的移交工作。小区最高32层，因为属于高层小区且楼层较高，多采用多区段加压供水，设置4个加压区间。选用民生国泰牌设备4套，根据要求电源、控制柜和设备安装在地下车库独立泵房内，收取地上和地下管理房各一间。

2014年，二供办维护管理加压点34处，加压泵100余台。改造国华时代、长城小区、乐园小区、樱桃园小区、红门和青山小区二次供水设备。完成对宝盛广场、悦蓝山、绿地公馆及中南世纪锦城等25处项目二次加压设备的招投标，共投入989万元；完成了大安绿视界、圣山帝景和颐心园等7处的移交工作，收取移交管理费107万元，管理房5间。

2015年2月，记者村完成加压设备的移交工作。小区最高11层，因地理位置属于管网末端，为保障用户正常用水，采用箱式变频供水方式，选择熊猫牌供水设备2套，分为2个区段进行供水。根据要求电源、控制柜、水箱和设备安装在地下车库独立泵房内，泵房内配备应急照明工具，并收取地下管理房一间。

2015年11月，泰和家园完成加压设备的移交工作。小区最高30层，属于高层小区密集区域，为保障用户正常用水，采用箱式变频供水方式，选择海源牌供水设备4套，分4个区段进行供水。根据要求电源、控制柜、水箱和设备安装在地下车库独立泵房内，配备应急照明工具，为进一步保证用水卫生，泵房内铺设地砖墙砖，安装保洁等工具。

2015年，二供办维护管理加压点88处，同时改造高铁A区和苹果园小区。完成对武警佳苑、秀水湾、华新新干线及中悦城等15处项目二次加压设备的招投标，共投入539万元；完成了记者村、洪沟家园和泰和家园等4处二次供水设备的移交，收取移交管理费185万元，管理房3间。协助公司其他职能部门完成30个加压点远程调控工作。

2016年1月，双龙居小区完成加压设备的移交工作。小区最高17层，由于面积大、户数多，为保障用户正常用水，分别在小区A、B区和C区建设两个独立的泵房，选择杜科牌供水设备2套。

2016年，二供办维护管理加压点125处，改造泰丰食品宿舍、黄金巷和天成棉业等。完成对建工家园、华新山水居和鲁商国际等29处二次加压设备的招投标，共投入848万元；完成宏成富园、雷诺名郡和金峪小区等5处二次供水设备的移交工作，收取移交管理费109万元，管理房5间。

2017年8月，中南世纪锦城完成加压设备的移交工作。小区最高33层，是一个新建小区，选用康宇牌无负压供水设备3套，分3个区段供水，电源、控制柜和设备安装在地下车库独立泵房内，泵房从建设初的选址、建造，设备的招标采购，设备的安装等工作均由二供办监督审查，严格执行二次供水设备（施）的移交标准和审核程序。同时，泰山公馆完成加压设备的改造和移交工作。原设备是原开发商采购，一直存在单耗高、运行不稳定的情况，不符合《泰安市自来水有限公司二次供水设施建设规范》的要求，该小区移交进行了二次供水设备（施）改造，后在原有泵房旁重新选址建设。泵房位于地下车库，选择熊猫牌供水设备3套，配备水箱供水，根据新的建设规范，已成为一个现代标准化智慧泵房。

2017年，二供办维护管理加压点155处，同时对蓄能电站和恒大城等处的二次加压设备进行技术节能整改，供水稳定性大大提高，节能效果显著。完成对财富公馆、天竹佳苑等18处二次加压设备的招投标，共投入533万元；完成交运家园、长城东区和尚座国际等8处小区的移交工作，收取移交管理费508万元，管理房8间。另收取恒大城物业三年代理维护费用21万元。

二、移交流程

由二次供水加压设备（施）产权人及管理部门向泰安市自来水有限公司提交委托管理申请，按照验收标准对二次供水设备（施）资料进行审查，到现场实际查勘，最后出具验收报告。验收合格后双方签署委托管理协议，自委托管理协议签署之日起由泰安市自来水有限公司正式代管二次加压设备（施）。验收不合格者由产权人（业主）、管理部门或物业公司按规定标准投资进行改造改建，直至符合验收标准。

三、提供资料

1. 二次供水设施及材料的出厂合格证、质量保证书、安装调试、性能鉴定、维护保修合同等资料。

2. 二次供水工程施工单位的建设、安装资质。

3. 二次供水工程的竣工图纸、变更设计图纸。

4. 水质检验部门出具的水质检验合格报告。

5. 采用无负压供水设备的用户应提供无负压供水设备在额定流量运行时对周边用户用水水压无影响的报告。

6. 环保部门出具的泵房环境噪声及振动检测报告。

7. 隐蔽工程验收资料。

8. 产权人（业主）或业主大会同意移交二次供水设施的书面文本。

此外，还须提供二次供水管理房一间。

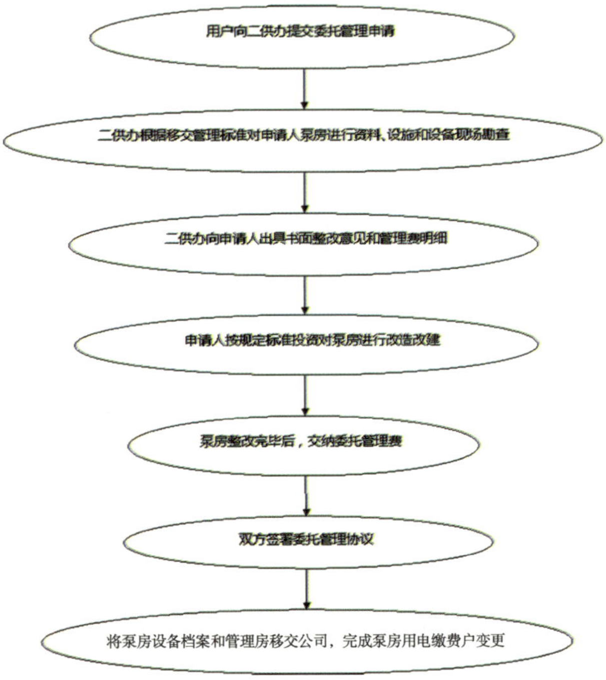

图4-2　二次供水委托管理工作流程示意图

2008—2017年泰安市自来水有限公司二次供水加压泵房管理情况表

表 4-8

序号	小区名称	采购厂家	小区详情	泵别	供水分区											
					低			中			高			超高		
					数量（台）	流量（立方米每小时）	扬程（米）	数量（台）	流量（立方米每小时）	扬程（米）	数量（台）	流量（立方米每小时）	扬程（米）	数量（台）	流量（立方米每小时）	扬程（米）
1	高铁A区	杜科	33层	主	5	27.1	70	3	26.1	90						
				辅				1	10	100						
2	凤凰小区	康达	6层	主	4	42	66									
				辅	1	12	66									
3	记者村	熊猫	11层 共计662户	主	2	26	38	2	14.5	59						
				辅	1	11	44	1	6	65						
4	宏成富园	熊猫	32层 共计871户	主	2	17.5	54	2	17.5	59	2	16.5	126			
				辅				1	5.8	90	1	5.5	126			
5	苹果园	熊猫	23层 共计2660户	主	3	77	52	2	77	75	2	70	98			
				辅												
6	国华时代	威派格	27层 共计552户	主	2	16	70	1	8	130						
				辅	1	4	81	1	4	130						
7	花园洲	康大	12层	主	3	4.5	47									
				辅												
8	龙泉C区	海源	6层	主	3	29	38									
				辅												
9	凤凰城	瑞邦		主	3	45	30	3	40	52						
				辅												

续表 4-8

序号	小区名称	采购厂家	小区详情	泵别	供水分区											
					低			中			高			超高		
					数量（台）	流量（立方米每小时）	扬程（米）	数量（台）	流量（立方米每小时）	扬程（米）	数量（台）	流量（立方米每小时）	扬程（米）	数量（台）	流量（立方米每小时）	扬程（米）
10	惠普西区	杜科	6 层 共计 1512 户	主	3	50	40									
				辅												
11	时代佳苑	威派格		主	2	70	37									
				辅												
12	明珠花园	民生国泰	19 层 共计 304 户	主	2	10	57.2	2	10	64.8						
				辅												
13	大安绿视界	三利		主	2	20	43.2	2	20	54.6						
				辅												
14	颐心园	海源	28 层	主	3	12	48	3	10	77	2	13	104			
				辅							1	5	110			
15	惠丰园	熊猫	24 层 共计 1626 户	主	2	40	41	2	40	58	2	36	75			
				辅												
16	民馨居	南方	18 层 共计 162 户	主	2	16	54	2	14	72						
				辅												
17	中心国际	美泉	17 层共 计 711 户	主	2	13	75	2	12	91						
				辅												
18	泰豪名城	海源	26 层 共计 763 户	主	3	10.5	33	3	10.5	60	2	14	76			
				辅							1	3.5	78			
19	双龙居A、B区	杜科	17 层	主	3	44	54	2	7	68						
				辅												

续表 4-8

序号	小区名称	采购厂家	小区详情	泵别	供水分区											
					低			中			高			超高		
					数量（台）	流量（立方米每小时）	扬程（米）	数量（台）	流量（立方米每小时）	扬程（米）	数量（台）	流量（立方米每小时）	扬程（米）	数量（台）	流量（立方米每小时）	扬程（米）
20	双龙居C	杜科	11层	主	3	31	49									
				辅												
21	三里城市广场	康达	10层 共计90户	主	2	8	54									
				辅												
22	峪龙佳苑	熊猫	18层 共计576户	主	3	16	51	3	16	64						
				辅												
23	三里银河源	格兰富	11层 共计288户	主												
				辅												
24	嘉和新城	海源	6层	主	3	54	51									
				辅	1	13	55									
25	金峪小区南		11层 共计924户	主												
				辅												
26	金峪小区东			主												
				辅												
27	雷诺名郡	海源	16层 共计763户	主	2	15	49	2	15	69						
				辅												
28	鲁郡嘉源	海源		主	3	11	58	2	7	75						
				辅												
29	大展新城国际	三利		主	2	30	59.1	2	21	118						
				辅												

续表 4-8

序号	小区名称	采购厂家	小区详情	泵别	供水分区											
					低			中			高			超高		
					数量（台）	流量（立方米每小时）	扬程（米）	数量（台）	流量（立方米每小时）	扬程（米）	数量（台）	流量（立方米每小时）	扬程（米）	数量（台）	流量（立方米每小时）	扬程（米）
30	皇冠家园	海源	11 层 共计 460 户	主	2	29	46									
				辅												
31	交运家园	凯泉	30 层 共计 874 户	主	3	33	59	3	30	82	3	27	106			
				辅												
32	交运小区			主												
				辅												
33	国山墅	三利		主	3	16	59	3	20	54.6						
				辅												
34	长城东区	瑞祥	18 层 共计 401 户	主	2	7	65	2	6	94						
				辅												
35	中南 世纪锦城	康宇	33 层 共计 3776 户	主	3	17	67	3	14	87	3	11	118			
				辅												
36	蓄能电站	海源	常家庄周边	主	2	55	76									
				辅	1	12	76									
37	弘泽花园	海源	27 层 共计 166 户	主	2	15.1	62	2	15.1	95						
				辅												
38	望岳 A 区	扬涛流体		主	2	20	39									
				辅												
39	望岳 B 区	扬涛流体		主	3	42	32									
				辅												

续表 4-8

序号	小区名称	采购厂家	小区详情	泵别	供水分区											
					低			中			高			超高		
					数量（台）	流量（立方米每小时）	扬程（米）	数量（台）	流量（立方米每小时）	扬程（米）	数量（台）	流量（立方米每小时）	扬程（米）	数量（台）	流量（立方米每小时）	扬程（米）
40	泰山学院南校区	管道泵		主	1	25	20									
				辅												
41	红门	罐中泵		主	1	30	67									
				辅												
42	黄金巷	管道泵		主	1	15	30									
				辅												
43	泰丰食品宿舍	管道泵		主	1	15	30									
				辅												
44	樱桃园小区	邦通		主	1	20	50									
				辅												
45	医学院老校	美泉	医学院校区	主	2	18	64									
				辅												
46	法院宿舍	美泉	5 层共计 50 户	主	2	13	36									
				辅												
47	天诚棉业	罐中泵	2017 年 11 月已停用	主												
				辅												
48	东青街	管道泵		主	1	12.5	32									
				辅												
49	国华经典	罐中泵		主	1											
				辅												

续表 4-8

序号	小区名称	采购厂家	小区详情	泵别	供水分区											
					低			中			高			超高		
					数量（台）	流量（立方米每小时）	扬程（米）	数量（台）	流量（立方米每小时）	扬程（米）	数量（台）	流量（立方米每小时）	扬程（米）	数量（台）	流量（立方米每小时）	扬程（米）
50	青春创业园	海源	碧桂园	主	3	36	70									
				辅	1	6.5	77									
51	中科垃办	海源	垃办 生产园区	主	3	95	40									
				辅	1	7	45									
52	丰园小区	康达	6 层	主	2	3	65									
				辅												
53	高铁增压站	康达	1 号 9 号 路周边	主	3	120	55.5									
				辅												
54	银城小区	管道泵		主	1	25	20									
				辅												
55	对白回迁楼	管道泵	6 层	主	1	25	20									
				辅												
56	长城小区	邦通	20 层 共计 320 户	主	1	30	96									
				辅												
57	龙潭农机	管道泵		主	1	10	15									
				辅												
58	心怡家园	管道泵		主	1	8	32									
				辅												
59	公安局宿舍	管道泵		主	1	30	15									
				辅												

续表 4-8

序号	小区名称	采购厂家	小区详情	泵别	供水分区											
					低			中			高			超高		
					数量（台）	流量（立方米每小时）	扬程（米）	数量（台）	流量（立方米每小时）	扬程（米）	数量（台）	流量（立方米每小时）	扬程（米）	数量（台）	流量（立方米每小时）	扬程（米）
60	洪沟家园	海源	17 层 共计 1089 户	主	3	14	61	3	14	76						
				辅												
61	泰山公馆	熊猫		主	3	21.3	66	3	17.1	102	3	7.5	117			
				辅				1	6	102						
62	圣山帝景	民生国泰		主	2	10	48.3	2	10	81.6	2	10	96.7	2	10	114
				辅												
63	泰和家苑	海源		主	3	34	42	3	25	76	3	14	90	3	12	104
				辅				1	6.5	77	1	7.5	92	1	4	106

2008-2017 年泰安市自来水有限公司招标未移交加压泵房情况表

表 4-9

序号	小区名称	采购厂家	小区详情	泵别	供水分区											
					低				中				高			
					数量	流量	扬程	功率	数量	流量	扬程	功率	数量	流量	扬程	功率
1	信德彩世界	晨天		主	2	17.42	44	4	2	17.42	76	7.5				
				辅												
2	御驾新苑一期	白云		主	2	20	58	5.5	2	20	82	7.5				
				辅												

续表 4-9

序号	小区名称	采购厂家	小区详情	泵别	供水分区											
					低				中				高			
					数量	流量	扬程	功率	数量	流量	扬程	功率	数量	流量	扬程	功率
3	安居 幸福里	熊猫		主	2	23	40	4	2	19.5	63	5.5	2	14	92	7.5
				辅	1	10	40	2.2	1	10	63	3	1	5.5	92	3
4	都市森林	扬涛流体	35 栋 11F1752 户	主	3	42	60	7.5								
				辅	1	10	60	3								
5	宝盛广场	熊猫	17 栋 31F1756 户	主	3	19	38	4	3	15	55	4	3	12	80	5.5
				辅												
6	兴隆家园	扬涛流体	3 栋 28F324 户	主	3	12	56	4	3	12	80	5.5	3	12	108	7.5
				辅												
7	弘盛地产	白云	5 栋 18F597 户	主	3	11	34	5.5	3	11	53	7.5				
				辅												
8	恒基东尚	晨天	11 栋 17F272 户	主	3	16	45	4	3	9	63	3				
				辅												
9	上高商贸城	海源	1 栋 18F96 户	主	2	6	51	1.1	2	6	74	2.2				
				辅												
10	华龙天泰	白云	6 栋 32F426 户	主	3	9	62	3	3	8	89	4	3	8	118	5.5
				辅												
11	高铁 B 区	白云	26 栋 27F2144 户	主	3	26	51	7.5	3	19	74	7.5	2	8	101	4
				辅	1	9	51	2.2	1	7	75	3				

续表 4-9

序号	小区名称	采购厂家	小区详情	泵别	供水分区											
					低				中				高			
					数量	流量	扬程	功率	数量	流量	扬程	功率	数量	流量	扬程	功率
12	绿地公馆	晨天	10 栋 34F2100 户	主	2	25	33	4	3	16.7	59	5.5	2	22	89	11
				辅									1	8	89	4
13	悦蓝山	海源	9 栋 34F2415 户	主	3	22	74	5.5	3	22	97	7.5	3	21	124	11
				辅					1	5	98	2.2	1	6	125	3.7
14	高铁 C 区	晨天	36 栋 27F1735 户	主	3	29	20	4	3	29	20	4				
				辅												
15	物探家园	海源	3 栋 17F244 户	主	2	9	37	1.5	2	9	62	3				
				辅												
16	尚座国际	南方	1 栋 18F 共计 112 户	主	2	7	56	2.2	2	6.5	78	3				
				辅												
17	华伟家园	海源	7 栋 27F932 户	主	3	13	50	3.7	3	12.5	75	5.5	2	10	90	5.5
				辅												
18	东岳鑫城	晨天	14 栋 30F1850 户	主	3	18	55	4	3	19	72	5.5	3	15	109	7.5
				辅									1	5	109	3
19	金融中心	晨天	2 栋 30F270 户	主	3	7	60	2.2	3	6	92	3	3	5	111	3
				辅												
20	鼎基时代	南方	3 栋 15F169 户	主	3	7	64	3								
				辅												
21	流光溢彩	白云		主	3	22	72	7.5	3	14	96	7.5	3	12	125	7.5
				辅	1	5	72	2.2	1	4	96	2.2	1	3	125	2.2

续表 4-9

序号	小区名称	采购厂家	小区详情	泵别	供水分区											
					低				中				高			
					数量	流量	扬程	功率	数量	流量	扬程	功率	数量	流量	扬程	功率
22	中悦城	海源	14 栋 30F1531 户	主	3	18	54	5.5	3	15	86	7.5	2	11.5	97	7.5
				辅					1	6	86	2.2	1	4	101	2.2
23	武警佳苑	南方	4 栋 32F395 户	主	3	24.5	62	3	3	21.1	85	4	3	17.1	108	5.5
				辅												
24	秀水湾	白云	3 栋 11F335 户	主	2	19	48	5.5	2	11	73	4				
				辅												
25	泮河嘉苑	南方	3 栋 18F246 户	主	3	8	58	2.2	2	9	75	3				
				辅												
26	新湖绿园	熊猫	2 栋 9F222 户	主	2	12.5	42	4								
				辅												
27	书香名邸	晨天	3 栋 28F325 户	主	2	10.5	61	3	2	9.5	86	4	2	9.5	110	5.5
				辅												
28	华新 新干线	康宇	4 栋 33F1752 户	主	3	23	55	5.5	3	21	81	7.5	3	18	110	11
				辅					1	7	82	3	1	6	110	4
29	福佳斯	晨天	21 栋 31F1752 户	主	3	19	67	5.5	3	12.7	87	5.5	3	8.33	109	4
				辅												
30	龙居园	白云	3 栋 24F438 户	主	2	28	62	5.5	2	19	90	4				
				辅												
31	新华城南郡［北］	熊猫	11 栋 33F2094 户	主	3	16	51	4	3	17.3	77	5.5	2	22	100	11
				辅									1	9	100	4

续表 4-9

序号	小区名称	采购厂家	小区详情	泵别	供水分区											
					低				中				高			
					数量	流量	扬程	功率	数量	流量	扬程	功率	数量	流量	扬程	功率
32	新华城南郡［南］	凯泉	18 栋 33F2192 户	主	3	21	57	5.5	3	15	73	5.5	3	9	103	4
				辅												
33	泰颐置业	熊猫	1 栋 25F184 户	主	2	7.5	40	2.2	2	7.5	60	3	2	7	80	3
				辅												
34	华侨城	凯泉	10 栋 33F1463 户	主	3	16	57	4	3	13	83	5.5	3	9	103	4
				辅												
35	金色领域	凯泉	6 栋 32F1010 户	主	3	13	59	4	3	12	84	4	3	9	103	4
				辅												
36	泮河小镇	海源	16 栋 17F1365 户	主	3	19.5	46	5.5	3	17.5	78	7.5				
				辅	1	6	55	1.5	1	6	86	2.2				
37	城中城	奥利		主	2	10	58	3	2	10	82	4				
				辅												
38	御驾新苑二期	汉德森	12 栋 33F2540 户	主	3	23	61	7.5	3	19	89	7.5	3	18	120	11
				辅												
39	司家庄社区	康宇	18 栋 30F1972 户	主	3	19	51	4	3	17	81	5.5	3	11	96	4
				辅												
40	绿地公馆二期	康宇	9 栋 31F982 户	主	3	13	63	4	3	10	76	3	3	7	95	3
				辅												
41	金域缇香	康宇	15 栋 27F1416 户	主	3	15	60	4	3	14.5	85	5.5	3	11	108	5.5
				辅												

续表 4-9

序号	小区名称	采购厂家	小区详情	泵别	供水分区											
					低				中				高			
					数量	流量	扬程	功率	数量	流量	扬程	功率	数量	流量	扬程	功率
42	云谷	康宇	10 栋 18F470 户	主	3	14.5	49	4	3	8.5	73	3				
				辅												
43	泰景城	康宇	10 栋 18F716 户	主	3	13.5	62	4	3	8	75	3				
				辅												
44	世纪康城	康宇	13 栋 27F1912 户	主	3	22	68	7.5	3	20	89	7.5	3	11	108	5.5
				辅	1	11	67	3	1	10	85	4				
45	岳秀府邸	白云	4 栋 22F1008 户	主	2	19	52	5.5	3	13	82	7.5				
				辅					1	5	82	2.2				
46	建工佳苑	南方	1 栋 11F60 户	主	2	3.1	50	1.1								
				辅												
47	华新 山水居	凯泉	30 栋 7F656 户	主	3	21	40	5.5								
				辅												
48	鲁商国际	熊猫	12 栋 22F1104 户	主	3	18	52	4	3	9.7	72	3				
				辅												
49	奥源时代	南方	10 栋 33F1403 户	主	3	15	50	4	3	13	76	5.5	3	9	98	4
				辅												
50	如意家园	海源	6 栋 32F632 户	主	2	18	54	5.5	2	11.5	74	5.5	2	4.5	98	2.2
				辅												
51	清华苑	康宇	4 栋 28F1008 户	主	3	11	59	3	3	10.5	78	4	3	11	104	5.5
				辅												

续表 4-9

序号	小区名称	采购厂家	小区详情	泵别	供水分区											
					低				中				高			
					数量	流量	扬程	功率	数量	流量	扬程	功率	数量	流量	扬程	功率
52	碧桂园	熊猫	8 栋 24F662 户	主	3	11	44	2.2	3	7.4	72	3				
				辅												
53	万境水岸	海源	15 栋 33F1056 户	主	2	23.5	49	5.5	3	12.5	77	5.5	2	12.5	108	7.5
				辅									1	4	110	2.2
54	天房美郡	熊猫	29 栋 11F952 户	主	3	8.7	51	2.2								
				辅												
55	龙城国际 F	康宇	1 栋 27F120 户	主	3	11	90	4								
				辅												
56	泺亨国际	海源	13 栋 27F420 户	主	3	20	57	5.5	2	19	100	11				
				辅					1	6	101	2.2				
57	高铁 E1 区	康宇	14 栋 17F1666 户	主	3	19	54	4	3	16	70	5.5				
				辅												
58	高铁 D1D2 区	康宇	30 栋 26F3112 户	主	3	33	59	7.5	3	12	98	5.5				
				辅												
59	康平御园	白云	2 栋 16F163 户	主	2	17	44	4	2	9	70	3				
				辅												
60	高铁 E3 区	康宇	12 栋 17F1344 户	主	3	16	58	4	3	15	71	5.5				
				辅												
61	东瑞御山府	康宇	12 栋 30F1540 户	主	3	22	57	5.5	3	17	80	5.5	3	11	108	5.5
				辅												

续表 4-9

序号	小区名称	采购厂家	小区详情	泵别	供水分区											
					低				中				高			
					数量	流量	扬程	功率	数量	流量	扬程	功率	数量	流量	扬程	功率
62	财富公馆	康宇	5 栋 18F511 户	主	3	11	45	2.2	3	11	61	3				
				辅												
63	圣源华郡	凯泉	1 栋 10F28 户	主	2	5.8	49	1.1								
				辅												
64	新兴御蓝山	晨天	19 栋 33F2410 户	主	3	24.3	51	5.5	3	17.3	77	5.5	3	14.3	110	7.5
				辅									1	4.8	112	3
65	高铁 E4 区	康宇	10 栋 27F1236 户	主	3	17	45	4	3	14	71	5.5	3	5	91	2.2
				辅												
66	高铁 E2 区	康宇	11 栋 17F1360 户	主	3	15	49	4	3	15	61	4				
				辅												
67	中天城市广场	海源	1 栋 17F32 户	主	2	8.5	54	2.2	2	8.5	90	3.7				
				辅												
68	天竹佳苑	海源	28 栋 17F2968 户	主												
				辅												
69	王府花园	苏源	1 栋 18F288 户	主	3	13	51	4	3	14	75	5.5	3	9	105	4
				辅												
70	御驾新苑西区	苏源	4 栋 33F526 户	主	3	10	66	3	3	10	95	4	3	7	119	4
				辅												
71	贤德苑	百特淂威	1 栋 20F120 户	主	3	6.5	55	2.2	3	6	79	2.2				
				辅												

第五篇

企业管理

DIWUPIAN QIYEGUANLI

2008年以来，公司积极探索企业管理工作的思路和办法，制定了一系列规章、制度，加大管理力度，使公司企业管理工作规范运行，促进了各项工作的有序开展，运作效率大大提高，企业发展方向更加明确，员工的积极性得到充分发挥，财务管理规范清晰，为公司的发展壮大起到了突出作用。

第一章 规范化管理

第一节 规章制度

2008年1月，根据《中华人民共和国政府信息公开条例》《政府信息公开管理办法》的有关规定，结合公司实际，制定《泰安市自来水公司办事公开管理办法》。6月，公司开展“制度建设年”活动，编制《规章制度汇编》，其中收录2006年9月至2008年6月期间的行政管理、安全生产、工程技术3大类共20项规章制度。12月，为进一步完善公司安全生产管理制度，印发《公司各相关岗位安全操作规程》。

2009年3月，为进一步规范法定节假日、双休日值班和加班费及各项补助的管理工作，公司印发《关于法定节假日、双休日值班和加班管理规定的补充规定》，对参加值班单位的确定、日工资的计算、实施办法及各项补助作了明确规定。

2010年3月，根据市纪委、市城建国资公司有关文件要求，为进一步改进工作作风，严肃工作纪律，提高工作效率，公司制定《关于工作时间禁止饮酒的规定》。5月，党委会议纪要〔2010〕07号确定，要加强发票管理，明确报销单据的签字程序，签字要严格按照从下到上的程序进行，不得越级签字。12月，印发《办公场所管理规定》，对公司全面禁烟，办公场所的环境卫生，办公区车辆停放，办公楼空调、照明、电梯、门窗使用管理等工作作出详细规定。

2011年6月，党委会议纪要〔2011〕04号确定加班费支付办法。法定节假日加班，要严格按照事前制定的值班表执行。值班单位按《关于法定节假日、双休日值班和加班的管理规定》（泰水〔2006〕43号）执行。机关单位值班原则上只安排一人值班，逢法定节假日公司领导班子成员全员带班。上述人员按法定节假日发放加班费。双休日和工作日加班根据各单位实际工作情况，由公司确定每月的加班天数（加班费按单日工资计算），由各单位包干使用。领导班子成员双休日值班不发放加班费。12月，印发《泰安市自来水公司便民服务快速处置工作预案》，成立便民服务快速处置工作领导小组，对工作程序、工作时限等进行明确规定。12月25日，公司第六届职工代表大会讨论通过《泰安市自来水公司劳动纪律管理规定》和《关于对〈泰安市自来水公司职工内部退养的暂行规定〉进行修改的意见》，分别对公司劳动纪律管理工作作出规定，对职工退休的年龄、薪酬待遇作了修改规定。

2012年1月，党委会议纪要〔2012〕01号确定：1.公司领导班子成员作为分管部门安全生产工作的第一责任人，要切实负起责任，坚持落实“一岗双责”制度，做好分管部门的安全生产工作，每月至少要检查两次，并建立安全生产活动记录。2.公司党委会议纪要〔2011〕04号规定的双休日和节假日加班天数不能满足实际工作需要，需增加相关单位、部门每月的加班天数，由各单位、部门包干使用。加班人员包括中层干部。8月，党委会议纪要〔2012〕07号确定，工作日中午不得饮酒，公司食堂开饭时间定于11时40分。9月，印发《关于进一步加强工程审计管理的通知》，规定对建设项目实施全过程跟踪审计、决算审计统一管理、择优选择外审中介机构、确保结算资料的审计质量。12月24日，印发《泰安市自来水公司公务用车管理规定》，对公司公务用车的日常管理、调度使用、维修保养、费用管理、驾驶员管理等作出规定。12月26日，印发《泰安市自来水公司内部食堂接待用餐管理办法》，对公司食堂内部招待用餐的类别、范围、标准、申请程序及流程等作出规定。

2013年5月，印发《泰安市自来水公司服务工作岗位定位管理规定（试行）》，对部分工作岗位实行定位管理。6月，印发《关于加强廉政风险防控机制建设的实施意见》，加强公司党风廉政风险机制建设，进一步强化对权力的监督制约。12月，印发《关于给水内外涂塑环氧复合管安装价格的通知》，明确给水内外涂塑环氧复合管安装外支价格。

2014年1月，印发《泰安市自来水公司关于加强职工继续教育学习的暂行规定》，对相关人员的继续教育学习作出规定。4月，印发《关于规范公司领导办公车辆和中层以上干部手机使用的规定》，对公司领导班子成员公务用车驾驶员配备、停放和中层干部通讯等作出规定。6月，印发《公司工程外支结算价目表》《高层楼内供水管道安装结算价目表》，明确公司工程外支结算和高层楼内供水管道安装结算价格。8月，党委会议纪要〔2014〕07号确定，工伤人员在住院治疗期间，所需的费用应符合工伤保险诊疗项目目录、工伤保险药品目录、工伤保险住院服务标准，目录、标准内的部分由工伤保险基金支付，超出部分由公司按照60%的比例予以报销。10月，党委会议纪要〔2014〕08号确定，公司水电补贴统一调整为每人每月100元，住公司宿舍的职工，户表改造交接工作完成后，于次月发放；取暖补助调整为在职职工每人每个采暖期2100元，退休职工每人每个采暖期1000元。11月，印发《关于规范公司微信圈信息发布工作的通知》，对公司微信圈信息发布的时间、责任部门、信息内容和处罚等作出规定。

2015年11月，公司印发《关于进一步规范党员干部职工操办婚丧喜庆事宜工作的通知》，对婚丧喜庆事宜的范围、办理原则、

事前提醒和报告制度等作出规定。12月14日，公司第六届十次职工代表大会通过《关于对公司〈劳动纪律管理规定〉进行修改的说明》，对《泰安市自来水公司劳动纪律管理规定》进行修改、完善。

2016年3月18日，印发《泰安市自来水有限公司办公场所管理规定》，对公共场所全面禁烟、办公场所环境卫生、办公楼车辆停放、办公楼空调、照明、电梯、门窗使用管理等作出规定。4月28日，印发《关于禁止在办公场所用餐的通知》，对公司机关办公楼工作人员中午就餐的地点作出规定。5月，对公司2008年6月至2015年12月间印发的规章制度从行政管理、生产经营管理、工程技术、党建纪检、党委会议纪要5个方面进行整理、完善，与2008年6月前编印的《泰安市自来水公司规章制度汇编》合并，形成《泰安市自来水有限公司制度汇编》。6月1日，印发《泰安市自来水有限公司工作用餐管理制度》，对公司工作用餐的管理、审批程序、用餐标准等做出规定。7月，印发《泰安市自来水有限公司绩效考核管理办法》，对公司业绩考核的组织机构、职责、考核内容、考核周期、考核流程、考核计分及绩效兑现和结果的应用等作出规定。10月20日，印发《泰安市自来水有限公司企业负责人薪酬内部管理制度》，对企业负责人的薪酬管理原则、构成、确定和发放等作出规定。12月28日，印发《全员业绩考核管理办法》，对公司全员业绩考核的考核范围及标准制定、考核办法、考核结果运用和考核档案管理等作出规定。

2017年2月14日，印发《关于进一步规范公务车停放管理的通知》，对公司公务用车的停放和使用进行规范。5月15日，印发《泰安市自来水有限公司供水水质检测制度》和《泰安市自来水有限公司实验室危险、剧毒药品安全管理制度》，分别对公司供水水质合格率标准、供水检测、水质报告和危险、剧毒化学品的保管、运输、使用、废弃处置作出规定。5月19日，印发《泰安市自来水有限公司工程审计管理规定》，对公司工程审计的适用范围、审计依据、施工监管、工程量签证、结算审计等作出规定。6月1日，印发《通知》，对公司夏季空调的管理使用工作作出规定。6月9日，印发《泰安市自来水有限公司关于印发〈泰安市自来水有限公司工作手机使用和定位管理暂行办法〉的通知》，对公司工作手机配发、定位、监督和处罚等作出规定。7月，印发《泰安市自来水有限公司停水管理暂行规定》，对公司停水管理工作作出规定。8月4日，印发《泰安市自来水有限公司扬尘污染治理制度》，对公司的扬尘治理工作作出规定。11月28日，印发《关于严禁在办公场所用餐的通知》，规定公司办公楼工作人员严禁在办公室就餐。

第二节 目标责任制

2008年，制水量3972万吨，售水量2671万吨，主营业务收入5780万元，实现利润–475万元。

2009年，制水量4059万吨，售水量2660万吨，主营业务收入6039万元，实现利润224万元。

2010年，制水量4153万吨，售水量3079万吨，主营业务收入7150万元，实现利润 356 万元。

2011 年，制水量 4597 万吨，售水量 3271 万吨，主营业务收入 7638 万元，实现利润 560 万元。

2012 年，制水量 4976 万吨，售水量 3547 万吨，主营业务收入 7526 万元，实现利润 399 万元。

2013 年，制水量 5280 万吨，售水量 3782 万吨，主营业务收入 8807 万元，实现利润 264 万元。

2014 年，制水量 5325 万吨，售水量 4164 万吨，主营业务收入 13224 万元，实现利润 215 万元。

2015 年 7 月 30 日，市政府印发《泰安市市属企业负责人经营业绩考核与薪酬管理暂行办法的通知》(泰政字〔2015〕45 号)，确定对企业负责人实施日常经营业绩考核。8 月 10 日，市考核与薪酬管理委员会办公室印发《泰安市市属企业负责人经营业绩考核与薪酬管理工作实施方案的通知》（泰国企考核办〔2015〕1 号），确定公司为第一批纳入考核的企业。经考核，公司 2015 年度考核综合得分为 111.56 分，考核结果为 A。

2015 年，制水量 5362 万吨，售水量 4611 万吨，主营业务收入 11000 万元，实现利润 290 万元。

2016 年，按照国有企业负责人业绩考核要求，经考核，公司 2016 年度考核综合得分为 116.00 分，考核结果为 A。

2016 年，制水量 5570 万吨，售水量 4755 万吨，主营业务收入 13884 万元，实现利润 453 万元。

2017 年，制水量 5707 万吨，售水量 4971 万吨，主营业务收入 14401 万元，实现利润 291 万元。

第三节　合同管理

2008 年，对《供用水合同》进行修订补充，明确“一户一表、户外设表”用户的权利和义务，将供水水质标准由执行《生活饮用水卫生标准》（GB 5749-85）变更为《生活饮用水卫生标准》（GB/T 5749-2006）。

2009 年，与山东铭鼎投资担保公司、中国建设银行泰安市中支行、齐鲁晚报泰安记者站等 21 个单位及个人签订房屋租赁协议；与山东三鼎投资咨询公司等 4 个单位签订房屋租赁终止协议；与候元忠等 8 人签订车辆转让协议；签订各类协议书、意向书、责任书等 29 份。

2010 年，与兴业银行、新方圆装饰公司、邦泰牧业等 11 个单位及个人签订房屋租赁合同；与乾元厚德公司及新宏经贸公司签订房屋租赁终止协议；与市水利渔业局签订水资源远程监控终端系统安装协议；与城市排水管理处签订污水处理代收协议。

2011 年，与游国岚、姜玉坤眼镜店、岱庙街道市场社区居委会等 23 个单位及个人签订房屋租赁合同；与岳成荣、山东同盛税务律师事务所等 5 个单位及个人签订房屋租赁终止协议；与泰安市供电公司、泰安市供电公司岱岳区汶口供电所等 5 个单位签订预付电费结算协议；签订协议书、合同书、施工协议、安装合同等 28 份。

2012 年，与中国建设银行、周传军、太平洋保险公司等 25 个单位及个人签订房屋租赁合同；与迎胜文化用品公司等 5 个单位及

个人签订房屋租赁终止协议；签订协议书、转让协议、合同书等 26 份。

2013 年，与中国建设银行、宗士伟、恒地玉都房地产等 30 个单位及个人签订房屋租赁合同；与李桂梅签订出租屋维修合同；与聂立青、满庄曹家寨村等 10 个单位及个人签订补偿协议；签订合同书、借款协议、协议书等 16 份。

2014 年，与华夏人寿保险公司、谷建国、任传芹等 27 个单位及个人签订房屋租赁合同；签订补偿协议、机电产品合同、电梯保养合同等 21 份。

2015 年，与温鑫物业、泰安中盛汽车修理、宗士伟等 43 个单位及个人签订房屋租赁合同；与志高锦绣房地产签订房屋租赁合同变更协议；与恒地玉都房地产签订房屋租赁合同解除协议；签订泵站看护协议、安全责任书、营业收费系统增加户改费收取功能合同等 29 份。

2016 年，与李文文、温鑫物业、徐长荣等 33 个单位及个人签订房屋租赁合同；与泰安市桩基钻井总公司、韩焕彬、泰安倒恒投资有限公司签订协议书；签订劳动派遣合同、土地租赁协议、合同书等 6 份。

2017 年，供用水合同第一章第七条由原来的“24 小时恢复供水”改为“无特殊情况下，24 小时恢复供水”。

2017 年，签订供用水合同、委托代收水费协议、房屋土地租赁及转让合同、与他人合作协议、工程改造合同、供热蒸汽合同等。

第四节　质量管理

2008 年，泰山岳溪泉饮品有限公司进行 IOS 9001:2000 国际质量体系认证，8 月，中国方圆委山东审核中心专家组对岳溪泉公司进行现场评审，并于 9 月颁发国际质量体系认证证书。

2011 年，泰山岳溪泉饮品有限公司通过 IOS 9001:9002 质量体系认证复审，并颁发国际质量体系认证证书。

2011—2017 年，多次参加泰安市企业管理现代化创新成果审定委员会和泰安市质量管理协会举办的质量管理成果交流会，并多次获奖。

2011—2017 年泰安市自来水有限公司质量管理成果一览表

表 5-1

日期	成果名称	参与人员	奖项	颁发机构
2011 年 6 月	加强供水调度 保障供水安全	李华荣　周　亮 刘　琰　白晓君 吕秋霞　乔秀彬	市一等奖	泰安市企业管理现代化创新成果审定委员会
2014 年 6 月	实施信息平台整合建设，促进供水事业健康发展	续　青　宋向阳 刘　琰　乔秀彬 刘向东	市优秀奖	泰安市质量管理协会
2016 年 6 月	降低汶口水源地调度系统故障率	尚绪岳　续　青 宋向阳　刘　琰 乔秀彬	市优秀奖	泰安市质量管理协会

续表 5-1

日期	成果名称	参与人员	奖项	颁发机构
2017 年 6 月	降低泰城水源地调度系统故障率	尚绪岳 刘 伟 唐洪彬 刘 琰 乔秀彬	市三等奖	泰安市质量管理协会
2017 年 6 月	建设完善的供水管网信息系统	陈 军 王 强 韩 丽 张华东 颜 海 姚炳龙 许 阳	市三等奖	泰安市质量管理协会
2017 年 6 月	提高三合水厂出水泵房水泵效率	贾汇强 刘保胜 孙莹莹 吕秋霞	市优秀奖	泰安市质量管理协会
2017 年 6 月	三合水厂加氯系统改造升级	张 彬 程 鹏 樊 辉 韩 巍 孙 岩 张 阳 高新宇 尹 阔 王燕蓉	市优秀奖	泰安市质量管理协会
2017 年 6 月	试论变频器在供水泵站节能降耗中的应用	刘 伟 张德斌 孔邵华 张圣林 窦 攀 王凯忠	市优秀奖	泰安市质量管理协会

第五节　法律事务

2008 年 10 月，公司收到泰山区人民法院民事判决书（〔2008〕泰山民初字第 2189 号），因泰安市泰山区高层建筑开发公司借款合同纠纷一事，公司作为原告向法院提起诉讼。公司起诉原因是，1997 年 12 月，为解决被告高层建筑公司在施工中的资金缺口问题，公司受市建委的指派，以公司名义代为办理贷款，贷款到账后，根据市建委的要求，将 150 万元扣除当年利息后，转给被告 137.04 万元，并约定被告 1998 年 12 月 31 日前归还贷款 150 万元（一年期）年利率 8.64%。但到期后，公司多次催要，被告一直未还。经法院审理后判决，被告泰山区高层建筑开发公司偿还所欠泰安市自来水公司借款本金 137.04 万元，并赔偿利息。案件受理和财产保全费共计 3.66 万元由被告承担。同月，公司收到泰山区人民法院民事判决书（〔2008〕泰山民初字第 2190 号）。因泰安市二建公司（后改制为普惠建工集团公司）借款合同纠纷一事，公司作为原告提起诉讼。原因是 1997 年为解决泰安市二建公司建设施工中的资金缺口，公司受市建委指派，向市二建公司贷款 200 万元（期限一年，于 1998 年 4 月 25 日前还贷，年利率 10.08%），扣除利息后，实际支付给被告 179.84 万元，贷款到期后，多次催要，被告未付。经法院审理认定，双方于 1997 年 5 月 5 日签订的借款协议书，违反了企业间禁止借贷的法律规定，是无效合同。判决被告还款本金为 179.84 万元，而非 200 万元，被告赔偿原告借款利息，并承担案件受理费及财产保全费共计 3.98 万元。

2009 年，公司与泰安公允律师事务所签

订聘请常年法律顾问合同，指定2名律师担任公司的法律顾问。

2010年1月，公司与泰安市第二建筑安装工程公司、山东泰山普惠建工有限公司（被执行人）因借款产生合同纠纷，公司作为申请执行人向泰山区人民法院申请执行，要求被执行人归还借款本金及垫付利息。25日，公司收到泰山区人民法院执行裁定书（泰山执字〔2010〕第267号），该案和解，被执行人分期支付欠款和利息。

2011年，公司与泰安市岱岳区山口镇人民政府因债权转让合同纠纷，经泰安市岱岳区人民法院调解解决，并下达民事调解书。

2017年10月，泰安市泰山区人民法院对公司下达司法调查函。申请执行人宋某某、王某某、韩某某申请人民法院调取被执行人山东鑫颖园林市政工程有限公司与公司经济往来情况，公司及时函复予以答复。11月，用户胡某某因与公司供水合同纠纷一案，由泰安市泰山区人民法院审理并下达民事裁定书，裁定驳回原告起诉。

第六节　治安保卫

2008年，保卫科设科长1人，副科长1人，科员8人。

2009年2月，保卫科与稽查科合并为保卫稽查科，设科长1人，副科长2人，科员17人，其中警卫班8人。

2010年12月，公司办公楼搬迁至迎胜东路26号，在办公大楼前后共安装摄像头8个，对大楼周围治安状况实施全面电子监控。

2013年8月12日，公司办公楼安全保卫工作引进保安公司负责，原警卫班人员全部转岗至水厂。保卫稽查科设科长1人，科员5人。8月15日，与泰安市瑞东物业公司签订保安服务合同。双方共同制定《安保人员工作实施细则》《安保人员工作纪律》，规定安保人员岗位职责范围与工作纪律。

2014年3月，对办公楼监控系统升级改造，增加摄像头数量，将原有的模拟摄像头改装为数字摄像头。8月15日，与泰安市瑞东物业公司签订保安服务合同，合同期限为1年。

2015年8月15日，与泰安市瑞东物业公司签订保安服务合同，合同期限为1年。

2016年7月，公司不再负责宿舍区安保工作，改为由宿舍业主自治管理，宿舍门卫值班室用电、用水管理工作由公司办公室负责。8月15日，与泰安市瑞东物业公司签订保安服务合同，合同期限为1年。

2017年8月15日，与泰安市瑞东物业公司签订保安服务合同，合同期限为1年。10月12日，为做好中国共产党第十九次全国代表大会期间反恐工作，依照《城镇供水行业反恐怖防范工作标准》，为重要部门和部位购置电击器12个、盾牌13个、防爆钢叉13个、防割手套14个、催泪器10个、强光手电15个、PC头盔15个、橡胶棍16个、防爆架9个；为安保人员配置电击器1个、盾牌2个、防爆钢叉2个、防割手套2个、PC头盔2个、催泪器2个、强光手电2个、橡胶棍2个。

第七节　档案管理

一、机构人员

2008年，有专职档案管理人员3人，兼职档案管理人员20人。

2010年，有专职档案管理人员4人，兼职档案管理人员26人。12月，有专职档案管理人员3人。

2014年9月，有专职档案管理人员2人。

2014—2017年，有专职档案管理人员2人，兼职档案管理人员26人。

二、档案设施

2008年，综合档案室面积183平方米，有高档手摇密集架9组，图书阅览架6组，底图柜15节，并配备阅览室桌椅2套，荣誉室展柜12组，添置缝纫机2台，微机2台。各类载体档案统一集中存放、保管，实现了档案、图书、信息一体化管理；库房、图书阅览室、办公室、荣誉室“四室分开”。

2010年12月，公司档案室搬迁至迎胜东路26号公司水表检定站技术楼，面积为245平方米，其中荣誉展厅122平方米，阅览室20平方米，库房61平方米，办公室51平方米；投资5万余元购置高档手摇密集架8组。

三、档案种类

2009年，公司库存各类载体档案总计11501卷（册、张）。其中，党群工作类945卷（件）；行政管理类619卷（件）；经营管理类1030卷（件）；生产技术类1286卷（件）；基本建设类207卷；会计档案1508卷；底图档案426张；声像档案4551张；设备仪器类57卷；图书资料872册。

2010年，公司库存各类载体档案总计15046卷（册、张）。其中，党群工作类1009卷（件），行政管理类670卷（件），经营管理类1160卷（件），生产技术类1411卷（件），基本建设类222卷，声像档案4574张。

至2017年，公司库存各类载体档案总计22288卷（册、张）。其中，党群工作类2718卷（件），行政管理类1550卷（件），经营管理类3120卷（件），生产技术类3722卷（件），基本建设类604卷。声像档案4574张。

2017年，阅览室新增图书800册。

四、档案开发利用

2009年，公司编纂《泰安市自来水公司志》，提供大量资料。

2015年，为创建“厚道鲁商诚信兴企”企业，提供大量资料。

2015年8月，为泰安市开展市属企业负责人经营业绩考核与薪酬管理工作，提供大量资料和重要数据。

至2017年，公司档案室管理人员不断拓宽档案收集范围，积极开发利用档案信息资源，编写了档案总目录、分类目录、专题目录、全引目录、文号目录、归档文件目录等20余本查找目录，方便档案的检索和利用。采取电话问卷、开架阅览、送档上门、印发目录等多种形式，为利用者服务。同时，利

公司档案室

用库存档案编写《组织机构沿革》《公司大事记》《全宗介绍》《重点工程简介》《历年水价调整》《各类荣誉汇编》《档案利用效果典型实例汇编》《公司工地房产院落一览表》等多种专题资料。年平均接待查阅者546人次，提供各类案卷700余卷次。

2017年，为《泰安市自来水有限公司志（2008—2017）》的编撰工作，提供大量资料。

第八节 统计管理

2008—2010年，每年向泰山区统计局上报的报表有《工业企业能源购进、消费与库存》《工业企业财务状况及产销总值》《法人单位基本情况》《劳动情况》《工业企业主要经济指标》《工业品出厂价格月报》《原材料、燃料、动力购进价格月报》《工业产销总值及主要产品产量》等，全部使用纸质报表上报。

2011—2012年，泰山区统计局开发应用企业联网直报软件，推进联网直报试点工作。公司作为试点单位，实行网上直报和纸质报表双轨运行。

2013—2016年，公司统计数据完全实现网上直报，提高了数据准确度和统计效率。每年向泰山区统计局上报的月报表有《工业产销总值及主要产品产量》《工业品出厂价格月报》《工业企业财务状况》《原材料、燃料、动力购进价格月报》；向泰山区统计局上报的季报表有《工业企业景气调查问卷》，向市经贸委上报的季报有《工业企业能源购进、消费与库存》《工业节水表》，向市建设局上报的季报有《城市公用企业运行情况》《城市建设固定资产投资计划完成情况》，向市劳动局上报的季报有《地方属企业劳动工资情况季报表》等。

至2017年，向泰山区统计局上报的月报表有《工业产销总值及主要产品产量》《工业生产者购进价格月报表》《工业生产者出厂价格月报表》《能源购进、消费与库存》《工业产销总值及主要产品产量》《财务状况》等；向泰山区统计局上报的季报表有《从业人员及工资总额》《工业企业生产经营及景气状况调查》等；半年报表有《工业企业用水情况》《非金融资产投资情况》等；年报表有《调查单位基本情况》《从业人员及工资总额》《信息化和电子商务应用情况》《工业企业成本费用》《企业研发项目情况》《企业研发活动及相关情况》《工业企业创新情况》《工业企业创新调查企业家问卷》《企业组织结构调查问卷》《调查单位基本情况》。向泰安市水利和渔业局提报《年度取水计划申请表》及《年度取水计划检查统计表》等。

2017年起，为落实最严水资源管理制度，按季度向泰安市水利和渔业局上报当季度各水源地取水量。

第二章　安全生产管理

第一节　管理机构

2008—2013 年，设备科负责公司安全生产管理工作。2013 年，公司设立安全科，负责公司安全生产工作，与设备科合署办公，一套班子，两块牌子。2014 年，职业健康管理工作由生产计划科划归安全科管理。

第二节　安全生产教育

2008 年，公司根据生产发展形势和安全教育培训计划，先后邀请市安监、建设、劳动部门的专家为公司领导、中层干部、部门安全员等作安全生产法律法规、典型案例讲解和分析等内容的培训报告，参加培训人员共 550 人次。

2010 年，公司按照上级部门要求和公司职工教育培训计划，组织培训 30 期，培训人员 1100 人次。至 2010 年，公司先后有 500 多人次参加国家、省、市组织的经理、厂长、项目经理、安全员安全管理资格考试，特殊工种作业人员均参加过市安全技术培训中心的培训，持证上岗率达到 100%。

2011 年，请外单位技术人员到公司授课，结合现场供水设备讲解，进行理论和实践相结合的安全生产工作培训。从职工的技能操作、安全意识上下功夫，“安全第一、预防为主、综合治理”的安全生产方针深入人心，提高了职工的安全防范意识。全年培训 320 人次。

2012 年，根据市住建委《关于加强全市市政公用行业下井作业安全培训暨继续教育的通知》（泰建办发〔2012〕51 号）要求，公司 9 人参加市住建委举办的全市市政公用行业下井作业安全培训班；公司 30 余人参加市公用事业管理局安全生产管理培训班，公司组织全体在职人员举办百万职工安全生产法律法规知识答题活动。

2013 年，组织开展以树立“三种意识”（人人珍惜生命、人人重视安全的意识，学法守法、安全行为的意识，从我做起、互相关爱的意识）、加强“三种能力”（遵章作业、规范操作能力，自主保安、互相保安能力，紧急避险、应急处置能力）建设为主要内容的宣传教育活动，广泛宣传安全生产方针政策、法律法规知识、安全常识；公司经理、分管安全副经理、安全科科长、安全员和特种作业人员在市安监局培训中心参加安全培训学习；安全科组织各部门安全员进行安全培训学习。全年培训 340 人次。

2014 年，组织部门负责人、班组长（安全员）进行安全培训，学习新修订的《泰安市自来水公司供水应急预案》《泰安市自来

水公司隐患排查治理管理制度》等；对新进员工进行了安全教育培训，培训内容为安全生产法律法规政策、安全生产作业场所和工作岗位存在的危险因素、防范措施及事故应急措施；公司经理、分管安全副经理、安全科科长、安全员在市安监局培训中心参加安全培训学习。全年培训 360 人次。

2015 年，组织部门负责人、班组长（安全员）学习新安全生产法、《企业安全生产应急管理九条规定》和事故典型案例《生命不能重来》；公司经理、分管安全副经理、安全科科长、安全员和特种作业人员（低压电工）在市安监局培训中心参加安全培训学习。全年培训 380 人次。

2016 年，组织部门负责人、班组长（安全员）学习国家、省、市安全生产法律法规和公司安全生产管理制度；对新进职工进行三级安全教育培训，培训内容为公司安全生产管理制度，安全生产基础知识及安全生产典型案例；公司经理、分管安全副经理、安全科科长、安全员在市安监局培训中心参加培训学习。全年培训 400 人次。

2017 年，组织部门负责人、班组长（安全员）进行安全培训，培训内容为企业及相关人员安全生产责任 7 大类 62 条、生产安全事故典型案例、班组建设“五同时”、防违章管理知识、有限空间作业安全规程及案例、作业环境本质安全、职业健康知识；对新进职工进行安全教育培训，培训内容为安全生产基本知识、安全常识、员工的安全权利和义务、认识安全标志、主要危险源应对措施、现场急救措施；公司经理、分管安全副经理、安全科科长、安全员、特种作业人员在市安监局培训中心参加教育培训学习；三合水厂、泉河水厂、管线所 5 名高压进网电工在泰山供电部复审学习。全年培训 420 人次。

第三节　安全生产会议

2008 年 3 月 31 日，公司党委副书记、副经理尚绪岳主持召开安全生产工作会议，传达 3 月 28 日市城建国资公司安全会议精神，强调进一步抓好安全生产工作，力争不出现安全生产责任事故，会议确定各有关部门在班组设立专职或兼职安全员；督促有关部门与班组签订安全生产责任书，将责任落实到班组，细化到个人；要求水厂加强防投毒、防破坏工作，并完善水质污染事故、氯气泄漏事故处理预案；各施工单位要注意高压线、地下电缆、光缆和天然气管道等危险设施；落实整理泰城供水管道占压情况，并将存在的较大隐患上报市城建国资公司。4 月 24 日，尚绪岳主持召开安全生产工作会议，确定在三合水厂一期引水工程斜管沉淀池建设防护棚，建设面积 450 平方米，总投资 30 万元左右；以公开招标方式选购三合净水厂氯气泄漏吸收装置。11 月 3 日，公司党委书记、经理尚绪岳主持召开安全生产专题工作会议，对 2008 年的安全生产工作给予充分肯定，要求对安全生产工作要常抓不懈，把安全生产工作放在各项工作的第一位抓紧、抓实、抓好。会议要求各部门要配合设备科做好公司安全操作规程的起草工作；决定对公司的安全生产工作进行检查。

2009 年 1 月 4 日，公司党委书记、经理尚绪岳主持召开安全生产工作会议，通报 2008 年 12 月的安全检查情况，对存在问题的部门，要严格对照有关规定，加大管理力度，该处罚的处罚，该整改的立即整改，坚决不能迁就姑息，切实把安全生产工作抓实抓好。

2010年3月12日，公司党委书记、经理尚绪岳主持召开安全生产工作会议，就市安监局对公司安全生产工作检查的有关情况进行了通报。会议要求，要进一步加强公司的安全生产工作，严格按照上级相关规定执行，检查和整改记录一定要做到全面、严格、细致，确保没有遗漏。8月10日，党委委员、副经理申立堂主持召开安全生产工作会议，部署安排公司应急预案编制工作，要求公司供水应急预案的编制要符合生产经营单位应急预案导则规定。11月11日，公司党委书记、经理尚绪岳主持召开安全生产工作会议，强调冬季安全生产工作，要求各有关部门和单位要加强管理，高度重视，尤其是营业所、户表办要做好改造后水表的防冻工作，确保安全生产工作万无一失。

2011年3月28日，公司党委书记、经理尚绪岳主持召开安全生产工作会议，研究落实三合水厂安装电子围栏和电子监控系统事宜。11月7日，公司党委书记、经理尚绪岳主持召开安全生产工作会议，决定在公司范围内开展冬季安全生产大检查，重点检查生产安全、用电安全、车辆安全、施工安全等；提前采取得力措施，做好用户用水的冬季防冻工作。12月12日，公司党委书记、经理尚绪岳主持召开安全生产工作会议，要求加强安全生产工作的监督检查，对需整改的问题，要进一步明确责任，将责任落实到具体部门，加大整改落实力度，促进公司安全生产工作的发展。

2012年1月4日，公司党委书记、经理尚绪岳召开安全生产工作会议，要求公司领导班子成员作为分管部门安全生产工作的第一责任人，要切实负起责任，落实“一岗双责”制度，做好分管部门的安全生产工作，每月至少要检查两次，并建立安全生产活动记录。

2013年8月12日，公司党委书记、经理尚绪岳主持召开安全生产工作会议，研究三合水厂水质改造项目建设工作。为确保水质改造项目建成后的运行安全，对三合水厂一期平流沉淀池和二期斜管沉淀池进行改造，并建设防护棚。12月9日，公司党委书记、经理尚绪岳主持召开安全生产工作会议，通报“11·22”青岛输油管道爆炸事故情况，传达习近平总书记关于爆炸事故的讲话精神和全市安全生产工作会议精神。会议指出，安全生产责任重大，公司及下属单位、部门一定要高度重视，时刻绷紧安全生产这根弦，作为头等大事来抓。会议要求，按照“一岗双责”原则，各相关责任人一定要切实负起责任，加强对职工的安全教育和管理，认真组织学习公司的安全生产管理制度，梳理生产环节存在的管理漏洞，工作中要严格按照公司的规章制度和安全操作规程规范操作，对安全设备进行重新调试。会议强调，按照安全生产工作“谁检查、谁签字、谁负责”的要求，公司安全生产管理部门和人员，一定要提高思想认识，加强业务学习，提升工作水平，严格安全生产检查，本着对事业、对同志、对自己负责的原则，严肃做好公司的安全生产工作。重点要做好防火、防风、防冻和冬季施工安全工作。会议确定，公司将进一步加大安全生产投入，加强安全生产教育，使公司的安全生产工作迈上新台阶。

2014年2月8日，公司党委书记、经理

尚绪岳主持召开安全生产工作会议，要求进一步提高应急抢险水平。为提高应对突发事件能力，特别是停电对供水工作的影响，决定购买发电机组，增加相应的抢修设备；与燃气集团、热力公司对接，实现各方抢修设备资源共享。

2015 年 2 月 10 日，公司党委书记、经理尚绪岳主持召开安全生产工作会议，研究节日期间安全生产工作，指出越是节日期间，工作人员越容易产生麻痹大意思想，各部门要严格按照《关于做好春节和两会期间安全供水工作的通知》要求，扎实做好春节和两会期间的安全供水工作，特别是加强施工现场和车辆运行的安全管理。8 月 19 日，受公司党委书记、经理尚绪岳的委托，公司党委委员、副经理杨勇主持召开安全生产工作会议，学习习近平总书记、李克强总理等党和国家领导同志关于天津港“8・12”特别重大事故批示指示精神；传达学习市公用事业管理局安全生产工作会议精神。10 月 28 日，受党委书记、经理尚绪岳委托，党委委员、工会主席彭涛主持召开冬季防冻工作会议，对公司冬季防冻工作进行部署、安排。

2016 年 1 月 5 日，公司党委书记、经理尚绪岳主持召开安全生产工作会议，通报 2015 年度安全生产工作，对公司安全生产工作给予充分肯定。会议指出安全生产形势仍然不容乐观，要时刻绷紧安全生产这根弦，牢记安全生产红线意识，按照“一岗双责”，全面落实安全生产责任制，进一步加大安全隐患排查力度，提升安全生产基础保障水平。2 月 15 日，公司党委书记、经理尚绪岳主持召开安全生产工作会议，强调各部门要牢记安全生产红线意识，全面落实安全生产责任制，进一步加大安全隐患排查力度，提升安全生产基础保障水平，要进一步加大管线巡查力度，确保供水管线运行安全。3 月 11 日，公司党委书记、经理尚绪岳主持召开安全生产专题会议，学习传达市公用事业管理局安全生产工作会议精神；部署、安排公司安全生产主体责任全面落实实施年工作。7 月 19 日，党委委员、副经理杨勇主持召开防汛紧急会议，传达上级关于加强城市防汛工作精神和做好强降雨防范工作的紧急通知，部署安排公司防汛工作。10 月 8 日，公司党委书记、经理尚绪岳主持召开安全生产工作会议，指出要逐步建立和完善安全风险预控和隐患排查治理双重预防机制，从根本上防范安全事故的发生，构建安全生产长效机制，进一步加强对施工队伍的安全教育，认真抓好冬季安全生产工作。11 月 16 日，党委副书记、副经理丁合对公司冬季防冻工作进行部署、安排，传达《泰安市自来水有限公司关于做好冬季安全生产工作的通知》，听取关于冬季防冻工作措施的工作汇报。

2017 年 2 月 23 日，公司党委书记、经理尚绪岳主持召开安全生产工作会议，指出 2016 年度安全生产工作平稳有序，各项安全保障措施落实到位，全年未发生安全生产事故。但安全生产工作是一项长期的、持之以恒的工作，若要做到防患于未然，必须反复抓、时时抓。会议强调要进一步加大安全生产工作力度，一是对安全生产进行延伸，加大对施工队伍的安全施工管理，全面加强施工现场安全管控，确保安全施工；二是对各部门安全员进行重新核定，并加强安全培训。6 月 27 日，党委委员、副经理杨勇召开安全生产工作会议，传达学习市公用事业管理局汛期安全生产、维稳、反恐工作会议精神，学习《市公用事业管理局关于印发〈安全生产百日攻坚治理行动和执法大检查行动方案〉的通知》，通报省、市有关事故案例及经验教训、领导批示，部署、安排公司安全生产工作。9月27日，党委委员、副经理杨勇召开安全生产风险分级管控与隐患排查治理两个体系建设工作会议，部署安排公司两个体系建设工作。10月12日，党委委员、副经理杨勇召开反恐工作会议，传达学习市公用事业管理局反恐工作会议精神，部署、安排中共十九大期间供水反恐工作。

第四节　安全生产检查

2008年，根据省建设厅《关于开展全省城市供水安全专项检查的通知》（鲁建城函〔2008〕15号），省建设厅安全检查组到公司进行安全检查，提出问题和建议6项，公司及时进行了整改。按照《泰安市人民政府办公室关于印发泰安市安全生产百日督查专项行动实施方案的通知》（泰政发〔2008〕18号）、《泰安市人民政府办公室关于印发泰安市隐患治理年活动实施方案的通知》（泰政办机发〔2008〕52号）、市建设局《关于开展“奥运”期间城市供水安全稳定工作专项检查的通知》（泰建办发〔2008〕39号）要求，公司对生产设备设施、日常管理维护和保养情况、劳动防护用品配备和使用情况、危险化学品管理使用情况进行检查。查出问题24项，并及时进行整改。

2009年，按照《泰安市“安全生产责任落实年”春夏秋冬“四个战役实施方案”》（泰安发〔2009〕7号）、市安委会《关于做好汛期安全生产工作的通知》（泰安发〔2009〕17号）以及《市城建国资公司关于开展打非治违抓责任活动推进安全生产三项行动实施方案》文件要求，公司开展“打非、治违、抓责任”活动，认真贯彻落实“安全生产责任落实年”活动，围绕防火、防雷电、防大风、防暴雨、防高温、防静电、防寒流、防冻裂等进行安全生产检查。根据省住房和城乡建设厅《关于进一步加强全运会期间城市供水安全工作的通知》《关于开展城市供水督查确保城市安全供水的紧急通知》（鲁建电发〔2009〕14号）要求，公司对水源井、水厂、加压站防汛情况进行检查，落实值班制度，完善供水安全应急预案，落实相应的技术、设备和物资，及时掌握水源地水质、水文信息，特别是低洼地势的供水设施，安排人员24小时值守，结合春夏秋冬各个季节特点，展开安全检查10次，查出并整改隐患28项。

2010年，根据《泰安市人民政府关于进一步加强企业安全生产工作的意见》（泰政发〔2010〕78号）、《市城建国资公司关于贯彻泰安发〔2010〕22号文件认真开展“安全生产基层基础年活动的通知”》（泰城建国资发〔2010〕39号），公司强化日常安全生产管理工作，落实“班组日查、车间周查、企业月查”的隐患排查工作机制，认真落实安全生产主体责任。

2011年，按照《市公用事业管理局关于立即组织开展安全生产隐患排查治理工作的通知》（泰公用发〔2011〕56号）、《市公用事业管理局关于认真开展“安全生产基层基础深化年”第三次集中行动切实做好安全生产工作的通知》（泰公用发〔2011〕62号）、《市公用事业管理局关于开展安全生产大检

查的通知》（泰公用发〔2011〕63 号）文件要求，公司认真开展安全检查活动，每月由公司分管领导带队组成安全检查组进行安全检查，重点检查供水生产设备设施运行情况、应急抢修物资储备情况、隐患排查治理情况，尤其是对被占压的供水管道进行普查登记，建立泰安市自来水公司被占压供水管道台账。

2012 年，按照《市公用事业管理局关于开展安全生产大检查活动的通知》（泰公用发〔2012〕120 号）、《市公用事业管理局关于开展“企业主体责任落实年”第三次重点行动的通知》（泰公用发〔2012〕121 号）、《市公用事业管理局关于做好中秋节、国庆节安全生产工作的通知》（泰公用发〔2012〕131 号）、《市公用事业管理局关于加强冬季安全生产工作的通知》（泰公用发〔2012〕154 号）要求，公司在 4 月份、10 月份组织开展了两次围绕水质安全、用电管理、危险化学品、汛期和冬季安全生产检查，查出并整改安全隐患 40 项。

2013 年，按照《市公用事业管理局关于推进安全生产领域“打非治违”和隐患排查治理专项行动的通知》（泰公用发〔2013〕20 号）、《市公用事业管理局关于开展全市公用企业安全生产检查活动的通知》（泰公用发〔2013〕33 号）、泰安市安监局转发的《关于进一步规范和加强冶金等工贸企业建设项目安全设施监管工作的通知》（泰安监发〔2013〕117 号）文件要求，公司对供水机组、供水管道、安全用电、危险化学品、高低压配电设施、施工工地、防汛抢险物资等进行安全检查，全年检查 12 次，对查出的安全隐患及时进行了整改。

2014 年，按照《市公用事业管理局关于深入开展“安全生产责任落实年”活动的通知》（泰公用发〔2014〕3 号）、市住建委《关于开展全市建设系统安全生产百日攻坚行动的通知》（泰建发〔2014〕58 号）、《市公用事业管理局关于集中开展打非治违专项行动的通知》（泰公用发〔2014〕19 号）、省住房和城乡建设厅和省环保厅转发的《关于加强城镇集中式饮用水水源地及供水系统防控污染保障饮水安全工作的通知》（鲁建城字〔2014〕34 号）等文件要求，公司定期对供水重点生产领域、重点环节开展安全生产检查，重点范围和内容为供水生产和施工现场、水质保障、安全生产工艺系统、技术装备、监控设施、作业环境、危险化学品、劳动防护用品佩戴等情况，全年组织检查 12 次，下达整改通知书 20 份，整改安全隐患 45 项。

2015 年，按照市委办公室、市政府办公室《关于切实做好当前安全生产和人员密集场所安全管理工作紧急通知》（泰办发电〔2015〕1 号）、市住建局《关于转发〈山东省住房和城乡建设厅关于进一步做好住房城乡建设系统安全生产工作的紧急通知〉的通知》（泰建发〔2015〕2 号）、《市公用事业管理局关于开展安全生产检查工作的通知》（泰公用办发〔2015〕7 号）、《市政府办公室关于深刻吸取近期省内生产安全事故教训进一步做好安全生产工作的通知》（泰政办发明电〔2015〕47 号）要求，公司每月由公司分管领导带队组成安全检查组，对供水生产设备设施运行管理情况、施工现场安全管理情况、人员劳动防护用品佩戴情况、用电管理情况等进行检查。

2016 年，按照《市公用事业管理局关于建立完善风险科学分级管控和隐患排查治理双重预防机制的通知》（泰公用发〔2016〕12号）、《市公用事业管理局关于进一步做好"安如泰山"安全生产科学预防体系创建工作的通知》（泰公用〔2016〕14号）、《市公用事业管理局关于深入开展安全生产大检查工作方案的通知》（泰公用发〔2016〕53号）、市安委会《关于转发〈国务院安委会办公室关于实施遏制重特大事故工作指南构建双重预防机制的意见〉的通知》（泰安办发〔2016〕71号）文件要求，公司按照"全覆盖、零容忍、严执法、重实效"的要求，以供水管道有限空间、危险化学品、电气和机械伤害、管沟塌方等安全事故易发、高发部位和环节为检查重点，采取班组日查、车间周查、公司月查等方式，对所有供水生产现场、施工现场等进行安全隐患排查，对查出的问题和隐患按照"三定原则"限定时间、落实人员、措施从根本上彻底及时整改，全年组织检查12次，下达整改通知书24份，整改安全隐患70项。

2017年，按照市安委会《关于印发全市持续深入开展安全生产隐患"大排查、快整治、严执法"集中行动实施方案的通知》（泰安发〔2017〕8号）、市安监局《关于在工贸行业企业全面摸排危险化学品安全风险的通知》（泰安监函字〔2017〕17号）、市安委会办公室《关于进一步做好当前安全生产工作确保党的十九大顺利召开的通知》（泰安办发〔2017〕62号）、省住建厅《关于做好城市市政行业安全反恐工作的通知》（鲁建城建字〔2017〕43号）要求，公司开展安全生产、扬尘治理、危化品管理、供水反恐多层次、全方位、拉网式的排查，共排查整改安全隐患65项。

第五节　消防安全

2008年9月，公司投资10万余元更新维护供水调度大楼自动报警系统、自动灭火系统、防烟排烟设施、消防电器和通讯设施，以及建筑防火分离和安全疏散设施等，并顺利通过消防部门的检查验收，达到消防要求。11月，为加强消防控制室的管理，制定《消防控制室管理及应急制度》《火灾自动报警系统操作规程》《安全疏散设施管理制度》，并设专人进行值班。

2009年4月，投资0.6万元，对公司供水调度中心、化验楼、水厂等的重点部位更新灭火设备，新配备灭火器16个，更换灭火器52个，新增铝玻箱17个。

2010年，公司水表检定站办公大楼投入使用，按照消防部门规定，配备消防栓34个，灭火器68个，应急照明灯93个，疏散指示标志69个；与各部门签订2011年度消防安全责任书。

2011年12月，与各部门签订2012年度消防安全责任书。

2012年6月，东岳大街466号办公楼、公司水表检定站办公楼更换疏散指示标志4个，应急照明灯3个，8公斤干粉灭火器充灌4个，配备二氧化碳灭火器4个。12月，与各部门签订2013年度消防安全责任书。

2013年10月1日，通过招标的形式，与山东华森建筑消防项目管理有限公司签订东岳大街466号办公楼六至十层及地下室建筑消防设施维修保养合同。11月中旬，以《中华人民共和国消防法》为依据，按照市公用事业管理局《冬季防火工作实施方案的通知》

要求，开展冬春火灾防控工作，全面排查和整治公司重点部位火灾隐患，确保供水工作安全。按照《泰安市自来水公司公共安全应急预案》的要求，规范公司和重点部位灭火及疏散预案，加强预案演练，提高广大干部职工应急处置能力。12月，公司水表检定站办公楼、三合水厂等场所更换8公斤气体灭火器48个，配置铝玻箱24个；维修干粉灭火器2公斤9个，4公斤71个，8公斤18个；维修二氧化碳灭火器2公斤7个，3公斤60个。水表检定站、调度中心、水质检测中心实验室配备二氧化碳灭火器23支。是月，与各部门签订2014年度消防安全责任书。

2014年7月7日，山东华森建筑消防项目管理有限公司中标，对东岳大街466号办公楼室内消防烟感、报警设备以及中控台进行升级更新改造。8月，三合水厂安装消防应急灯64个，消防标志灯58个。10月1日，与山东华森建筑消防项目管理有限公司签订东岳大街466号办公楼建筑消防设施维修保养合同。11月中旬，开展冬春火灾防控工作。12月，与各部门签订2015年度消防安全责任书。

2015年10月1日，与山东华森建筑消防项目管理有限公司分别签订东岳大街466号办公楼、水表检定站办公楼建筑消防设施维修保养合同。11月，公司水表检定站办公楼及配楼更换疏散指示标志15个，应急照明灯10个，闭门器4个，8公斤干粉灭火器充灌8个，4公斤干粉灭火器充灌71个，3公斤干粉灭火器充灌16个，配备二氧化碳灭火器4支。11月中旬，开展冬春火灾防控工作。12月，与各部门签订2016年度消防安全责任书。

2016年10月1日，与山东华森建筑消防项目管理有限公司分别签订东岳大街466号办公楼、水表检定站办公楼建筑消防设施维修保养合同。11月中旬，开展冬春火灾防控工作。12月，与各部门签订2017年度消防安全责任书。

2017年3月，在环湖水厂组织开展消防演练，邀请市消防支队教官对参演员工进行培训。10月1日，与山东华森建筑消防项目管理有限公司分别签订东岳大街466号办公楼、水表检定站办公楼建筑消防设施维修保养合同。

第六节 劳动保护

2008年6月，公司制定《劳动保护管理规定》，主要内容有：公司通用的劳动防护用品由公司办公室根据使用周期制定发放计划并实施；特殊岗位的劳动防护用品由设备科根据使用周期制定发放标准和计划，由供应科负责采购和发放；公司职工在生产岗位上必须按规定穿戴防护用品，保证安全文明生产；发给个人的防护用品，在使用期限内丢失的不予补发；学徒工、临时工、实习人员与固定职工做同等性质工作的，按同样标准发放劳动用品。

2009—2010年，为进一步加强劳动防护用品的管理，根据公司《劳动防护用品管理规定》要求，及时给职工提供符合国家规定的劳动防护用品，并且要求职工按照劳动防护用品使用规则和防护要求正确使用劳动防护用品，同时对劳动防护用品的购买、验收、保管、发放、使用、更换、报废等管理制度及时修订和完善。

2011 年，组织涉水人员在泰安市中心医院分院泰安市职业病医院查体 63 人；在泰安市疾病预防控制中心健康查体 97 人；委托泰安市疾病预防控制中心对水厂泵房、膜池值班室、加氯间噪声和氯气职业危害因素进行检测，检测结果均合格。

2012 年，在泰安市中心医院分院泰安市职业病医院职业病查体 63 人；在泰安市疾病预防控制中心健康查体 109 人；委托泰安市疾病预防控制中心进行危害因素检测，检测结果合格。

2013 年，在泰安市中心医院分院泰安市职业病医院职业病查体 66 人；在泰山区疾病预防控制中心健康查体 108 人；委托泰安市疾病预防控制中心进行危害因素检测，检测结果合格。

2014 年，在泰安市中心医院分院泰安市职业病医院职业病查体 66 人；在泰安市疾病预防控制中心健康查体 83 人；委托泰安市疾病预防控制中心进行危害因素检测，检测结果合格。

2015 年，在泰安市中心医院分院泰安市职业病医院职业病查体 56 人；在岱岳区疾病预防控制中心健康查体 76 人；委托山东泰山安评环境检测有限公司进行危害因素检测，检测结果合格。

2016 年，在泰安市中心医院分院泰安市职业病医院职业病查体 68 人；在泰山区疾病预防控制中心健康查体 55 人；在岱岳区疾病预防控制中心健康查体 27 人；委托泰安市疾病预防控制中心进行危害因素检测，检测结果合格。

2017 年，在泰安市中心医院分院泰安市职业病医院，组织职业病查体人数 54 人；在泰山区疾病预防控制中心健康查体 48 人；在岱岳区疾病预防控制中心健康查体 20 人；委托山东泰山安评环境检测有限公司进行危害因素检测，检测结果合格。

第七节　应急管理

2008 年，编制《泰安市自来水公司保奥运供水应急预案》《泰安市自来水公司第十一届全运会供水应急预案》。为使预案更贴近实际和具可操作性，确保预案在事故发生后能够快速有效地启动，6 月 28 日，在三合水厂进行氯气泄漏应急抢修演练。

2009 年 3 月，公司民兵抢险队参加市城建国资公司组织的 2009 年民兵点验大会。5 月，在三合水厂进行主变配电设备突然停电应急抢修演练，参加演练的有三合水厂、泉河水厂、设备科、生产计划科、管线所。根据应急抢修预案的实施要求，生计科和办公室负责停水的预告和解释工作，管线所做好管线巡查工作，三合水厂组织技术骨干和经验丰富的维修人员进行作业。8 月，由山东省公安厅和山东省军区联合举办、全省 17 地市参加的“2009 泰山 2 号”反恐演习举行，公司民兵应急抢险救援分队代表市城建国资公司参加，是公司民兵分队成立以来参加的规模最大、级别最高的一次演习活动。

2010 年，根据市城建国资公司《关于开展生产安全事故应急预案备案工作的通知》，公司组织编制《泰安市自来水公司供水应急预案（总预案）》和《水厂氯气泄漏应急预案》《供水管网应急抢险预案》《水质污染应急处置预案》《地震应急预案》《停电应急处置预案》《火灾应急处置预案》6 个专项预案及《供水管网应急抢修方案》《氯气泄漏抢修方案》2个现场处置方案，11月6日通过专家组评审，12月21日在泰安市安全生产监督管理局备案，备案编号为泰安预备〔2010〕综G0001号。

2012年，在三合水厂组织开展消防演练，参演部门有设备科、三合水厂、泉河水厂、保卫稽查科，参加演练人员25人，操作演练使用干粉灭火器20只。

2013年，对各项预案及现场处置方案进行修订，形成《泰安市自来水公司供水应急预案（综合预案）》《水厂氯气泄漏应急预案》《供水管网应急抢险预案》《地震供水应急预案》《停电应急处置预案》《防汛应急预案》《冬季防冻应急预案》《反恐应急预案》《重大节假日供水应急预案》《供水管网抢修方案》《氯气泄漏抢修方案》，12月14日通过专家组评审，2014年2月26日在泰安市安全生产监督管理局备案，备案编号为泰安预备〔2014〕综G0001号。是年，在三合水厂进行供水机组抢修应急演练，参演部门有设备科、三合水厂，参加演练人员15人。

2014年，在灵山大街与龙潭路口东南角举行直径500毫米供水管道爆管抢修应急演练，参演部门有安全科、管线所，参加演练人员15人，使用挖掘机1台，运输车2台，50千瓦发电机1台，抽水机2台及其他抢修常用工具。

2015年，在青春创业园供水增压站举行突发停电应急演练，参演的部门有安全科、泉河水厂，参演人员10人，使用400千瓦应急发电机组1台和其他机电维修常用工具。

2016年，在三合水厂举行氯气泄漏抢修应急演练，参演部门有安全科、三合水厂，参演人员12人，使用防化服2套、空气呼吸器2台、皮卡车1台和加氯机抢修工具。是年，对各项预案及现场处置方案进行修订，形成《泰安市自来水有限公司安全生产事故应急预案（综合预案）》《泰城供水应急预案》《水厂供水应急预案》《供水管道抢修应急预案》《水质污染应急处置预案》《冬季防冻应急预案》《防汛应急预案》《有限空间作业专项应急预案》《人身伤害应急预案》，现场处置方案为《供水管道应急抢修现场处置方案》《高低压配电柜、变压器紧急停送电现场处置方案》。12月24日通过专家组评审，2017年2月22日在市公用事业管理局备案，备案编号为泰公用预备〔2017〕综G001。

2017年3月22日，在环湖水厂举行消防演练，参加人员有公司分管领导，市消防支队人员，办公室、安全科、保卫稽查科、三合水厂、泉河水厂等部门主要负责人、公司机关科室安全员，生产经营单位分管

2013年，供水应急预案专家评审会

安全的负责人以及安全员。演练项目是消防支队人员对参加演练人员进行消防培训；气体灭火器和干粉灭火器操作；消防栓、消防水带的使用。此次演练使用2公斤、3公斤手提式干粉ABC灭火器26只，气体灭火器5只，水龙带2盘。6月，安全科、三合水厂、泉河水厂、营业所、安通公司民兵应急抢险队伍在温泉路中段参加市公用事业管理局组织的防汛应急演练，参演人员40人。

第三章　资产管理

第一节　固定资产管理

2010年6月，因原固定资产管理系统版本老化，不能满足公司管理的需要，将固定资产核算系统升级，使用的浪潮myGS管理软件由6.5版本升级为9.0版本，升级后的管理系统，卡片项目增多，项目细化，提高了工作效率。

2008—2017年泰安市自来水有限公司固定资产变动情况一览表

表5-2

年份	年初数		年末数	
	固定资产原值（万元）	固定资产净值（万元）	固定资产原值（万元）	固定资产净值（万元）
2008	27552	16944	27591	15680
2009	27591	15680	27614	12782
2010	27614	12782	27617	13623
2011	27617	13623	34932	10821
2012	34932	10821	35263	16665
2013	35263	16665	38226	17708
2014	38226	17708	48928	25671
2015	48928	25671	64299	37484
2016	64299	37484	72515	46855
2017	72515	46855	105794	76046

第二节 资产核查

2008年10月，公司第五届五次职工代表大会审议通过《关于供水管业园资产处置意见》，公司对胜利水泥制品厂和供水管业园土地进行清算，并与相关单位进行移交。11月，公司委托会计师事务所对安通公司进行资产核查。经核查，至2008年10月底，安通公司资产总额5736万元，其中货币资金64万元，应收账款173万元，其他应收款1589万元，预付账款1427万元，存货1326万元，固定资产1152万元。

2015年9月22日，为组建泰安市市政公用产业发展集团，泰安市人民政府国有资产监督管理委员会印发《关于同意泰安市自来水公司公司制改制预案的复函》（泰国资办〔2015〕78号），同意公司公司制改制预案，要求按照《中华人民共和国公司法》和《泰安市市属国有企业改制工作程序指引》（泰国资企改〔2010〕1号）等有关规定，依法依规进行清查核资、财务审计和资产评估等工作，并根据审计评估情况，拟定公司改制实施方案，报市国资委审批。

市政府国有资产监督管理委员会组建泰安市市政公用产业发展集团自来水公司评估项目，委托山东永晟资产评估有限公司，对公司截至2015年7月31日的全部资产及负债情况进行评估；组建泰安市市政公用产业发展集团自来水公司审计项目，委托山东天元同泰会计师事务所泰安分所对公司截止2015年7月31日的合并资产负债表、2015年1—7月合并利润表、合并现金流量表和合并所有者权益变动表进行专项审计。

山东永晟资产评估有限公司出具了《泰安市自来水公司企业改制及组建集团项目资产评估报告书》（鲁永晟评报字〔2015〕第037号）：资产总额为103539.84万元，负责总额为73597.24万元，全部股东权益为29942.60万元，增值额16512.41万元，增值率为122.95%。

山东天元同泰会计师事务所泰安分所出具了《泰安市自来水公司审计报告》（天元同泰专审字〔2015〕第3090号）：审定后的资产总额93946.91万元，负债总额为81046.64万元，股东权益总额12900.26万元。

根据上述评估和审计结果，2015年12月3日，市政府国有资产监督管理委员会出具《关于同意泰安市自来水公司改制实施方案的批复》（泰国资〔2015〕28号），同意《泰安市自来水公司公司制改造实施方案》，由全民所有制企业改制为有限责任公司，改制后企业名称为“泰安市自来水有限责任公司”，注册资本为1亿元人民币。

2016年1月20日，在泰安市工商行政管理局更改登记注册信息，泰安市自来水公司正式更名为泰安市自来水有限公司，注册资本1亿元，公司类型为有限责任公司（非自然人投资或控股的法人独资）。2月1日，山东天元同泰会计师事务所泰安分所出具了《泰安市自来水有限公司验资报告》（鲁天元同泰专验字〔2016〕第3002号），审验了公司截至2016年1月31日，已收到股东泰安市城建国有资产经营有限公司以其拥有的截至2015年7月31日评估后的净资产29942.60万元折合股本人民币1亿元，折合股份的每股面值为人民币1元，净资产折股后剩余部分19942.60万元记入资本公积，由公司股东享有。6月8日，经泰安市工商行政管理局批准，公司股东由泰安市城建国有资产经营有限公司变更为泰安市市政公用产业发展集团有限公司，认缴出资额10000万元，认缴出资比例100%，认缴出资方式货币。

第三节　资产处置

2008—2009年，公司将13辆使用年限已久、维修费用过高的车辆，与部分工程款抵顶，收益为98万余元。

2010年，公司将6辆年限久、费用高的车辆，与部分工程款抵顶，收益为18万余元。

2013年5月14日，经市公用事业管理局核准《关于同意泰安市自来水公司制冷设备报废的批复》（泰公用办字〔2013〕36号），同意按照国务院国资委《关于印发国有企业资产损失认定工作规则的通知》（国资评价〔2013〕72号）规定程序将蒸汽型溴化锂冷水机（型号LSM-C146）予以报废处置。经天津中审联资产评估有限公司山东华岳分所评估，并出具《泰安市自来水公司拟处置固定资产资产评估报告书》（津中审联鲁华岳评报字〔2013〕第HY009号），该宗资产账面原值108万元，净值3.24万元，评估价值为11.58万元。经过竞价、招标等公开方式转让，最终以12万元的价格处置，净收益8.76万元。

2016年11月23日，接泰安市规划局《关于E4单元路以东原市食品公司地块规划条件通知书》（泰规条字〔2016〕58号）通知，公司位于原泰安市食品公司地块内市区1号井及地上附属设施被规划为财源街道办事处龙潭路学校用地。泰安市岱宗资产评估有限责任公司对该地块的土地、房屋建筑物、供水及配电设备进行评估，出具《泰安市自来水有限公司市区1号井泵房核实资产价值资产评估报告》（泰岱宗资评字〔2016〕第015号），评估价值为451380.98元。该宗资产账面原值1124561.36元，累计折旧975520.99元，净值149040.37元，净收益302340.61元。2017年5月8日，公司与泰安市泰山区财源街道办事处签订拆迁补偿协议，财源街道办事处按照评估报告的评估价值，支付公司拆迁补偿费用451380.98元，公司将市区1号井泵房范围的土地、房屋建筑物、供水及配电设备的所有权和使用权转让给泰安市泰山区财源街道办事处。

2011—2017年，公司共处置34辆年限久、费用高的车辆，其中部分抵顶工程款，部分直接卖出，收益为1119342.23元。

2008—2017年泰安市自来水有限公司资产处置情况明细表

表5-3

时间	处置资产	原值（元）	累计折旧（元）	净值（元）	处置价（元）	收益（元）
2008.2	红旗	157300	112308.16	44991.84	120000	75008.16
2008.5	红旗	157300	120793.29	36506.71	120000	83493.29
2008.5	红旗	288900	221851.13	67048.87	180000	112951.13

续表 5-3

时间	处置资产	原值（元）	累计折旧（元）	净值（元）	处置价（元）	收益（元）
2008.10	皮卡	101274	83227.54	18046.46	70000	51953.54
2008.12	红旗	157300	135615.29	21684.71	120000	98315.29
2008.12	吊车	600000	392440.91	207559.09	370000	162440.91
2008.12	装裁机	190000	159734.06	30265.94	110000	79734.06
2008.12	桑塔纳	125000	101031.94	23968.06	60000	36031.94
2009.2	江铃皮卡	101274	88685.08	12588.92	70000	57411.08
2009.2	中华	173458	137875.02	35582.98	140000	104417.02
2009.9	长安面包	49400	47913.26	1486.74	35000	33513.26
2009.11	江陵	129171	125295.87	3875.13	70000	66124.87
2009.11	江陵	97692	84222.17	13469.83	35000	21530.17
2009.12	富丽卡	161995	61519.24	100475.76	80000	−20475.76
2010.2	江铃双排汽车	91800	89046	2754	53000	50246
2010.2	五十铃汽车	127130	123316.10	3813.90	48000	44186.10
2010.6	微型面包	36000	5334.12	30665.88	35000	4334.12
2010.8	北斗星	49400	47918	1482	12441.08	10959.08
2010.12	长安新星	49400	47055.20	2344.80	30000	27655.20
2011.5	五十铃轻型载货汽车	102800.00	99716.00	3084.00	970.00	−2114.00
2012.8	哈飞小型普通客车	37900.00	14294.28	23605.72	25000.00	1394.28
2013.5	蒸汽型溴化锂冷水机	1080000.00	1047600.00	32400.00	120000.00	87600.00
2013.6	松花江面包	37900.00	17357.34	20542.66	24000.00	3457.34
2014.1	福田中型面包	80000.00	69535.80	10464.20	10000.00	−464.20
2014.1	江淮箱体货车	65564.50	47311.47	18253.03	19000.00	746.97
2014.1	江铃轻型普通货车	88155.00	72115.92	20542.66	35000.00	18960.92
2014.1	江铃轻型普通货车	87752.00	63681.20	24070.80	35000.00	10929.20
2014.1	江铃轻型普通货车	88195.00	67726.41	20468.59	36000.00	15531.41
2014.1	江铃轻型普通货车	88195.00	67726.41	20468.59	36000.00	15531.41
2014.6	金旅小型客车	74294.00	45092.42	29201.58	38830.00	9628.42

续表 5-3

时间	处置资产	原值（元）	累计折旧（元）	净值（元）	处置价（元）	收益（元）
2014.6	三菱越野车	475435.00	276016.40	199418.60	320000.00	120581.40
2015.1	江铃轻型普通货车	99297.00	81230.54	18066.46	30000.00	11933.54
2015.1	江铃轻型普通货车	98343.00	68883.36	29459.64	30000.00	540.36
2015.1	五菱荣光小型普通客车	51615.00	42904.89	8710.11	15000.00	6289.89
2015.6	五菱小型普通客车	49500.00	42453.45	7046.55	15000.00	7953.45
2015.6	五菱小型普通客车	49742.00	41348.16	8393.84	15000.00	6606.16
2015.1	帕萨特	242200.00	234934.00	7266.00	59890.00	52624.00
2015.8	帕萨特	184600.00	48682.75	135917.25	158760.00	22842.75
2015.8	帕萨特	283100.00	68388.38	214711.62	260000.00	45288.38
2016.3	帕萨特	170703.00	162167.76	8535.24	100000.00	91464.76
2016.3	江淮瑞风客车	131086.00	124531.92	6554.08	60000.00	53445.92
2016.3	江铃宝典轻型客车	99063.00	92802.68	6260.32	45000.00	38739.68
2016.4	帕萨特	176785.00	167945.76	8839.24	100000.00	91160.76
2016.4	五十铃轻型载货汽车	101930.00	96833.52	5096.48	70000.00	64903.52
2016.4	江铃轻型普通货车	96361.00	85186.89	11174.11	45000.00	33825.89
2016.4	江铃轻型普通货车	101888.00	88728.88	13159.12	45000.00	31840.88
2016.11	海虹重型专项作业车	207000.00	196650.00	10350.00	40000.00	29650.00
2016.11	五菱小型普通客车	50537.00	48010.32	2526.68	15000.00	12473.32
2017.2	帕萨特	191100.00	185367.00	5733.00	100000.00	94267.00
2017.4	江淮厢式货车	32235.36	8628.40	23606.96	24000.00	393.04
2017.4	五菱小型普通客车	49500.00	47025.36	2474.64	15000.00	12525.36
2017.5	市区 1 号井	1124561.36	975520.99	149040.37	451380.98	302340.61
2017.11	帕萨特	191042.00	185310.74	5731.26	80000.00	74268.74
2017.11	帕萨特	178785.00	169845.84	8939.16	80000.00	71060.84
2017.11	帕萨特	178785.00	169845.84	8939.16	80000.00	71060.84

第四章 财务管理

第一节 成本管理

2008年，公司制定《安通公司材料结算法》，规定安通公司使用的所有材料，由安通公司提报计划，经分管领导签字后，再由供应科比价采购。材料出库应按工地分别记账算成本。安通公司承建所有工程，包括户表改造工程及自来水公司工程，完工工程都要出具总工程量的正式决算，并设台账登记管理，作为核算安通公司工程量的依据。理顺了供应科、市户表办、安通公司、财务科之间的材料结算传递程序。是年，生产成本5611万元。主要因素有：原水费1414万元，比2007年增加123万元。主要是由于黄前水库原水费计量标准上调，由原来每天7.8万吨上升为每天8.3万吨。支付水资源费830万元，比上年增加30万元。由于电价上调增加电费支出50万元。2008年，由于城镇土地使用税收费标准提高，税金支出增加20万元。是年，支付管理费用1383万元，同比增加39万元。按照医疗保险列支的有关规定，对医疗保险的列支进行调整，由福利费调入管理费用，增加管理费用102万元。

2009年，生产成本为6192万元，管理费用为1736万元，财务费用516万元，同期比增加394万元，短期银行贷款利息594万元全部计入财务费用。

2010年，公司生产成本为7102万元，管理费用1684万元，财务费用501万元，销售税金及附加50万元，供水总成本为9337万元。影响成本增加的主要因素为支付水资源费940万元，同比增加119万元。是年，将已完工未转固定资产计提折旧493万元。

2011年，生产成本7757万元，管理费用2012万元，财务费用335万元，主营业务税金及附加57万元，供水总成本10161万元。影响成本增加的主要因素是工资和福利费增加311万元，为职工缴纳的社会保险费和住房公积金增加223万元。

2012年，公司生产成本8705万元，管理费用2347万元，财务费用218万元，主营业务税金及附加65万元，供水总成本11335万元。影响成本增加的主要因素是电费增加340万元，净水药品费增加64万元，工资和福利费增加249万元，为职工缴纳的社会保险和住房公积金增加303万元。

2013年，公司生产成本10037万元，管理费用2303万元，财务费用588万元，主营业务税金及附加68万元，供水总成本12996万元。影响成本增加的主要因素是电费增加257万元；水资源费增加61万元；按照泰安市精神文明建设委员会《关于印发〈泰安市文明单位（机关）管理办法〉的通知》“市级文明单位，单位职工全员每年可一次性增发不超过一个月工资的奖金”的规定，公司在职职工在2013年12月发放一个月工资的奖金227万元，因此2013年度的工资和福利费较上年增加640万元；折旧增加384万元。

2014年，公司生产成本10599万元，管理费用3274万元，财务费用265万元，主营业务税金及附加57万元，供水总成本14195万元。2013年底，将三合水厂水质提升工程暂转入固定资产，因此2014年三合水厂工程增加折旧773万元，水资源费增加123万元，电费增加246万元。

2015年，公司生产成本12024万元，管理费用3623万元，财务费用10万元，主营业务税金及附加43万元，供水总成本15700万元。2014年底，将公司已完工且达到可使用状态但尚未办理竣工决算的工程，暂估转入固定资产，并计提折旧，这批暂估资产在2015年度共计提折旧668万元，电费增加212万元，水资源费增加90万元，修理费增加70万元，公司2013年被评为“省级文明单位”，按照规定，2015年12月在职职工加发一个半月实发工资405万元作为奖金，因此2015年度的工资及福利费较上年增加587万元。

2016年，公司生产成本15234万元，管理费用4014万元，财务费用–13万元，主营业务税金及附加62万元，供水总成本19297万元。由于公司在2015年底改制，根据事务所出具的评估报告对固定资产评估值进行调整，调整后每年增加折旧125万元，无形资产摊销增加98万元；修理费增加884万元；净水药品费增加96万元；由于从大河水库管理处、彩山水库和小安门水库购买原水，原水费增加193万元；水资源费增加958万元；工资、福利费及社会保险和公积金共计增加351万元。

2017年，公司生产成本16902万元，管理费用4113万元，财务费用–73万元，主营业务税金及附加215万元，供水总成本21157万元。成本增加的主要原因为2017年将公司已完工且达到可使用状态但尚未办理竣工决算的工程，暂估转入固定资产，并计提折旧，这批暂估资产在本年共计提折旧1981万元。

2011—2017年泰安市自来水有限公司成本指标变化情况表

表5–4

年份	供水量（万立方米）	售水量（万立方米）	售水收入（万元）	单位成本（元/立方米）	单位电耗（千瓦时/立方米）	漏失率（%）	利润总额（万元）
2008	3972.88	2549.14	5780.11	3.03	0.18	35.84	−475.02
2009	4059.88	2667.16	6038.65	3.18	0.20	34.30	196
2010	4153	3083.10	7150.37	3.03	0.215	25.00	406
2011	4597.58	3275.85	7638.12	2.40	0.199	28.75%	496.21
2012	4976.27	3563.52	8288.70	2.51	0.214	28.39%	362.81
2013	5280.99	3788.01	8807.66	2.72	0.226	28.27%	271.56

续表 5-4

年份	供水量（万立方米）	售水量（万立方米）	售水收入（万元）	单位成本（元/立方米）	单位电耗（千瓦时/立方米）	漏失率（%）	利润总额（万元）
2014	5325.10	4174.19	9849.69	2.67	0.270	21.61%	225.87
2015	5362.41	4624.96	11000.09	2.85	0.336	13.75%	374.21
2016	5570.17	4701.16	13756.76	2.95	0.302	15.60%	263.56
2017	5707.91	4951.12	14400.78	3.16	0.303	13.26%	301.93

第二节　财务核算

2008 年 7 月，为理顺财务科与供应科、安通公司的材料出入库单传递程序，公司使用材料出入库管理软件，做到了财务科总账与供应科明细账相符，供应科明细账与实物相符。是年，对原遗留在技协账户中的户表改造工程进行细致整理，理清每项工程的收入和成本，同时分清人工成本及材料成本，及时掌握各工程的预收款及施工进度。同年，为加强发票的领购与管理，根据财务制度的有关要求，将营业所负责的水费发票领购工作转由财务科管理。为完善固定资产结转手续，公司召开专题会议，对在建工程结转固定资产的程序作出明确规定，要求对已完工的管网工程及时结转。

2009 年 11 月，依据财政部《关于企业加强职工福利费财务管理的通知》（财企〔2009〕242 号），工资、福利费、工会经费及职工教育经费按新会计准则核算。由原应付工资等科目按计提数入账，改为按实际发生数入账，科目不应有余额。

2010 年，为理顺材料领用程序，机修厂由原来与安通公司核算材料费用转为直接同公司核算。

2013 年开始，按照《企业会计准则第 16 号政府补助》的相关会计核算规定，与资产相关的政府补助确认为递延收益，将市财政局拨付的供水专项配套费和公司代收上缴市财政局后返还的水附加费，收到时确认为递延收益，按照供水管道的受益年限平均摊销分次计入以后各期的收入；与收益相关的政府补助，用于补偿公司以后期间的相关费用或损失的，取得时确认为递延收益，在确认相关费用的期间计入当期损益；用于补偿公司已发生的相关费用或损失的，取得时直接计入当期损益。

2015 年末，按照《企业会计准则》要求，根据年终审计会计师事务所的审计调整，对应收账款、其他应收款及预付账款进行全面检查，预计各项应收款项可能发生的坏账、对于没有把握收回的应收款项，计提坏账准备。

2016 年初，根据《企业会计准则第 3 号投资性房产地产》的规定，投资性房地产是指为赚取租金或资本增值，或者两者兼有而持有的房地产。鉴于公司持有的东岳大街办公楼和灵山大街办公楼的目的是赚取租金，因此将该两处办公楼相应地由固定资产转换为投资性房地产核算。

2017 年，根据市属企业负责人经营业绩考核与薪酬管理委员会办公室的要求，将企业负责人薪酬放在应付职工薪酬科目下，按照各负责人姓名设明细科目单独核算。

第三节　税务管理

2008 年 1 月起，企业所得税税率调整为 25%，应纳所得税额 = 应纳税所得额 × 适用税率。土地税缴纳标准由原来的 4 元 / 平方米调整为 8 元 / 平方米。

2009 年，个人所得税由原来的集体统一申报改为全员全额申报。需将每位职工每月收入及社会保险扣缴情况详细申报。

2010 年，公司上缴税金 633 万元，其中增值税 486 万元，城建税 31 万元，文教基金 18 万元，房产税 52 万元，土地税 32 万元，营业税 14 万元。

2014 年 6 月 13 日，财政部、税务总局联合下发《关于简并增值税征收率政策的通知》（财税〔2014〕57 号），规定自来水销售业务“依照 6% 征收率调整为依照 3% 征收率”，自 2014 年 7 月 1 日起执行。

2015 年 12 月 14 日，市财政局要求缴纳 2009—2015 年收取配套费的营业税、城市维护建设税、教育费附加、地方教育附加及地方水利建设基金，共计缴纳 1489.56 万元。

2016 年 5 月 1 日，按照财政部、税务总局在全国范围内全面推开营业税改征增值税试点的要求，公司原缴纳营业税的应税项目全部改为缴纳增值税，如房租收入、维修费收入等，原纳税项目税率不变。由于营业税为价外税，而增值税为价内税，降低了公司税负。

2017 年 5 月 22 日，根据山东省人民政府办公厅《关于进一步清理规范政府性基金和行政事业性收费的通知》（鲁政办字〔2017〕83 号），自 2017 年 6 月 1 日至 2020 年 12 月 31 日，减半征收地方水利建设基金，由按照增值税实际缴纳额的 1% 调整为 0.5%。

2008—2017 年泰安市自来水有限公司纳税情况统计表

表 5-5　　　　单位：万元

年份	上缴税金	年份	上缴税金
2008	573	2013	1115
2009	575	2014	1047
2010	633	2015	2392
2011	751	2016	1384
2012	814	2017	1285

第四节 资金管理

2008年7月，市政府印发《城市基础设施配套费征收使用管理办法》，其中供水专项配套费按建筑面积征收为24元/平方米。是年，公司争取财政部门安全生产专项资金20万元，灵山大街工程材料补贴17万元；争取银行贷款7600万元，同比减少400万元。

2009年，公司恢复征收水附加费，全年共征收421万元，全部抵顶国债本息。

2010年，公司多项基建工程项目开工建设，为缓解资金压力，环湖水厂项目财政拨入资金90万元，老城区管网改造工程财政拨入资金400万元。三合水厂改造和老城区管网改造两个工程项目争取地方政府债券贷款3850万元，期限5年，其中三合水厂改造项目3250万元，老城区管网改造项目400万元。

2011年8月29日，市财政局下发《关于拨付自来水公司地方政府债券贷款贴息补助资金的通知》，拨付公司地方政府债券贷款贴息资金100万元。

2012年7月20日，市财政局下发《关于下达国家补助2012年供水管网建设与改造中央基本建设投资预算指标的通知》（泰财建指〔2012〕265号），省财政厅下达泰安市国家补助2012年中央基建投资预算指标800万元，专项用于泰安市城区供水管网完善项目。11月6日，市财政局（泰财企指〔2012〕80号）拨付住宅小区二次加压设备运行补贴200万元。12月6日，市财政局下发《关于下达国家补助2012年市政基础设施建设中央基本建设投资预算指标的通知》（泰财建指〔2012〕204号），国家补助2012年市政基础设施建设中央基本建设投资预算指标1030万元，分别用于泰安城区供水管网完善项目170万元和泰安城区供水管网建设与改造项目860万元。

2013年8月26日，市财政局发文《关于拨付自来水公司住宅小区二次加压设备运行补助资金的通知》（泰财企指〔2013〕51号）拨付住宅小区二次加压设备运行电费补贴200万元。9月4日，市住房和城乡建设委员会拨付2013年公共建筑节能改造示范项目奖励资金84万元。10月10日，公司申报的三合水厂改造工程，市发展改革委《关于转发城镇供排水设施建设2013年中央预算内投资计划的通知》（泰发改投资〔2013〕348号），下达了2013年中央预算内投资计划1000万元。11月4日，市财政局《关于拨付专项资金的通知》（泰财企指〔2013〕75号）拨付专项资金200万元，用于专项支付三合水厂水质深度改造工程形成的地方政府债券贷款及银行贷款利息。是年市财政局共返还水附加1090万元。

2014年7月24日，市财政局下发《关于下达2014年地方政府债券资金的通知》（泰财企指〔2014〕29号），下达公司2014年地方政府债券资金3000万元，其中5年期、7年期、10年期结构比例为4:3:3，专项用于环湖水厂建设项目。12月30日，市财政局拨付专项资金300万元，专项用于2014年市政消火栓建设项目。是年，市财政局共返还水附加691.47万元。

2015年3月23日，市财政局拨付专项资金2000万元，用于市政消火栓建设项目。7月3日，市财政局下发《关于下达2015年地方政府债券资金的通知》（泰财企指〔2015〕

29号），下达公司2015年地方政府债券资金2000万元，其中3年期、5年期、7年期、10年期结构比例为2∶3∶3∶2，专项用于环湖水厂建设项目。8月27日，市财政局拨付专项资金1600万元，专项用于市政消火栓建设项目。8月27日，为进一步提高泰城供水服务质量，保障居民供水需求，市财政局《关于拨付自来水公司住宅小区二次加压设备运行补助资金的通知》（泰财企指〔2015〕45号），拨付住宅小区二次加压设备运行电费补贴200万元。8月31日，市水利和渔业局拨付小安门水库引水工程代建资金1818万元，专项用于小安门水库引水工程。12月9日，市财政局下发《关于拨付供水基础设施建设补贴资金的通知》（泰财企指〔2015〕75号），拨付大型供水基础设施建设补贴资金2100万元，专项用于供水基础设施建设。是年，市财政局共返还水附加902.69万元。

2016年6月8日，岱岳区财政局根据《关于拨付2015年省预算内城乡建设基础设施投资资金的通知》（泰岱财建指〔2016〕16号），下达省预算内投资专项资金400万元，用于泰安市岱岳区供水管网完善工程。6月，市经济和信息化委员会、市政府节约能源办公室联合下发《2015年度市级节能专项资金项目计划的通知》（泰经信节字〔2015〕137号），拨付2015年节能专项资金84万元。6月29日，市财政局拨付1000万元，专项用于城市公共消火栓建设项目。8月22日，市财政局下发《关于拨付2016年地方政府专项债券资金的通知》（泰财建指〔2016〕43号），拨付2016年地方政府专项债券资金1000万元，其中3年期、5年期、7年期、10年期结构比例为2∶3∶3∶2，专项用于彩山水库引水工程建设项目。8月22日，市财政局《关于拨付专项资金的通知》（泰财建指〔2016〕41号、泰财建指〔2016〕42号），分别拨付专项资金100万元和500万元，专项用于城市公共消火栓维护和彩山水库引水工程项目补助资金。8月，市劳动就业办公室拨付稳岗补贴30.72万元。9月18日，市财政局（泰财建指〔2016〕59号）拨付水资源补助900万元和二次供水设施电费补贴100万元。12月30日，市财政局通过市公用事业管理局拨付公共消火栓建设资金544.7万元。至此，根据泰城消火栓投资评审报告〔2014〕362号及〔2016〕014号，泰城公共消火栓建设项目建设资金5444.7万元拨付完毕。是年，市财政局共返还水附加822.18万元。

2017年11月1日，市财政局通过市公用事业管理局拨付专项资金500万元，专项用于彩山水库引水工程项目补助资金；拨付专项资金123万元，用于城市公共消火栓维护。3月15日，财政部下发《关于取消、调整部分政府性基金有关政策的通知》（财税〔2017〕18号）要求从2017年4月1日之后，取消一切城市公用事业附加；3月31日，市物价局《关于泰城供水价格中不再包含城市用水附加的通知》（泰价格发〔2017〕27号）要求从2017年4月1日起取消泰城供水价格中的城市用水附加。公司自2017年4月1日后，综合水价中不再征收城市用水附加。是年，市财政局共返还水附加932.69万元。

第五节　财务审计

2008年3月，市审计局对公司收取的建

设资金进行专项检查，主要检查水附加的收取使用情况及污水处理费的代收代缴情况。公司如实提供各种报表及情况说明，并顺利通过检查。

2010年4月，市财政局对公司代收污水处理费进行专项审计，由于无税代收代缴工作已通过收费软件进入正常程序，因此顺利通过检查。9月，市财政局对公司小金库进行调账检查，经审计，公司不存在小金库行为。11月，审计署对黄河流域水资源利用工作进行专项审计，对公司2009年至2010年10月的污水处理、水资源费的代收代缴进行审计，公司积极配合提供各种数据及基础资料，审计工作顺利完成。

2015年8月，山东天元同泰会计师事务所有限公司泰安分所对公司2012—2014年度的经营状况进行审计，并出具《专项审计报告书》（天元同泰专审字〔2015〕第3081号），确定2012—2014年度经营业绩考核指标完成情况，并以2012—2014年度的平均值，确定2015年度经营绩效考核指标基准值，从而制定公司2015年度经营绩效考核目标值。

2016年2月，山东天元同泰会计师事务所有限公司泰安分所根据2015年度审计报告，对公司2015年度经营业绩考核指标完成情况出具《专项审计报告书》（天元同泰专审字〔2015〕第3084号），并确定了2015年度经营业绩考核指标的完成值。同时，根据《关于做好市属企业2015年度工资总额清算和2016年度工资总额预算工作的通知》（泰国资办〔2015〕第109号），对公司2015年度工资总额预算执行情况进行专项审计，并出具了《专项审计报告书》（天元同泰专审字〔2016〕第3076号），核定2015年度实际发放工资总额4035.30万元。4月，市审计局下发《泰安市审计局对泰安市本级城市污水处理绩效情况进行审计调查的通知》（泰审通字〔2016〕46号），对公司2011—2015年为市城市排水管理处及泰山工业园区管理委员会代收代缴的污水处理费进行延伸审计。经审计，公司按照国家和地方相关规定征收污水处理费，未出现截留、挤占及挪用污水处理费情况。

2017年2月，泰安泰岳联合会计师事务所对公司2016年度的经营状况进行审计，并出具《泰安市自来水有限公司专项审计报告》（泰岳专审字〔2017〕第3014号），确定2016年度经营业绩考核指标完成值。同时，根据《关于做好市属企业2016年度工资总额清算和2017年度工资总额预算工作的通知》（泰国资办〔2017〕3号），对公司2016年度工资总额预算执行情况进行专项审计，并出具了《专项审计报告书》（泰岳专审字〔2017〕第3013号），核定2016年度实际发放工资总额4573.39万元。4月，市审计局财政科对市财政局进行审计，对公司综合水费中代收的污水处理费、水附加和水资源进行延伸审计，公司代收的各项费用均按时足额上缴，顺利通过审计。7月，市审计局投资局对小安门水库引水工程进行专项审计。经审计，小安门水库引水工程实际总投资为2435.49万元，并出具了《泰安市小安门水库引水项目竣工决算审计报告》（泰审报〔2017〕55号）。9月，市审计局经贸科根据省审计厅统一要求，对公司2015年至2017年6月的账务进行国有企业资产质量专项审计调查，主要调查了资产结构、债务、融资及盈利情况，顺利通过检查。

第六节　房产管理

东岳大街调度中心办公楼　位于东岳大街466号，2001年10月建成。2011年3月，主楼1～5层出租给兴业银行，主楼6层出租给中国人民人寿保险股份有限公司泰安中心支公司，东配楼1～2层出租给华夏保险公司，主楼10层出租给山东泰诚律师事务所，主楼11层机房出租给中国移动泰安分公司。2017年12月，7、8、9层空置。

市区4号井　即原地委北院增压站，2008—2017年出租给稻香园和姜玉坤眼镜店。商业楼西1楼于2017年4月出租给稻香园，租期到2018年3月，租金为3万元；商业楼1～3层2017年9月出租给姜玉坤眼镜店，租期到2018年8月，租金为28万元。

洼子街营业楼　1987年1月从拆迁办购买，1992年重签购房合同。中户于2017年5月出租给宾馆，租期到2022年；东户于2016年1月出租给个人经营餐饮，租期到2018年12月；西户于2016年6月出租给个人经营动漫城，租期到2018年6月。

东区宿舍南侧2楼营业楼　2006年建成。东户1～2楼于2017年8月出租给保安诊所，租期到2018年7月；西户1～2楼于2017年2月出租给个人开药店，租期到2018年1月。

灵山大街办公楼　1984年6月建成。经招投标在2015年出租给暄和宾馆，租期到2023年。

青山小区5号营业楼　共3层，建筑面积308.9平方米，1994年11月从泰山区旅游开发公司购买。2017年8月租赁给个人开设家电维修和宾馆，租期到2018年。

市场街管理房　占地面积30平方米，自2008年起长期出租给个人做仓库使用，租期到2018年9月。

元宝商场　占地面积6平方米，自2008年起长期出租给个人做仓库使用，租期到2018年12月。

青龙街泵房　占地面积30平方米，自2008年起长期出租给个人做仓库使用，租期到2018年12月。

供水管理房　2008年到2013年供水管理房由营业所和二次供水管理办公室自行管理，2013年以后统一交由公司办公室管理，对符合租赁条件的供水管理房进行对外出租。共移交供水管理房108处，符合对外租赁条件的有28处。

西区加压站　根据泰安城规划调整，由原址迁建到东岳大街472号，2016年9月建成，建筑面积3505平方米。楼高7层，分为地上6层和地下1层，地上6层于2017年9月租赁给威海市商业银行泰安分行，租期8年。地下1层安装加压设备，作为供水应急加压站。

第五章 人力资源管理

第一节 劳动用工管理

一、工人招收与调配

2007 年起，公司接管小区用户增多，部分岗位人员不足，经公司党委研究，并报市城建国资公司批准，通过考试招收公司部分职工子女为计量收费工。人员调配由市城建国资公司审批。2008 年招收计量收费工 9 人，批准调入 6 人；2009 年招收计量收费工 13 人，批准调入 14 人；2010 年招收计量收费工 43 人，批准调入 8 人；2011 年招收计量收费工 6 人，批准调入 20 人；2012 年招收计量收费工 21 人，批准调入 19 人；2013 年批准调入 15 人；2014 年招收计量收费工 13 人，批准调入 19 人；2015 年招收计量收费工 9 人，批准调入 21 人；2016 年招收计量收费工 8 人，批准调入 22 人；2017 年招收计量收费工 4 人，批准调入 15 人。

自 2011 年 5 月，市公用事业管理局成立，人员调配由市公用事业管理局审批。

二、工作时间

2009 年，印发《关于法定节假日、双休日值班和加班管理规定》的补充规定（泰水〔2009〕9 号），规范法定节假日、双休日加班费及各项补助的管理工作。

2011 年，党委会议〔2011〕4 号纪要明确加班费支付办法，规定法定节假日加班要严格按照事前制定的值班表执行；双休日和工作日加班，由公司根据实际情况确定相关部门每月的加班天数，领导班子成员不发双休日值班加班费。

2012 年，党委会议〔2012〕1 号纪要明确，在党委会议〔2011〕4 号纪要关于加班费规定的基础上，适当增加相关单位、部门每月的加班天数。

2016 年 12 月，党委会议〔2016〕15 号纪要明确原加班费全部取消，需要周末加班（值班）的，原则上进行调休或轮休，确实无法进行调休或轮休的，按照实事求是的原则严格进行审批；取消中层干部的周末加班（值班）费；加班费统一调整为 100 元 / 工作日，包括法定节假日。

三、考勤与劳动纪律

2009 年，印发《关于严禁酒后驾车的通知》，要求职工坚决杜绝酒后驾车行为。

2010 年，印发《关于工作时间禁止饮酒的规定》（泰水党字〔2010〕4 号），规定公司全体干部职工工作时间禁止饮酒（包括含酒精的饮料）；公司驾驶员执行公务时任何时间均禁止饮酒，严禁酒后驾车；公司各岗位值班人员，值班期间禁止饮酒。

2011 年 12 月 25 日，公司第六届职工代表大会通过《泰安市自来水公司劳动纪律管理规定》，对公司劳动纪律管理作出规定。

2015年12月14日，第六届十次职工代表大会通过了关于《对公司〈劳动纪律管理规定〉进行修改的说明》，对《泰安市自来水公司劳动纪律管理规定》进行修改完善。《规定》在劳动纪律、处罚、休假、考勤四个方面强调了劳动纪律管理的重要性，要求公司全体干部职工必须遵守国家的政策、法律、法规，遵守公司的各项规章制度，在此基础上完成生产任务和工作任务。

四、内部退养

2008—2009年，按照2001年3月20日公司第四届职工代表大会审议通过的《职工内部退养的暂行规定》落实职工内部退养。内退年龄为男职工年满53周岁、女职工年满48周岁；男职工年满48周岁、女职工年满43周岁可以自愿申请内部退养；因身体原因，由个人申请，经公司党委研究同意，可以办理内部退养。2001至2009年末，共办理职工内部退养71人，其中正常内退62人，因身体原因内退9人。

2010年，办理职工内部退养18人，其中因身体原因内退5人，自愿内退1人。

2011年12月25日，公司第六届职工代表大会审议通过《关于对〈泰安市自来水公司职工内部退养的暂行规定〉进行修改的意见》，对内退待遇进行了重新规定，加大了提前退养工资待遇的扣发力度。是年，办理职工内部退养14人，其中因身体原因内退3人。

2012年，办理职工内部退养17人，其中因身体原因内退2人。

2013年，办理职工内部退养13人。

2014年，办理职工内部退养18人，其中因身体原因内退1人。

2015年，办理职工内部退养17人，其中因身体原因内退2人。

2016年，办理职工内部退养23人。

2017年，办理职工内部退养26人，其中因身体原因内退2人。

五、停薪留职、自谋职业

2007年，1名职工办理停薪留职手续，后改为自谋职业。2016年5月，停止与公司签订的自谋职业协议，该职工退休。至2017年12月31日，公司已无此类情况。

六、劳动合同管理

2008年9月，《中华人民共和国劳动合同法实施条例》发布，公司劳动合同签订和鉴证，劳动合同变更、终止和续订，劳动合同解除和日常管理工作都按相应法规进行管理。是年，职工名册及每位职工劳动合同期限等内容均实行微机管理。

2008年签订劳动合同27人；2009年签订劳动合同22人，解除劳动合同1人；2010年签订劳动合同41人，解除劳动合同3人；2011年签订劳动合同22人；2012年签订劳动合同33人，解除劳动合同2人；2013年签订劳动合同12人；2014年签订劳动合同35人，解除劳动合同1人；2015年签订劳动合同29人；2016年签订劳动合同30人，解除劳动合同3人；2017年签订劳动合同20人，解除劳动合同2人。

2013年起，公司除签订纸质版劳动合同外，统一在泰安市劳动用工备案管理信息系统中实行微机管理。

第二节 薪酬体系

2008年，公司继续实行岗位技能工资制。

2009年2月起，对各部门中层助理给予每月120元的岗位补贴。共有19人享受该项补贴。3月起，班组长（兼安全员）享受标准为每月20元的补贴。共有61人享受该项补贴。

2015年7月30日，泰安市人民政府印发《泰安市市属企业负责人经营业绩考核与薪酬管理暂行办法的通知》（泰政字〔2015〕45号），确定对企业负责人实施日常经营业绩考核，并按照考核结果确定企业负责人薪酬。

2016年，印发《关于工资制度改革的实施方案》（泰水字〔2016〕27号），对现行工资制度进行调整和改革。

第三节 工资调整

2008年8月，根据市政府《关于发布2007企业工资指导线的通知》（泰政发〔2007〕48号）文件精神，公司为2006年12月31日在职职工515人增加工资。技能工资由175元起点调整到185元起点，提高2个序号，再提高4级；岗位工资由165元起点调整为180元起点，提高3个序号。该次增资以2006年全市企业在岗职工平均工资14595元为基数。增长比例为16.97%。

2009年8月，根据市政府《关于发布2008年企业工资指导线的通知》（泰政发〔2008〕62号）文件精神，为公司2007年12月31日在职职工510人增加工资。将岗位工资标准提高2个序号，由180元起点调整为190元起点；提高技能工资序号及级别，将技能工资提高5个序号，由185元起点调整到210元起点，再提高2级。该次增资以2007年全市企业在岗职工平均工资16878元为基数。增长比例为15.3%。

2010年4月，根据市政府《关于发布2009年企业工资指导线的通知》（泰政发〔2009〕61号）文件精神，为2008年12月31日在册职工共计558人增长工资。岗位工资标准提高2个序号，由190元起点调整为200元起点；技能工资提高2个序号，由210元起点调整到220元起点，再提高2级。此次增资从2009年1月1日起执行。10月，根据泰政发〔2010〕45号《泰安市人民政府关于发布2010年企业工资指导线的通知》文件精神和公司工资集体协商协议条款，为2009年12月31日在册职工共计597人增长工资。以2009年全市企业在岗职工平均工资24757元为基数，增长比例确定为12.17%。岗位工资标准提高4个序号，由200元起点调整为220元起点。技能工资使用原序号，提高4级。此次增资自2010年1月1日起执行。

2011年12月，根据泰人社发〔2011〕224号《贯彻省政府〈关于发布2011年企业工资指导线的通知〉的实施意见》文件精神和公司工资集体协商协议条款，为2010年12月31日在册职工共计596人增长工资。以2010年全市企业在岗职工平均工资29728元为基数，增长比例确定为15%。岗位工资标准提高6个序号，由220元起点调整为250元起点。技能工资使用原序号，提高7级。此次增资自2011年1月1日起执行。

2012 年 9 月，根据泰政发〔2012〕19 号《泰安市人民政府关于公布 2012 年企业工资指导线的通知》文件精神和公司工资集体协商协议条款，为 2011 年 12 月 31 日在册职工共计 614 人增长工资。以 2011 年全市企业在岗职工平均工资 33929 元为基数，增长比例确定为 15%。岗位工资标准提高 3 个序号，由 250 元起点调整为 265 元起点。将技能工资标准提高 4 个序号，由 220 元起点调整为 240 元起点；技能工资提高 5 级。此次增资从 2012 年 1 月 1 日起执行。

2013 年 11 月，根据《泰安市人民政府关于公布 2013 年企业工资指导线的通知》（泰政发〔2013〕15 号）文件精神和公司工资集体协商协议条款，为 2012 年 12 月 31 日在册职工共计 642 人增长工资。以 2012 年全市企业在岗职工平均工资 38511 元为基数，增长比例确定为 13.21%。岗位工资标准提高 5 个序号，由 265 元起点调整为 290 元起点。将技能工资标准提高 2 个序号，由 240 元起点调整为 250 元起点；技能工资提高 6 级。此次增资从 2013 年 1 月 1 日起执行。

2014 年 7 月，根据《泰安市人民政府关于公布 2014 年企业工资指导线的通知》（泰政发〔2014〕18 号）文件精神和公司工资集体协商协议条款，为 2013 年 12 月 31 日在册职工共计 655 人增长工资。以 2013 年全市企业在岗职工平均工资 43020 元为基数，增长比例确定为 10%。将岗位工资标准提高 5 个序号，由 290 元起点调整为 315 元起点。技能工资提高 6 级。此次增资从 2014 年 1 月 1 日起执行。

2016 年 7 月，根据《泰安市人民政府关于公布 2015 年企业工资指导线的通知》（泰政发〔2015〕35 号）文件精神和公司工资集体协商协议条款，为 2014 年 12 月 31 日在册职工共计 668 人增长工资。以 2014 年全市企业在岗职工平均工资 45485 元为基数，增长比例确定为 14%。工资项目调整后，技能工资增加，住房补贴相应增加，此次增资从 2015 年 1 月 1 日起执行。

2017 年 8 月，根据《泰安市人民政府关于公布 2017 年企业工资指导线的通知》（泰政发〔2017〕37 号）文件精神和公司工资集体协商协议条款，为 2016 年 12 月 31 日在册人员共计 675 人增长工资。以 2016 年全市企业在岗职工平均工资 50188 元为基数，增长比例确定为 7.5%。此次增资从 2017 年 1 月 1 日起执行。

第四节　社会保险

一、养老保险

2008—2010 年，养老保险缴费比例为单位 20%、个人 8%。

2011 年 11 月，山东省人力资源和社会保障厅与省财政厅联合印发《关于降低企业职工基本养老保险单位缴费比例的通知》（鲁人社发〔2011〕84 号），规定参加企业职工基本养老保险的用人单位缴费比例高于 19% 的可降低 1 个百分点，自 2011 年 7 月 1 日起执行。至 2017 年，单位缴费比例调整为 18%，个人缴费比例为 8%。

2008—2017 年泰安市自来水有限公司养老保险缴费基数及比例情况一览表

表 5-6

缴费时间	最低缴费基数（元）	最高缴费基数（元）	缴费比例（%）	
			单位	个人
2008.4—2009.3	920	5678	21	8
2009.4—2010.3	950	6602	21	8
2010.4—2010.12	950	7420	20	8
2011.1—2011.12	1220	8424	18	8
2012.1—2012.12	1400	9610	18	8
2013.1—2013.12	1900	10730	18	8
2014.1—2014.12	2382	11597	18	8
2015.1—2015.12	2623	13115	18	8
2016.1—2016.12	2910	14549	18	8
2017.1—2017.12	3178	15891	18	8

二、医疗保险

2008—2011 年，单位缴费比例 7%，个人缴费比例 2%。大额医疗保险费每人每年 100 元，公司缴纳 60 元，个人缴纳 40 元。

2012 年 4 月，医疗保险单位缴费比例 8%，个人缴费比例 2%。

三、失业保险

2008—2009 年，单位缴费比例 2%，个人缴费比例 1%。

2010 年，单位缴费比例 1.5%，个人缴费比例 1%。

2011 年 1—8 月，单位缴费比例 2%，个人缴费比例 1%。9 月—12 月，单位缴费比例 1%，个人缴费比例 0.5%。

2012 年 1—11 月，单位缴费比例 2%，个人缴费比例 1%。

2012 年 12 月—2017 年 12 月，单位缴费比例 1%，个人缴费比例 0.5%。

四、工伤保险

2008—2017 年执行 2004 年 4 月泰安市社会保险事业管理处出台的关于工伤保险的有关规定，为在职职工办理工伤保险，工伤保险费的缴纳全部由公司承担，缴费比例为 0.7%。

五、生育保险

2008—2009 年缴费比例为 1%，全部由单位缴纳。

2010 年 4—12 月，缴费比例为 0.7%，全部由单位缴纳。

2011 年 1 月—2015 年 9 月，缴费险比例为 1%，全部由单位缴纳。

2015 年 10 月起，缴费比例为 0.5%，全部由单位缴纳。

第五节　职工培训

2008 年，职工培训 8 期，共 187 人次，主要培训内容为修校表工、服务热线、职工道德教育、安全生产、保卫、户表改造、财务、文秘、供水稽查等方面的业务知识。

2009 年，职工培训 12 期，共 462 人次。主要培训内容为管线测漏、文秘、水厂化验、保卫稽查、管道安装、水表知识、户表改造、服务热线、安全生产等方面的业务知识。

2010 年，培训职工 30 期，共 1100 人次。主要培训内容为管线测漏、文秘、水质检测、管道安装、水表检校、服务热线、户表改造、安全生产等业务知识，其中企业管理电视讲座《为自己工作》公司全体职工均参加了学习。

2011 年，培训职工 20 期。培训内容为新进职工、文秘、管道安装工、客服管理、安全生产等业务知识。

2012 年，培训职工 24 期。侧重于对三合水厂水质改造项目、二次供水工作、安全生产、水质检测、管线测漏、管道安装及维修、工程预算员、党建知识等内容的培训。其他技能工种的培训由部门、科室负责人视情况灵活安排。

2013 年，培训职工 16 期。结合工程建设，侧重于对管道安装工、管线维修工、机电设备维修工进行实地培训。其他技能工种的培训由部门、科室负责人视情况灵活安排。

2014 年，培训职工 49 期，结合工程建设，侧重于对管道安装工、管线维修工、机电设备维修工进行实地培训。

2015 年，培训职工 34 期。对职工进行专业技术、业务知识、安全生产及各相关专业知识的培训和新职工上岗前的培训；对中层干部和专业技术人员进行党的理论和政策、廉洁从业及与本职工作有关的生产技术知识和其他业务知识培训。

2016 年，培训职工 31 期。坚持“公司 + 院校”联合办学方式，坚持业余学习为主的原则，根据公司需求与相关院校进行联合办学，开办相关专业的专、本科课程进修班，组织职工利用周末和节假日集中授课。加强对培训知识的考核，结业考核成绩作为当年度评先树优和工资增长的参考依据，考核不合格者，扣除当月全额奖金，取消当年度评先树优资格。

2017 年，培训职工 32 期。根据公司发展和员工多样化培训需求，分层次、分类别的开展内容丰富、形式灵活的培训，增强教育培训的针对性和实效性。

2016 年职工技能测试现场

第六章 物资保障

第一节 物资供应

2008—2017 年，物资供应管理水平得到很大提高，材料采购的招投标方式及手续更加完善，仓库管理更加规范化程序化，实现电子化、网络化材料管理系统管理仓库物资。

2008 年 1 月，水厂用净水剂由临朐县综合化工厂与淄博鲁净化工有限公司中标。3 月，泰东路直径 800 毫米水泥管由济南山水集团和新泰华龙公司中标。9 月，阀门由徐州飞龙阀门厂与诸城龙兴阀门厂中标。12 月，水厂用氯气及配套设备由泰安金发商贸有限公司中标。

2009 年，物资供应主要材料为：阀门、PE 管、硅塑树脂井盖、球墨铸铁井盖、钢管、水泥管、球墨铸铁管等。物资供应本着“少环节、快流通”、减少资金占压、缓解资金紧缺的原则，努力做到“三面向、五现场”，即面向生产、面向基层、面向群众；供应到现场、分配到现场、计划到现场、送料到现场、调度到现场，确保了物资的及时供应。

2010 年 9 月，对管道建设用球墨管材进行招标，山东球墨铸铁管有限公司、徐州光大铸管有限公司、新兴铸管有限公司、日照铸福有限公司 4 家单位参加招标，根据各单位投标报价和评标结果，公司确定山东球墨铸铁管有限公司为中标单位。10 月，对防盗阀、球阀、井盖、水表等供水器材进行招标，A 包防盗阀、球阀由泰安市岱岳区贵达阀门机电销售处中标，B 包供水井盖由泰安市万通塑料管材有限公司中标，C 包水表由宁波龙康公司中标；根据户表改造工作的需要，对户表改造及供水管道工程需要的球阀、防盗阀、井盖、水表、钢管、PE 管及管件、球墨铸铁管件等材料进行招投标。

2014 年 8 月，根据泰城城区市政消火栓改造一期工程需要，对球墨管、球墨件、软密封阀门、消火栓、球墨井盖等进行招投标。9 月，党委会议〔2014〕9 号纪要对材料采购作出要求。

2015 年 5 月，聘请招标公司对 2015—2018 年零星耗材指定采购工作进行招投标。采购材料主要有各类阀门、球墨件、PE 管、涂塑管、钢制件、井盖等。

2016 年 1 月，对泰城市政消火栓改造一期工程进行第二此次招投标。3 月，通过外出考察和详细对比，确定大口径管材选用承插口 K9 级球墨铸铁管。6 月，对泰城市政消火栓改造二期工程进行招投标。8 月，根据公司党委关于取消中间商的精神，对 2016—2019 年度部分阀门及管材管件定点采购项目进行生产厂家招投标。9 月，对次氯酸钠、聚合氯化铝等净水制剂进行招投标。

2017年11月，公司规定，二次供水设备的采购定位于中高档产品，直接从生产厂家采购，高层住宅二次供水设备划入供应科统一采购，并于11月份进行招投标。

第二节　物资管理

2009年11月，为进一步加强材料仓库管理工作，公司制定《材料仓库治安保卫管理办法》，要求材料仓库内部安全保卫工作贯彻“预防为主、单位负责、突出重点、保障安全”的方针；进入材料仓库的人员、车辆应接受保卫值班人员的检查，不得携带易燃、易爆及有毒危险品等；凡携带物资材料离开公司材料仓库的人员、车辆，应出具经部门负责人签字的领料单等有效证明，交保卫值班人员查验，保卫值班人员做好情况记录。

2010年12月公司搬入水表检定站办公楼后，新建1个仓库，用于日常管件、物资的存放和发放。是年，新建环湖水厂仓库，用于存放大型物资。是年，更新升级材料库存软件，由安易软件更新为浪潮仓库管理软件。

2014年9月，党委会议〔2014〕9号纪要对材料管理工作作出要求。（1）加强材料源头采购，减少中间流通环节，规范材料采购、发放制度，堵塞材料在采购、发放过程中的漏洞，同时加强职工的廉洁自律教育。（2）设计院就某项工程在下发图纸时，一并给供应科下发材料清单；落实好部分小区所使用的远传水表费用支付事宜；落实好营业所、管线所等部门施工的户表改造工程材料领取事宜。

2016年下半年，外租钢材市场钢网仓库，用于存储预购常用口径球墨管，预防材料涨价带来的风险。10月，清理环湖水厂露天仓库，将积压的库存管件材料放进仓库，加强材料管理。

2017年2月，将材料库存管理系统联网，实现数据共享和办公自动化。根据高铁片区供水工程需要，克服仓库存储能力小、订货周期长等因素，协调供货厂家，缩短发货周期，提高仓库管理效率。

第七章　计量管理

第一节　管理制度

计量工作是公司经营生产活动的重要组成部分，是保证生产经营质量，提高劳动生产率，降低消耗，节约材料、能源，加强经济核算，促进生产技术发展的一项基础工作。

2008年以来，公司对计量管理工作加强

领导，健全计量管理体制，完善管理制度，以“三基三严”（“三基”是指基本理论、基本知识、基本技能，“三严”是指严格要求、严谨态度、严肃作风）为重点组织干部职工强化培训。集中培训及考核每年不低于两次，公司计量管理更加规范化、标准化和常态化。

2013年，按照省供水企业水质检测等级评定的要求，对《计量器具及检测设备使用管理制度》进行修订完善。

2015年，公司水表计量管理纳入泰安市计量测试所一体化计量管理体系，制定质量32字方针，建立健全《质量管理手册》和《操作手册》。

2016年4月，水表计量检定管理在原有管理制度基础上补充实施《水表周期检定制度》《水表检定装置器具管理制度》《检定记录及证书校验制度》《水表档案管理制度》《误差事故分析报告制度》《水表档案管理制度》6项制度，启用最新水表检定规程（JJG 162—2009）及水表检定装置检定规程（JJG1113—2015）。

2017年10月，公司印发《水表等计量器具及装置检定校准管理制度（试行稿）》，首次把公司和计量有关的装置器具（水表、压力表、流量计、温度计和生产经营有关检测装置等）纳入统一管理。同年12月，组织干部职工集中培训学习《中华人民共和国计量法》（2017年12月27日修正版），掌握最新的国家计量管理法规政策。

截至2017年底，公司形成一系列完整的计量管理制度，包括通用计量器具《流转制度》《配备标准》《送检登记》《使用、维护和保养》《计量器具ABC管理制度》《采购管理》6项制度；水表检定室《周期检定制度》《水表检定装置器具管理制度》《检定记录及证书校验制度》《水表等计量器具档案管理制度》《误差事故分析报告制度》《水表等计量器具档案管理制度》6项管理制度等。

第二节　器具管理

公司对计量器具实施《计量器具ABC管理制度》，按器具实际使用地点、操作要求及频次，将计量器具分为A、B、C三类，对应不同类别的计量器具类别要求，作好定期检验、维护和保养，对老化超期服役及改造维修不达标器具及时更新，器具的配备更加完善。

2010年4月，公司水表检定站搬迁到迎胜供水加压站，顺利通过泰安市计量测试所检定。有水表检定装置3台，温湿度计3只，压力表7只。水表检定装置每2年检定1次。

2015年4月，水表检定装置检定规程（JJG 1113—2015）启用。

第三节　水表检定

2008年5月，《中华人民共和国国家标准冷水水表》（GB/T 778.1-3-2007）实施，检定饮用冷水水表的标准改为测量封闭满管道中的水流量。使用标准还包括《中华人民共和国国家计量技术规范》（JJF 1069-2007）《法定计量检定机构考核规范》《中华人民共和国国家计量技术规范》（JJF 1033-2008）《计量标准考核规范》《中华人民共和国国家检定规程》（JJG 162-2007）《冷水水表》《中华人民共和国城镇建设行业标准》（CJ266-2008）《饮用水冷水水表安全规则》（2008-6-1实施）。

校验水表　（2017年12月　摄）

2009年4月，实施中华人民共和国国家计量检定规程《冷水水表》（JJG 162-2009）。当年，共有水表检定装置2台，供水系统2套，厂房170平方米，其中校表车间120平方米，装配车间50平方米，负责口径15～150毫米的水表校验工作。

2010年4月，水表检定站办公地点由西区加压站迁入迎胜加压站，厂房面积增至750平方米，其中校表车间230平方米，装配车间90平方米。增设稳压泵1台、5立方稳压罐1台、10立方储水罐1台。新购置0.2级15～25毫米光电串联式校验装置1台，检定能力由年检定1.5万余只提升到3万余只。

2012年，投资10余万元对厂房维护和80～150毫米大口径水表检定装置设备进行整体改造养护，更换空压机，改造泄水及转换装置。

2013年，推广节水型宽量程水表（WPD、WSD等），购置相应器具，配套检定平台。

2015年，公司通过泰安市计量科学检测所计量检定资格考核。公司检定管理纳入泰安市计量测试所一体化计量管理体系，制定检定质量方针，扩大检定认证范围，证书出具增至最大150毫米。

2017年，公司纳入泰安市计量学会理事单位。

第八章　工程管理

第一节　工程施工管理

2008年4月，为规范基建工程签证制度，完善工程结算程序，公司印发《基建工程签证及结算的有关规定》，要求对隐蔽工程签证、工程变更签证、定额缺项项目工程量的签证、费用项目的签证、施工期间对出现的不可抗力情况的签证等，现场工程技术人员要遵循公开、公平、合法和诚实信用的原则，做到签证内容明确、数据真实、手续齐全，便于审计结算。6月10日，市城建国资公司印发《固定资产投资项目招投标实施方法》（泰城建国资发〔2008〕61号），对招投标

工作的组织、实施、过程、监督等做出程序引领。

2010年1月，公司参照《山东省市政工程2002消耗量定额》和《山东省市政2006工程价目表》，结合泰安市物价情况，制定《供水管道安装工程外支价目表》，用于指导公司工程结算和工程审计工作。

2011年9月30日，市公用事业管理局印发《〈市公用事业管理局固定资产投资项目管理程序（试行）〉〈市公用事业管理局固定资产投资项目招投标管理程序（试行）〉的通知》（泰公用发〔2011〕88号），加强固定资产投资项目的审批管理，规范建设工程招投标行为，强化约束机制，规避投资风险，提高投资效益。

2012年4月25日，公司印发《泰安市自来水公司工程建设管理办法》，进一步规范公司各项建设工程的管理工作，确保工程施工质量，对公司新、扩、改建的供水工程，进行职责分工和过程管理。

2013年11月19日，市公用事业管理局印发《市公用事业管理局企业国有资产管理暂行办法》（泰公用发〔2013〕38号），进一步规范和加强局属国有资产管理工作，提高国有资产的营运效率，保障国有资产的安全和完整，推进国有资产的合理配置和优先使用，实现国有资产的保值增值。

2014年1月23日，公司党委召开会议〔党委会议纪要（2014）1号〕研究公司工程招投标事宜。为进一步降低工程建设项目成本，确保工程质量，按照公开、公平、公正的原则，从2014年起，工程造价在10万元以上的，未通过市公共资源交易中心招投标的工程，需在公司内部按照有关规定实行招标。同年11月21日，公司转发市国资委《泰安市市属企业投资管理办法》（泰国资〔2014〕31号），对企业投资制定计划、实施、项目及评价、监督与责任等方面的程序及要求作出规定。

2017年1月24日，市政府印发《泰安市政府投资项目管理办法》（泰政字〔2017〕9号），对使用政府性资金进行的固定资产投资项目进行规范，强化投资责任制和风险约束机制，提高政府投资综合效益。文件规定，市发展改革部门是政府投资项目的投资主管部门，市财政部门负责政府投资项目的资金预算管理，市审计部门负责政府投资项目预算执行和竣工结算的审计监督。建立政府投资项目储备库制度。实行项目法人制，严格执行基本建设程序，依法办理项目建设和施工的有关手续，加强项目实施管理，保障项目工程质量和安全，节约资金，确保按期完工。项目竣工后，应按照规定组织竣工验收备案，移交管理权，编制工程结算和竣工财务决算，按规定报审计部门审计。

第二节　工程审计

2008年5月，公司印发《公司新建、改建及维修工程审计规定》，对市城建国资公司审批的固定资产投资项目、公司立项的工程建设项目、公司投资的供水管道安装工程、管线维修、户表改造工程、公司零星维修工程及审计依据、结算送审时间作出规定。是年，管道安装工程内部审计定案10份，提报值42.72万元，定案值28.4万元，审减值14.32万元，审减率33.5%；零星维修工程内部审计定案11份，提报值46.49万元，定案值 43.47 万元，审减值 3.02 万元，审减率 6.5%；用户工程内部审计定案 100 份，提报值 109.95 万元，定案值 96.89 万元，审减值 13.06 万元，审减率 11.88%；户表改造工程内部审计定案 8 份，提报值 11.98 万元，定案值 10.98 万元，审减 1 万元，审减率 8.34%。外部送审定案 7 份，提报值 1280.91 万元，定案值 1070.15 万元，审减值为 210.75 万元，审减率 16.45%。是年，采用工程现场跟踪审计，由事后审计向事前、事中延伸，变结果审计为过程审计，延长了审计链。

2009 年，对公司内部管道安装工程、土石方外支工程、供水用户土石方外支工程、市户表办工程、公司户表办土石方外支工程、管线维修及零星工程均采用自审和委托外审方式完成，审计定案工程结算书 213 份，提报值 935.64 万元，定案值 730.35 万元，审减值 205.29 万元，审减率 22%。

2010 年，对公司内部管道安装工程、土石方外支工程、供水用户土石方外支工程、市户表办工程、公司户表办土石方外支工程、管线维修及零星工程主要采用自审方式完成，审计定案工程结算书 584 份，提报值 1709.80 万元，定案值 1435.18 万元，审减值 274.62 万元，审减率 16.06%。

2011 年 7 月，公司印发《关于进一步规范工程结算资料的通知》，对工程结算资料内容作出规定。12 月，印发《关于大型机械台班计量方法及零工价格调整的通知》，对机械拆除路面岩石、管道焊接发电机、运输车台班、零工等作出规定。是年，审计定案泮河大街、南关大街、龙潭路中段、高新区供水工程等结算书 450 份，提报值 1453.88 万元，定案值 1253.43 万元，审减值 200.41 万元，审减率 13.78%。

2012 年 9 月，公司印发《关于进一步加强工程审计管理的通知》，明确审计部门对建设项目实施全过程跟踪审计、对各种工程结算的审计统一管理、每年择优选择外审机构、负责审计过程中的联络协调等，确保审计质量，做好工程审计管理工作，有效控制工程造价，提高工程建设管理水平。是年，审计定案环山路消防管线、高铁西外环管线、南湖大街消防、泰楼路供水管道改造等结算书 558 份，提报值 2151.35 万元，定案值 1865.21 万元，审减值 286.14 万元，审减率 13.3%。

2013 年 8 月，公司批准生计科《关于户表改造项目冬季维修价格调整的请示》，对部分工程项目单价进行调整。对涉及的 7 个工程项目进行了微调，其余项目仍执行公司外支标准。12 月，印发《关于给水内外涂塑环氧复合管安装价格的通知》，对给水内外涂塑环氧复合管安装工程结算和审计外支价格作出规定。是年，审计定案汶口输水管道不锈钢内衬工程、东区增压站工程等结算书共 385 份，提报值 2302.48 万元，定案值 1916.29 万元，审减值 386.19 万元，审减率 16.77%。

2014 年 2 月，公司印发《关于工程建设和审计若干问题的补充规定》，对工程建设和审计中关于工程名称、工程性质、验收工程量、工程量签证、领退料、结算书报送、结算审计管理等若干问题作出规定。6 月，印发《关于印发〈供水工程外支结算价目表〉及〈高层楼内供水管道安装结算价目表〉的通知》（泰水字〔2014〕14 号），用于指导公司工程结算和工程审计工作。10 月，批准

安通公司《关于调整消防工程外支价格的报告》，对施工中常见的10个项目的外支单价进行了微调。是年，审计定案三合水厂自动化控制系统工程、青创加压站新建清水池工程等结算书239份。其中，外审定案7份，提报值2538.59万元，定案值2456.74万元，审减值81.85万元，审减率3.22%；内审定案232份，提报值1427.97万元，定案值1013.92万元，审减值414.05万元，审减率29%。

2015年，公司审计定案三合水厂改造工程、泉河水厂新建清水池工程、西区加压站及泉河水厂维修工程等结算书533份。其中，外审定案3份，提报值2560.22万元，审定值2287.56万元，审减值272.66万元，审减率10.65%，内审定案530份，提报值2334.34万元，定案值1939.69万元，审减值394.65万元，审减率16.91%。

2016年4月，公司批准审计科《关于消防工程外支结算审计办法的请示》，对采取消防管道与供水主管线相结合敷设的DN300以上消防工程的外支标准进行界定，便于工程结算审计。9月，批准审计科和安通公司《关于围挡单价的请示》，通过定额测算、市场询价、成本推算等方式测定每延米围挡单价。是年，审计定案小安门取水工程、环湖水厂建设工程、三合水厂沉淀池保温房工程等结算书536份。其中，外审定案14份，提报值3621.77万元，定案值3286.64万元，审减值335.13万元，审减率9.25%；内审定案522份，提报值3042.09万元，定案值2452.14万元，审减值589.95万元，审减率19.39%。

2017年5月，公司批准办公室和审计科《关于公司房屋维修零星工程价目表的请示》，制定办公维修中常见的18个零星工程项目的清单单价，便于工程结算审计。是月，印发《泰安市自来水有限公司工程审计管理规定》（泰水字〔2017〕23号），对工程建设全过程跟踪审计的各项内容作出规定。9月，批准审计科《关于临时调整有关工程结算价格的请示》，将8个项目的单价进行调整。是年，共审计定案各类工程结算书783份。其中，外审定案7份，提报值2068万元，定案值1824.2万元，审减值243.8万元，审减率11.79%；内审定案776份，提报值4691.81万元，定案值3802.16万元，审减值889.66万元，审减率18.96%。

第九章　能源管理

2008年，公司能源管理主要以节约电耗为主，在供水生产中推广新工艺、新设备和新材料，在三合水厂低压配电柜、南关水厂低压配电柜、泉河水厂低压配电柜、汶口水源地、旧县水源地单井低压配电柜安装无功功率电容自动补偿器，提高用电设备的功率因数和供水设备的利用率。

2009年，加强节能技术改造工作，对三合水厂气蚀严重的水泵泵壳和叶轮采用贝尔佐纳超滑金属材料进行涂覆改造，选用变频器对水泵机组进行控制，替代阀门进行流量调节。

2010年，推广和使用高效节能产品，淘汰低效泵，推广高效电动机、变频器、变压器，更换南关水厂的老旧电动机、变压器，电动机由JS系列更换为Y系列，变压器由S7系列更换为S9系列。

2011年，公司迎胜东路26号办公楼投入使用，照明使用高效节能灯具，要求工作人员随手关灯，饮水机不用时随手关闭电源，合理使用电脑、打印机，不用电脑时以待机代替屏幕保护。

2014年，积极推广应用节能新技术，通过用电设备节能改造、完善供水管网等方式进行综合节能技术改造，增加供水量，降低供水单耗及管线漏水损失。供水管网节能技术改造项目主要有供水水厂节能改造、二次供水加压点节能改造、供水管网改造。水厂节能改造项目是在三合水厂淘汰高耗能、低效率的离心泵，更换高能效的新型水泵，实现节电；二次供水加压点节能改造项目为部分二次供水加压点设备老化、供水能力不足及设备选型不合理等方面，对耗能高、效率低的水泵进行更换，选择能耗低、效率高的新型水泵，实现节电；供水管网改造项目是改造市区老旧管道，由水泥管改造为球墨铸铁管，减少漏失。

2015年，加强供水设备节能管理工作，根据三合水厂负荷运行情况，调整运行变压器数量，将一台630KVA变压器进行了销户。

2016年，推广和使用高效节能产品，对旧县水源地和汶口水源地变压器由S9系列更换为S11系列，共更换5台。

至2017年，根据国家能源工作方针政策和能源管理标准，结合公司供水生产和物资消耗实际情况，不断加强能源管理，降低物耗，杜绝浪费现象，提高能源利用率。一是建立了管理体系，实行公司、部门、班组三级管理体制，公司的能源计量管理由生产科统计负责，其他各部门具体负责本部门能源管理、节能计划、节能技术措施的落实。每月月底各部门将水、电的计量情况统计汇总至生产科；二是加强重点能耗设备管理，积极开展节能技术改进，重点关注发电机、水泵机组等的耗能情况，提升操作技能，挖掘系统节能空间，降低能源消耗，对重点能耗设备耗能情况进行总结、分析，不断完善关键点能耗控制措施，提高设备的利用率。在管理节能的基础上，注重技术节能，引进新的节能技术、节能产品、节能工艺、节能材料等，鼓励节能增效，申报节能自主创新成果2项；三是加强节能宣传，以节能周为契机，充分利用公司网站、厂区板报、培训、答题、合理化建议等各种方式进行宣传，以供水生产动力设备和办公区域空调调节温度的节能降耗为主要内容；四是做好月耗能统计和择谷避峰收益统计工作，及时反馈各相关单位，加大对数据的分析与应用，使数据能指导实际工作，做好与各单位的联系，依据各单位需求，合理供能，避免“大马拉小车”现象出现，节假日根据公司要求和各单位需求，采取关、调、并、停等措施，降低基础能源消耗。

2008—2017 年泰安市自来水有限公司能源消耗情况一览表

表 5-7

年份	能源消耗（万千瓦时）	单位制水耗电（千瓦时 / 千立方米）
2008	989	182
2009	850	207
2010	890	215
2011	915	199
2012	1068	214
2013	1194	226
2014	1439	270
2015	1802	336
2016	1680	302
2017	1381	242

第六篇

科技应用

DILIUPIAN KEJIYINGYONG

2008—2017 年，公司围绕供水生产、设计、工程建设和企业管理，不断加强技术改进、设计管理和科技推广应用。2011 年 9 月， SCADA 供水调度系统管理成果《加强供水调度 保障供水安全》荣获山东省供水协会优秀奖、泰安市企业管理现代化创新成果一等奖。2012 年 10 月，公司实施的提升水质工程——三合水厂膜处理工程，使全市自来水制水工艺和出厂水质均达到国内领先水平，全面提升水质工作走在了全省前列。

从 2008 年开始，公司不断推进智慧水务建设，经过十年的信息化建设，到 2017 年，公司由原来只有一个供水调度系统，到现在拥有 SCADA 供水调度系统、视频监控系统、客服系统、营收系统、报装系统、微信平台、易迅通七大系统的智慧水务平台。公司自主研发、革新改造成果和专利 15 项，推广应用新材料、新工艺、新设备 12 项，建设信息化平台 7 个，拥有各种计算机 120 台，财务管理、水质监测和供水调度维修工作管理系统等专业软件应用系统 6 个。地下水源深井取水设备全部更新改造为新型潜水泵和新型深井泵，水源地及水厂生产设备及生产工艺都进行了更新升级。三合水厂、环湖水厂、东部增压站、青春创业园加压站、汶口水源地、旧县水源地、二次加压站已实现远程自控，水厂和加压泵站全部采用变频调速节能设备。

第一章 技术管理

第一节 技术改造

一、水源地及水厂技术改造

2008—2017 十年期间，公司不断加强水源地及水厂的设备节能改造，相继对三合水厂、泉河水厂、南关水厂、汶口水源地、彩山水库、市区 4 号井等进行了供水设备及高低压配电设备改造，改造后，大幅提升了公司节能创新水平及供水经济效能，推动了供水生产的进一步发展。

2009 年，公司对三合水厂老泵房 3 号机组进行改造，安装 132 千瓦变频器，设置能量优化控制程序，保持供水管网压力平稳性，年节约电费 8 万元。是年 9 月，公司对三合水厂东吸水井 2 号 132 千瓦机组、老泵房 2 号 75 千瓦机组，采用贝尔佐纳超滑金属材料对叶轮、泵壳内表面进行涂敷改造，供水单耗分别降低 0.0058 千瓦时 / 立方米和 0.0129 千瓦时 / 立方米，年节省电费 7 万元。

2010 年 3 月，公司对三合水厂二期潜水泵进行了技术改造，改造新装 2 台 75 千瓦和

三合水厂泵机改造　　（2017年12月　摄）

90千瓦的卧式离心泵，新改造水泵更接近供水工况，效率更高，改造后比原潜水泵功率合计减少60千瓦，改造后供水单耗降低了0.0220千瓦时/立方米，年节省电费17万元。

2012年6月，公司听取对泉河水厂所有生产设备进行的实地调研汇报后，决定对泉河水厂进行供水设备升级改造。

2013年，公司全面实施供水设备的节能升级改造工作，完成深井泵改造2台，更换离心泵4台，喷涂维护离心泵5台，更新高压配电柜15台，安装流量计6台。同年，公司购置LC6000型离子色谱仪，同时引进离子色谱系统。系统的构成与HPLC相同，由流动相传送部分、分离柱、检测器和数据处理4个部分组成，在需要抑制背景电导的情况下配有MSM或类似抑制器。离子色谱系统的流动相要求耐酸碱腐蚀以及在可与水互溶的有机溶剂（如乙腈、甲醇和丙酮等）中不溶胀的系统。凡是流动相通过的管道、阀门、泵、柱子及接头等均采用耐酸碱腐蚀的PEEK材料的全塑IC系统。分离柱柱管材料是惰性的，均在室温下使用。离子色谱系统应用离子交换原理，采用低交换容量的离子交换树脂来分离离子。公司水质检测中心运用离子色谱系统检测水中的离子物质，不仅快速方便、灵敏度高，而且选择性好，可同时分析多种离子化合物，在短时间内得到离子以及水样组分的信息。

2014年，公司加大对三合水厂、泉河水厂所有的高低压设备、供水机组的升级改造力度，全年更换水泵机组5组，变压器7台，高低压配电柜21台，升级维修设备10余次。按照《泰安市市级节能专项资金使用管理办法》要求，收集、整理、完善了近两年水厂已实施的节能改造以及管线改造工作的相关资料，形成《泰安市自来水公司综合节能改造项目》节能技术文件上报到市经信委节能办，争取了2015年度市级节能专项资金的支持（泰经信节字《2014》180号）。

2015年5月，公司综合节能改造项目通过市区节能办及评审专家组的审核验收，获得市级节能专项资金项目奖励84万元（泰经信节字〔2015〕137号）。7月3日，省住房城乡建设厅节能改造评审专家组通过了对调度中心节能改造验收，该项目获得40万元国家节能项目资金支持。同年，公司完成了三合水厂一期老泵房低压配电设备和泵房供水机组的控制系统的招标、改造施工、验收等工作；完成了东区水源地1号井、4号井和市区10号井（肉联厂）、西区2号井（啤酒厂）供水机组（潜水泵）选型和安装；东区水源地1号井、4号井、市区10号井、西区2号井供水量分别为125立方米/小时、100立方米/小时、176立方米/小时、100立方米/小时；实施了青春创业园加压站改造工作，由原来的长轴深井泵改造为卧式离心泵。

2016年4月，彩山水库取水头部增加一台250千伏安厢式变压器用来增加供水量。是年，完成了市区8号井、市区4号井供水机组的选型和安装，为缓解泰城汛期前供水紧张局面提供了保障；完成了汶口水源地3号井、5号井、4号井、9号井和旧县水源地15号井变压器的更新改造工作，原来变压器安全系数低、耗能大，改造后全部换成了S11系列的变压器，共计新安装变压器5台。

2017年，公司完成了南关水厂、汶口水源地、泉河水厂高低压配电柜的更新改造工作，更换高低压配电柜20台；按照“安全可靠、结构合理、技术先进、节能环保”的原则，公司对三合水厂4号机组一台315千瓦变频器实施更新改造，保证了三合水厂4号机组的安全运行。

2017年4月，公司对市区岱宗4号井配电设施进行了升级改造，配电设施更换为一台新型S11型100千伏安节能环保型配电变压器和3台低压配电柜，改造后供水经济性能大大提高。

对水源地及水厂的技术升级改造后，经过十年的发展，公司的节能创新能力、生产能力及水处理能力有了大的提升，供水经济效能大幅提高。

二、生产运营技术改造

2008—2017十年期间，公司在生产技术、生产工艺、制水技术上，加大改造升级力度，进一步扩大产能，不断推动生产运营技术的改造升级，使公司的生产运营技术有了长足发展。

2008年，泰山岳溪泉公司独立进行ISO 9001：2000国际质量管理体系认证，8月，中国方圆委山东审核中心专家组对岳溪泉公司进行现场评审，并于9月颁发国际质量体系认证证书。

2009—2013年，公司不断加强供水生产环节的无菌化操作和生产效率的提高，进一步保证了产品的质量和水质的口感。

2014年，为适应市场需要，进一步扩大产能，岳溪泉公司对现有生产设备、运营技术进行了更新升级改造工作。

更新升级制水技术，2014年以前，制水设备设计制水能力为5立方米/小时，采用的是双级反渗透运营技术。更新前已连续使用十年，2014年，更新升级为设计制水能力为12立方米/小时的设备。增加精密过滤器，采用单级反渗透运营技术，最大程度保持了饮用天然泉水的微量元素与有效成分，使得水质口感更加甜润纯正。

更新升级洗桶设备，原洗桶设备为外桶清洗机，只对桶的外表面进行清洗，而不能对桶内部进行清洗，严重制约了洗桶质量与生产效率。2014年，更新升级为S600型内外桶清洗机，可对回收空桶的内外壁进行全

南关水厂配电柜机组改造 （2017年12月 摄）

方位的清洗，以 6 只桶为一个清洗单位，明显提高了洗桶的质量与生产效率。

更新升级罐装设备，2014 年以前，大桶罐装设备为 300 桶 / 小时的老式设备，自动化程度低，2014 年，更新升级为 3 加仑、5 加仑可调式全自动生产设备，智能化程度高，完全实现人机对话，生产能力也达到 600 桶 / 小时。小瓶生产线罐装设备也由原来的 2000 瓶 / 小时半自动罐装设备更新升级为 6000 瓶 / 小时的全自动洗瓶、罐装、封盖一体化设备，基本实现洗、灌、封全程无人化操作，大幅提升了生产环节的无菌化操作和生产效率，进一步保证了产品的质量。

更新升级包装设备，2014 年，包装设备由原来的半自动包装设备更新升级为全自动膜包设备，实现了产品包装由原来半人工状态升级为全自动膜包装状态，大大节约了人力物力，使包装更为美观牢靠。

十年来，公司围绕生产运营技术的提高、升级，不断加大改造力度，更新设备，升级技术，推动了公司生产能力、运营技术的进一步发展。

第二节　设计管理

一、工作范围和职责

公司所属泰安市东岳自来水工程设计院，是由前身自来水工程设计院更名而来，2003 年取得山东省工程勘察设计市政（给水）主导工艺乙级（151793）设计资质，有效期至 2010 年 3 月 31 日。2011 年第 2 号公司党委会议确定设计资质不再保留。设计院主要从事给水管网和配套工程给水的规划、勘察、设计、跟踪定位测量、竣工图测量。包括公司及消防工程给水设计、用户工程给水设计、户表改造工程给水设计、工程竣工测量定位及可研报告资料的搜集整理。配备 GPS、全站仪、光电测距仪、光学经纬仪、绘图仪、晒图机、光盘刻录机、复印打印机及 CAD 绘图软件。

二、工作规范和要求

2008—2017 十年期间，设计院强化 ISO 1900 管理体系认证，设计管理工作同步纳入 ISO 1900 管理体系，形成完善的设计管理运行体系。每个项目流程管理，从现场勘察、测量至项目设计、图纸绘制均有专人负责，底图形成后需经校核、审核、审定等一系列措施严格把关，然后送至泰安市图纸审查中心进行最后审查。蓝图交付施工单位后，要进行现场交底及后续跟踪直至竣工验收。工程交付使用后定期回访。不断完善设计管理工作范围及层次管理规程，包括《工程项目设计管理规程》《技改项目管理规程》。根据管理规程相关规定，制定完善了一系列操作表单，将每项具体工程从开始到结束均通过表单控制流程，通过表单的记录控制设计规范运行。设计院遵循“能力至上”“质量至上”“服务至上”的工作方针。“能力至上”即通过科技进步和科学管理不断提升企业能力；“质量至上”即提高产品质量和服务质量；“服务至上”即竭诚为供水事业提供一流的服务。利用先进的管理手段和现代化高新设备，精心组织市政给水工程设计及工程概预算，为施工单位和建设单位提供科学、合理、效益最佳的设计方案。

三、供水工程项目勘察设计

2008—2017 十年期间，设计院完成了多项重点供水工程项目的勘察、规划、设计、

绘图、编写可研报告等工作，优选方案，精心设计，为公司节省了大量基建费用，保证了各项工程项目的顺利实施。

2008 年，公司规划建设水表检定站技术楼，由山东省鲁岳资源勘查开发有限公司勘察，山东省建筑设计研究院设计。

2009—2010 年，设计完成市政给水管线工程初设及施工图：环山路中、西段及配套支路如石蜡河支路、黄草岭大官庄、蓄能电站等 DN100 以上 15.2 公里；泰安市旅游经济开发区环湖中路 DN300 管线 13.81 公里；泮河大街及北路 DN800 管线 4.84 公里；府东路 0.6 公里；输配水干线改造、高新区增压供水方案初设；高新区嘉和二期 DN1000 输水管线改造；高新区 6 号路延伸段、4 号路延伸段及风源路 DN100 ~ DN400 管线 4.6 公里；大白峪钢材市场 DN1000 输水管线改造；振兴街 DN300 配水管线 1.1 公里；青春创业园区供水管网的优化及近期建设的配套供水管网设计；花园路、长城路、丰台东路、唐訾支路、泰明路等城区重点工程供水管线设计。灵山大街铁路桥管线穿越铁路顺利实施，疏通供水瓶颈，大大改善了供水安全及稳定性；易初莲花铁路桥给水管线的连通，极大改善了西区进水和周边用水压力过低问题。环山路是 2010 年市里头号重点工程，公司按照敷设市政公用消防管道的方式，积极向上争取资金，减轻公司资金压力。按照总体规划的要求，设计人员现场勘察、方案比较，精心设计含平面图、节点图、剖面图、绿化用水等施工图。环山路市政给水管线的成功实施，为公司以后其他道路管线敷设打下了基础，唐訾支路、望岳西路、长城路、环湖中路、泮河大街、高铁组团、泰南大街等均参照此模式运作，为公司节省了大量基建投资。

2011 年，完成设计项目 35 项，设计管线约 77.166 公里。城区供水管网完善项目是公司的重点工程，也是 2011 年对上争取资金的重要工程，包括 4 条道路的供水管道完善工程：泰明路南段、长城路北段、迎宾大道西段、旧县水源地至南关水厂段，完善供水管网总长度 19.455 公里，其中 DN355PE 管 1.855 公里，DN300 球墨管 0.18 公里，DN400 球墨铸铁管及钢管 7.52 公里，DN600 球墨铸铁管 2.0 公里，DN800 球墨铸铁管 7.9 公里，项目总投资为 3250 万元。该项工程设计任务重，绘图、编写可研报告初稿，并积极协调市地理信息中心、市城建设计院，节省费用约 8 万元。充分利用政府在修建道路时需建设消防管道的时机，结合公司供水规划、指挥部及施工要求，设计院优选方案设计灵山大街中段、泰安市保障性安居工程、大河路、长城路等消防管道工程规划施工图及老泰莱路、站前街、泉河管线改造、泰山大街改线、青创园创业大街等供水管道工程施工图。

2012 年，完成设计项目 15 项，设计管线约 23.53 公里。城区 4 条道路的供水管道完善工程：长城路、明堂路、旧县水源地至南关水厂段，完善供水管网总长度 9.39 公里，其中 DN800 球墨管 1.867 公里，DN600 球墨管 3.475 公里，DN500 球墨铸铁管 0.835 公里，DN400 球墨铸铁管 2.6 公里，项目总投资为 3149.4 万元。完成南关路、温泉路、向阳北大街、北上高大街等消防管道工程设计，完成凤凰二路、汶口供水管线改造、创业大街改线、胜利渠供水改线、泰明路、九女山增压站进出水管线等供水管道工程设计。

2013年，完成设计项目13项，设计管线约43.8公里。汶口输水管线内衬改造：汶口水源地至泉河水厂。更新敷设DN1000球墨铸铁管2.47公里，内衬DN1000、DN1200水泥管12.48公里，管道压力等级为1.0MPa。本项目总投资为6040.48万元。该项工程设计任务重，时间紧，绘图、编写可研报告初稿，现场实测1:1000地形图，为公司节省大量资金，圆满地完成了任务。设计万官路、温泉路、双龙路、佛光路、五马街、灵山大街等消防管道工程规划施工图及共青团路、福兴街、科技路、龙潭南路等供水管道工程施工图。

2014年，设计完成花园路、15号路、南黄路、五马街等新建道路配套供水工程设计及西区水处理厂工程进、出水管线方案设计。设计南开发区、青春创业园区、东部新区园区供水管道工程。主要工程：南开发区争取国家划片资金的泉河水厂DN1000低压供水管线工程，泉河水厂DN600高压供水管线、党校南支路、2号路、湖东路、渠西支路、新凯南路、北天门大街西段、规划一路等道路消防管网工程；青春创业园区的新监狱供水工程、青春创业园办公大楼供水工程；东部新区科技大街南支路消防管网工程。根据市里的统一部署，设计全市60条道路的消防供水管线，特别是借助该工程彻底清查、更新市区老旧管网33条，降低了管网漏失率。为缓解泰城用水的供需矛盾，多次到角峪水库、彩山水库、光明水库、汶河拦蓄坝等泰安市备用水源地现场调查，收集资料，配合上海市政工程设计研究院完成《泰安市备用水源地供水工程》方案比选，配合山东省规划设计研究院做《泰安市供水水源项目研究》。

2015年，设计完成泮河大街、傲来峰路、泰明路等新建道路配套供水工程。设计南开发区凤天路、中天门大街、南天门大街、西天门大街、北天门大街、一天门大街等各道路消防管网工程；青春创业园区的中科环保供水工程；东部新区增压站进水工程，环湖水厂工程进、出水管线方案及竣工测量。2015年启动小安门水库引水工程，该工程作为2015年政府为民要办的实事工程之一，设计DN600球墨管18.5公里输水管线，实现供水能力3万立方米/天。同年10月至2016年3月，设计完成彩山水库引水工程。此项工程是应对持续干旱少雨、保障泰城供水的应急引水工程。设计院完成DN600球墨铸铁管21公里引水管道工程施工图设计，设计引水量为3万立方米/天，完成现场定线、放线，及时进行GPS定位及竣工图测量。设计院同市公用局、公司领导、上海市政院技术人员多次到济南平阴田山泵站、引黄干渠、肥城市、岱岳区等现场进行调查，收集资料，配合上海市政工程设计研究院做工程可行性研究报告。

2016年，设计院根据市里的统一部署，完成全市33条道路的消防供水管线共计101公里的设计，其中高铁南片区18条道路供水消防管道工程，短短一周时间如期完成。为做好综合管廊这全新课题，设计院借鉴济南水务集团地下管廊自来水管道支架、阀门、伸缩器等设置经验，在高铁南片区纵一路约2公里处完成泰城第一条地下综合管廊给水设计。完成佛光路、泮河大街、黄前西干渠路、

供水管道敷设　　（2013 年 11 月　摄）

北上高大街、财源大街、南开发区一天门大街等 20 条道路近 27.4 公里改造配套供水管线工程设计；完成滨河大道 DN600 球墨铸铁管 11.1 公里、一天门大街 DN600 球墨铸铁管 3 公里、崇文路南段 DN300 球墨铸铁管 1.1 公里供水消防管道设计；完成徂汶净水厂可行性研究报告初稿；泰安市引黄入泰供水工程进入初步设计、施工图设计、评审及清水管道、钢管、阀门、管道施工招标阶段。

2017 年，完成全市包括旅游度假区片区等 30 余条道路近 50 公里消防供水管线设计。完成南开发区、一天门大街、灵山大街、财源大街 4 个项目 13.8 公里道路改造的配套供水管线工程设计；徂汶净水厂进入可研阶段；泰安市引黄入泰供水工程根据市政府的要求进入再论证阶段。

四、新用户工程项目勘察设计

2008 年至 2017 年 12 月，设计院共完成新发展用户工程设计 1400 多个。其中有代表性的新开发建设小区有：嘉和新城、时代佳苑、方特欢乐世界、恒基、志高、开元盛世、鲁商中心、恒大城、三合御都、中悦城、世纪康城、新华城南郡、天竹佳苑等给水设计。旧村改造代表性小区有：郭家灌庄回迁楼、大白峪社区回迁楼、水泉社区、高铁片区等给水设计。

设计院共完成泰城 4.5 万户表改造工程设计。克服了老小区没有电子版图纸、点多面广的困难，完成福利院、果科所宿舍、云海小区、三联小区、十四局宿舍等户表改造工程设计工作。

设计院根据公司要求，加大工程测量力度，对重要输配水工程、基建工程及时、准确竣工测量定位，并纳入公司地下供水管网系统，完善泰城供水管网总图。主要包括：小安门水库、彩山水库引水工程、黄前水库供水管线、汶口输水管线、黄前一及二期管线、旧县 DN600 供水管线、汶口 DN1000 管道内衬等输水管线竣工测量及时代发展线、天外村、环山路、泰明路、泰楼路、泮河大街、万官大街、新灵山大街、开元路、泰东路、高铁新片区、青春创业园区、南开发区、徂

小安门水库施工现场　　（2015 年 4 月　摄）

汶景区等道路供水管线竣工测量。其中，小安门水库引水工程 17.6 公里、彩山水库引水工程 21 公里、岱岳区供水管网完善工程 17.1 公里是国债项目，已纳入市规划局地理信息中心的系统数据库。完成了徂汶净水厂、三合水厂、泉河水厂、卧牛石调蓄增压泵站、黄前水库取水头部测量、大河水厂地形、九女山增压站、西区水处理厂、环湖水厂、高铁新区供水加压站、旅游经济开发区供水加压站等工程项目的进、出水管线设计方案及竣工测量。

五、供水工程设计软件应用

2008—2017 年，公司设计院主要供水工程设计软件包括：

《AutoCAD2009》，由 Autodesk 公司生产，主要功能模块为二维制图，兼有部分三维功能，以模块形式形成建筑图。

《AutoCAD2014》，由 Autodesk 公司生产，相较 AutoCAD2009，该版本增强了三维绘图功能，并增强了部分界面功能。2017 年 12 月，公司设计院主要使用 CAD2009、CAD2014 进行户表改造工程、普通用户工程、高层用户工程、公司工程的设计。

《EPS 2008》，由清华山维公司生产，主要功能为绘制管网信息图，生成管网信息数据库。在小安门、彩山水库引水工程中，设计院人员使用该软件生成管网信息数据库，顺利通过泰安市地理信息中心的验收。

《住宅给水计算书》，由设计院人员向山东省建筑院学习经验，自行对 Excel 进行二次开发完成，主要功能为计算住宅给水的水头损失及瞬时流量，为公司二次供水提供设备参数。先后完成公司所有高层用户、部分需加压多层用户的设备参数计算。

《南方测绘 RTK 银河 I 系列主机及手持机》，南方测绘公司生产，利用已有 S80 系列主机换购。在未有该测绘仪器前，公司主要使用人脑记忆、全站仪栓点的方法，利用相对坐标记录管线位置；随着城市发展速度加快，栓点方法已经不适用，需要利用绝对坐标来记录管线位置。结合管线普查小组的管网信息图，该设备可以记录管线的绝对坐标，在信号良好的情况下，误差不会超过 5 厘米，对于 DN63 以上的管道非常适用。

2017 年 6 月，设计院“管网信息 QC 小组”在 2017 年度全市质量管理活动暨 QC 成果中发布课题为《建设完善的供水管网信息系统》荣获市级三等奖。

第三节　科技推广应用

一、新技术、新材料推广

2008—2017 十年期间，公司大力推广新技术、新材料应用。三合水厂、环湖水厂、黄前取水头部等，借助新技术和新材料的推广应用，实施了一系列节能技术改造，大大提高了公司的供水技术、供水能力和供水水质，使公司的净水工艺和水处理能力有了质的飞跃。

2008 年 7 月，公司在三合水厂安装“氯气吸收和报警装置”，通过二氧化铁溶液吸收三氯化铁溶液，三氯化铁溶液又与吸收反应池中的铁屑反应生成二氯化铁，浓度随氯气的吸收而不断得到增加，具有吸收剂不老化，腐蚀性小，不需更换，可不断循环使用等特点，保障供水安全。

2012 年 3 月，公司施工黄前水库取水头部虹吸取水工程。黄前供水工程原取水方式

为南输水洞有压取水，进水口底高程为188米，出水口底高程为184.75米。长期监测表明，由于取水口高程低，取用的是水库底层水，水质重金属锰含量超标，难以处理。水库上层水重金属锰含量符合标准，为此新建虹吸取水工程，取用上层优质水，保障泰城用水水质安全。虹吸取水工程地点位于大坝右肩坡道，采用虹吸管从水库内取水，设计流量为1.16立方米/秒。取水口采用浮筒平台取水，浮动平台长15米，宽7.5米。浮体由浮筒、连接构件及平台板组成。平台采用桁架式摇臂联络钢管与岸边支撑平台支座连接。输水管采用焊接钢管，管径DN800，壁厚10毫米，两根管道并排布置，净间距1米。设计最大水位109米，最低水位201米，进出口最大设计水位差为21米，由进口浮动平台、管道、出口段及管道支撑结构等构件组成，两根管道长557.6米。

2012年10月，为进一步提升泰城居民的饮用水水质，满足国家新《生活饮用水卫生标准》要求，公司投资1.3亿元实施三合水厂水质膜处理工程。引入国际先进的浸没式超滤膜深度水处理组合工艺，对三合水厂进行了净水技术的改造升级，同年10月工程并网产水，有力地保障了出厂水水质的优质安全。

三合水厂膜处理车间：膜处理是近些年来工业化水处理的前沿技术。该技术主要是通过一种中空的、表面布满纳米级微孔的超滤膜膜丝对原水进行选择性分离，来实现水的净化处理。由于这种超滤膜膜丝是以纳米级的微孔对原水进行过滤，所以水里的微小颗粒杂物和微小的病毒细菌都是无法通过。水厂新建的膜处理车间就采用这种水处理技术。车间建有浸没式膜池12组，膜丝表面积共计214112平方米，设计产水规模100000立方米/天，校核产水规模120000立方米/天。水厂净水技术的改造升级项目，主要针对落后的控制系统、传统的净水工艺及老旧的机械设备进行改造和升级。采用集成性极高的模块化控制系统、先进的膜处理净水工艺和自动化水平更高、更加精密的机械设备，使水厂的水处理能力有了质的飞跃。

2014年11月，根据泰安市城市总体规划和公司供水现状及规划，预测2020年泰安旅游经济开发区的需水量，并综合考虑资金筹措能力，公司建设供水规模为5万立方米/天的环湖净水厂。水厂位于东岳大街以南、京沪铁路以北、特大桥以西，总投资3500万元，供水规模为1.0万立方米/天，占地2.13公顷亩，总建筑面积2090平方米。主要建设内容包括絮凝沉淀池、滤站、综合加药间、中心控制室、废水处理池、取水头部和加压供水设施。主要水处理工艺流程为“机械混合折板絮凝斜管沉淀池+浸没式超滤膜”。

环湖水厂膜处理车间　（2015年8月　摄）

2016年7月，三合水厂改造升级次氯酸钠投加系统。新建储液池2座，单池有效容积28立方米。设置机械隔膜计量泵4台，3用1备，品药剂由罐车分别通过1根DN100进药管输送至2个储药池，稀释用自来水与进药管合用，2个储液池分别安装1台搅拌机，同时分别接出1根DN40出药管。设置投加点五处，分别为氯前、一期高压、一期低压、二期低压、新清水池。三合水厂自建厂以来，一直采用液氯消毒，液氯在运输、存贮、使用等方面存在不安全性。液氯在消毒过程中容易形成许多类似三氯甲烷的化学物质，许多自来水厂纷纷淘汰液氯使用。

十年来，随着新材料、新技术的不断推广应用，公司的净水能力和水质有了质的飞跃，全市自来水制水工艺和出厂水质均达到国内领先水平，全面提升水质工作走在了全省前列。

二、水质检测仪器设备技术推广

2008—2017年十年期间，为保障泰城居民喝上安全水、放心水，公司始终把水质提升工作放在重要突出位置。公司建立了由水质检测中心、水厂化验室和制水班组能成的三级水质监测网络，实现由水源水、水厂制水环节、管网输配水全过程的监测网络。

2008年1月起，针对《生活饮用水卫生标准》（GB 5749—2006）的水质检测要求，大型仪器及理化项目检测全部采用国标规定的新检测技术规范。

2009年6月，全市管网水质监测点调整为27个，检测频率改为每月进行常规检测两次，每季进行全分析一次，检测点的布置和检测频率的设定均符合新国标的要求。

2010年，检测中心拥有各类检测仪器设备44台（套），主要有原子吸收分光光度计（石墨炉）、气相色谱仪、原子荧光分光光度仪、α β 放射性检测仪等大型检测仪器。

2013年，公司购置LC6000型离子色谱仪，离子色谱仪运用离子色谱法可以分析水中多种离子，以低交换容量的离子交换树脂为固定相，对离子性物质进行分离，用电导检测器连续检测流出物电导变化，是利用水中被测物质的离子性进行分离和检测的液相色谱法。运用离子色谱仪检测水中离子物质，具有快速方便、灵敏度高、选择性好的特点，满足了《生活饮用水卫生标准》（GB 5749—2006）对水质检测的要求，扩展了检测项目。

2014年，公司购置GDYS-101SE2型二氧化氯测定仪，被检水样中加入反应指示剂药物，仪器根据反应时出现的颜色深浅程度来进行定量，可以方便快捷地检测出厂水及管网水中二氧化氯的余量。

2016年，公司购置PCII型余氯和总氯水质分析仪，仪器对水中的余氯和总氯做出定量分析，以便及时检测管网水中的余氯量，对了解出厂水和管网水中消毒剂量起到重要作用。

十年来，公司的水质检测设备及技术不断升级，水质检测能力不断提高，为保证公司优质水质提供有力支持。

三、维修抢险、测漏仪器设备技术推广

2008—2017十年期间，公司维修抢险、测漏工作有了长足发展，维修设备、测漏设备仪器不断更新升级，维修技术、测漏技术逐步成熟，维修抢险能力、测漏能力有了较大提高，大大降低了维修时间和供水漏失率。

2008年，公司拥有先进的Omikron电子漏水探测仪、MPL-H7数字节能型地下管线探测仪和Zetacorr数字相关仪各一台，对泰城小区及道路管网普查测漏。

2009年3月，公司成立测漏中心，部门人员11人，其中专职测漏人员10人。购进Enigma多探头数字相关仪1台，该仪器具有灵敏度高、有效探测距离长、探测数据可以与其他PC机共享等特点，可用于管网大规模普查，解决用传统听音检测法难以解决的复杂漏水情况。同时，公司聘请金迪公司吴长虹为测漏中心进行了为期两天的测漏技术培训。培训结束后，测漏中心对泰城供水管网进行了拉网式普查。

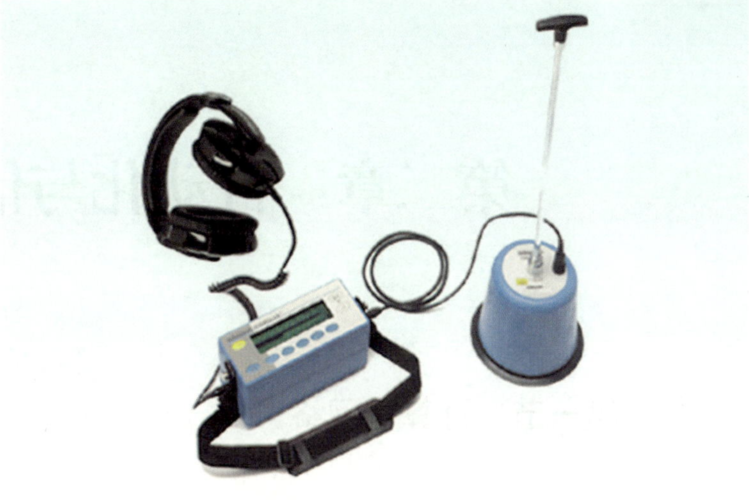

H L5000专业型数字听漏仪

2010年，公司购置Omikron多功能探漏仪一台。

2011年，为保障测漏中心职工工作中的人身及车辆安全，测漏中心为每名职工配备了反光衣与强光手电，并新增了警示爆闪灯和警示带等安全保障设备。

2012年寒冬，泰安遭遇到近三十年以来同期气温最低的天气。大量户表及户外管道冻结，管线所成立维护小组，自制蒸汽喷枪，加班加点冒着冷风严寒深入泰城的各个小区，为一户户居民融化开管道，恢复供水。

2015年，公司购置Omikron数字听漏仪一台。

2016年，随着科学技术的不断发展，管线所将信息技术应用到管网巡检当中，大大增强了管线巡检定位的工作能力。该系统主要是依靠GPS定位方式，记录巡检人员的巡检情况，巡检信息将数据形成统计报表，管理人员可随时掌握巡检情况，结合地图查看设备分布、巡视轨迹、异常点分布，从而实现对巡检工作信息化、数字化、网络化管理，也为巡检制度落实工作提供了技术保障。

同年，管线所引进“五防”井盖技术，文化路成为泰城首个试点道路。“五防”井盖是近年来出现的一种新型井盖，具有“防响、防滑、防盗、防位移、防坠落”5方面的技术特点，有效解决了传统井盖经常出现的沉降、破损、噪音、凸出、被盗等现象。管线所通过了解掌握技术参数、观看安装视频，并组织管线所所有人员现场实践安装操作学习，很快掌握了专业安装技术，总结了安装及使用经验，为下一步给水检查井盖改造打下了良好基础。

2016年，公司购置威脉VP2工程鹰眼金属管线定位仪一台，日本产听音杆两根。其中威脉VP2工程鹰眼金属管线定位仪可在不确定地下供水管线位置时用于精确测深、精确定位地下密集管线。

2017年，公司从济南久高机械设备有限公司处购入HL5000专业型数字听漏仪一台，该仪器利用漏水噪声可通过漏点附近的土壤传播的声学特性，在地面探查漏点噪声信号，并通过一系列数字化滤波处理，获得有效的漏点检测信息，可有效满足路面听音普查或精确定位漏水点需求。

第二章　自动化与信息化建设

第一节　计算机网络

2008—2017年十年期间，公司根据供水生产的需求及计算机技术的发展，逐步建立完善了公司网络系统，搭建了中心机房，配置多个服务器，拥有多个业务客户端，各部门、各系统之间可进行资源共享，互联互通，大大提高了办公效率，推动了公司信息化、自动化的发展。

2009年7月，公司开始搭建标准化中心机房，中心机房设在公司三楼。机房配有互联网、局域网、数据专线内网、VPN、程控电话等多种网络通信形式及多个专用业务服务器。网络架构由局域网及数据专线内网组成。局域网是公司由网络运营商接入互联网，搭建起来的管理型交换机及楼层交换机形成的网络户架，运行机制实行“IP+MAC”绑定。内网是公司由网络运营商利用数据专线经交换机及交换机堆叠搭建起来的内部业务网络架构，用于供水调度系统、视频监控系统、客服系统、营收系统、报装系统和易迅通等网络信息平台使用。

2017年2月，为加强公司自动化、信息化建设，推动公司的智慧水务发展，公司成立网络中心，刘伟任主任，唐洪彬、刘琰任副主任，部门人员8人。网络中心统筹负责协调、建设、维护、服务公司各信息平台及公司网络通信工作；科学搭建互联网、局域网、VPAN等网络架构；做好生产调度系统、客服系统、营收系统、报装系统、视频监控系统、微信平台等信息系统的日常运行和维护升级工作；加强网络信息安全工作，做好视频监控、服务器、网站、各信息平台的安全维护保障工作。

网络中心机房设备调试　　（2017年12月　摄）

同年3月，网络中心建立各项规章制度，用以保障网络中心各项工作及信息平台正常运转。网络中心相继出台了《网络中心设备档案》《网络中心部门规章制度》《网络中心隐患故障排查制度》《网络中心设备维护保养制度》《网络中心巡检维护操作制度》《网络中心机

房维护管理制度》等相关制度。

同年4月，网络中心进一步健全制度管理，加强机房、服务器管理。规范了机房、服务器维护管理制度、进出登记制度、服务器病毒防范制度、机房保密反恐等制度。维护管理制度规定：服务器房要保持清洁、卫生，并由专人负责管理和维护（包括温度、湿度、电力系统、网络设备等），非工作人员未经管理人员批准严禁进入机房；机房进出登记制度规定：对机房局域网、内网、服务器及网络设备的运行、调试、维修，建立档案；未发生故障或故障隐患时当班人员不可对中继、光纤、网线及各种设备进行任何调试，对所发生的故障、处理过程和结果等做好详细登记；病毒防范制度规定：定期进行病毒检测（特别是邮件服务器），发现病毒立即处理并通知管理部门或专职人员；采用国家许可的正版防病毒软件360软件，并及时更新软件版本；机房保密反恐制度规定：机房所有人员必须严格遵守单位各项安全保密制度，高度重视企业信息的安全保密工作，不得窥探、抄录、复制、泄露企业有关重要信息，不得转告与工作无关的人员；安全管理制度规定：严格遵守账号口令管理制度和安全操作条例，根据访问数据级别使用相应权限的口令进入系统；不得窃取、破译他人权限密码。

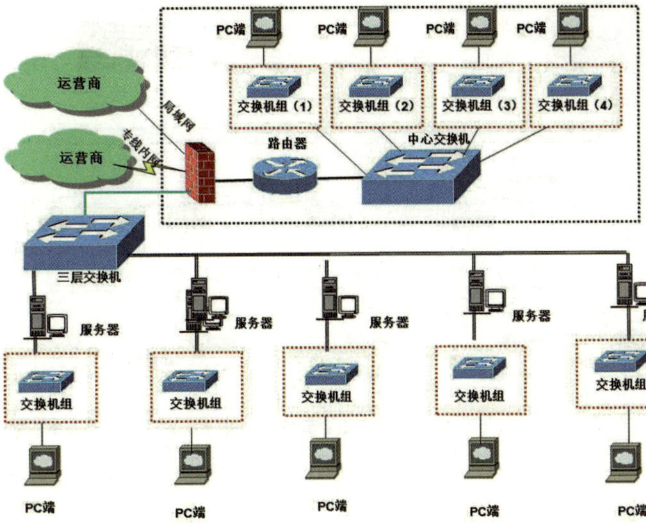

图6-1　公司网络架构示意图

第二节　智慧水务建设

一、公司信息化建设

按照总体规划、分步实施原则，经过2008—2017十年建设，公司由原来只有一个供水调度系统，到现在拥有SCADA供水调度系统、视频监控系统、客服系统、营收系统、报装系统、微信平台、易迅通七大系统，并通过易迅通系统集成融合统一在同一平台，形成单点登录平台。公司供水调度系统由原先单一的压力监测，基本建成了集数据采集（压力、流量、水位、泵机能耗及开停机状态、噪声、机温、水质参数）、视频传输和自动控制为一体的供水调度系统，可以实现压力分析、流量分析、水位分析和能耗分析。调度中心的值班人员利用系统提供的分析功能分析由SCADA系统得到的分布于各水厂、加压站、水源井、管网测压点及二次供水数据的各种数据参数，根据SCADA系统监测的压力和流量等数据进行综合分析后，可以科学合理运行水厂机组，保证经济运行。环湖水厂和环湖水厂取水头部、东部加压站、青春创业园加压站完成了自控改造和视频监控工作，实现了无人值守。旧县水源地完成了自控改造和视频监控工作。二供加压点部分站点实现了远程遥控功能。

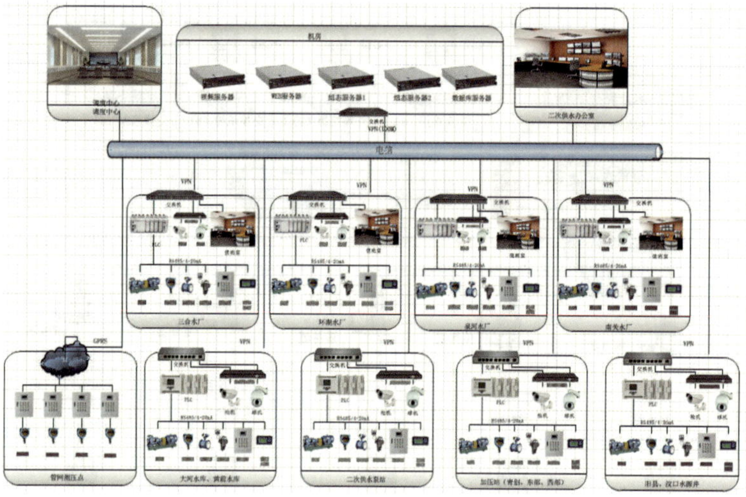

图 6-2 调度系统网络架构示意图

2008 年 6 月，公司应用上海三森软件有限公司的“三森自来水营业收费系统”。系统采用 VLAN 方式城域网，C/S 网络结构。

2009 年，为提升公司供水综合保障能力，实现城市水生产、水供应的高效、安全、自动化运营、协调运转，公司决定，对公司现有的三合水厂、环湖水厂、南关水厂、泉河水厂共四个水厂进行泵机运行状态、压力、流量、水质等数据在线监测，对青春创业园加压站、红门加压站、西区加压站、乐园小区加压站、天外村加压站五个加压站进行泵机状态及出水压力在线监测，并在城区新增 17 个管网压力监测点，此外建设一套现代化的生产调度系统，实现对生产数据的实时监测、报警与分析。

2010 年，公司先后考察武汉自来水水务集团、绍兴水务集团、武汉易维科技，在易维的技术支持下，当年实现了对公司三合水厂、南关水厂、泉河水厂三个水厂，环湖加压站（今环湖水厂）、青春创业园、红门加压站、乐园小区加压站、天外村加压站及 17 个城区供水管网监测点的生产数据及压力的监测，并建设了一套现代化的 SCADA 生产调度平台软件，实现了公司对生产数据的实时监测、供水压力调节、统计分析、生产报警，提升了公司生产管理水平、优化了城区居民供水环境。

同年，用于营业收费的计算机 9 台，机房服务器 2 台。收费数据库置于服务器浪潮英信 NL-380D 上，银行收费端口置于服务器联想万全 R510-3112 平台上。同年 12 月，公司开始建设客服系统，改变了仅通过人工接受来电、来信、来访的服务方式。

2011 年，公司开始建设视频监控系统。JAVA 开发语言，Oracle 数据库，C/S、B/S 架构。

2013 年，公司对 18 个水源井及国华经典泵站、荣郡国际加压泵站进行了信息化建设，实现了数据实时监测和远程启停控制功能，并对南关水厂及泉河水厂信息化进行了升级改造。实现了对水源井的压力、泵机温度、电压、电流、功耗等数据的实时监测，并实现了对水源地抽水泵机的实时状态监测和远程启停功能；实现了国华经典、容郡国际两加压泵站的实时压力、电压、电流、功耗等数据的监测，并实现了对泵房泵机的实时状态监测和远程启停功能；实现了水厂泵房各机组出水压力、流量、水质（浊度、余氯、PH）、电压、电流、功耗、泵机状态等数据监测，并建设了水厂值班室生产调度系统，实现了对各厂站的实时数据监测与报警。

2014 年，公司对 4 个加压站、9 个二供加压泵房、三合水厂进行了信息化建设，并结合不断扩大的城区供水管网情况，增加了 6 个城区管网压力监测点。实现了对

加压泵站、二次供水泵房的压力、水质参数（浊度、余氯、pH）、电力参数（电压、电流、功耗）、泵机状态等参数实时在线监测，并实现了对泵机机组的远程启停控制功能；实现了对三合水厂两个泵房的液位、压力、流量（瞬时流量、累计流量）、水质（浊度、余氯、pH）、泵机状态、阀门状态等数据的实时在线监测和对供水泵机机组、阀门的自动化远程控制功能，实现了三合水厂自动化供水的高效生产；通过增加6个城区供水压力的监测点，实现了对泰安市新建城区区域的供水管网压力监测，结合城区供水管网的压力调节手段，提升了城区供水质量、降低了生产漏耗，为公司供水生产起到节能降耗作用。

同年，公司建设报装系统。JAVA开发语言，Oracle数据库，B/S架构，内网通信。同年，公司建设易讯通平台。JAVA开发语言，Oracle数据库，C/S架构，内网通信。

2016年，公司完成了对旧县水源地井群的光纤升级改造工作，实现了远程开停机和无人值守；完成了对供水服务范围内的10多个二供加压点的光纤升级改造工作，增加了进、出水的高、中、低压各项参数；完善了三合水厂、南关水厂、泉河水厂、环湖水厂的供水调度C/S和B/S系统，修复了流量缺陷，使用水量统计、漏损率监测更准确。同年，公司对营收系统进行升级改造。PB开发语言，Oracle数据库，C/S架构，内网通信。

同年1—6月，公司建设了二次供水调度系统，建成6个加压点，实现GPRS无线传输；实现了对加压泵房的进、出水压力、单泵工作、故障状态、单泵开关状态、电流、电压、变频器输出频率等参数的实时监控。

2017年4—6月，公司实施了青春创业园自控改造工程。改造工程分两个阶段，一是安装阶段，二是调试阶段。本着“整合资源、节能降耗、自动化控制”的原则，借助计算机通讯和组态软件功能，在原来供水配套设施的基础上进行了远程自控改造，先后进行了硬件改造、软件改造、网络改造，实现了远程自控，无人值守功能。

同年6—7月，公司建设了二次供水调度系统第二期项目，建成12个加压点，实现光纤传输。该调度系统实现了对加压泵房的进、出水压力、单泵工作、故障状态、单泵开关状态、累计电量、累计流量、变频器输出频率、变频器运行温度、单泵电流电压、进线电压、进线电流、控制柜手/自动状态、远程启停控制等参数进行实时监控与远程控制。

同年6—8月，客服系统进行升级改造。JAVA开发语言，Oracle数据库，B/S架构。

截至2017年12月，公司相继完成了生产调度、营收、客服、微信平台、报装、

三合水厂供水调度系统数据监测　（2017年12月　摄）

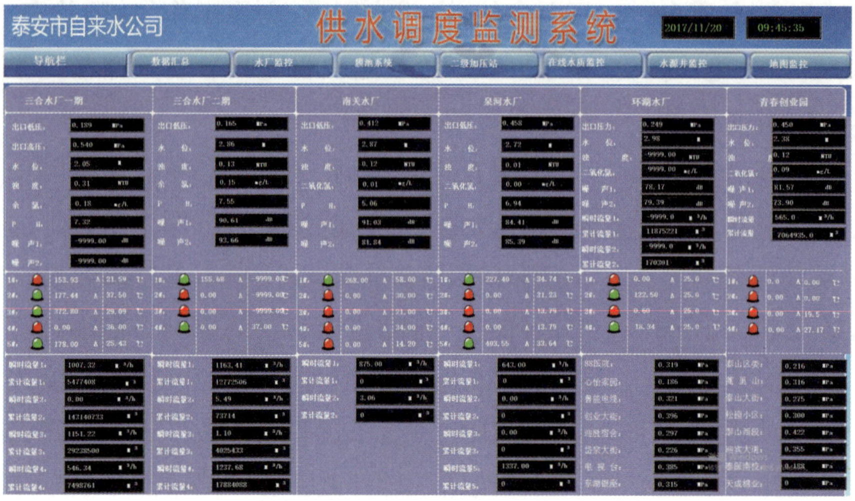

图 6-3　供水调度监测 C/S 系统示意图

视频监控、易讯通等系统的升级与整合工作，系统整合设的目的，一是对外增加更多服务的窗口，二是规范化内部业务管理流程，三是将原本分散建立的系统通过统一的平台进行有效的整合。通过报装系统、客服、微信平台等服务通道的建立，为公司提供规范化的服务流程，帮助公司有效改善了服务质量，提高了用户的满意度。同时通过此类平台的建设，降低了大厅等窗口的服务解释工作，有效地节省了运营成本，提高了工作效率，从而实现了公司“让用户满意，让政府放心”的服务理念，给用户提供丰富、全面而优质的服务。平台建设不仅提高了公司对外服务水平，而且提升了企业品牌形象，从而全面提升了公司整个服务效率和管理应用水平。

二、远程控制、无人值守建设

信息化、智能化、自动化建设作为现代城市水务企业提升核心竞争力的必要手段，已成为关注的焦点，水务企业提供给城市居民水压、水量的状况，都需要信息化、自动化支持来掌握。因此整合和提升水务企业现有的信息化系统，建立创新型自动化无人值守目标，进一步提高信息化、自动化对水务企业的业务支撑程度，全面提升城市供水保障能力和降低人工成本已迫在眉睫。

按照公司运营管理战略目标要求，兼顾自动化、信息化领域发展趋势的技术先进性，公司制定科学合理的规划方案，建设 SCADA 供水调度系统，并结合系统给企业预计带来的效益以及为后期系统作信息铺垫的原则，遵循“效益驱动、总体规划、重点突破、分步实施”的方针，分步骤、分阶段地实施远程控制、无人值守的自动化建设。

建设目标　站点机组实现自动控制、恒压供水、远程调压、监控设备状态、进水阀门远程控制；机组根据供水压力和流量自动切换大小机组并变化频率，实现恒压供水并且压力可远程操作调控；出水阀门实现自动闭阀开停机；进口阀门实现远程操作并且水位自动控制阀门开关；远程监控泵机状态、阀门状态、压力、水位等关键信息；现场断电系统提示并报警。

泵站组成系统　泵站控制系统由计算机监控系统、通讯系统、现场控制柜、在线检测仪表系统、防雷接地系统组成。

计算机监控系统　由监控计算机和监控软件组成的中心控制系统（中心控制室）对泵站实施集中管理。系统是开放的、灵活的，可以对控制系统进行监测、控制，具有动态画面显示功能、报警功能、报表输出功能、趋势预测功能和实时历史数据存储功能。软

件采用全中文操作模式，能够组态中文显示画面等功能。具有使用方便、简单易学、软件组态灵活的特性。

通讯系统 选用光纤通讯，由各个 PLC 控制系统，采用标准光纤通讯方式和中央控制系统连接，组成泵站综合管理控制系统。

现场控制柜系统 分布在现场的可编程序控制器 PLC 及现场仪表组成的检测控制系统对泵站现场设备进行采集和控制。各 PLC 控制站与公司调度中心、水厂之间通过通讯系统进行数据通讯。

在线检测仪表系统 用于对泵站的各个工艺段参数进行在线式检测。

防雷接地系统 整个防雷系统要求能够完善的防护雷电对电子设备的各种侵害。防雷器应在不影响系统正常运行的前提下，能够承受预期通过它们的雷电流和过电压。

泵站的控制方式 控制系统是一个以西门子 1200PLC 控制为基础的星形控制系统，自动化水平为正常运行时现场无人值守，中央控制室集中管理。由西门子 PLC1200（cpu1214），西岱尔避雷器件、明纬电源、施耐德中继等组成。系统采用西门子 PLC S7-1200 采集现场的流量、压力、水泵开关、电压、电流和故障信号等参数，作为控制的依据，集中监测控制，降低故障率。系统控制方式分为正常控制和异常情况控制两种控制方式。控制方式分为远程控制和现场控制，远程控制又可以分为远程手动控制和远程自动控制，两种远程控制方式可以根据需求手动切换。

现场手动控制方式 把水泵上的选择开关打在现场手动状态，水泵将不再接受 PLC 发出的控制指令，可通过控制箱上的电动开关来控制水泵的开停，或者通过变频器来控制水泵开停。

远程手动控制 首先把水泵工作方式选择在控制位置，在通讯连接成功以后，在中控的控制界面上选择中控模式，并且把指令发送到 PLC, 等到返回设置成功以后（确认 PLC 处于中控状态），选择一个开停指令发送到 PLC, 水泵将会直接开启或者停止。

远程自动控制方式 自动控制分为三大块：进口阀门自动控制、闭阀开停机、恒压供水。

异常情况控制 PLC 一旦超过五分钟（或者规定时间）没有收到上位机发下来的任何指令，PLC 将自动转换到通讯故障状态，并且水泵停止运行，直到通讯恢复正常。上位机界面中还有一个是中控急停的发送指令按钮，此指令用来发送紧急停止的指令，一旦指令发送下去，不管指令发送前水泵处于自控状态还是中控状态，水泵工作状态直接切换到中控，发送急停指令后，其他设置和选择的指令将不允许发送，直到解除急停指令被发送成功。解除指令发送后水泵将处于中控模式。当水池中的液位高于某一个界定值时，PLC 收到开关点报警信号后，会及时控制电机的转速或者停机。

2015—2016 年，公司完成对汶口、旧县水源地井群的光纤升级改造工作，实现远程开停机和无人值守。实施三合水厂一期泵房、环湖水厂送水泵房、环湖水厂取水头部泵房、东部增压站，实现远程控制无人值守功能。

2017 年 4 月至 6 月，公司实施青春创业园自控改造工程。借助计算机通讯和组态软件功能，在原来供水配套设施的基础上进行远程自控改造，实现远程自控，无人值守功能。

公司实施远程控制、无人值守建设以来，共有75个站点实现远程监控功能，实现对水厂、加压泵站、管网、井群、二次供水泵房的压力、水质参数（浊度、余氯、PH）、电力参数（电压、电流、功耗）、水位、噪声、温度、泵机状态等参数实时在线监控；36个站点实现远程控制、无人值守功能，其中青春创业园和东部增压站是远程自控、无人值守的代表。

公司SCADA供水调度系统监控站点

表6-1　　站点单位：个　统计日期：2017年12月31日

序号	区域(5)	测压点(75)	远程监控(75)	远程控制（36）
1	水厂（5）	三合水厂一期	√	√
2		三合水厂二期	√	
3		泉河水厂	√	
4		南关水厂	√	
5		环湖水厂	√	√
6	管网（18）	心怡家园	√	
7		松园小区	√	
8		电视台	√	
9		泰山大街	√	
10		蒿里山	√	
11		迎宾大道	√	
12		岱宗大街	√	
13		88医院	√	
14		医学院南校区	√	
15		开元小区	√	
16		创业大街	√	
17		迎胜宿舍	√	
18		东湖银座	√	
19		农大新校	√	
20		鲁能电缆	√	
21		泰山区委	√	
22		泰山大街西段	√	
23		泰医老校	√	

续表 6-1

序号	区域 (5)	测压点 (75)	远程监控 (75)	远程控制（36）
24	加压站（3）	西区加压站	√	
25		东部增压站	√	√
26		青春创业园	√	√
27	井群（18）	汶口 2 号井	√	√
28		汶口 3 号井	√	√
29		汶口 4 号井	√	√
30		汶口 5 号井	√	√
31		汶口 6 号井	√	√
32		汶口 7 号井	√	√
33		汶口 9 号井	√	√
34		汶口 10 号井	√	√
35		汶口 12 号井	√	√
36		汶口 14 号井	√	√
37		旧县 4 号井	√	√
38		旧县 9 号井	√	√
39		旧县 10 号井	√	√
40		旧县 12 号井	√	√
41		旧县 14 号井	√	√
42		旧县 15 号井	√	√
43		旧县 16 号井	√	√
44		旧县 17 号井	√	√
45	二次供水（31）	碧桂园	√	
46		惠普西区	√	
47		花园洲	√	
48		时代佳苑	√	
49		望岳 B 区	√	
50		苹果园	√	√
51		龙泉 C 区	√	
52		凤凰城	√	

续表 6-2

序号	区域 (5)	测压点 (75)	远程监控 (75)	远程控制（36）
53	二次供水（31）	高铁 A 站	√	
54		高铁新区	√	
55		惠丰园	√	
56		龙泉 C 区	√	
57		东岳鑫城	√	√
58		容郡国际	√	
59		泰山公馆	√	√
60		新湖绿园	√	√
61		泰豪名城	√	√
62		明珠花园	√	√
63		红门	√	
64		国华经典	√	√
65		国华时代	√	√
66		幸福里	√	√
67		颐心园	√	√
68		天成棉业	√	
69		宝盛广场	√	√
70		大安绿世界	√	
71		金域华府	√	√
72		樱桃园	√	
73		高铁 B 站	√	√
74		天外村	√	
75		惠丰园	√	√

备注：√是表示实现远程监控或远程控制功能

三、SCADA 供水调度系统

2008—2017 十年期间，公司利用计算机信息处理技术、现代通信技术以及自动控制技术并借助移动、联通网络平台，开发建设了 SCADA 生产调度系统，对泰城整个供水管网、水厂、泵站等环节的主要运行参数、设备运行状况进行动态监测、实时调度和自动化控制。实现供水各环节系统自动化信息采集管理，并将被监测点各项信息数据直观的表现出来。结合数学建模技术，通过统计

预测分析手段，对供水调度的各个环节进行合理配置，从而保障供水管网经济、安全、可靠的运行。

2009年，公司建设生产调度系统，后经过几次改造升级，功能已比较完善，部分区域已实现远程自控和无人值守。借助供水调度监控平台（SCADA），可以安全高效地管控从水源地到用户、整个端对端的供水全过程。实现对水厂制水、管网配水、数据综合监控、水处理过程监控等供水业务的科学化管理，达到城市供水行业管理精细化、服务标准化的要求。

主要特点

一张图管理　系统采用B/S架构，以地理信息或百度地图为底图，各种采集内容形成多种图层，图层可以随选叠加显示，地理信息系统能够实现地图缩放、拖拽、漫游。能对用户查询出来站点进行自动聚焦、以该站点为中心定位方式显示。对于报警的站点，能以声音、图中高亮显示的形式在地图中直观表达。

采集多样化　系统采用C/S架构，能采集和监控各设备及生产安全运行。随时监测管网压力、水质、流量、泵机运行状态、能耗、视频等，并能以报表、曲线、动态工况图等形式呈现。

无人值守　可对远程设备运行进行监控，及时发现故障并排除，降低人力成本，减少人员劳动强度。

大数据监控和告警　系统实时采集各厂的实时数据，完成实时数据的汇总、分类、存储以及统计分析。

执行移动化　系统提供功能能在手机端视频监控、指标监控，接受调度命令，录入巡检和执行情况。

主要功能

实时监控　按类别或区域实时监控传感器数据，实时报警提示。

站点	压力(MPa)	站点	压力(MPa)	站点	压力(MPa)	站点	压力(MPa)
三合一期低压	0.210	西区加压站	0.480	岱宗大街	0.272	农大新校	0.505
三合一期高压	0.540	鲁能电缆	0.371	东湖银座	0.000	开元小区	0.584
三合水厂二期	0.188	电视台	0.420	泰山大街	0.332	宝盛广场	0.310
南关水厂	0.463	创业大街	0.437	松园小区	0.361	医学院南校区	0.243
泉河水厂	0.513	心怡家园	0.222	泰医老校	0.258	龙泉C区	0.000
环湖水厂	0.255	88医院	0.324	迎胜宿舍	0.310	碧桂园	0.570
东部增压站	0.648	泰山大街西段	0.419	蒿里山	0.372	天成棉业	0.000
青春创业园	0.000	泰山区委	0.258	迎宾大道	0.347	容郡国际	0.610
三合水厂一期				三合水厂二期			
1泵状态	停止	瞬时流量1	0	1泵状态	运行	瞬时流量1	735
2泵状态	运行	瞬时流量2	0	2泵状态	停止	瞬时流量2	0
3泵状态	运行	瞬时流量3	1007	3泵状态	停止	瞬时流量3	0
4泵状态	停止	瞬时流量4	554	4泵状态	运行	瞬时流量4	1185
5泵状态	运行	水位	1.774			水位	2.610
南关水厂				泉河水厂			
1泵状态	运行	瞬时流量1	734	1泵状态	停止	瞬时流量1	0
2泵状态	停止	瞬时流量2	0	2泵状态	运行	瞬时流量2	636
3泵状态	停止	水位	2.984	3泵状态	运行	瞬时流量3	1137
4泵状态	停止			4泵状态	停止	瞬时流量5	0
5泵状态	停止			5泵状态	停止	水位	2.714
环湖水厂送水泵		环湖水厂取水泵		青春创业园		东部增压站	
送水瞬时流量1	700	取水瞬时流量	622	水位	0.000	水位	2.402
送水瞬时流量2	0	取水水位1	3.821	瞬时流量	0	低区瞬时流量	0
送水水位	3.189	取水水位2	4.064			高区瞬时流量	

图6-4　供水调度B/S界面示意图

统计分析　根据各种查询条件，生成图表或表格分析数据。

日况分析　按天查询各站点数据或图表。

报表管理　提供各种统计报表。如区域水量报表、压力统计报表等。

数据采集服务　根据采取的通讯方式和通信协议对数据进行采集解析。

实时报警　对报警条件进行设置，提供语音、短信、界面提示等各种方式报警提示。

系统管理　对用户、角色、权限进行管理。提供各基础数据的维护。

系统由一个总的实时数据通信平台、数据库平台、Web应用平台，使已有的管网监测点和厂站（加压站）可通过共同的通讯平台和数据库平台来建立生产调度管理系统。系统配置组态、Web、Oracle共3台调度主服务器，调度中心和水厂、水源地设有终端机，JAVA开发语言，Oracle数据库，C/S、B/S架构，内网通信。各水厂建有调度自控终端机，数据专线内网联通。供水调度立足于管网调度的信息化、自动化、现代化管理，实现对整个供水管网安全运行、实时监控、远程自动控制达到无人值守，并提供实时数据的监测与采集、显示与监测报警、历史数据的统计分析及报表的打印等工作，不仅降低了能耗，还基本实现了信息管理网络与调度监控的一体化。

根据“安全供水、经济运行、管网无盲区”的原则，自2008年至2017年12月，公司供水调度系统建设管网压力监测点18个，水厂5个，加压站3个，水源井18个，二次供水加压点31个，共计75个。

2011年9月，供水调度系统管理成果《加强供水调度 保障供水安全》荣获山东省供水协会优秀奖、泰安市企业管理现代化创新成果一等奖。

2014年6月，供水调度系统管理成果《实施信息平台整合建设 促进供水事业健康发展》在2014年度全市质量管理活动暨QC成果中发布中获市级优秀奖。

2016年6月，供水调度系统管理成果《降低汶口水源地调度系统故障率》在2016年度全市质量管理活动暨QC成果中发布中获市级优秀奖。

2017年6月，供水调度系统管理成果《降低泰城水源地调度系统故障率》在2017年度全市质量管理活动暨QC成果中发布中获市级三等奖。

截至2017年12月，三合水厂、环湖水厂、东部增压站、青春创业园加压站、汶口水源地、旧县水源地都已实现远程自控，其中东部增压站和青春创业园加压站实现了远程自控和无人值守。

四、客服系统

2008—2017十年期间，公司为提升供水服务水平，提高用户满意度，切实为用户解难，建设升级了客服系统。系统选用“30B+D数字线路+强讯话务中间件+AVAYA交换机”的方案，将模拟外线升级为数字外线，增加4路座席，提升电话通话质量，同步也对业务系统进行全面升级。升级后提高了客服工作效率及服务质量，同时树立了企业在社会上的良好品牌形象。

2008—2009年，公司客服只有服务热线电话“6992000”，工作时间热线设在企管科，其他时间由公司调度室受理用户来电。办公室接受市政府和城建国资公司便民服务电话，能够处理答复的，立即处理答复；不

能处理的，交领导小组具体负责人，由负责人根据具体情况签署意见。

2010 年 12 月，公司建设客服系统，改变了仅通过人工接受来电、来信、来访的服务方式。客服系统由杭州蒲菲特电子科技有限公司开发，采用 WEB 技术和 J2EE 技术，基于 EasyCall 呼叫中心平台（三汇语音技术）进行开发。用户可通过电话、短信、电子邮件、传真、网站等方式与公司客服中心进行信息交流或互动。客服系统呼叫中心共有 4 个座席，可受理全市范围用户的来电。主要任务有：建立统一的客户档案库、直接受理用户呼入、受理各部门转来呼叫、调度各分中心、任务分配、用户回访，对各类信息数据进行相关处理、网上信息发布等。

客服热线平台 （2013 年 12 月 摄）

2017 年 6—8 月，客服系统进行升级改造。系统配置话务、客服 2 台主服务器，客服中心设有终端机，JAVA 开发语言，Oracle 数据库，B/S 架构，客服中心配有终端机，内网通信。借助客服系统，公司可以高效地为用户提供优质服务。这次升级主要是扩展座席规模，将模拟外线升级为数字外线，提升电话通话质量，同步也对业务系统进行全面升级，引入绩效考核体系，针对客服系统几年的使用经验，对座席人员、业务部门提供考核管理要求。系统升级后，大大提高了公司

图 6-5 客服系统界面示意图

对外服务管理水平，提高了工作效率及服务质量，提升了用户的满意度，同时树立了企业在社会上的良好品牌形象。

服务效率提升 升级前使用传统的模拟外线，信号传输慢，用户来电不能马上应答，否则影响来电号码获取。升级后外线使用数字线路，在信号传输方面远优于模拟外线，用户来电任何时候均可应答，提升服务效率。

服务质量提升 升级后扩展座席规模，建设备用座席，针对特殊情况，如重大停水时导致电话量过多，此时自来水公司可随时启用备用座席，以便更好地服务用户，提升服务质量。

节约人力资源 升级后实现自助水费、停水信息、水价等查询，用户无需与座席通话，由系统根据客户选择的需求自动应答来电用户，以节约座席资源。

工作效率提升 升级后与收费系统无缝对接，用户来电咨询水费相关内容时，座席人员可通过客服业务系统实时了解用户用水情况，无需登录多套系统查询，同时系统升级后融入多种快捷操作方式，提高工作效率。

引入考核体系 做到受理及时、反应快速、处理到位，以便更好地做好公共服务，提升用户满意度。

主要特点

知识库管理 经过授权，相关业务职能部门可将和本部门相关的信息维护在知识库中，快速、准确地为用户提供信息。

提供自定义工作流管理和督办机制 公司可以通过工作流定义功能实现业务流程、实效和单据格式的自定义，提供严格时效管理的工单流转、处理、回访督办功能。

为多种业务系统提供统一客服 与营收系统、生产调度系统、报装系统进行系统整合后可处理跨系统的查询和流程指派。

绩效考核制度 按公司要求提供座席工作量考核和工单处理情况考核报表。

主要功能 IVR 自动语音应答，为用户提供 7×24 小时不间断自动电话语音服务。

全程同步录音 全程电话录音，不影响通话过程。录音文件自动备份，可随时下载、播放。

座席实时监控 对座席实时工作情况进行大屏监控。

来电弹屏 来电自动弹屏显示历史通话资料，自动查询显示用户相关情况。

工单流转 包括工单录入、处理和回访，并形成自动工作流。

座席实时监控 对座席实时工作情况进行大屏监控。

公告及知识库 业务部门和话务员共享公告和知识库，让话务员更方便准确地为用户提供信息。

统计分析 提供话务统计分析和工单统计分析。

十年来，客服系统实现了下述业务功能：客服受理、业务处理、话务管理、座席管理、来人、来电信息登录；信息转工单处理、信息跟踪、信息回访；支持工单流转、工单及流程自定义、流程的实时监控及时限控制、网上流转。

五、营收系统

2008—2017 十年期间，公司建设升级了营业收费系统，营收系统全面改善了公司内部对营销的业务管理，同时解决了收费系统与其他各个系统之间的互联互通，让公司的内部管理更进一步得到加强、业务流程更加

规范、数据流更加清晰、报表体系更佳完善、跟各个关联业务系统之间更加密切。公司借助互联网、移动、联通网络平台，开通了微信支付功能、支付宝支付功能，完善了营收功能。用户除了通过营业网点缴费、查询外，还可足不出户，通过网上银行、电话银行、手机银行、存折代扣等多种方式，进行网上缴费和查询。

2008 年 6 月，公司应用上海三淼软件有限公司的“三淼自来水营业收费系统”。系统采用 VLAN 方式城域网，C/S 网络结构，服务器为 HP ML570G2，以 Windows 2000 server 为操作系统，采用 SQLSERVER 2000 数据库，编程语言为 DELPHI 7.0，网络工作站安装 Windows 2000 Professional。

2010 年，营业收费共有计算机 9 台，机房服务器 2 台。收费数据库置于服务器浪潮英信 NL-380D 上，银行收费端口置于服务器联想万全 R510-3112 平台上。

2016 年，公司对营收系统进行升级改造工作。系统配置 4 台主服务器和多台终端机连接公司收费大厅、银行收费网点和客服系统，PB 开发语言，Oracle 数据库，C/S 架构，内网通信。营收系统全面改善了公司内部对营销的业务管理，有效改善了原有营收系统架构系统功能单一、业务支持力度低、报表效率低等问题，同时解决了收费系统与其他各个系统之间的互联互通，通过此次收费系统的升级，让公司的内部管理更进一步得到加强、业务流程更加规范、数据流更加清晰、报表体系更佳完善、跟各个关联业务系统之间更加密切。

主要功能

平衡式记账　冲正交易采用红票和蓝票的红冲记账方式，符合税务和财务的要求；保证每票、每笔、每天、每月的应实收、欠费、预存清晰明确。保证隔日和隔月冲正可回溯，并不会对往月的报表和报税产生影响。

多种计费方式　支持合收表、分比例混合用水、套分表、优惠、例外单价、固定金额、定量、阶梯水价、追减量费等。

多种收费模式　提供柜台缴费，银行联网实时收费、网上缴费、代收、批扣、托收，冲账，走收、预存、微信、支付宝缴费等。

代收费　支持垃圾费等代收费由征收部门独立建账，各自管理，数据同步。

多种抄表方式　提供手机抄表、抄表机、IC 卡预售表、远传表、人工入账，多月抄，大用户一月抄多次等。

自定义报表、图表、发票　支持用户自定义报表、图表、发票、单据的显示内容、格式及打印参数。

营业工作流管理　对追减量费、减免折让，属性变更、价格变更、表务等业务具有规范的管理流程和时效评估、督办机制。

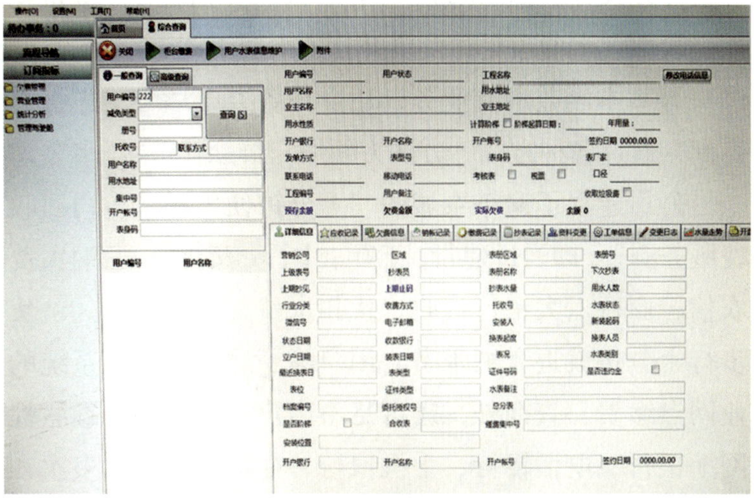

图 6-6　营收系统界面示意图

营业收费大厅（2013年5月 摄）

量化考评　根据抄表率、实抄率、收费率、历史欠费收费率、准确率等提供量化业绩考评。

痕迹记录　对敏感数据修改提供时间、任务、修改前后对比的痕迹查询。

2016年8月，公司借助互联网、移动、联通网络平台，开通了微信支付功能，同年9月，开通了支付宝支付功能。还开通建立了便民缴费方式多样化数据处理平台。公司通过营业大厅和网络为用户提供全方位服务，主要办理水表过户、缴纳水费、用水查询、咨询等。为方便用户群众，数字化平台扩充了服务方式方法，提供现金、支票、POS刷卡、委托收款、水费预交、发票补打、水费查询、过户等基本涵盖所有业务，还受理各类电话咨询，通过各种方式、方法方便用户群众。

公司建立了遍布泰城的“十分钟便民缴费服务圈”，即通过建行、工行、中行、交行、农信、商行六大银行代收、代扣水费，用户步行十分钟就近缴纳水费。用户除了通过营业网点缴费、查询外，还可足不出户，通过网上银行、电话银行、手机银行、存折代扣等多种方式，进行网上缴费和查询。

六、微信平台

公司为提高用户便捷服务，拓宽服务渠道，减轻客服系统服务压力，建设了微信平台。

2008年至2014年11月，公司发布一些公告、通知及查询、缴费等都是靠发文件、书面通知、布告及用户到公司人工查询办理等方法，为了提高服务水平，方便广大用户，公司决定建设微信平台。

2014年12月，公司建设微信平台。系统配置1台主服务器，JAVA开发语言，Oracle数据库，B/S架构，互联网通信。借助微信服务号，公司能够将传统的业务模式由线下转移到了线上及手机端。改变传统服务受理渠道窄、时间受限，公告通知送达效率低、缴费不便、交互缺乏高效渠道的问题，为用户提供更加高效便捷的服务。

主要特点功能

自助办理　用户可以自行7×24小时查询、缴费、投诉、报漏等。通过电脑、手机实现业务办理，无论何时何地、身边是否有电脑、工作人员是否在线都能发送至机构后台。

便民缴费　通过平台与营收系统的实时连接，通过微信的“微支付”功能，为自来水公司提供了全新的便民缴费渠道，帮助公司回收水费；用户也能够更方便、快捷的查询水费账单。

便民服务　通过平台与报装系统、营收系统的实时连接，为用户的用水报装、水费查缴提供了便捷的服务通道，用户不再需要多次往返生计科、营业厅进行报装申请及收费缴纳；除此之外，用户还能通过平台了解

图 6-7 微信平台应用示意图

所申请的报装工程进度。

提升企业服务质量　通过平台与供水服务热线系统的实时连接，将极大地减轻供水热线人员的服务压力。平台不仅是一个各种信息的发布阵地，还能针对用户的投诉、报修等服务进行有效的处理。

公司微信平台实现了停水信息发布、欠费查询、水费缴纳、缴费记录查询、网点查询、水价查询、用水指南、绑定水表、自动止码、在线客服、在线留言、报装查询等功能。通过微信平台使岗位人员随时掌握、定位工作目标，实现快捷互动维修、抢修。

七、视频监控系统

公司为了实时远程监控各水厂、水源地、加压站的安全生产，建设升级了视频监控系统。旧县、汶口水源地，三合水厂、南关水厂、泉河水厂、环湖水厂、西区、乐园老公司等重要生产区域建设视频监控系统、电子围栏后，安保作用大大增强。

2008—2010 年，公司没有建设视频监控平台，安保工作都是由人工巡逻担任。

2011 年，公司开始建设视频监控系统。系统配置 1 台主服务器及若干硬盘录像机和网络摄像头，JAVA 开发语言，Oracle 数据库，C/S、B/S 架构，采用中国移动的 GPRS 网络平台内网通信。各水厂配有硬盘录像机，安装海康威视监控系统。视频平台可接入 Web 用户访问总数：2048 个，并发在线用户登录总数：1024 个；远程监控客户端在线接入总数：500，并发接入总数：200 个；单台流媒体服务器并发发送路数：25 帧 / 秒 D1 格式（2 兆）图像 200 路。

主要功能

监控视图　支持多屏显示，可将各视图弹出主界面显示，并可在多个显示器上显示不同的视图；支持动态调节亮度、对比度、饱和度、色调等视频参数。

云台控制　支持对云台镜头的全功能远程控制，控制分 8 个方向：上、下、左、右、左上、右上、左下、右下，可以对摄像机进行焦距、焦点、光圈的调整；支持 3D 缩放、定位功能。

录像回放　支持常规回放、分段回放、事件回放 3 种模式，支持同时检索、回放所选各监控区域的多个摄像机视频；支持当地备份、刻盘备份、ftp 上传备份，支持当地录像回放和远程录像回放。

告警中心　有历史告警、设备告警。主要的查询条件有告警源类型、告警名称、告警类型、告警级别、确认状态、告警源、发生时间，根据这些条件可以查询各个类型的告警情况，并且具有告警信息导出功能。

2011 年 5 月，公司建设三合水厂（一期）视频监控工程，建设周期 30 天，三合水厂一期设计安装监控系统一套，电子围栏系统一套。监控系统共计安装 16 台摄像机，其中 8 台固定式枪式摄像机，8 台 360 度云台型摄像机，选用“海康威视”产品。三合水厂厂区四周电子围栏系统周长 800 余米，形成一道“电子围墙”屏障，担负着安全与保卫工作。当有人非法翻越围墙破坏时，探测器可立即将警情传送到管理中心，管理中心对报警信号进行接收和处理，电脑上跳出的电子地图上显示出入侵区域；同时，与监控系统联动，监控屏幕上跳出入侵区域的现场实时画面；中心值班人员通知巡逻中的保安人员立刻赶往现场处理。电子围栏系统是安防系统的第一道防线，也是最重要的一道防线。

2013 年 10 月，公司建设南关水厂视频监控系统，建设周期 10 天，设计安装监控系统 1 套。监控系统共计安装 7 台摄像机，其中 5 台固定式枪式摄像机，2 台 360 度云台型摄像机，选用“海康威视”网络高清摄像机。同月，公司建设泉河水厂视频监控系统，建设周期 15 天，设计安装监控系统一套。共计安装 12 台摄像机，其中 14 台固定式枪式摄像机，2 台 360 度云台型摄像机，选用“海康威视”网络高清摄像机。

同年 11 月，公司建设环湖水厂视频监控系统，建设周期 20 天，设计安装监控系统 1 套，电子围栏系统 1 套。监控系统共计安装 13 台摄像机，其中 11 台固定式枪式摄像机，2 台 360 度云台型摄像机，选用“海康威视”产品。

2014 年 2 月，公司建设三合水厂二期视频监控系统，建设周期 20 天，三合水厂膜车间内增加安防系统，膜车间一层及二层、加氯间、配电室等位置增加视频监控摄像机，共增加 17 路摄像机。

2017 年，乐园老公司办公楼更换 11 个监控探头，并把替换下来的 4 个探头维修后安装到 4 个监控点上。

截至 2017 年 12 月，视频监控系统实现 24 小时远程实时监控，有效地保护了水资源，保护了水环境，保证了正常供水，确保了公司安全维稳形势持续稳定。

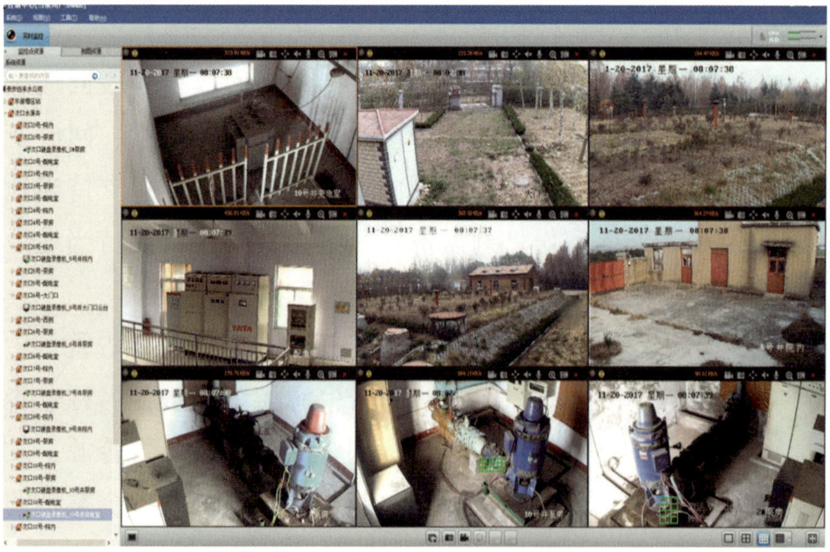

图 6-7　视频监控平台示意图

八、报装系统

公司为更好地为用户实施“一条龙”服务，借助互联网及计算机技术建设了报装系统，实现了用户报装工作的系统化、规范化、数据化，推动了公司无纸化办公的发展。

2008—2013 年，公司没有建设报装系统，报装工作完全基于手工管理，报装过程中不便于跟踪、考核和科

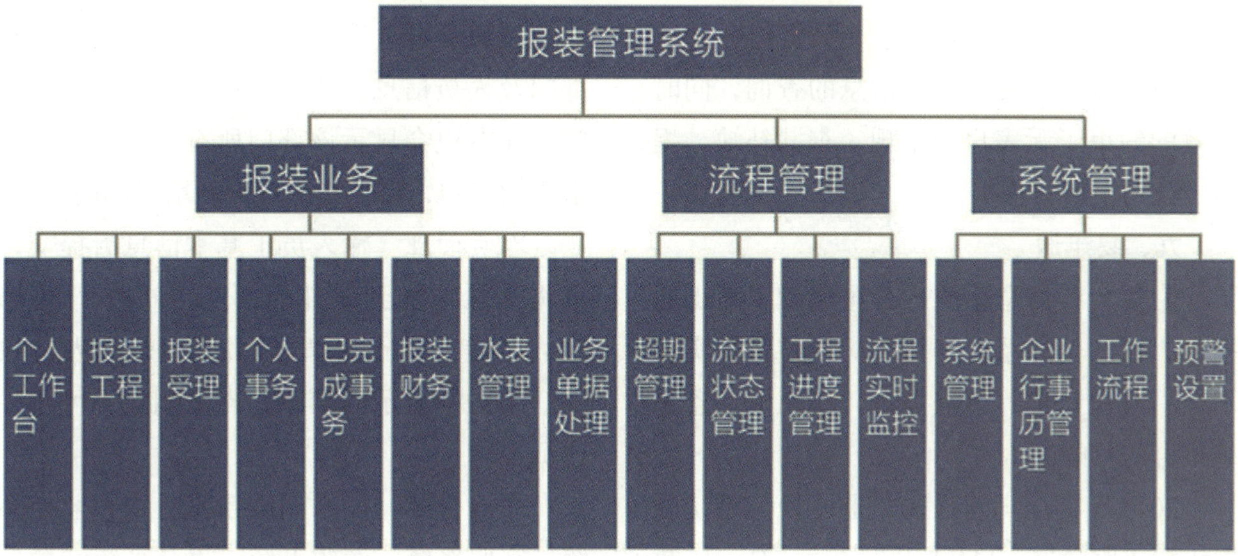

图 6–8 用户报装系统架构示意图

学管理，一旦某个环节出现问题，会直接影响公司的用户报装工作。尤其各个环节之间资料流转的人工操作，有时需要多次重复抄写，不仅降低了工作效率，增大了业务人员的工作量，而且容易出现错误。为提高报装工作的工作效率，减少各个环节的重复工作和失误，公司决定建设报装系统。

2014 年，公司建设报装系统。系统配置 1 台主服务器，JAVA 开发语言，Oracle 数据库，B/S 架构，内网通讯。该系统是公司根据管网供水能力，对用户用水申请进行审批和办理各项手续，并对用户用水工程施工进行监督、验收，直至安装水表、通水的整个过程的管理系统。

主要特点功能

实现工程资料录入、勘查设计、出图会审、领表审批、施工竣工等流程的动态管理，对每个单据节点进行时限控制，超期提醒，数码相机记录电子文档、电子文档的网上流转，信息共享，电子合同管理，当前项目进度图查询，所有单据综合查询等功能，便于资料的查找、存档、利用。

主要流程

1. 工程申请；2. 新政策、旧政策；3. 确认缴费；4. 设计图纸并确认；5. 确认施工单位；6. 派遣施工任务；7 水表审批；8. 水表确认；9. 领取水表；10. 工程施工；11. 工程竣工；12. 组织验收；13. 验收审批；14. 验收小组意见；15. 领导批示；16. 归档。涉及生计科、设计院、安通公司、营业室、管线所、保卫稽查科、校表站等相关部门。

报装系统的建设，有效规范了公司内部报装业务的流程，通过电子化、无纸化办公，

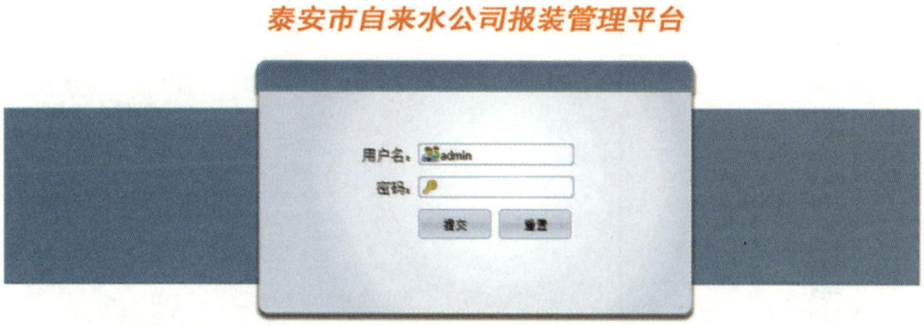

图 6–9 报装平台示意图

将报装全过程网上流转，在节约流程转办时间的同时，也对数据存储、相关资料存储起到了改进作用，便于历史信息的查询，同时有效的约束了无表户的出现，查漏补缺，提高了公司生产管理水平。

九、易迅通

为整合各信息系统，公司建设了易迅通平台，对各信息系统进行了应用整合，实现了统一身份认证，单点登录，达到了信息系统整合的目的。

2014 年，公司建设易讯通平台。系统配置 1 台主服务器，JAVA 开发语言，Oracle 数据库，C/S 架构，内网通信。易讯通短信平台是一个集多种短信业务功能和管理功能于一体的短信服务多功能运营平台，具有稳定可靠、模块化、开放性、灵活性等特点，它既适用于公司开展自有业务运营服务，也可与第三方内容提供商（CP）进行业务合作，以 CP 的内容对外提供服务运营。

主要特点

1. 查看待办事项。2. 查看未读消息。3. 打开消息管理器。4. 群发短信。5. 群发消息和文件。6. 组织结构。7. 群组。8. 最近联系人。

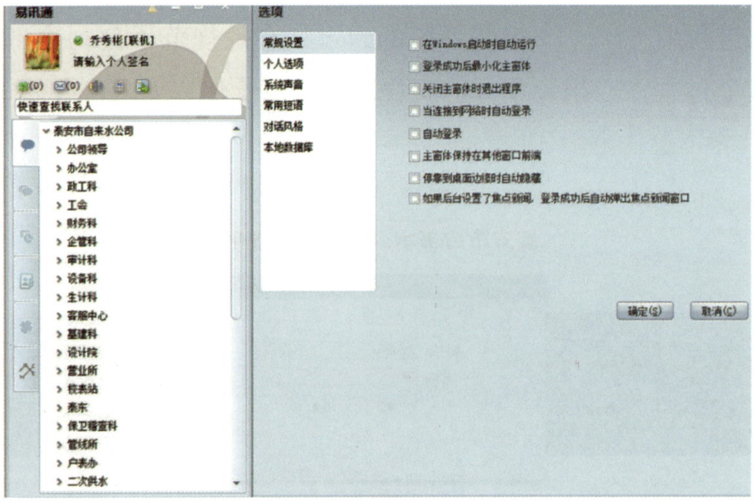

图 6-10 易迅通界面示意图

主要功能

部门管理　管理员可新增、修改、删除部门及人员信息。选中左边树形菜单中的部门，在右边会显示该部门所有工作人员。点击添加部门，可在该部门下新增子部门。

人员管理　输入员工基本信息后提交，可将人员添加到该部门；点击修改，可修改人员信息；点击调整，可调整改人员在部门结构中显示的顺序；点击删除，可删除该员工。

平台管理　供水调度系统、视频监控系统、客服系统、营收系统、报装系统和微信平台等系统通过易迅通系统集成、融合、统一在同一平台，形成单点登录平台。

第三节　其他专业应用系统

一、财务管理系统

2008—2017 年，公司财务一直使用 2017 年升级的财务软件，采用浪潮 myGSpSeries9.1 标准企业版，使用模块包括账务处理、辅助管理、报表管理、固定资产管理、工资管理。配有服务器 1 台，工作站 6 台。其主要功能是：

账务处理　账务处理可以完成复杂的财务核算及管理功能。主要包括初始建账、凭证处理、出纳管理、账表查询、正式账簿、月末处理功能。可以完成数量金额式核算。

辅助管理　辅助管理是为加强和细化账务处理模块中，在建工程科目下各工程项目的明细核算而提供的模块，侧重于公司基建工

程的账务处理和核算。可完成数据一次录入，多向分流，能够从不同角度对工程项目发生的数据进行查询分析。

报表管理　浪潮 myGS pSeries 报表管理子系统采用完全 EXCEL 的操作风格及界面处理，与浪潮 myGS pSeries 账务处理系统联合使用，可以生成各种财务报表。报表管理采用开放式的系统设计，可以自定义函数，从各种系统中取数，生成报表。

固定资产　固定资产系统用于固定资产的核算及管理。包括资产卡片定义、资产项目定义、资产的增加、减少、变卖、清理、资产评估、资产原值重置、大修理、资产内部调拨、折旧计提与分摊、自动形成记账凭证。可进行各种资产数据的查询统计与分析、资产变动情况查询、折旧查询、资产明细账、各种单据查询。可以按资产的占用、状态、类别、来源、用途、价值进行分析。

工资管理　工资系统用于工资核算、工资发放、工资报表、个人所得税等。可以定义多个工资类别和工资项目，任意定义各工资项目之间的关系。该功能解决了诸如在职职工与退休职工工资的不同发放问题。可以根据不同银行的代发格式，形成银行代发数据。

财务管理系统由公司根据实际需要，自行管理，自行维护。在长达十年的使用过程中，系统运行稳定可靠。

二、公司网站建设

2008—2017 十年期间，公司为适应公司发展的需要，树立公司良好形象，展现公司良好风貌，更好地服务用户、方便用户，建设升级了公司网站。

2008—2010 年，公司网站（http://www.taszls.com）历经 3 次改版，分为 10 个板块。网站采用“ASP+Access”代码构建，完善了网站前台和后台全智能化管理功能，前台页面使用“DIV+CSS”制作，自适应网页设计，完全由后台操作（如添加、修改网站基本信息、企业新闻动态等）静态生成前台界面 HTML 格式网页文件，兼容支持国内外各大主流浏览器。

2011—2015 年，网站增设办事大厅，供水服务热线，供水水质检测报告，温馨提示模块。

2016 年，增加“五化五星、厚道鲁商、‘两学一做’、办事大厅”等相应模块。

2017 年，升级网站安全代码，利用 360 杀毒软件，不断升级补丁，修补网站漏洞，完善网站防病毒和防攻击措施，保证了网站正常运行。

三、水质监测系统

2008—2017 十年期间，为保证人们生活饮用水的水质安全，公司建立由水质检测中心、水厂化验室和制水班组组成的三级水质监测网络，实现由水源水、水厂制水环节、管网输配水全过程监测网络。为加强对水质的检测化验，公司不断购进检测仪器，并从根源上提高水质，实施了三合水厂、环湖水厂膜处理工程，黄前取水头部虹吸工程，大大提高了水质水平。

2008—2012 年，公司引进日本岛津气相色谱软件 Gcsolution2.3、原子吸收软件 AAWin 2.0 工作站。

2013 年，为配合公司水质提升工程顺利进行，公司供水调度系统增加“水质在线”功能，根据安装在各水厂、各加压站的余氯监测仪表、pH 监测仪表、浊度监测仪表，远

今日头条 首页 / 社会 / 正文

泰安“供水调度维修工作管理系统”正式运行

齐鲁网 2016-11-25 11:05:00

日前，由泰安市自来水公司自主研发的“供水调度维修工作管理系统”应用程序正式投入运行。

据了解，该系统将应用于城市供水管网调度监测点的巡检维护，对调度、巡检、维护等工作进行录入、归档、存储，强化了城市供水调度能力。除了录入、编辑、查询、打印、报表、数据备份、数据恢复、初始化等八大功能，该系统还有维修人员设定、维修地址设定、维修故障设定、打印维修档案、打印工作日志等多种功能，大大提高了供水调度系统的故障查询和维修效率，更好地提高了我市供水保障率。

Copyright © iqilu.com All Rights Reserved

图 6-11　供水调度维修工作管理系统示意图

程实时监测、查询、报表、统计、分析各时段出厂水、管网水的余氯、PH、浊度等水质情况，为保障水质安全提供有力技术支持。

2014 年，公司购进 GDYS-101SE2 型二氧化氯测定仪。

2015—2017 年，泰安市城区管网共设监测点 29 个，每月进行常规检测两次，全分析一次。检测点布置和检测频率的设定均按照《城市供水水质标准》（CJ/T206）规定。

四、供水调度维修工作管理系统

2008—2015 年，公司调度维修工作实行手工管理，并未实行电子系统管理，数据无法电子化完整存储、查询、存档。

2016 年 10 月，公司自主研发完成《供水调度维修工作管理系统》，并于国庆节期间投入运行。该系统采用 DEPHI 语言、ACCESS 数据库、C/S 平台，预留可控制端口，具有录入、编辑、查询、打印、报表、数据备份、数据恢复、初始化八大功能。

系统数据库有编号、日期、维修人员、地址、故障、维修、备注、工作日志 8 个字段，系统可以对每个字段的数据进行查询打印。另外还有维修人员设定、维修地址设定、维修故障设定、打印维修档案、打印工作日志等功能。

五、管线信息管理系统

2008—2012 年，公司没有完整的管线信息管理系统，一些管道和阀门信息数据不完整，数据查询靠人工记忆。

2013 年 4 月，省住房城乡建设厅会同卫生厅、监察厅印发了《山东省城市饮用水水质提升工程三年（2013—2015）行动计划实施方案》的要求，在现有管网资料的前提下，收集管网数据信息，建成并完善供水管网地理信息系统。同年 10 月，公司成立管线普查领导小组，由公司副经理申立堂任组长，副经理赵新峰任副组长，各部门负责人为小组成员。领导小组办公室设在设计院，由陈军任办公室主任。领导小组具体负责普查工作的组织实施。为保障测量精确度，公司购置南方测绘的 RTK、手持机 2 套。普查小组执行技术标准有：《城市地下管线

GPS 管线普查卫星定位

图 6-12　移动位置通登录界面示意图

探测技术规程》（CJJ 61–2003 J271–2003）《地下管线电测法探测规程》〔YB/T 9027—1994（2009）〕《城市测量规范（CJJ8—2011）》《地形图图式》（GB/T 20257.1—2007），1954 年北京坐标系及 1985 年国家高程基准等有关标准规范规定。

管线普查范围：2006—2015 年新铺设及更新改造的管径≥ 100 毫米的供水管线；路面宽 3 米（含 3 米）以上的道路、主要街巷沿线的地下供水管线；企事业单位、院校庭院内部、待开发的居民生活区不查，但是穿越上述非普查区且管径≥ 100 毫米的连贯的地下供水管线应当普查。

架设 GPS 电台：用其中一台 GPS 主机作为基准站，依靠功率 25 瓦的电台，由车载电池供电，通过天线以 1 赫兹的固定频率发送数据，用另一台 GPS 设备作为移动站，基准站和移动站同时接收 GPS 卫星发射的信号，比较得到 GPS 差分改正值从而进行精确定位。

2015 年 11 月 25 日，管线普查工作正式结束。管线普查历时 3 年，管线普查小组开发出使用 GPS 主机架设电台基站，克服地理信息中心信号不稳定时信号差的弱点，共完成包括黄前一及二期供水管道、汶口水源地供水管道、小安门水库引水管道、彩山水库引水管道以及环山路消防供水管道在内的 61 条道路、80 条管线的外业普查，管线普查总长度达 236 公里。随后管线普查小组自行使用 CAD 完成对管网信息系统图的内业绘制。在实际应用中，管线所根据管网信息图寻找需要维修的管道、开关阀门；测漏中心利用管线数据在现场对管线和漏点进行快速定位，对管道快速维修、减少供水损失、保证供水有重要作用。公司设计院依据管网信息图查询了解现场供水水源和管线情况，确定经济合理设计方案。

管线所、安通公司各购置南方测绘 RTK 及手持机一套，方便对管网的定位及管网信息图的补充。

管线普查工作结束后，交由设计院对管网信息图继续维护。设计院成立跟踪测量小组，组织人员根据公司供水管道的施工进度进行跟踪测量完善。

在小安门、彩山水库引水工程的规划及实施过程中，设计院跟踪测量小组根据地理信息中心的要求，购置 ESP2008 软件一套，利用已有的管网信息图，完成小安门水库引水管道、彩山水库引水管道的管线数据库编辑任务；利用已有的管网信息图完成小安门、彩山水库引水工程的施工平面图及横断面图，使小安门、彩山水库的项目规划及施工顺利通过验收。

至 2017 年 12 月，设计院跟踪测量小组完成对“高铁片区 18 条路”、泮河大街 DN1400 管道等 24 条道路的测量工作，全长

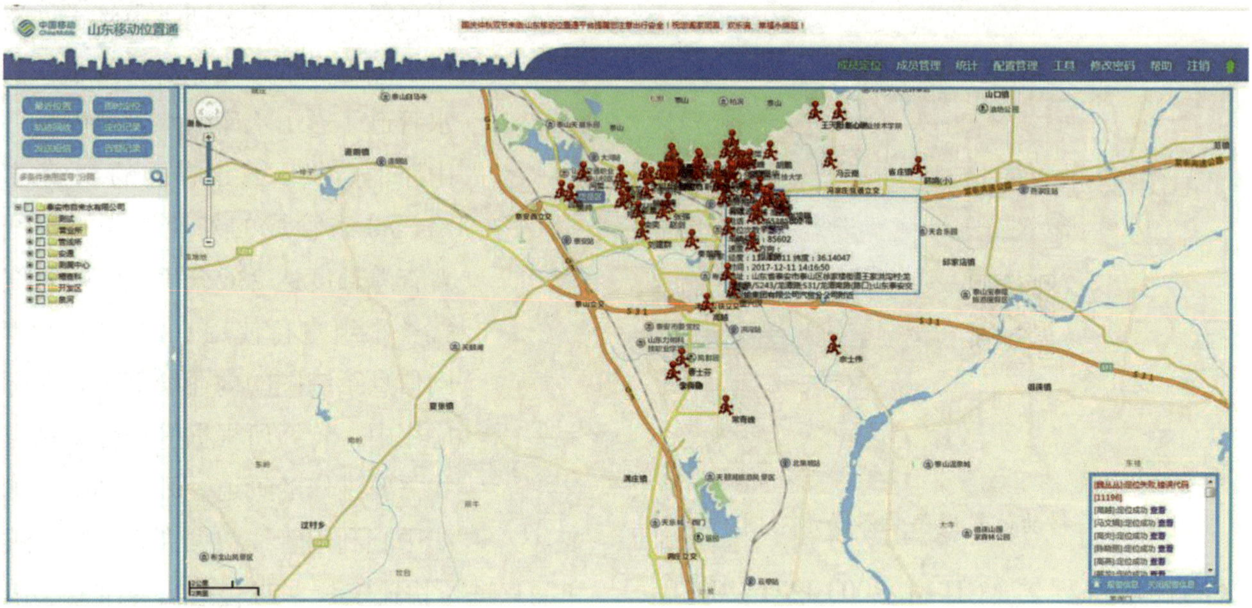

图 6-13　移动位置通定位管理示意图

共计 55 公里。

六、移动位置通

2008 年至 2017 年 4 月，公司没有统一的外勤定位管理系统，不能对外勤人员进行定位考勤。

2017 年 5 月，公司开始应用移动“位置通”，对营业所、管线所、安通公司等部门外勤人员进行手机定位管理、考勤管理。

“位置通”业务是山东移动利用自己的移动网络资源优势，结合短信息服务系统、GPS 和地理信息服务系统（电子地图），利用手机定位业务，可以面向集团客户提供人员及车辆位置信息服务的业务，有效提升企业移动资源的管理水平。

主要功能

只要使用移动号，任意一款手机终端都支持；通过给定账号登陆指定网站或专用 PC 客户端，LBS 定位可实现对车辆或人员的位置追踪、短信群发、轨迹回放、报警设定和定时设置等功能，还能够通过手机发送短信查询指定人员当前位置，系统将人员的位置以短信或彩信方式发回手机。

管理人员可通过电脑以图表方式查看外勤人员的考勤统计报表，实时在地图中查看每个外勤人员的当前位置与工作轨迹；通过电子地图查看外勤人员的分布情况和地理位置信息；查询、浏览、统计外勤人员上报的工作数据和各种信息。

第七篇

多种经营

DIQIPIAN DUOZHONGJINGYING

2009 年 8 月，公司收购泰安市安通供水工程有限责任公司，成为公司的全资子公司，独立承担经济责任。安通供水工程有限责任公司为泰安市市政工程总承包二级企业。2009 年 8 月，公司收购泰安市泰山岳溪泉饮品有限公司，成为公司的全资子公司，独立承担经济责任。2014 年 11 月，岳溪泉公司对制水线、桶装水生产线和瓶装水生产线设备更新改造，大大提高生产能力，成为泰安市桶装水行业龙头企业。

第一章　泰安市安通供水工程有限责任公司

2008 年，泰安市安通供水工程有限责任公司共完成道路供水管道工程 30 余条，实现营业收入 2111 余万元，上缴税金 71.5 万元。

2009 年 8 月，公司收购泰安市安通供水工程有限责任公司，成为公司的全资子公司，独立承担经济责任。安通供水工程有限责任公司为泰安市市政工程总承包二级企业，有员工 39 人，下设综合办公室、财务科、工程项目部、户表改造项目部等。拥有固定资产 532 万元，各类运输、施工机械 20 台。

2008—2009 年，泰安市安通供水工程有限责任公司先后实施泰城东区水源供水及配套工程、泰山大街改造工程、天外村供水改造工程、三合水厂第二条高压线输水管道工程、东岳大街西段给排水工程、时代发展线、开发区、南外环、长城路、东湖东路、南关大街等大型给排水及市区管网改造工程。2009 年，共安装管线 124.53 公里，工程预算造价 5747.65 万元，实现销售收入 6471 万元，上缴税金 67 万元。

2010 年，安通公司先后完成环山路消防给水管道工程、开元路消防给水管道工程、南外环消防给水管道工程、迎宾大道西段供水管道工程、长城路供水管道工程、泰楼路供水管线改造工程等道路工程。合计安装 DN200 以上球墨管 45 公里，完成用户工程

安通公司管道施工　（2016 年 11 月　摄）

140余个，安装DN100以上管道9800多米，安装消防栓168座。完成营业收入2968.88万元，上缴税金98.61万元。

2011年，安通公司接到生产科及基建科传递的图纸共169件，其中，用户工程139件，基建工程30件，竣工验收109件，安装DN150以上的球墨管及钢管15858米，安装分户表15848组，安装增压泵6座。拆除DN1000、DN800、DN600等不同管径管线共计1100余米。全年完成营业收入3596余万元，上缴税金120余万元。同年1月，在市住建委帮贫扶困援助项目中，安通公司组织20余人的施工小组，用时一个月，为宁阳县鹤山乡鹅鸭厂村安装DN160水利灌溉管线5100米，圆满完成了市住建委交给的帮贫扶困任务。

2012年，安通公司完成了南湖大街东段、青春创业园、灵山大街中段、泰明路以及泰楼路DN800球墨管和温泉路北段DN800球墨管安装等工程。全年一户一表改造1.3万余户，合计安排施工DN200以上球墨管21公里，PE63以上管道68公里，拆除DN600旧混凝土管400余米，安装消防栓60多座。完成营业收入2754余万元，上缴税金87万元。

2014年，安通公司完成环湖水厂进出水管线、高新区9号路供水管线、泰明路供水管线、温泉路供水管线、高铁开元路市政供水管线等道路工程管道安装任务，共安装DN200球墨铸铁管道10570米。完成长城路、泰山大街、迎宾大道等7条道路消防栓管道8688米，增换消火栓436座，安装消火栓510座。完成泰豪名城、海普地产、华易青年城等小区的工程施工任务103个。完成望岳A区、C区、龙泉A区等5个小区一户一表改造6591户。

东阿引水工程是聊城市2014年的一项重点工程，由于工程规模大、工期紧，安通公司被邀请参与其中6公里的DN1200水泥管道施工。安通公司抽调6名施工骨干进驻工地，用时3个月完成建设任务。2014年安通公司完成营业收入4479余万元，上缴税金138.97万元。

2015年，安通公司承建公司工程主要包括小安门水库引水工程、泮河大街供水管线改造、省庄引水及彩山水库应急引水工程、万官大街以及国道104改线等6个工程，累计完成管道安装37.1公里。同年，城区消防工程施工中共涉及道路26条，累计安装管径DN200以上管道16公里，其中城区更换供水主管道6.6公里，新安管道9.4公里，累计安装消火栓280余座。用户工程总共有159个，安装管径DN50以上管道59公里。户表改造工程共完成岱道庵小区、清真寺小区、迎春小区等15个小区，合计8055户，更换主管道2.5公里。2015年，安通公司完成营业收入3398余万元，上缴税金130余万元。

2016年，安通公司承建的道路工程主要包括：万官大街供水工程、徂汶景区一天门大街供水工程、滨河大道供水工程、高铁片区供水工程、以及佛光路改线等道路工程，累计完成管道安装46.3公里，工程造价约2620万元。其中万官大街供水工程：安装DN800球墨铸铁管道2862米，完成工程造价约300万元；徂汶景区一天门大街供水工程：安装DN600球墨铸铁管道2826米，DN600钢管156.1米，阀门井及消防井35座；滨河大道供水工程：安装DN600球墨铸铁管道6582米，DN600钢管243.9米，阀门

井及消防井76座，完成工程造价约300万元；高铁片区供水工程共计18条道路，安装DN200以上管道24.5公里，工程造价约2000万元。2016年泰城公共消防栓建设工程共涉及东岳大街、泮河大街等24条城区道路，安装消防栓543座，其中新增480座，更换63座，安装供水管道31公里，完成工程造价约1400万元。2016年接供水管道工程为179个，包括华新山居、天竹佳苑等58个开发小区。安装DN32以上的供水管道34.7公里，工程造价约650万元。2016年完成一户一表改造4100余户，自户表办成立以来共改造20万余户，抄表增长率提升43%，例如南湖小区2013年11月抄见量3613立方米，2016年11月改造后抄见量为7127立方米，抄表增长率提升97%；清真寺小区2013年11月抄见量12728立方米，2016年11月抄见量19691立方米抄表增长率提升54%。有效降低了管网漏失。是年11月21日，公司研究户表改造办公室撤销事宜，会议指出户表改造工作经过十多年的不懈努力，泰城户表改造工作已基本完成，会议决定户表改造办公室所承担的工作全部移交给安通公司。2016年安通公司完成营业收入3035余万元，上缴税金78.83万元。

2017年安通公司承建的道路工程主要包括：泮河大街西段供水工程、纵一路万官大街5条过路供水工程、纵五路供水工程、纵七路供水工程、双龙路北段供水工程、佛光路供水工程、擂鼓石大街供水工程、西黄路供水工程、泉河莫顿公司供水等工程、累计完成安装DN200以上管道14.3公里，工程造价约1900万元。完成用户工程为71个，安装DN100以上球墨管36.646公里；DN32～DN100内衬管50.797公里；DN40～DN150涂塑管19.757公里；DN63PE管9.938公里。消防工程完成万官路安装DN800球墨管1542米，安装DN300球墨管180米，安装DN250球墨管348米，安装消防栓37台；岱溪河路安装DN300球墨管702米，安装消防栓6台。

2017年6月30日，泰安市安通供水有限责任公司委托山东东岳联合评估有限公司对安通供水收购泰安市启源钻井有限公司供水管网及附属设施价值进行资产评估。7月12日山东东岳联合评估有限公司出具评估报告书，评估价格15306265.11元。10月13日，公司开专题会议研究安通供水购置启源钻井公司供水管网及附属设施事宜。10月20日经过山东东岳联合中介服务集团的评估，安通公司斥资1500余万元收购泰安市启源钻井供水有限公司，并签署泰安市启源钻井供水有限公司与泰安市安通供水工程有限责任公司资产转让协议及资产转让补充协议。10月30日根据公司党委安排，安通公司正式成立供水筹备小组，对东部供水工作进行部署。10月31日安通公司与启源公司签订资产转让补充协议。

启源公司资产明细：200PE管管道5529.20米，160PE管管道5529米，110PE管管道7852.80米，63PE管管道1744米，400水泥管管道3212.81米，200水泥管管道。150钢管管道1028米，100钢管管道371米，DN400铸铁管管道1998米，区域内企业用水155户，个人用水3618户。

安通公司与启源公司固定资产交接清单（房屋）一览表

表 7–1

序号	建筑物名称	结构	建成年月	建筑面积（m^2）	位置	备注
1	（北）办公室及传达室	混合	2017.04	74.5	省庄羊西清水池院内，新建未使用	东西 14.9 米，南北 5 米
2	加压泵房	混合	2017.04	89.4	省庄羊西清水池院内，新建未使用	南北 12 米，东西 7.5 米
3	厕所	混合	2017.04	4.14	省庄羊西清水池院内，新建未使用	南北 2.3 米，东西 1.8 米，高 2.1 米
4	值班室	混合	2010.11	41.85	海洼清水池院内，新建未使用	东西 4.65 米，南北 5.9 米
5	加氧室	混合	1994.04	5.85	海洼清水池院内，使用中	使用中
6	办公室及仓库	混合	2010.11	59.4	海洼清水池院内，使用中	南北 4.95 米，东西 12 米
7	厕所	混合	2010.11	7.74	海洼清水池院内，使用中	东西 4.3 米，南北 1.8 米
8	1 号泵房	混合	1994.04	15.94	1 号泵房院内，使用中	东西 4.25 米，南北 3.75 米，高 4.4 米
9	2 号泵房及值班室	混合	1994.04	25.88	2 号泵房院内，使用中	东西 6.9 米，南北 3.75 米，高 3.6 米
10	变压器室	混合	1994.04	22.5	2 号泵房院内，使用中	东西 6 米，南北 3.75 米，高 5.5 米

2008—2017 年安通公司完成主要工程项目情况一览表

表 7–2

道路名称	管径	长度（米）	单价（元）	合价（元）
泰东路	DN800	3900	1600	6240000
15 号路消防供水管道工程	DN400	832	660	549120
学院路供水工程	DN400	500	662	331000
高新区八号路	DN1000	1600	2390	3824000
京沪高铁泰安站新区供水工程（灵山大街西段）	DN400	832	662	550784
灵山大街西段供水管线改造工程	DN300~400	1875	570	1068750
灵山大街西段供水（8 米桥—长城路）	DN300~500	1184	800	947200
振兴街供水工程	DN300	1102	455	501410

续表 1

道路名称	管径	长度（米）	单价（元）	合价（元）
环湖中路西段	DN300	5710	455	2598050
环湖中路东段	DN300	7450	455	3389750
擂鼓石大街中段改造 2008.06 出图	DN400	1770	662	1171740
三合 DN1000 供水管线改造工程	DN800	500	1600	800000
天平街给水工程（2010.7.29 出图）	DN200~150	990	328	324720
5 号路延伸段工程	DN300	1004	455	456820
4 号路延伸段	De250~200	2025	328	664200
6 号路延伸段工程（龙潭南路—渠西路）	DN200~150	2078	330	685740
白凤路供水管道工程	DN200	859	328	281752
环山路中段园林绿化	DN200	704	328	230912
望岳西路消防供水（泰山大街—泮河大街）	DN300~200	1488	455	677040
泮河大街（天平湖路）	DN300、De225	3390	328	1111920
环山路东段消防（绿化）用水管道工程	De355~160	7837	295	2311932
花园路生活用水管线工程	DN200~300	1380	212	292800
新凯南路工程	DN200~300	804	328	263712
环山路消防给水管道工程（龙潭路—红门路）	DN200~800	1344	863	1159396
环山路消防给水管道工程（望岳东路—龙潭路）	De250~110	2101	328	689128
金山路改造（2008.6 出图）	DN300	1205	455	548275
开元路消防给水管线工程（2010.1.29 出图）	DN300~400	1867	650	1213550
中天门大街东延伸 2012.6（渠西支路—铁西路）	DN200	397	328	130216
南外环路消防给水管线工程	DN200~300	3392	455	1543360
南湖大街给水工程（2010.3 出图）	DN300~400	1736	662	1149232
西外环路消防给水	DN300~DN200	3392	455	1543360

续表 7–2

道路名称	管径	长度（米）	单价（元）	合价（元）
新站北街	DN300	762	455	346710
学院路给水消防工程（2010.1.26 出图）	DN300~400	1767	455	803985
迎宾大道西段（2010.6 出图）	De335~400	2525	662	1671550
长城路（铁路桥以北—长城西段）	DN300 ~ 200	1544	455	702520
大河路消防供水（2011.10.13）	DN200~DN300	3414	455	1553370
灵山大街中段	DN200~500	7339		4406290
马弯路消防给水（2010.3）	DN200~300	402	455	182910
南湖大街（温泉路—规划唐訾路）（2011.10）	DN200~400	778	650	505700
新站南街消防给水管线工程	DN300~150	1399	455	636545
泰楼路供水管线改造	DN800、Dg219	7534	1609	12122206
泰明路供水工程	DN300~150	710	455	323050
泰明路南段（五马街—南外环路）	DN600	1485	1026	1523610
泰山大街（创业大街—京福高速）	DN500	455	800	364000
创业大街泰肥一级路以南供水工程	DN200~400	2233	662	1478246
站前路（站西路—南场巷）	DN300~600	390	552	215136
东天门大街（龙泉路—时代商厦）	DN300	348	455	158340
凤凰二路供水工程	DN200~300	737	455	335335
向阳北大街消防供水管道工程	DN300~500	814	800	651200
湖东路供水（龙腾路—渠西支路）	DN200~300	946	455	430430
龙泉东支路（龙潭路—龙腾路）	DN200~300	936	455	425880
汶口 DN1000 供水管线改造工程	DN1000	2340	2390	5592600
北天门消防供水工程	DN300	3030	455	1378650
正阳门大街消防给水	DN300	3560	455	1619800

续表 7–2

道路名称	管径	长度（米）	单价（元）	合价（元）
南天门大街消防供水	DN300	4176	455	1900080
中天门大街消防供水	DN300	3582	455	1629810
凤天路消防供水	DN300	4488	455	2042040
龙潭路南段消防供水	DN300	5980	455	2720900
科技大街（巨菱路—明堂路）	DN200~300	792	455	360360
二号支路（七号支路—龙潭南路）	DN200~400	1706	662	1129372
老王府 DN600 改造	DN600	630	1026	646380
灵山大街东段（温泉路—泰明路）	DN200~600	4674	712	3325807
双龙路（东湖路—五马街）	DN150	492	270	132840
佛光路（东湖路—五马街）	DN150	558	270	150660
五马街（双龙路—天烛峰路）	DN150	924	270	249480
唐訾路南段（万官路—泰良路）	DN200~400	948	662	627576
温泉路生活消防供水（泮河大街—泰良路）	DN200~800	2311	637	1471354
樱桃园路供水工程（环山路—东岳大街）	DN150~300	1248	455	567840
九女山路供水工程	DN400	2232	662	1477584
曹家路供水工程（2010.3 出图）	DN200~300	1560	455	709800
南黄路（泰山大街—大河路）	DN200~300	1110	455	505050
2 号路西段（西支路—凤天路）	DN300	468	455	212940
东天门大街消防管线工程（2014.10 出图）	DN300	1880	455	855400
灵芝街生活供水管线工程（财源街—青年路）	DN200 ~ PE110	294	328	96432
中天门大街东延伸段（渠西支路—铁西路）供水管道	DN200~200 涂塑	556	328	182368

续表 7-2

道路名称	管径	长度（米）	单价（元）	合价（元）
财源大街（通天街—虎山路）	DN100~300	512	455	232960
大河路消防（迎宾大街—泰东路）	DN300、PE315	6710	455	3053050
龙泉路（中天门大街—一天门大街）	DN800~300	1440	1032	1486080
开元路—灵山大街西段供水管线	DN300~500	1422	700	995400
长城路（名嘉广场北—外环路）	DN1000~100	2600	2390	6214000
长城路（正阳门大街—南天门大街）	DN400	1152	662	762624
创业大街（凤台路—华益路）	DN300、PE315	4098	455	1864590
东岳大街消防供水管线工程	DN400~100	1614	328	529392
泰肥一级路（垃办）供水工程	DN200~400	3630	662	2403060
五矿市民广场供水工程	DN200	216	328	70848
康复路供水管道	DN200	576	328	188928
岱北街供水工程	DN400	910	662	602420
泰山大街供水工程（长城路—龙潭路）	DN600~100	3228	662	2136936
党校南支路供水管道（报财政）	DN300	450	455	204750
东天门大街供水管道	DN200~300	2012	455	915460
迎宾大道供水工程	DN100~150	4091	200	818200
东湖路供水工程	DN300	521	455	237055
创业大街供水工程	DN600	3060	1026	3139560
佛光路供水工程	DN100~300	4266	455	1941030
芙蓉街	DN300	880	455	400400
荣昌路	DN200	768	328	251904
南天门大街生活供水工程	DN300~400	3091	662	2046242
凤天路生活消防管道	DN600~200	4548	662	3010776
泉河水厂出水管道改造（莫顿润滑油段）工程	DN1000	710	2390	1696900
泮河大街管线工程	DN100~200	8106	1609	13042554

续表 7-2

道路名称	管径	长度（米）	单价（元）	合价（元）
渠西支路供水工程	DN300	1362	455	619710
规划一路	DN200~300	1038	455	472290
校园街	DN200	834	328	273552
科山路	DN100~200	912	328	299136
荣院东路	DN200~150	1160	328	380480
双龙路北段	DN300~400	774	455	352170
北上高大街	DN200~400	5158	455	2346890
谢过城街	DN100~600	6975	2390	16670250
迎春路	DB600~100	740	662	489880
GS16-24 新站路南延伸段供水管道工程	DN200~150	3547	328	1163416
泰良路	DN800	1764	1609	2838276
GS16-09 开元路供水管道工程	DN800~200	1570	328	514960
岱西河路	DN300	702	455	319410
GS16-13 天平湖供水管道工程	DN400~100	2792	662	1848304
GS16-25 纵二路供水管道工程	DN200	2418	328	793104
GS16-26 纵三路供水管道工程	DN200	1170	328	383760
GS16-31 横一路供水管道工程	DN400~200	3162	328	1037136
GS16-13 横三路供水管道工程	DN400~200	2448	662	1620576
GS16-22 环一路供水管道工程	DN400~200	4488	328	1472064
GS16-23 纵四路供水管道工程	DN200	264	328	86592
横四路	DN200	1638	328	537264
GS16-17 横二路供水管道工程	DN200	564	328	184992
GS16-27 纵一路供水管道工程	DN426~200	2244	328	736032
GS16-29 纵五路供水管道工程	DN600~100	1738	1026	1783188
GS16-30 纵六路供水管道工程	DN200~400	2636	328	864608
GS16-21 纵七路供水管道工程	DN200~400	2507	328	822296
GS16-63 泮河东路供水管道工程	DN200~300	1436	328	471008
桃花源路	DN300	2420	455	1101100

续表 7–2

道路名称	管径	长度（米）	单价（元）	合价（元）
北天门大街西延伸段供水工程	DN400	3515	662	2326930
粥店路	DN200~300	790	328	259120
粥顶山路（天平湖路—北天门大街）	DN400	2490	662	1648380
灵山大街（龙潭路—温泉路）	DN100~800	5060	1026	5191560
凤天路 DN1000 供水管道改造工程	DN200~600	4548	1026	4666248
葫芦山路	DN300	940	455	427700
博阳路	DN200~300	6384	455	2904720
小辛庄北街	DN200~300	900	455	409500
西黄路	DN300~400	660	455	300300
陡山路	DN300	900	455	409500
学院路	DN300	360	455	163800
西黄东路	DN 200	1812	328	594336
韩刘冯路	DN 200~400	2533	662	1676846
龙潭南路供水工程	DN300	500	455	227500
二十里铺	DN300	940	455	427700

第二章　泰安市泰山岳溪泉饮品有限公司

2008 年 9 月，泰安市泰山岳溪泉饮品有限公司通过 ISO 9001：2000 质量管理体系认证。是年，日生产大桶水 800 桶，年生产小瓶水 40 万瓶，经营业务收入 58 万元。

2009 年 8 月，公司收购泰安市泰山岳溪泉饮品有限公司，成为公司的全资子公司。岳溪泉饮品有限公司有正式职工 8 人，生产用车 4 台，固定资产总值 505.04 万元，销

售网点 40 处。是年，日生产大桶水 800 桶，年生产小瓶水 40 万瓶，经营业务收入 84.74 万元。

2010 年，日生产大桶水 900 桶，年生产小瓶水 45 万瓶，经营业务收入 112.77 万元。

2011—2013 年，泰安市泰山岳溪泉饮品有限公司再次通过 ISO 9001:2000 质量管理体系认证。通过食品生产许可证审核组审核，获得国家食品生产许可证书。

岳溪泉饮品有限公司生产车间　　（2017 年 11 月　摄）

2014 年 7 月，泰安市泰山岳溪泉饮品有限公司制定《泰安市泰山岳溪泉饮品有限公司企业标准》。11 月 24 日，泰安市泰山岳溪泉饮品有限公司完成整体搬迁，将办公地点从灵山大街迁移至青春创业园，同时对原有厂房进行改扩建。11 月 25 日，泰安市泰山岳溪泉饮品有限公司对制水线、桶装水生产线和瓶装水生产线进行设备更新改造，新制水设备采用精滤单级反渗透水处理工艺，每小时产水量为 12 吨，新桶装水生产设备为 3 加仑、5 加仑可切换式全自动大桶水生产线，产量为每小时 600 桶，新瓶装水生产设备产量为每小时 6000 瓶，整套生产线从制水、灌装、包装均为当前国内先进的人机对话式智能设备，自动化程度高。新设备的投产运行进一步提升了岳溪泉山泉水水质，增强岳溪泉公司的生产能力。新设备的投产运行，为岳溪泉的发展奠定了坚实的硬件基础。

2015 年 1 月，泰安市泰山岳溪泉饮品有限公司通过食品生产许可证审核组审核，获得国家食品生产许可证书，而且被专家誉为“泰城食品行业的标杆”。7 月，泰安市泰山岳溪泉饮品有限公司完成了营业执照、税务登记证、组织机构代码证三证合一。9 月，泰安市泰山岳溪泉饮品有限公司被授予“第二十九届泰山国际登山节唯一指定用水”荣誉称号。《泰安市泰山岳溪泉饮品有限公司企业标准》修改完成。年生产桶装水 34 万桶，年生产瓶装水 65 万瓶，经营业务收入 189 万元。

2016 年 8 月，国家食品药品监督总局对岳溪泉进行了“飞行检查”，岳溪泉经过精心准备，圆满通过了这次检查。9 月，泰安市泰山岳溪泉饮品有限公司启动立项、环评工作，于当月完成可行性研究报告。是年，年生产桶装水 36 万桶，年生产瓶装水 84 万瓶，经营业务收入 213 万元。

2017 年 5 月，泰安市泰山岳溪泉饮品有限公司推出一系列新产品，提升了品牌效应。8 月，泰安市泰山岳溪泉饮品有限公司立项、环评工作圆满完成。9 月，通过泰安市园林局的验收，被评为市级“园林绿化单位”。年生产大桶水 38 万桶，生产小瓶水 108 万瓶，经营业务收入 236 万元。

2008—2017年泰山岳溪泉饮品有限公司经营收入统计表

表7-3

年份	桶装水产量（万桶）	瓶装水产量（万瓶）	主营业务收入（万元）
2008	29	40	58
2009	29	45	84
2010	32	45	112
2011	32	48	127
2012	32	50	132
2013	33	53	149
2014	33	55	152
2015	34	65	185
2016	36	84	213
2017	38	108	236

第八篇
党　群

DIBAPIAN DANGQUN

公司自2008年以来共发展党员36名，党员271人。2017年12月，公司设党委，下设7个党支部，17个党小组。公司党委不断加强党的思想建设、组织建设和作风建设，始终保持党员队伍的先进性和纯洁性，增强党组织的凝聚力和战斗力。坚持把党建、思想政治工作和企业文化建设摆到十分重要的位置，围绕公司改革、发展、生产经营管理等中心任务，加强阵地建设，中共十八大以来公司广泛深入地开展思想理论教育和形势教育。

公司党委历来重视群团组织工作，注重发挥工会、共青团、女工委等组织的作用，带领和组织广大职工发扬主人翁精神，艰苦奋斗，扎实工作，开拓进取，为公司的改革、发展、稳定和创新做出积极贡献。

第一章 中共基层组织

第一节 组织机构

2008年至2016年底，公司有基层党委1个，党支部8个，党小组15个。

2016年9月，公司所属党支部进行换届，保留7个党支部。原离退休党支部撤销，退休党员分到7个党支部。12月公司党委进行换届。至2017年底，公司有基层党委1个，下设7个党支部，17个党小组。

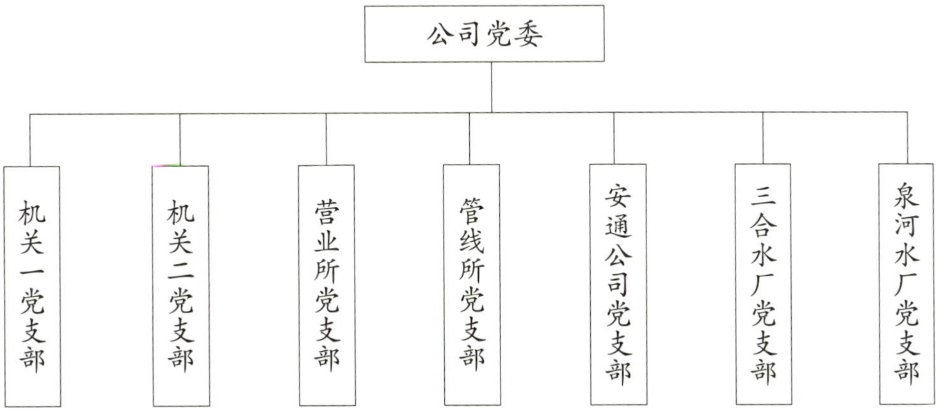

图8-1 2017年泰安市自来水有限公司党组织机构设置示意图

第二节　党员队伍

2008年，公司共有中共党员196人，占职工总数38.5%。其中女党员22名，退休党员26名。公司党委坚持吸收思想进步、成绩突出、群众威信高的职工列为入党积极分子进行培养教育，成熟一个发展一个。2008年发展4名党员，2009年发展5名党员，2011年发展9名党员，2013年发展9名党员，2015年发展4名党员，2016年发展3名党员，2017年发展2名党员，2008—2017年共发展党员36人。

至2017年底，公司共有党员271人，占职工总数的39.6%，其中女党员48名，退休党员50名。

2008—2017年泰安市自来水有限公司党员人数统计表

表8-1

年份	党员人数（人）	男（人）	女（人）	发展党员	职工人数（人）	占职工总数（%）
2008	196	174	22	4	509	38.5
2009	202	179	23	5	513	39.4
2010	209	184	25	0	595	35.1
2011	218	182	36	9	604	36.1
2012	221	183	38	0	626	35.3
2013	237	193	44	9	642	36.9
2014	243	197	46	0	655	37.1
2015	253	205	48	4	671	37.7
2016	261	207	54	3	670	39
2017	271	217	54	2	685	39.6

第三节　党员教育管理

2008年4—6月，市委号召在全市开展“继续解放思想推进科学发展”学习教育活动。按照市城建国有资产经营有限公司的安排部署，公司党委制定开展活动的实施方案。活动分广泛宣传、加强学习，深入调研、查找问题，制定措施、认真整改，检查验收、巩固成果4个阶段。公司成立活动领导小组，尚绪岳任组长，暴勇生任副组长，领导小组下设办公室，张帆任主任。9月，举办党支部书记培训班，党委书记、经理尚绪岳负总责，政工科负责培训组织和调度，培训时间为3天。培训内容为：学习中共十七大报告节选，主讲人尚绪岳；学习《党内监督和纪检工作的方式方法》，主讲人暴勇生；学习党支部工作，主讲人为彭涛；学习思想政治工作方法，主讲人张帆；学习发展党员工作方法，主讲人张恒德。通过学教活动，公司

广大干部职工尤其是班子成员在精神状态、思想境界、工作作风、工作标准等方面均有了较大提高，活动开展取得很好效果。

2009年3—8月，公司组织开展“深入学习实践科学发展观”学习教育活动，并成立活动领导小组，尚绪岳任组长，丁合、杜丽丽、申立堂、暴勇生、彭涛、赵新峰任副组长，领导小组下设办公室，暴勇生兼任办公室主任。

2009年6月党员干部到微山湖革命纪念馆接受教育

2010年4—6月，组织开展“解放思想改革创新在行动”学教活动。活动的主要内容是创建“学习型、创新型、效能型、服务型、廉洁型”单位。公司成立学习活动领导小组，由尚绪岳任组长，丁合、暴勇生任副组长，领导小组下设办公室，暴勇生兼任办公室主任。

2011年4月，组织开展“亮身份、亮承诺”主题实践活动。公司成立党员干部“亮身份、亮承诺”主题实践活动领导小组，尚绪岳任组长；丁合、暴勇生任副组长；杨勇、张帆、崔恒国、张伟、周广国、王树刚、刘伟任成员。领导小组办公室设在政工科，具体负责指导、督察活动开展情况，张帆兼任活动领导小组办公室主任。党员结合岗位实际和自身特点，提出符合工作实际和本人能力的承诺内容，填写党员公开承诺登记表；各党支部认真审核承诺内容，对承诺进行汇总，建立承诺台账，通过《泰山水务》报和公司网站进行公开，接受职工群众监督；党员根据承诺事项，制定具体工作措施，确保将承诺落到实处。

同年4—9月，组织开展“争创五型机关推进执行力建设”活动。公司成立“争创‘五型’单位推进执行力建设”活动领导小组，由尚绪岳任组长，丁合、暴勇生任副组长，领导小组下设办公室，张帆兼任办公室主任。以转变工作作风，提高工作效能，促进工作落实为主题，着力打造“政令畅通、执行有力、开拓进取、积极作为、廉洁高效”的五型单位，锻造“勤奋好学、创新实干、高效服务、求真务实、自律守纪”的五型干部队伍。

2012年4—6月，组织开展“富民强市作表率”活动。公司成立学习活动领导小组，由尚绪岳任组长，丁合、暴勇生任副组长，公司其他领导班子成员及各单位负责人任成员，领导小组办公室设在政工科。重点以查改作风庸懒散、提高服务水平、提高工作效能、加强队伍建设为主要内容，努力推动供水事业在富民强市进程中实现科学发展、率先发展。

2013年10月，组织开展“学提转促”主题实践活动。公司成立学习教育活动领导小组，尚绪岳任组长，丁合、暴勇生任副组长，公司其他领导班子成员及各单位主要负责人任成员。主要内容：

2014 年 4 月 23 日，公司组织党的群众路线教育实践活动主题党课

1. 学：学习中共十八大精神、学习业务知识、学习先进做法；2. 提：提境界、提标准、提能力、提效能；3. 转：转理念、转作风、转形象；4. 促：促发展、促亮点。

2014 年 4 月，公司组织开展党的群众路线教育实践活动。成立尚绪岳任组长，丁合、暴勇生任副组长，其他党委委员为成员的领导小组，领导小组下设办公室，暴勇生兼任办公室主任，彭涛任副主任。全面落实为民务实清廉要求，通过开展活动，把集中解决公司党委领导班子在“四风”方面存在的突出问题作为重点，对作风之弊、行为之垢来一次大排查、大检修、大扫除。

2015 年 3 月，开展“厚道鲁商”倡树行动。公司成立“厚道鲁商”倡树行动领导小组。丁合任组长、彭涛任副组长，领导小组下设办公室，刘斌兼任办公室主任。“厚道鲁商”倡树行动工作目标是：从 2015 年 3 月起到 2020 年，在公司构建起“厚道鲁商”倡树行动长效体制，使“厚道鲁商”倡树行动在公司实现全覆盖。通过开展活动，公司诚信服务水平普遍提高，社会认可度显著提高，公司文化品牌更加成熟，公司影响力和竞争力明显增强。

同年 5 月，在公司党委领导班子中开展“三严三实”专题教育。在专题教育中，公司党委班子成员坚持以习近平总书记系列重要讲话精神为基本遵循，突出“三严三实”主题，聚焦对党忠诚、个人干净、敢于担当，高标准、高质量做好各项工作。

同年 5—10 月，开展“守纪律、讲规矩、强党性、作表率”教育活动。公司成立活动领导小组，由尚绪岳任组长，丁合任副组长，其他党委委员为成员，领导小组下设办公室，暴勇生任办公室主任，刘斌任副主任。通过集中开展教育活动，使遵章守纪讲规矩成为公司广大党员干部职工的思想自觉和行动自觉，增强党性，遵守纪律，做好表率。

同年 11 月，组织开展“五化五星”基层服务型党组织创建工作，按照标准化、项目化、网络化、责任化、制度化“五化”标准，采取星级评定的方式，推进基层服务型党组织规范化创建。公司党委被市委组织部评为四星级基层党组织。

2016 年 5 月，公司党委在全体党员中开展“学党章党规、学系列讲话、做合格党员”学习教育。公司成立学习教育领导小组，尚绪岳任组长，丁合、彭涛任副组长，其他党委委员为成员，领导小组下设办公室，彭涛兼任办公室主任。通过开展“两学一做”加强党的思想政治建设，落实《中国共产党章程》关于加强党员教育管理要求、面向全体

党员深化党内教育的重要实践，推动党内教育从“关键少数”向广大党员拓展、从集中性教育向经常性教育延伸。

2017年5—12月，公司组织开展“重效率、勇担当、作表率”主题活动，公司成立活动领导小组，由尚绪岳任组长，领导班子其他成员任副组长，公司各单位主要负责人为成员的主题活动领导小组。领导小组下设办公室，办公室设在政工科。在开展活动中着力解决干部队伍思想、作风、纪律等方面存在的突出问题，着力强化担当尽责、勤政高效、奋发有为的工作导向，以更强的责任担当、更快的执行效率、更实的工作举措，推动公司各项工作创新发展、高效落实，为践行新理念、增创新优势、建设富裕文明幸福新泰安提供坚强保障。活动开展取得很好效果。

同年5月，公司制定推进“两学一做”学习教育常态化制度化制定实施方案。按照上级党委要求坚持思想建党、组织建党、制度治党的有力抓手，不断加强党的思想政治建设，全面从严治党。公司各党支部紧密联系实际，把思想教育作为首要任务，以“两学一做”为基本内容，以“三会一课”为基本制度，以解决问题、发挥作用为目标，坚持融入日常、抓在经常，坚持用党章党规规范党组织和党员行为。

同年6月，公司制定下发《关于建设过硬党支部的实施方案》，主要围绕增强组织活力、夯实党在基层的执政基础，明确靶向目标、强化示范引领、突破薄弱环节，不断提升党支部的政治功能和服务功能，增强党支部的创造力、凝聚力、战斗力，推动公司基层党建全面进步、全面过硬。

第四节　党员志愿服务

2016年6月30日，市公用事业管理局在公司举行“公用事业系统党员志愿服务队”授旗仪式，整合组建了具有鲜明行业特色的全市公用系统“红黄蓝橙”党员社区志愿服务队。公司紧紧围绕“争当泰山先锋、打造服务品牌、促进民生保障”的实践要求，组建“泰安市自来水有限公司党员志愿服务队”。同年7月4日至7月8日，公司党员志愿服务队每天派出4名志愿者在迎胜路与擂鼓石大街十字路口处，对违章行人进行及时劝阻和拦截，协助交警维护道路公共秩序，助力市民文明出行。同年8月8日，公司党员志愿服务队开展“助千家”结对帮扶活动。志愿者们到邱家店镇侯家店村结对帮扶户张某某的家里，实地看望慰问并了解困难情况。学生张某某14岁，父母都有疾病在身无法工作，家里没有经济来源，每月靠政府低保金救济。志愿者们从生活、心理、学业多方面对其开展帮扶。同年9月7日，公司党员志愿服务队参加无偿献血活动，充分体现了志愿者们强烈的社会责任感和良好精神风貌。同年10月26日，公司党员志愿服务队开展“进社区、走乡镇”便民服务活动，通过设立宣传展板、发放宣传资料、现场接受问题咨询等形式，帮助花园社区居民充分了解公司服务内容，方便居民办理用水业务。同年12月29日，按照市公用事业管理局要求，公司制定《泰安市自来水有限公司党员志愿服务网格化建设实施方案》。公司依照抄表区域将志愿服务网格划分为6个，每个网格明确一名网格负责人，实行包保到位，承担网格内服务管理职责。公司组建了以党员志愿者为主的快速反应服务队和4个党员志愿维修服务分队，形成公司党员志愿服务蓝色分队—网格负责人—网格服务队三级联动机制。

2017年1月13日，公司党员志愿服务队开展进社区宣传直饮水机危害的活动。在宣传服务活动中，就直饮水机的卫生安全隐患、水资源浪费等问题向御碑楼社区居民进行了详细的讲解，同时也对社区群众提出的供水、节水等问题进行了耐心答复。同年2月24日，公司党员志愿服务队走进苗圃社区，宣传水费短信催费业务。活动中向用户解答了水费交费时间、交费方式及催费短信发送等问题。工作人员在现场开设预留电话信息更改服务台，帮助用户更改、更新在公司预留的电话信息，方便用户欠费时收到催费短信。同年3月24日，公司党员志愿服务队走进圣源社区宣传“中国水周”的活动。通过活动，形成全社会共同关注水资源利用、关注水环境保护的良好氛围。同年4月11日，公司党员志愿服务队在望岳西路开展文明劝导活动。宣传过程中，志愿者主动与过往市民沟通，引导市民共建文明和谐泰城。同年5月14日，公司党员志愿服务队走进国华社区，参加市公用事业管理局组织的“全国城市节约用水宣传周”活动。活动旨在动员广大市民共同关注水资源，营造全社会的节水氛围，树立绿色文明意识、生态环境意识和可持续发展意识。活动现场，工作人员向市民分发了节水倡议书和《节水宣传手册》，倡议广大市民节约用水，从小事做起，从身边做起。同年6月9日，公司党员志愿服务队走进志高国际社区，开展便民服务进社区活动。工作人员在现场开设了办公点，方便用户办理预留电话信息、交纳水费、签订供用水合同及其他各类业务。同年7月12日，公司党员志愿服务队在擂鼓石路与迎胜路十字路口，参加“志愿者路口引导、守秩序文明出行”志愿服务活动，协助交警维持交通秩序。对于行人和非机动车辆占用斑马线等不文明行为，志愿者们及时予以纠正。同年7月14日，为深入推进创建全国文明城市工作，营造浓厚创城氛围，泰安市文明城市创建活动领导小组办公室下发《关于组织开展助力创城志愿服务活动的通知》。从7月22日开始，开展为期一个月的“助力创城志愿服务”集中行动。7月19日，公司在志愿服务网格划分的基础上，进一步细化确立了30名党员志愿服务网格员，以网格为基础深入泰城社区开展党员志愿服务。公司党员志愿服务分队以蓝色为基色，制作统一标准的网格员志愿服务卡。卡片内容包括：“泰安市公用事业党员志愿服务”字样、单位名称、服务网格、服务内容、服务电话等。服务过程中，网格员要主动亮明身份，发放党员志愿服务卡，实现党员志愿服务规范化、长效化、常态化。7月29日，公司党员志愿服务队走进云海社区，开展为期两天的“节约用水、助力创城”活动。活动集中宣传文明城市创建及节约用水知识，引导社区居民争做道德风尚的传播者、文明行为的践行者、创建活动的参与者。8月1日，公司党员志愿服务队走进山景叠院社区开展“倡导绿色生活、助力创建文明城市”活动，向用户介绍推广“泰安市自来水有限公司微信公众号”，现场帮助用户关注微信号。2017年8月4日，公司党员志愿服务队走进市旅游局宿舍、苗圃小区、国华经典、三友社区等10个小区，

设立便民服务意见箱，悬挂“公用事业党员志愿服务区”标牌，接受群众监督，方便服务群众。8月5日，公司党员志愿服务队走进三联社区开展为期两天的“清理小广告、净化大环境”的助力创城志愿服务活动，集中对社区道路边、楼道内小广告进行清理，用实际行动美化社区环境。8月12日至13日，公司党员志愿服务队组织志愿者走进乐园小区，开展以“清扫社区垃圾、美化居住环境、共建文明城市”为主题的志愿服务活动。向小区居民进行了创建文明城市宣传工作，号召社区居民共同保护美好环境。8月19日，公司党员志愿服务队走进迎胜社区，宣传公司各类业务，着力向用户介绍推广“泰安市自来水有限公司微信公众号”，倡导绿色低碳生活，助力创建文明城市。9月2日，党员志愿服务队到黄前水库坝区开展“珍惜水资源、保护水源地”志愿服务活动，捡拾垃圾，共计清理垃圾25余公斤。11月7日，公司党员志愿服务队走上街头，向广大市民普及用水设施防冻常识，帮助用户从实际情况出发，做好水表、水管的防冻准备，确保冬季正常用水。活动现场，志愿者们耐心细致地解答了用户提出的各类防冻问题，发放防冻宣传材料200余份。

第五节　干部队伍建设

公司党委始终把干部队伍建设放在重中之重，在干部提拔任用上严格坚持党管干部的原则；坚持德才兼备、以德为先、注重实绩的原则；坚持民主、公开、竞争、择优的原则。经过民主推荐、个别谈话推荐、民主测评、组织考察、公示，党委会研究最终决定人事任用。

2008年2月25日，公司党委班子召开会议。会议确定，对于中层干部的调整，公司党委的原则是不做大的调整，只在小范围内对部分岗位进行适当调整。会议要求，有关人员一定要正确对待中层干部的使用问题，不要乱找关系进行干预，更不能拉帮结派。公司党委会按照有利于工作的原则，公平、公正、合理的对中层干部进行调整；同时对中层干部的使用建立动态管理机制，根据工作需要和工作表现，随时进行调整，坚决不搞任职终身制。

2010年1月，公司组织对领导班子及中层干部、中层助理进行年度（2009年度）工作考核，在个人述职、民主测评的基础上由考核小组写出干部业绩材料，经公司党委研究形成考评意见，作为评先树优和提拔使用的依据，调动干部履行职责的积极性。

6月4日，公司党委召开班子成员会议，会议学习了《党政领导干部选拔任用工作责任追究办法（试行）》《党政领导干部选拔任用工作有关事项报告办法（试行）》《地方党委常委会向全委会报告干部选拔任用工作并接受民主评议办法（试行）》《市县党委书记履行干部选拔任用工作职责离任检查办法（试行）》。会议要求，公司要结合工作实际，认真抓好文件精神的贯彻落实，切实做好选人用人工作。

2012年1月，公司党委书记、经理尚绪岳代表公司党委与全体中层干部进行了谈话。在谈话过程中进行批评、纠正，使他们深刻认识到自身的不足和缺点。2月8日，公司党委班子召开会议，会议研究公司中层干部队伍建设工作。会议通报了中层干部谈

2009年10月，公司邀请离退休老干部参观三合水厂

话情况。在公司党委成员充分沟通、交流并达成一致意见的前提下，本着了解情况、促进工作、维护团结和保护干部的原则，2012年1月30日至2月7日，公司经理、党委书记尚绪岳代表公司党委与全体中层干部进行了谈话。8月20日，公司党委班子召开会议，会议强调，中层及以上干部要保持手机24小时开机，保证通信畅通。公司纪委要不定期进行电话抽查，在不同日期连续两次接不通者，扣发全年手机费。

2013年1月11日，公司党委召开会议研究了人事工作。会议强调，公司要加强干部队伍建设，为公司的发展壮大奠定人才基础。干部队伍的调整，要本着有利于工作、人尽其才的原则，注重对爱岗敬业、埋头苦干、工作能力强、有上进心的职工的培养和锻炼，在时机成熟时，予以提拔重用。会议明确，公司2013年不再大范围调整干部，根据工作实际，结合年终中层干部的考评结果，对确实需要调整的部门进行小范围调整。

2013年1月23日，公司党委召开会议通报了中层班子和中层干部测评结果。会议要求，根据测评情况，分管领导要与分管的落后单位和个人进行谈话，促使其深刻反思存在的问题，认真查找落后的根源，取长补短，改正不足，促进工作发展。对不能正确认识自身错误或认识到错误不能改正的，要严肃对待，确实不能胜任工作的，结合工作实际提出处理意见，由公司党委研究予以调整。2月17日，公司党委班子召开会议，会议研究了公司领导班子成员分工和部分中层干部调整工作。会议决定，按照公司党委年前确定的中层干部调整原则，在广泛征求意见的基础上，经过充分酝酿，本着有利于工作的原则，对部分单位、部门的中层干部进行小范围适当调整。

2014年1月，为进一步加强干部队伍建设，培养复合型管理人才，公司实行中层干部轮岗制，轮岗期限为四年。2月8日，公司党委开会研究了中层干部任职交流工作。为进一步提高公司管理水平，培养一专多能的干部队伍。公司决定从2014年开始对中层干部每四年轮岗一次。对任职过两个部门负责人且成绩突出的，任命为经理助理；对任职过两个部门中层副职且成绩突出的，根据工作岗位需要，提拔任部门负责人或享受中层正职待遇；科长助理每年进行提拔，根据工作能力及岗位需要转为中层副职；中层干部每年根据工作能力和工作业绩及时进行调整。9月，公司各部门负责人向公司党委进行述职，公司领导班子成员对各部门的工作逐一进行了点评，并对各部门今后的工作提出了具体要求。

2014年，按照《党政领导干部选拔任用

工作条例》从中层副职中选拔焦成龙、蔡涛、徐艳、赵国茂、何俊文 5 名任中层正职干部。

2015 年，按照《党政领导干部选拔任用工作条例》从中层副职中选拔张彬、靖雅伟、林涛、贾泽润 4 名任中层正职干部。

2017 年 5 月 27 日，公司召开党委会，确定中层干部调整坚持有利于事业发展和岗位需要的原则：坚持因材施用，着眼于干部的素质、能力，胜任工作原则；坚持破除山头主义和派系观念，防止以人划线现象发生。10 月 22 日，公司召开党委会确定今后中层干部出泰城的部门负责人要向公司领导和主要领导请假，其他人员要向分管领导请假。11 月，部分支部书记参加市委组织部、市国资委组织的国有企业基层党支部书记培训。

2017 年，按照《党政领导干部选拔任用工作条例》从中层副职中选拔刘伟、张东、程鹏、宋婴端、宋向阳、王晓囡、林莺、周亮 8 名任中层正职干部。

第六节　领导班子建设

2008—2009 年，公司党委根据市委统一部署，以领导班子为重点，开展“继续解放思想、推进科学发展”和“深入学习实践科学发展观”教育活动，围绕领导班子转变不适应科学发展的思想观念、提高服务质量和水平三个方面进行检查和整改。2009 年 6 月 12 日，公司党委组织召开了深入学习实践科学发展观领导班子专题民主生活会。

2010 年，公司党委以建设学习型党组织为重点，采取自学、相互交流、举办讲座等形式，组织班子成员学习国家法律法规、党的历史和现代管理知识，每个月最后一个周五为党委中心组集中学习日。6 月，公司党委被市住建委评为先进基层党组织。3 月 26 日，公司领导班子成员全文学习了《中国共产党党员领导干部廉洁从政若干准则》，要求切实抓好公司党风廉政建设工作，领导干部要带头做到忠于职守、廉洁自律，确保自己清正廉洁。5 月 7 日，公司领导班子成员学习市委主要领导《在市直机关解放思想改革创新在行动活动大会的讲话》，要求结合公司实际，认真抓好贯彻落实。9 月 22 日，公司党委召开民主生活会，主题是贯彻落实《中国共产党党员领导干部廉洁从政若干准则》，切实加强领导干部作风建设。

2011 年 3 月 18 日，公司领导班子成员研究部署党建、思想政治工作和精神文明建设及党风廉政建设工作。12 月 28 日，公司党委召开 2011 年度民主生活会，主题是“坚持以人为本执业为民理念、发扬密切联系群众优良作风”。

2012 年 1 月 3 日至 2 月 7 日，公司党委书记、经理代表公司党委与全体中层干部进行谈话。2 月 8 日，公司召开专题会议研究干部队伍建设工作。要求中层干部进一步提高思想觉悟，充分发挥自身能动性和自觉性，为公司发展做出积极贡献。8 月 30 日，公司领导班子召开会议学习《省委办公厅省政府办公厅转发〈省委宣传部、国资委关于加强和改进新形势下国有及国有控股企业思想政治工作的实施意见〉的通知》，会议要求结合工作实际改进工作思路、创新工作思路，切实抓好公司思想政治工作，稳定职工队伍。12 月 28 日，公司党委召开了 2012 年度党员领导干部民主生活会。会议的主题是深入贯彻落实中共十八大精神，提升城市供水工作水平，为“推进富民强市、建设幸福泰安”做贡献。

2013年1月11日，公司领导班子召开会议研究反腐倡廉工作，会议要求班子成员要严格要求自己，坚决保持自身的清政廉洁，同时按照“一岗双责”要求抓好分管部门的反腐倡廉工作。8月30日，公司领导班子召开会议学习8月27日中央政治局会议精神，要求广大干部职工特别是领导干部充分认识中央反腐倡廉的决心，认清形势深刻吸取教训，始终做到洁身自好、清正廉洁，全面贯彻落实中央“八项规定”精神。12月12日公司党委召开领导干部民主生活会，主题是“为民、务实、清廉”。

2014年8月19日，公司党委召开民主生活会。会议的主题是，紧紧围绕保持党的先进性和纯洁性，按照“照镜子、正衣冠、洗洗澡、治治病”总要求，以为民务实清廉为主题，以反对“四风”、服务群众为重点，坚持严肃认真、实事求是、民主团结，以整风精神开展批评和自我批评，认真解决形式主义、官僚主义、享乐主义和奢靡之风问题，牢固树立宗旨意识和马克思主义群众观点，切实改进工作作风，提高群众工作本领，为推进供水事业科学发展奠定坚实的思想和作风基础。

2015年1月，公司领导班子成员按照市委组织部要求，填写领导干部个人有关事项报告表。2月10日，公司领导班子召开专题会议研究部署党风廉政建设和反腐工作。要求领导班子要切实负起党风廉政建设领导责任，按照“一岗双责”要求加强对分管部门的监督检查，公司纪委要切实担负起监督责任，对“四风”问题严肃查处。4月22日，公司领导班子召开会议研究中央“八项规定”精神落实情况，指出领导班子成员要从思想上再加强，引起高度重视，坚决杜绝违反“八项规定”的现象发生。要求领导班子成员带头深入到部门进行调查研究，解决工作中实际遇到的问题。5月至年底公司党委领导班子开展“三严三实”专题教育。开展“三严三实”专题教育，是对党委和主要负责同志管党治党意识、管党治党责任的现实考验，是提升领导班子和领导干部自我净化、自我完善、自我革新、自我提高能力的重要契机。着力在深化“四风”整治、巩固和拓展党的群众路线教育实践活动成果上见实效，在守纪律讲规矩、营造良好政治生态上见实效，在真抓实干、推动改革发展稳定上见实效。8月24日，领导班子召开会议学习市委、市政府《关于开展公款存放中的利益冲突和利益输送问题专项清理工作的通知》，要求严格按照通知要求，对公司银行账户进行梳理。11月，公司党委开展了“五化五星”基层服务型党组织创建工作，即按照标准化、项目化、网络化、责任化、制度化“五化”标准，采取星级评定的方式，推进基层服务型党组织规范化创建。公司党委被市委组织部评为四星级基层党组织。

2016年1月，公司领导班子成员按照市委组织部要求，填写领导干部个人有关事项报告表。1月5日，公司领导班子召开会议学习《中国共产党廉洁自律准则》和《中国共产党纪律处分条例》，要求各班子成员把主体责任担在肩上，把纪律挺在前面，真正严起来、管到位，切实提高拒腐防变的能力。1月25日，公司党委召开民主生活会。会议的主题是落实“三严三实”要求，巩固和拓展党的群众路线教育实践活动成果。5月13日，

团结奋进的领导班子　　（2017年12月　摄）

公司领导班子召开会议安排部署“两学一做”学习教育活动，要求以此次活动为抓手全面抓好公司党建工作，从严从实抓好学习教育，确保每名党员受到教育，取得实实在在的成效。12月14日，公司领导班子召开会议安排部署党风廉政建设工作，要求各班子成员要抓住元旦、春节这个重要时间节点，切实全面负起党风廉政建设监督检查的责任，领导班子要通过各种形式抓好中共中央“八项规定”精神落实。12月，公司党委按照党委的换届程序进行换届。产生的新一届公司党委成员：尚绪岳为党委书记、丁合为党委副书记、申立堂、暴勇生、彭涛、赵新峰、杨勇为党委委员。选举暴勇生为纪检书记。

2017年1月25日，公司领导班子民主生活会以学习贯彻中共十八届三中、四中、五中、六中全会精神为主题，围绕“两学一做”学习教育要求，重点对照《关于新形势下党内政治生活的若干准则》和《中国共产党党内监督条例》，结合思想和工作实际，进行党性分析，开展批评和自我批评，不断增强领导班子和领导干部发现和解决自身问题的能力。2月13日，公司领导班子召开会议研究落实全面从严治党主体责任工作。要求领导班子要进一步加强落实全面从严治党主体责任的政治意识、筑牢拒腐防变的思想防线，形成“不敢腐、不能腐、不想腐”的有效机制。

第二章　纪律检查

第一节　组织机构

2006年8月起，暴勇生任公司纪检书记。2009年2月起，续青任纪检办公室主任。2011年11月起，张帆任纪检办公室主任。2014年1月起，刘斌任纪检办公室主任。

2016年12月，公司党委、纪检委换届，暴勇生当选公司纪检书记。

第二节　党纪教育

2008—2010年，纪检委共组织党员进行党纪教育8次，开展自查自纠3次。

2008年5月，市纪委宣教室领导到公司进行专题报告，公司全体党员干部接受了一次深刻的廉政教育。

2009年11月，公司组织中层以上管理人员观看了中央纪委、中国方正出版社出版的“贪权、贪财、贪色”——《贪之害》录像片。

2011年5月，组织党员干部观看警示教育片《蜕变——领导干部违纪违法案件剖析》。

2012年6月，组织公司中层以上干部观看了《领导干部要自觉做到“七个正确对待”》和《难逃其咎——郑筱萸受贿渎职案警示录》等反腐倡廉教育宣传片。

2013年6月16日，邀请市纪委李群实为公司党员干部做廉政报告。

2014年4月15日，公司组织全体党员干部到徂徕山党的群众路线教育基地进行党性教育。同年4月23日，党委书记尚绪岳上“党的群众路线教育实践活动”主题党课。4月25日，公司组织全体党员到泰山区警示教育基地进行廉政教育。同年6月，组织党员干部观看警示教育片《偏离坐标的人生》。

2015年，公司党委通报批评党员干部1名。6月17日，党委书记尚绪岳上“三严三实”主题党课。7月，结合“守纪律、讲规矩、强党性、做表率”活动的开展，组织党员干部赴临沂孟良崮大战纪念馆参观学习。7月，组织党员干部观看警示教育片《蜕变的人生》。8月，组织收看了《作风建设永远在路上》、原菏泽市副市长刘贞坚警示录等典型案例。

2016年，公司党委通报批评党员2名，对1名党员进行记过处理。7月，召开党风廉政建设警示教育会议。对公司相关部门进行廉政风险防控检查。组织党员干部观看警示教育片《双面人生》。7月6日，邀请市委党校张建勇教授为公司党员干部上“加强党风廉政建设、做合格共产党员”专题党课。

2010—2017年，纪检委共组织党员进行党纪教育26次，开展自查自纠16次。

2017年3月，分三次组织党员干部观看八集警示教育片《永远在路上》。6月，组织党员干部赴南京雨花台革命烈士陵园、南京大屠杀纪念馆参观学习接受革命和爱国主义教育。7月，组织党员干部观看警示教育片《永不停歇的征程》。7月21日，党委书记尚绪岳上“重效率、勇担当、做表率”主题党课。

2014—2017年，公司党委每年组织党员干部开展廉政知识测试，测试成绩均为优秀。

第三节　廉政建设

2008—2010年，公司每年制定《党风廉政建设和反腐败工作实施意见》，公司党委书记与公司所属各支部书记签订年度党风廉政建设责任目标管理责任书，形成了有效的监督管理机制。

2010年3月，为改进工作作风，严肃工作纪律，公司制定《关于工作时间禁止饮酒

的规定》，并对规定的执行情况进行不定期检查，对违反规定的行为按照规定进行了严肃处理。

2010—2013 年，公司党委书记与各支部书记、部门负责人每年签订党风廉政责任书。认真落实“一岗双责”，形成了一级抓一级、层层抓落实的党风廉政建设管理模式。

2013 年，公司制定了以构建“预防、建设、纠治”与“考核评议”相结合的“3+1”廉政防控体系，编制了廉政岗位目录，制定了岗位廉政风险登记以及权力运行流程图，形成了完整的廉政防控体系。

2014—2017 年，公司纪检委每逢重大节日，提前对重点廉政防控部门负责人以及重点岗位人员、主要施工队伍负责人进行廉政约谈，廉政工作提前做靠上抓，并下发《关于切实做好春节期间廉洁自律和厉行节约工作的通知》《关于仲秋国庆期间严格落实中央八项规定精神的通知》。公司负责人与班子成员、各支部书记、部门负责人每年签订党风廉政责任书；党委班子成员与分管的部门负责人每年签订党风廉政责任书，公司廉政建设不断加强。

2016 年 7 月，召开党风廉政建设警示教育会议，对公司相关部门进行廉政风险防控检查；7 月 29 日，组织公司领导班子和中层干部参加“两学一做”学习教育测试；当月，根据市纪委《关于落实市纪委巡查组反馈问题整改工作的通知》要求，对涉及的问题进行了彻底整改。8 月 10 日，市纪委巡查组反馈意见，公司领导班子成员参加，根据市纪委《关于落实市纪委巡查组反馈问题整改工作的通知》要求，公司党委对涉及与公司有关的问题进行了彻底整改。12 月，开展“面对面”廉洁谈心活动。由公司主要负责同志约谈班子成员；班子成员约谈分管部门负责人，部门负责人约谈中层副职及岗位廉政风险级别较高的人员。

2017 年 7 月 27 日，局党委在公司六楼会议室向公司反馈专项检查情况，公司领导班子参加；7 月，公司下发《关于公司纪委同部门负责人廉政谈话工作方案》；9 月，根据公用事业管理局党委《关于“落实中央‘八项规定’，严肃财经纪律”专项检查问题反馈及整改意见的通知》，公司党委对涉及与公司有关的问题进行了认真整改，并修订完善了有关制度，建立企业管理长效机制。

2017 年公司以制度建设为保障，先后修订完善了《泰安市自来水有限公司关于落实党风廉政建设党委主体责任纪委监督责任的实施办法》《泰安市自来水有限公司关于落实党员干部廉政谈话制度的实施办法》《泰安市自来水有限公司办公用房管理制度》《泰安市自来水有限公司办公低值易耗品使用管理规定》《泰安市自来水有限公司公务用车管理制度》《泰安市自来水有限公司工作用餐管理制度》《泰安市自来水有限公司施工管理制度》《泰安市自来水有限公司工程物资采购招投标管理办法》等规章制度。组织开展规章制度专题学习活动，制定了《泰安市自来水有限公司关于规章制度学习的实施方案》。

第三章　工　会

第一节　组织机构

2008—2010年，第五届职工代表大会暨第七届工会会员大会选举产生的第七届工会委员会，设主席1人，委员9人，会员515人。下设女职工委员会、经费审查委员会及机关分会、三合水厂分会、泉河水厂分会、管线所分会、营业所分会、安通公司分会。

2011年12月，第六届职工代表大会暨第八届工会会员大会选举产生第八届工会委员会，设主席1人，委员8人，会员533人。下设女职工委员会、经费审查委员会及机关分会、三合水厂分会、泉河水厂分会、管线所分会、营业所分会、安通公司分会。

2016年12月，第七届职工代表大会暨第九届工会会员大会选举产生第九届工会委员会，设主席1人，委员8人，会员652人，下设女职工委员会、经费审查委员会及机关分会、三合水厂分会、泉河水厂分会、管线所分会、营业所分会、安通公司分会。同年1月，因泰安市自来水公司变更为泰安市自来水有限公司，2016年5月，公司工会向泰安市公用事业管理局工会提交了《关于更换机构名称的请示》，请求将泰安市自来水公司工会委员会变更为泰安市自来水有限公司工会委员会。2016年5月24日，泰安市公用事业管理局工会委员会印发《关于同意泰安市自来水公司工会委员会变更机构名称的批复》，同意泰安市自来水公司工会委员会变更为泰安市自来水有限公司工会委员会。

第二节　职工代表大会

2008年5月，第五届四次职工代表大会召开，应到代表59人，实到45人，会议一致通过《关于与郑某某解除劳动合同的决定》和《关于与张某某解除劳动合同的决定》。同年10月，第五届五次职工代表大会召开，应到代表59人，实到43人，会议通过《关于供水管业园资产处置的意见》及相关协议。同年11月，第五届六次职工代表大会召开，大会应到代表59人，实到代表49人，经举手表决一致通过《企业工资协议》。

2009年1月，第五届七次职工代表大会召开，应到代表59人，实到50人，审议通过了《关于按照泰政发〔2008〕62号文件增资的方案》。

2010年10月，第五届八次职工代表大会召开，审议通过了《关于按照泰政发〔2010〕45号文件增资的方案》，决议自通过之日起生效。

2011年12月，第六届职工代表大会暨第八届工会会员代表大会召开，职工代表

70人，特邀代表11人，列席代表32人，会议认真听取并审议了公司党委书记、经理尚绪岳所作的《行政工作报告》、副经理杜丽丽所作的《行政财务工作报告》和《公司2011年业务招待费的报告》、副经理申立堂所作的《关于公司内部退养暂行规定的补充规定》和《泰安市自来水公司劳动纪律管理规定》，工会主席彭涛所作的《工会工作报告》、工会副主席宋其明所作的《工会财务工作报告》；审议通过《关于公司内部退养暂行规定的补充规定》和《泰安市自来水公司劳动纪律管理规定》，选举产生了新一届工会委员会、工会经费审查委员会、女职工委员会和公司第六届职代会各专门工作小组成员。

2012年5月，第六届二次职工代表大会召开，大会应到代表70人，实到代表65人，通过举手表决一致通过《企业工资协议》。

2013年1月，第六届三次职工代表大会召开，大会应到代表70人，实到代表70人，通过举手表决一致同意推荐刘海明为振兴泰安劳动奖章获得者人选。同年3月，第六届四次职工代表大会召开，大会应到代表70人，实到代表70人，通过举手表决的方式，一致同意推荐尚绪岳为山东省劳动模范候选人人选。同年11月，第六届五次职工代表大会召开，审议通过了《关于按照泰政发〔2013〕15号文件增资的方案》。

2014年2月，第六届六次职工代表大会召开，大会应到代表70人，实到代表70人，通过举手表决的方式，一致同意推荐尚绪岳为省富民兴鲁劳动奖章推荐人选。

2015年4月，第六届七次职工代表大会召开，大会应到代表70人，实到代表65人，通过举手表决一致通过《泰安市自来水公司集体合同》《企业工资协议》。表决后，工会方代表彭涛与行政方代表尚绪岳举行了集体合同、企业工资协议的签字仪式。同年9月，第六届八次职工代表团长联席会召开，大会应到代表团长6人，实到代表6人，联席会首先对公司制改造内容、形式进行说明，并宣读《泰安市自来水公司公司制改造后职工安置方案（草案）》《泰安市自来水公司公司制改造预案》。要求职工代表团长召开各代表团讨论会，就职工代表收集的职工关于《泰安市自来水公司公司制改造后职工安置方案（草案）》《泰安市自来水公司公司制改造预案》的意见进行讨论，并报讨论意见。2015年10月12日，各职工代表团讨论意见报职代会办公室，一致通过《泰安市自来水公司公司制改造后职工安置方案（草案）》《泰安市自来水公司公司制改造预案》。同年11月，第六届九次职工代表大会召开，审议通过了《关于按照泰政发〔2015〕35号文件增资的方案》。同年11月，召开第六届十次职工代表团长联席会，大会应到代表团长6人，实到代表6人，联席会首先对公司修改《劳动纪律管理规定》进行了说明，并宣读《关于对公司〈劳动纪律管理规定〉进行修改的说明》。要求职工代表团长召开各代表团讨论会，就职工代表收集的职工关于《劳动纪律管理规定》的意见进行讨论，并报讨论意见。针对职工的意见，对“时间”及“泰城范围”进行了说明：时间为任何时间。泰城范围即泰城中心城区包括泰前办事处、财源办事处、岱庙办事处、上高办事处、徐家楼办事处、天平办事处、粥店办事处和省庄镇。同年12月，第六届十一次职工代表大会召开，

2016年12月，公司召开第七届职工代表大会暨第九届工会会员代表大会

大会应到代表64人，实到代表64人，通过举手表决的方式，一致同意推荐丁合为振兴泰安劳动奖章推荐人选。

2016年4月，第六届十二次职工代表大会召开，大会应到代表64人，实到代表60人，通过举手表决一致通过《企业工资协议》。表决后，工会方代表彭涛与行政方代表尚绪岳举行了企业工资协议的签字仪式。同年5月，第六届十三次职工代表大会召开，审议通过了《关于按照泰政发〔2015〕35号文件增资的方案》。同年7月，召开第六届十四次职工代表团长联席会，大会应到代表团长6人，实到代表6人，联席会首先对工资制度改革、工资增长方案进行说明，并宣读《泰安市自来水有限公司关于工资制度改革的实施方案（草案）》和《泰安市自来水有限公司关于按照泰政发〔2015〕35号文件增资的方案（草案）》，会议要求各职工代表团长召开各代表团讨论会，将两个方案传达到每位职工。于2016年8月3日报职代会办公室，一致通过《泰安市自来水有限公司关于工资制度改革的实施方案（草案）》和《泰安市自来水有限公司关于按照泰政发〔2015〕35号文件增资的方案（草案）》。同年12月，第七届职工代表大会暨第九届工会会员大会召开，职工代表54名，特邀代表7名，列席代表44名。会议由公司党委书记、经理尚绪岳和工会主席彭涛主持，会上认真听取并审议了公司党委副书记、副经理丁合所作的《行政工作报告》、公司党委委员、纪检书记暴勇生所作的《行政财务工作报告》、公司党委委员、副经理赵新峰宣读的《泰安市自来水有限公司全员业绩考核办法（草案）》，公司党委委员、工会主席彭涛所作的《工会工作报告》、工会副主席蔡涛所作的《工会财务工作报告》；审议通过《泰安市自来水有限公司全员业绩考核管理办法（草案）》，选举产生了新一届工会委员会、工会经费审查委员会、女职工委员会和公司第七届职代会各专门工作小组成员。会上公司对45条职工提案均逐条予以答复。同年12月，第七届二次职工代表大会召开，应到代表54人，实到51人，审议通过了《泰安市自来水有限公司关于按照泰政发〔2016〕29号文件增资的方案》。

2017年4月，第七届三次职工代表大会召开，大会应到代表54人，实到代表50人，通过举手表决一致通过《企业工资协议》。表决后，工会方代表彭涛与行政方代表尚绪岳举行了企业工资协议的签字仪式。同年8月，第七届四次职工代表大会召开，大会应到代表54人，实到代表54人，审议通过了《泰安市自来水有限公司关于按照泰政发〔2017〕37号文件增资的方案》。同年11月，召开第七届五次职工代表团长联席会，将《关于与刘某某解除劳动合同的征求意见函》印发到六个分会，要求各职工代表团长召开各代表团讨论会，认真组织各代表组进行讨论，将意见函传达到每位职工，广泛征求职工对该处理意见函的意见。各代表团召开会议讨论，并对职工代表收集的职工对该意见函的意见进行整理汇总，于2017年11月23日报职代会办公室，六个分会的讨论记录一致通过《关于与刘某某解除劳动合同的征求意见函》。

第三节 劳动竞赛

2008年8月，为更好地贯彻“继续解放思想，推进科学发展观”大讨论活动精神，将活动渗透到公司日常经营管理的各个环节中去，增强公司的向心力和凝聚力，充分调动职工的参政议政、爱岗敬业的积极性，形成优良风气，提高经济效益，引导和鼓励全体职工为企业的经营管理和长远发展做出更大的贡献，经研究，决定在职工中开展“我为公司献良策”提合理化建议活动，共征集合理化建议50条。

2009年，为深入贯彻中央关于“保增长、促发展、调结构”的一系列决策部署，更好地发挥工人阶级在创建国际旅游名城，城市公用服务中的主力军作用，三合水厂积极在公司中深入开展“工人先锋号”创建活动，同年被市总工会授予“工人先锋号”荣誉称号。

2010年，营业所围绕市“转方式、调结构、建强市、创名城”大局，深入开展“创建工人先锋号、科学发展立新功”劳动竞赛活动，同年，营业所被市总工会授予“工人先锋号”荣誉称号。

2011年1月，安通公司围绕市“转方式、调结构、建设经济强市、打造国际旅游名城”大局，大力调动广大职工的积极性、主动性，深入开展“创建工人先锋号、科学发展立新功”劳动竞赛活动，同年，安通公司被市总工会授予“工人先锋号”荣誉称号，李秋强荣获“振兴泰安劳动奖章”。同年3月，为提高公司服务质量，浓缩和概括企业服务理念，反映职工精神面貌，并激发和调动广大职工参与公司管理的积极性、主动性和创新性，公司在全体职工中开展服务宣传口号征集活动。活动共收到宣传口号104条，对获奖人员进行了表彰。同年，公司积极响应山东省住房和城乡建设厅号召，围绕提高职工技能素质，广泛开展技术学习、岗位练兵、技能比赛，11月在参加全省城市供排行业职

2012年6月，公司组织职工参加山东省“华德杯”供水行业知识竞赛活动获奖。图为公司工会主席彭涛上台领奖

2014年4月，公司党委书记、经理尚绪岳荣获“富民兴鲁”劳动奖章

业技能竞赛中，公司参赛团队技压群雄，荣获团体第一和个人第一的优异成绩，测漏工高建勇获全省城市供排水行业职业技能竞赛测漏专业第一名。胡刚、杨海莹分别获测漏专业、水质检测专业银奖。是年，山东省总工会授予高建勇“富民兴鲁”劳动奖章。

2012年2月，山东省住房和城乡建设厅对近年来全省住房城乡建设系统涌现的先进模范人物进行了表彰，授予公司职工崔凤贵全省住房城乡建设系统劳动模范荣誉称号。同年6月，公司由李菁、王燕蓉、逯凯、陈佳4人组成泰安市住建委代表队，参加了山东省住房和城乡建设厅主办的山东省“华德杯”供水行业知识竞赛活动，李菁获得二等奖，王燕蓉、逯凯获得三等奖，陈佳获得优秀奖。省住房和城乡建设厅授予泰安市住建委代表队山东省“华德杯”供水行业知识竞赛优秀组织奖。同年12月，山东省建设工会对2012年度优秀工运理论研究成果进行表彰和通报，公司共有两名同志获奖，彭涛撰写的《提高企业文化，打造魅力工会》荣获一等奖；张慧撰写的《从抓班组工作入手，强化团队作战能力》荣获三等奖。同年12月，公司申报的《采用高锰酸钾去除铁锰提高出水质量》的创新成果，获得2012年度泰安市企业管理现代化创新成果二等奖。同年，公司管线所以争创“工人先锋号”为载体，广泛开展“当好泰山主力军、创新建功十二五”劳动竞赛活动。2013年3月，市总工会下发了《关于表彰泰安市“工人先锋号”和授予单位负责人泰安市“振兴泰安”劳动奖章的决定》，授予公司管线所“工人先锋号”光荣称号，管线所所长刘海明荣获“振兴泰安”劳动奖章。

2013年6月，公司根据省总、市总工会要求，公司工会对公司4个已取得“工人先锋号”的单位开展“挂牌亮岗”活动。

2014年4月，市委、市政府召开全市庆祝“五一”国际劳动节暨“推进富民强市 建设幸福泰安”先模表彰大会，授予公司党委书记、经理尚绪岳“富民兴鲁”劳动奖章。

2015年12月，泰安市劳动关系和谐企业表彰暨迎新年银企联谊会召开，公司党委副书记、副经理丁合被泰安市总工会授予“振兴泰安”劳动奖章。

2016年11月，由泰安市公用事业管理局主办，市自来水有限公司协办的“泰安市城市供水水质检测工职业技能竞赛”圆满落下帷幕。公司水质检测中心职工张雯雯以优异的成绩获得个人第三名。

2017年，公司广大干部职工高举中国特色社会主义伟大旗帜，深入学习贯彻落实中共十九大精神，按照中共十九大提出的“建设知识型、技能型、创新型劳动者大军，弘扬劳模精神和工匠精神，营造劳动光荣的社会风尚和精益求精的敬业风气”，在公司内部大力弘扬劳模精神和工匠精神，求真务实，开拓进取，爱岗敬业，无私奉献，为推进住房城乡建设事业又好又快发展作出积极贡献。同年12月，安通公司经理李华荣被人力资源和社会保障部、住房和城乡建设部授予“全国住房城乡建设系统劳动模范”荣誉称号。

第四节 女职工工作

2008年公司工会女职工委员会被省建设工会评为先进女职工集体。

2009年2月，公司营业所林莺被市总工会授予泰安市女职工建功立业标兵荣誉称号。

2009年、2010年公司女工委积极向市总工会争取把公司女职工王树菊作为公司单亲女职工帮扶对象，两年来公司女工委积极入户了解王树菊具体情况，每逢节日送去慰问金与生活物品，表达公司党委与全体职工的关心。

2011年3月，泰安市建设工会授予公司营业所“全市建设系统女职工建功立业标兵岗”，授予公司女职工张文“全市建设系统女职工建功立业标兵”。同年6月，第八届泰安市优秀企业家“贤内助”表彰大会在东岳山庄召开，泰安市总工会、泰安市企业与企业家联合会共同授予公司陈芳优秀企业家“贤内助”荣誉称号。

2012年4月，公司组织女职工开展《女职工劳动保护特别规定》知识答卷活动，以学习《特别规定》《中华人民共和国劳动法》《中华人民共和国劳动合同法》《山东省人口与计划生育条例》《山东省实施〈中华人民共和国妇女权益保障法〉办法》为主要内容。通过深入学习宣传贯彻《特别规定》，不断增强广大女职工知法、学法、用法和依法维护自身合法权益的意识和能力。

2014年3月，公司女工委被泰安市总工会评为“全市女工工作先进集体”。同年7月，泰安市总工会、泰安市企业与企业家联合会授予公司陈芳第十一届泰安市优秀企业家“贤内助”荣誉称号。

2015年8月，公司安排人员参加市总工会召开的“女职工心灵关爱工程”，学习交流创新女职工心灵关爱工作的先进典型和经验做法，深化“女职工心灵关爱工程”建设，进一步推进了公司女职工各项工作的开展。

2016年12月，公司客服中心被市总工会授予泰安市女职工建功立业标兵岗。同年12月，公司召开第七届职工代表大会暨第九届工会会员大会，选举产生了新一届女工委员会。

2017年3月7日，庆祝“三八”国际劳动妇女节暨女职工工作总结表彰大会召开

为进一步学习宣传贯彻《女职工劳动保护特别规定》和相关法律法规，提升女职工依法维权的意识和能力，按照市总工会《关于开展“法律护我行——女职工维权知识答卷”活动的通知》要求，2017 年 6 月，组织公司女职工开展了“法律护我行——女职工维权知识签卷”活动。共有 248 名女职工参加“维权知识答卷”活动，答卷成绩均在 96 分以上，及格率 100%。

至 2017 年，公司在女工中连续二十一年开展“文明和谐家庭”和“三八”红旗手评选活动，共选出“三八”红旗手 440 人次，文明和谐家庭 48 户。2017 年 12 月，公司有女工委 6 个，女中层干部 13 人，女职工 269 人，占职工总数的 40%。

附：2008—2017 年文明和谐家庭、“三八”红旗手名单

2008 年：

五好文明家庭：

刘德晶　李秋强　周　健

“三八”红旗手：

于延会　张爱三　张　杰　孙　青
徐培丽　胡　文　周庆英　谢　菲
党风霞　燕　红　宋　华　孙凤辉
孙婷婷　陈　佳　白晓君　赵　燕
彭　杰　薛云岭　翟　雯　刘　彦
孙莹莹　靖雅伟　韩秀玲　徐　艳
王树菊　孙　丽　周丰晨　刘　丽
林　莺　张庆华　李向东　张　静
李　娟　宋洪霞

2009 年：

文明和谐家庭：

张庆华　刘　彦　刘述平

“三八”红旗手：

王燕蓉　袁金妹　李　英　孙　娟
徐　荣　王文芳　杨继香　段风英
李　健　孙凤辉　杨　玲　王　琨
宋洪霞　张风荣　林　莺　李　琳
张　慧　刘　丽　孙继红　杨　静
孙　娜　郭菁华　严心红　赵艺婕
刘海荣　高　云　王　娟　玄　瑾
吴　震　杨海莹　宫爱军　孔　岩
曹红军

2010 年：

文明和谐家庭：

王长柏　杨　丽　颜廷常

“三八”红旗手：

林　娴　王厚凤　阴　丽　高　燕
于延会　王　姗　李　静　张春荣
李　勇　李　健　张海惠　侯　蕊
孟　燕　张风荣　林　莺　林　莉
刘　丽　孔艳丽　孙　丽　任　敏
吕　静　亓明杰　韩　丽　靖雅伟
时云霞　刘　彦　赵衍美　卢　廷
姜会玲　张秀红　高东方　赵　岩
宋洪霞　李　娟

2011 年：

文明和谐家庭：杨　勇　陈　军

“三八”红旗手：

周　健　于泉萍　崔　鲲　马　琳
王文芳　陈　宁　于延会　王燕蓉
薛云霞　丁丽静　黄丽莎　胡　文
苗婷婷　孟　真　胡　群　张庆华
林　莺　林　莉　门玉玲　周丰晨
孙　丽　杨　琳　赵　燕　张　文
曹士芬　孙婷婷　曹　颖　赵　岩
刘　彦　耿　燕　刘　洁　张　莉

封　华　韩秀玲　陈　伟　宋洪霞
乔秀梅　吕雅馨

2012 年：

文明和谐家庭：李华荣　宗延安

“三八”红旗手：

党凤霞　杜　娟（大）　李素梅
杜　娟（小）　李桂梅　李　英
解　菲　张爱三　孙亚萍　王　珊
田　倩　秦苗苗　李　娟　张风荣
安秀娟　周　慧　张晓红　林　莺
齐秀芳　杨　丽　田慧丽　陈云霞
刘志伟　严心红　闫顺华　苏　丹
李媛媛　王　娟　马邵君　李　菁
陈　佳　岳玮玮　高　云　宋洪霞
孟　丽

2013 年：

文明和谐家庭：

贾泽润　门玉玲　张广延

“三八”红旗手：

党凤霞　李　勇　曹　颖　孙婷婷
冯修梅　高　云　张风荣　安秀娟
白　民　禹聪聪　周　健　王　芊
陈　宁　曹红军

2014 年：

文明和谐家庭：

刘　刚　林　莉　苏玉国　孙　青

“三八红旗手”：

张海惠　李　静　马　琳　宋　阳
田慧丽　杨　静　解文新　宋红霞
靖雅伟　刘燕如　薛云岭　周　敏

2015 年：

文明和谐家庭：

崔凤贵　翟　雯　徐　磊　李冬梅

“三八”红旗手：

孔艳丽　李　静　赵　雯　赵衍美
张风荣　张雯雯　房淑娟　孟　燕
苗婷婷　曹士芬　赵筱俊　高　晶
王晓囡

2016 年：

文明和谐家庭：

续　青　刘海明　温海亮　田玉林

“三八”红旗手：

孙　丽　杜　倩　高　越　马绍君
宋其芬　吴　震　阴　丽　张婧媛
孟国宏　封　华　安亚琼　李　静
马晓丽

2017 年：

文明和谐家庭：

朱　林　房　丁　姜会玲

“三八”红旗手：

宋小景　吕秋霞　李　娜　孙婷婷
门玉玲　李小燕　米益珊　连继莹
张　静　于延慧　周　凡　杜　娟（小）
董　夏　吕雅馨

第五节　职工权益维护

2008 年 8 月，市总工会对公司维权推进年活动进行检查，并给予高度评价。年底公司顺利完成“AAA”劳动关系和谐企业的申报工作，迎接市创建活动领导小组的考核验收。

2009 年 4 月，为进一步协调企业内部的劳动关系，妥善处理劳动争议，化解矛盾，依法维护劳动关系双方当事人的合法权益，调动职工的积极性，建立公平、公正、和谐的劳动关系，促进供水事业的发展，根据《劳动争议调解仲裁法》《企业劳动争议处理条例》，经研究对公司劳动争议调解委员会进行调整，主任：陈芳；成员：杨勇、程德、金国良、刘海明、张帆、续青。

2009年，公司工会以企业发展为中心，以培养“四有”职工队伍为主线，全面贯彻坚持全心全意依靠职工办企业的指导方针，推行和建立“以人为本、规范有序、公正合理、利益共享”新型劳动关系，促进了公司健康和谐发展，为泰安市供水事业的改革、发展与稳定发挥了强有力的保障作用。同年，公司被市总工会评为泰安市AAA劳动关系和谐企业。

2010年4月，公司工会与公司行政方通过讨论协商，对公司集体合同、企业工资协议条款进行修改，并形成草案。经公司职工代表大会表决通过后，举行泰安市自来水公司集体合同续签仪式和2010年度企业工资协议签字仪式。

2011年7月，公司职工食堂开工建设，建筑面积300平方米。同年12月，召开公司第六届职工代表大会暨第八届工会会员代表大会，会议前对《泰安市自来水公司职工内部退养的暂行规定》进行了修改，并在会议上通过举手的方式表决通过。

2012年9月，公司按照市总工会下发的《关于开展〈女职工劳动保护特别规定〉知识答卷活动的通知》的要求，在全体女职工中开展女职工劳动保护特别规定知识答卷活动。

2013年6月，公司开展了安全卫生知识普及教育和学习竞赛活动。进一步普及劳动安全卫生知识，提升职工安康素质，预防安全事故，减少职业危害。同年11月，公司工会印发《安全生产标准化班组创建活动实施方案》，开展“安全生产标准化班组创建活动”。

2014—2017年，公司每年均开展“查身边隐患、保职工安全、促企业发展”群众性安全生产活动。加强组织领导，成立了以公司工会主席彭涛为组长，副经理杨勇为副组长，有关部门负责人为成员的领导小组，小组下设办公室，贾汇强兼任办公室主任。期间对查处的隐患，公司安排人员全部进行了处理，切实保护职工生命安全健康，为促进公司安全生产健康发展做出新的贡献。

2014年6月，公司积极争取上级政策，将公司生活非常困难的刘某某，申报为泰安市特困职工。市总工会通过入户调查、实地考核，于2014年7月为刘某某发放了泰安市特困职工证，在日常生活上给予帮扶，年底发放慰问金和慰问品，让刘某某充分感受到党和政府的温暖。同年7月，公司工会开展了“双亮、双争、双述、双评”活动，通过开展活动切实加强工会

2010年4月企业工资协议签字仪式

组织建设，不断提高服务职工的能力和水平。同年9—10月，公司工会开展“进一线、访职工”调研活动，倾听职工群众的呼声，征求职工群众的意见，了解职工群众的要求，宣讲党的路线方针政策和工会知识，让企业广大职工进一步了解公司的重大决策部署，强化了民主管理。

2015年3月，泰安市总工会印发了《关于建立职工大病医疗补助制度的指导意见》，公司积极争取政策，收集资料，为公司测漏中心大病职工申请救助金8000元。同年4月，为建立稳定和谐的劳动关系，工会方和行政方经过集体协商，对劳动报酬、工作时间和休息休假、保险福利待遇、劳动保护、教育与培训、纪律与奖惩等方面进行讨论，并形成泰安市自来水公司集体合同（草案），经职工代表大会讨论通过后，工会代表职工方与公司行政方签订了泰安市自来水公司集体合同。是年，公司被市人力资源和社会保障局、市总工会和市企业家联合会授予“泰安市劳动关系和谐企业”荣誉称号。

2016年5月，公司对因病致贫的职工进行统计，上报泰安市民政局。6月份帮助刘某某上报特困职工证年检工作。

2017年4月，工会方代表职工向行政方提出工资集体协议邀约书，经过双方讨论协商，签订了2017年度《企业工资协议》。

同年9月，公司建立工会与行政沟通协商机制，把职工最关心、最直接、最现实的利益问题作为畅通职工诉求渠道工作的重要内容，切实维护职工的合法权益。同年12月，山东省人力资源和社会保障厅、山东省总工会、山东省企业联合会/企业家协会、山东省工商联合会授予公司“山东省劳动关系和谐企业”荣誉称号。

2008—2017年，公司每年为职工增长工资，切实提高职工生活质量，增强了职工的工作积极性，有力地促进公司和谐稳定发展；每年组织职工健康体检，共计体检2791人次。体检项目包括内科、眼科、心电图、腹部彩超、血常规、肝功能以及胸透等多项检查，达到早诊断、早预防、早治疗防病治病的目的；公司工会按时定期与公司行政集体协商，签订泰安市自来水公司集体合同、企业工资协议，确保职工利益；实行带薪休假制度，维护职工休息休假权利，充分调动了职工工作积极性；每年开展困难职工救助活动，共帮扶困难职工150人次，发放救助金76300元，切实让广大职工感受到公司大家庭的温暖。十年间，公司招聘139名职工子女为公司计量抄表收费工，解决了职工的后顾之忧，让职工以更加饱满的精神状态投入到本职工作中。

为保障职工的知情权和监督权，2008—2017年，公司工会利用联席会、下发通知，以职代会、厂务公开栏等形式，就公司的长远规划、年度计划、经济指标完成情况、重大投标项目、业务招待费使用、职工工资收入、各种保险基金缴纳等21条内容按照厂务公开的要求每半年进行一次公开。2015年，公司被山东省建设厅工会授予“全省住房系统厂务公开民主管理先进单位”荣誉称号。

第六节　计划生育

2008年，公司退休职工中独生子女父母按上一年度职工平均工资的30%发给一次性养老补助。同时，公司职工按政策可以生育二胎，但自愿领取独生子女父母光荣证的，根据有关文件规定，给予1000元一次性奖励。

2008—2017年，公司对计划生育工作实行人口目标责任制和年终考核制，严格落实“单位负责、条条保证、双重管理、双重考核”的管理制度，每年与各部门签订年度人口和计划生育管理责任书，并将计划生育纳入精神文明考核标准，坚决执行“一票否决”制，达不到标准的年终不能参选先进单位。公司每年均组织开展职工育龄妇女健康查体活动，切实加强育龄职工妇女生殖保健和避孕节育全程服务工作。2009—2016年，公司连续八年被财源办事处、泰前街道办事处评选为计划生育先进单位。

2010年7月，公司根据市人口普查领导小组统一要求，展开入户人口普查工作，此次人口普查涉及2个办事处，9个社区，14个公司宿舍，329户，867人，于11月15日圆满完成。

2011年，公司计划生育归属为保卫稽查科管理，专职管理人员1名。

2014年6月，依据《关于修改〈山东省人口与计划生育条例〉的决定》的通知，夫妻一方是独生子女的夫妇可生育两个孩子，独生子女父母奖励费领取年限由子女满十四周岁延长至十八周岁，对于已领取独生子女父母光荣证的单独父母申请再生育的，自申请批准再生育当月起，注销其独生子女父母光荣证，停止继续享受独生子女父母奖励优惠待遇，此前已经享受的奖励优惠待遇不予追回。2016年1月，公司依据《关于贯彻落实〈中共中央、国务院关于实施全面两孩政策改革完善计划生育服务管理的决定〉的通知》内容，实施全面二孩政策管理工作，对于自愿只生育一个孩子的夫妇，也不再发放独生子女父母光荣证，不再享受独生子女父母奖励费和各种优先优惠政策。截至2016年底，办理“二孩生育服务手册”共计15个。

2016年3月，国家开展免费孕前优生健康检查服务项目，保障孕妇和胎儿的健康，预防、降低出生缺陷发生的风险。为把预防措施落实在怀孕之前，从源头上降低出生缺陷的发生风险，公司组织符合生育政策的夫妻积极参加孕前健康免费查体活动。

2017年12月，公司户籍总人数937人，已接受管理婚育龄妇女228人，未落实计划生育管理0人。已办理生育服务手册人员共42人，其中在孕6人（一孩4人，二孩2人），待孕23人（一孩11人，二孩12人），出生17人（一孩8人，二孩8人）。

第四章 共青团

第一节 组织建设

2008年，公司团委下设机关、营业所，三合水厂、泉河水厂、安通公司5个支部，配备兼职团干部5人，团员72人。2017年，公司共有团支部5个，团员91人。

2008年以来，公司团委，不断强化“抓基层、抓基础、抓落实”的方针，大力开展争创活动和团员先进性教育，团的基层组织网络不断健全，共青团工作日益规范。2013年5月，营业所被团省委授予“省级青年文明号”称号。2014年5月，公司团委被团市委授予“五四红旗团委”称号。

第二节 主要活动

2008年5月，为迎接北京奥运会的召开，组织团员、青年开展“迎奥运、传播泰山文明志愿服务行动”活动。

2009年10月，为充分发挥团员青年的热情、活力，先后组织开展“创建国家园林城市，打造国际旅游名城”宣传活动、“和谐中国、全民全运”十一届全运会圣火传递活动。

2010年4月，响应团中央号召，组织团员青年参加“一人一瓶水，爱心送旱区”活动，向西南旱区奉献爱心；组织团员青年积极为“4·14玉树地震”灾区捐款捐物，充分体现了中华民族“一方有难，八方支援”的良好风尚。

2011年6月，组织参加“打造国际旅游名城、建设秀丽宜居泰安”演讲比赛。12月，团委下发80余份青年思想调查问卷，统计汇总形成公司团员青年思想引导手册。

2012年1月，安通公司团支部弘扬雷锋精神，义务为财源街道幼儿园打扫卫生。3月，公司组织15名团员青年到泮河公园参加义务植树活动，共同建设绿色、生态、文明的幸福家园。3月14日，组织10名青年职工参加“激扬青春 建设幸福泰安”建设系统青年联谊活动。5月，团委举办了“让志愿行动在推进富民强市进程中闪光”为主题的演讲比赛。9月，与交警二大队合作，组织公司青年职工到泰城龙潭路银座十字路口开展交通协管志愿者服务活动。

2013年5月，营业所被团省委授予“省级青年文明号”称号。8月份，组织青年职工参加团市委组织的“平安行·你我他——青年志愿者在行动”活动，在泰安市师范附属小学路口开展为期一周的交通协管志愿服务活动。12月，组织青年志愿者服务队开展“红红火火过大年”主题系列志愿服务活动。一是深入社区“孤寡老人”家中，帮助其打扫卫生、张贴春联，并带去米、面等过节物品。二是在乐园小区开展“美在社区”活动，组织志愿者清扫小区的垃圾和积雪，整治卫生死角，共清理垃圾两车。

2014年5月，公司团委被团市委授予“五四红旗团委”称号。

2015年9月，组织青年职工参加由共青团山东省委、省安全生产监督管理局联合举办“中国太平洋保险杯”全省青年安全文化微信创作大赛。11月，组织15名青年志愿者到岱岳区下港镇敬老院开展公益活动，送去过冬衣物、棉被为孤寡老人增添温暖。

2016年8月，开展省级青年文明号“一对一”结对帮扶活动，主动为邱家店镇杨某某、张某某两名困难学生在学习和生活上提供帮助。7月至12月，组织志愿服务队，在龙潭路与岱宗大街路口开展文明交通志愿服务活动。9月，公司与市中心血站联合开展“无偿献血、奉献爱心”献血活动，36名志愿者用自己的实际行动献出一份爱心，共献血13600毫升。

2017年3月，公司志愿服务队10名志愿者，走进位于下旺村的天葆瑞儿童康复中心，为这里的特殊学生送去学习和生活用品。4月，与泰安市创建全国明文城市相呼应，以“讲文明、树新风、共和谐、促创城”为主题，在国华经典社区开展了宣传节水、用水文明劝导志愿活动。5月，为深入推进“学习总书记讲话、做合格共青团员”教育实践，结合建团95周年，组织开展“我的青春我的梦——学总书记讲话　做合格共青团员”为主题的征文活动。7—10月，组织志愿服务队，在擂鼓石路华泰路口开展文明交通志愿服务活动。11月，组织志愿者在山东省德佳文化传媒公司观看《紫薇飘香》志愿服务宣传片。

第九篇

企业文化

DIJIUPIAN QIYEWENHUA

2008—2017年，公司不断加强企业文化建设，继续设立办好报纸、网站、荣誉室、图书阅览室，并以此为载体，宣传公司理念，展示企业形象，反映职工风貌。每年均按照计划开展羽毛球、乒乓球、篮球、棋牌等比赛以及书画摄影展评等活动。组织职工积极参加上级部门举办的各项文体活动，均取得较好成绩，有力促进了公司的精神文明建设。2010年，公司被评为市级文明单位，2013年，公司被评为省级文明单位。2017年1月，公司被授予“2016年度全省住房城乡建设系统职工文化体育活动先进单位”称号。

第一章　文化建设

第一节　《泰山水务》报

《泰山水务》报于2010年8月创刊，为泰安市内部刊物（市内部资料号134号）。办报宗旨是围绕泰城供水发展大局，立足“推进供水发展、贴近民生需求、服务社会经济”实际，创办《泰山水务》报。《泰山水务》报共四版，采用报纸形式印刷。一版主要刊载公司要闻，二、三版主要反映公司工作动态，四版刊载职工业余生活。报纸通过舆论导向，推进供水服务于经济社会发展和民生需求，在营造正确舆论氛围、提供文化条件、凝心聚力抓工作等方面的作用日益突出，对于加强企业文化建设，满足职工不断增长的精神文化需求方面，提供了重要平台和方式，进一步丰富了公司职工的文化生活。

《泰山水务》报编辑部设在公司宣传科，共有4名编辑人员。由尚绪岳担任总编，赵国茂任执行总编。每月出版一期，每期印发700份。自创刊至2017年底，共编辑出版79期。报纸编排设计形式新颖，印刷精良，内容丰富，信息量较大，受到广大读者的喜爱和好评。

公司创办的《泰山水务》报合订本

第二节 网 站

“泰安市自来水公司网站”于2007年5月由公司自主建设。2008年以来，公司根据工作实际，进行三次改版。至2017年底，网站共分为10个板块。主要设有办事大厅、供水服务热线、供水水质检测报告、温馨提示等栏目。与时俱进，跟进政策灵活增加五化五星、厚道鲁商、“两学一做”、办事大厅等相应模块。主要栏目有：

公司简介 介绍公司具体情况，记录公司发展历程。

供水要闻 即时更新公司相关政策，通报公司的生产经营活动。

政务公开 为用户提供优质的服务承诺。

媒体之声 记录报刊、杂志以及媒体对公司企业的宣传。

政策法规 发布国家、政府关于供水工作的法律、法规。

党群工作 分为党务工作和群团工作，贯彻落实党的路线方针政策。

企业文化 记录公司企业经营理念、企业文化。

行业动态 提供同行业及相关单位的最新技术与技术交流。

水质分析 提供最新的水质报告。

办事大厅 分为服务承诺、用户须知、办事指南、水费标准、缴费方式、户表改造等6项，积极为用户提供便利服务。

网站建立以来，适时发布国家法律法规、公司要闻，使公司职工了解国家政策和公司动态。网站设立投诉建议、水费查询、故障报修、停水通知等栏目，极大地方便了用户，得到广大用户的一致好评。

第三节 荣誉室

2010年以前，公司因受条件限制，未设立专门的荣誉室，对多年来公司所获得的荣誉证书、奖牌、奖杯等没有统一陈列、保管。2010年12月，公司办公楼迁至水表鉴定站技术楼后，投资10万元在办公楼五楼设立荣誉室，面积60平方米。荣誉室保存和记录了公司成立五十余年发展历程和取得的辉煌业绩。

2015年5月，公司以“厚道鲁商”倡树活动为切入点，对荣誉室的内容进行更新、完善，设立四大板块：第一个板块内容是守法诚信经营。展示公司遵守法律法规、依法生产经营，加强信用管理落实信用责任，将法律意识和诚信理念贯穿于公司经营管理之中，努力推动公司科学发展。第二个板块内容是人本和谐管理。体现了公司以关心、关怀、关注为重点，畅通职工意愿表达渠道，把握职工思想动态，关心职工工作生活，有效调动职工的积极性、主动性、创造性，实现公司与职工的共同成长。第三个板块内容是履行社会责任。履行社会责任始终是公司的义务和追求，公司以责任、风险、生态为重点，加强公司社会责任标准化建设，自觉承担社会责任，推进社会责任管理，实现公司健康可持续发展。第四个板块内容是创新企业文化。公司将“体系、特色、品牌”为重点，进一步创新企业文化建设，形成以“诚信经营、厚道鲁商”企业整体品牌形象。荣誉室集中展示了在公司党委的正确领导下，公司上下励精图治、奋发图强的创业史和发展史，成为开展培养职工爱岗敬业好课堂，成为企业发展历程中重要的里程碑。

为让“诚信经营”深入人心，公司在设立荣誉室的同时，在一楼大厅张贴“厚道鲁商”倡树口号、公司发展十字箴言，突出展示公司“水文化”中的厚道、诚信、敬业与奉献；并在大楼各层和水厂一线悬挂诚信经营名言警句，激励职工精心工作、保障供水、普惠民生，让用户在服务中充分感受到诚信与温暖。

公司利用荣誉室组织新进职工参观教育，共计300人次。

第四节 图书阅览室

为加强公司文化建设，进一步丰富职工业余文化生活，提升职工知识储备和文化素养，公司设立图书阅览室，面向全体职工开放。

2017年，公司对图书阅览室的书籍进行了更新补充，使图书阅览室拥有各类书籍2000余册，以给排水方面的书籍为主，同时涉及人物传记、哲学教育、经济分析、中外经典小说和散文等各方面的书刊，满足职工多样化的阅读需求。阅览室内几乎每日均有职工借阅书籍。为规范图书室的管理，公司指定办公室专人负责图书室日常维护，明确规定了图书室的开放时间、阅览规则，同时还要求职工爱护图书，保持卫生，共同营造一个文明、有序的借阅环境。

通过建立图书阅览室，广大职工积极运用图书资料汲取营养，开阔视野，自学钻研，掌握先进文化，提高科学素养和创新能力，图书室成为职工接受终身教育的一个课堂，为全面提升职工队伍整体素质，推动公司全面发展发挥了良好的作用。

第二章 精神文明建设

第一节 宣传教育

2008年5月，公司开展“迎奥运全会、传播泰山文明志愿者服务行动”活动，成立以尚绪岳任组长、彭涛任副组长，有关科室负责同志为成员的领导小组，下设办公室。主要开展宣传普及文明风尚、规范公共秩序、窗口行业、改善城乡环境、和谐社区、文明景区等志愿服务行动。2009年，在山东举办第十一届全运会期间，公司组织职工掀起新一轮志愿服务活动高潮。

2012年，公司积极争创省级文明单位，每年制定省级文明单位创建工作计划，利用展板、电子屏、公司网站、《泰山水务》报积极宣传文明单位创建工作。

2015年，公司作为泰安市“厚道鲁商”倡树行动试点单位，牢牢把握“厚道经营、诚信供水”倡树方向，疏导、提炼企业“水文化”精髓，全力构建与提升供水服务便民

2015年5月，公司职工参加“厚道鲁商、诚信兴企”宣传活动

利民惠民的主题核心理念，利用展室、展板、网站等宣传形式，全面激发了厚道经营、诚信供水活力，书写了“厚道诚信兴水，甘甜水美泽民”的绚丽华章。

2015—2017年，公司积极参与到文明城市创建活动，成立以尚绪岳任组长，党委班子成员为副组长，相关部门负责人为成员的领导小组。主要开展宣传普及社会主义核心价值观、培育文明道德风尚、窗口行业、改善城乡环境、和谐社区等活动。认领道路、交通路口，交通志愿者、文明劝导志愿者、党员志愿者等志愿者活动开展的扎实有效。

第二节　创建活动

2009年，公司重新修订创建文明单位实施方案，公司机关、水厂、班组均制定具体措施，形成人人为创建文明单位做贡献的良好氛围。2010年3月，被评为市级文明单位。

2009—2017年，公司按照《中华人民共和国公益事业捐赠法》和市慈善总会《泰安市“慈善月”活动实施方案》精神，每年均组织职工开展“慈善一日捐”活动，累计捐款19万余元。

2012年，公司创建省级文明单位，把文明单位创建与促进公司工作发展有机结合起来，进一步充实创建内容，健全创建机制，实现整体联动，广泛、扎实、持久地开展创建文明单位活动。成立创建“文明单位”工作领导小组，由尚绪岳任组长，丁合、暴勇生、彭涛任副组长，各党支部书记和部门负责人任成员。领导小组下设办公室，负责创建文明单位的相关工作。办公室设在政工科，由张帆兼任办公室主任。2013年12月，公司被评为省级文明单位。

2012年以来，公司全力做好市文明办安排的各项工作，在“城乡文明牵手共建”活动中，积极参与城乡帮扶活动：2012年出资8万余元为肥城市安驾庄镇上前村打深井一眼，解决了该村多年来喝水难的问题，受到了村民的一致好评。2014年出资5万余元为结对村宁阳县磁窑镇卢家寨村，购置了电力设备、修建了文体广场，解决了村民们用电难问题，丰富了村民的业余文化生活。2015年出资4万余元为东平县梯门镇购置了垃圾箱、垃圾车等环卫器材，为推进该镇环卫城乡一体化做出了贡献。2017年5月，泰安市文明城市创建领导小组与泰安市房村镇文明城市牵手共建，公司安排3名人员对高新区房村镇进行文明城市创建工作的督导，对于市文明办安排的城乡共建帮扶村，公司积极对接，以解决帮扶村急需解决的困难。上述三项工作都保质保量按时完成，真正履行企业的社会责任。

2016 年 9 月，公司与市中心血站联合开展了“无偿献血 奉献爱心”献血活动，此次活动献血 36 人，无偿献血 13600 毫升。

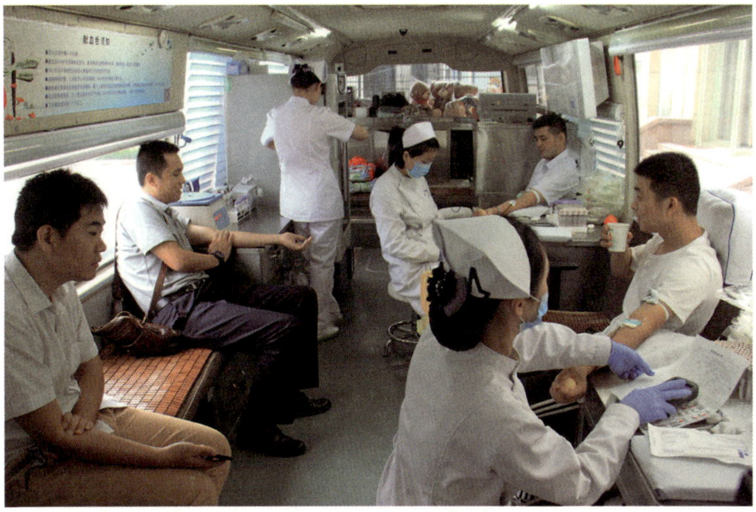

2016 年 9 月，公司与市中心血站联合开展“无偿献血 奉献爱心”献血活动

2017 年 3 月，为进一步深化移风易俗工作，推进丧事简办，推进精神文明建设上水平，公司组织团员青年深入小区，走上街头开展移风易俗宣传活动。向市民宣传文明祭祀，防火防灾知识，提高市民的防范意识，助力泰安文明城市创建。同年 7 月，公司组织志愿服务队队员，在擂鼓石路华泰路口，统一着装，手持文明出行警示旗，开展文明交通志愿服务活动。劝阻行人和非机动车闯信号、越线停车等交通违规行为，营造文明、安全、畅通、和谐、有序的交通出行环境。

2010—2016 年泰安市自来水有限公司获省、市文明单位情况一览表

年份	名称	授予单位
2010	市级文明单位	泰安市精神文明建设委员会
2011	市级文明单位	泰安市精神文明建设委员会
2012	市级文明单位	泰安市精神文明建设委员会
2013	省级文明单位	山东省精神文明建设委员会
2014	省级文明单位	山东省精神文明建设委员会
2015	省级文明单位	山东省精神文明建设委员会
2016	省级文明单位	山东省精神文明建设委员会
2017	省级文明单位	山东省精神文明建设委员会

第三章　文体活动

第一节　文艺活动

2008年11月，公司组织“庆祝泰安市自来水公司成立五十周年”文艺演唱会，庆祝公司成立五十周年。

2009年9月，公司参加市直机关党政系统庆祝新中国成立60周年文艺会演，80余名职工登台演唱歌曲《好日子》，荣获优秀奖。

2010年7月，市住建委纪念建党89周年文艺晚会在市政广场隆重上演。公司张风荣的《阳光大道》以其流畅的旋律和热烈欢快的情绪，展示了当代职工昂扬向上，充满活力的精神风貌，赢得了场下观众热烈的掌声。

2011年6月，张风荣获省企业歌手网络大赛二等奖。同年6月15日，市公用事业局举办“我是党员我争先”庆祝建党90周年主题演讲比赛。公司参赛职工刘燕茹、韩燕分别荣获三等奖、优胜奖。

2012年1月7日，泰安市公用事业管理局2012年迎春文艺汇演在建设大厦四楼举行，公司职工张风荣、张婧媛、张妍参加了演出比赛，荣获二等奖。同年7月，公司举办“让志愿行动在推进富民强市进程中闪光”主题演讲比赛。同年10月，山东省建设厅工会为迎接中共十八大召开，加强企业文化建设，活跃职工文化生活，举办了全省建设系统职工优秀歌手评选活动。公司职工张风荣被评为“全省住房城乡建设系统优秀歌手”。

2014年4月，为深入学习宣传贯彻中共十八大、中共十八届三中全会和习近平总书记系列重要讲话精神，根据市总工会下发的《关于转发〈关于举办中国梦·梦的家园全省职工演讲比赛、文艺展演系列活动的通知〉的通知》要求，在公司内部开展以“中国梦”为主题的“梦的家园”职工演讲比赛活动，丰富了公司广大干部职工精神文化生活，激励广大干部职工为建设经济文化强市而奋斗。

2015年5月，公司举办了“厚道鲁商、诚信兴企”主题演讲比赛活动。10位参赛选手紧扣“厚道

参加市公用事业管理局2012年庆新春文艺会演

鲁商”这一主题，以自己工作经历及身边同事的感人事迹和奋斗精神为例，展现了“厚道鲁商”的企业形象和广大职工满怀理想、锐意进取的蓬勃风采。经过激烈角逐，孟真荣获一等奖，此外，比赛还分别评出二等奖2名，三等奖3名，优秀奖4名。

“厚道鲁商、诚信兴企”演讲比赛颁奖仪式
（2015年5月　摄）

2016年5月，为进一步深入学习贯彻宣传中共十八大精神，引导公司广大青年员工学习理解习近平总书记对“中国梦”的深情阐释，帮助公司青年员工树立正确的理想信念，在“五四”青年节来临之际，公司组织举行“我的中国梦”演讲比赛。各位选手结合工作实际，精神饱满、声情并茂地述说了各自的“中国梦”“公司梦”“自己的梦”，真诚抒发了公司团员青年对“中国梦”的追求和感悟。

2017年9月，公司组织开展道德诵读交流活动。通过诵读道德经典，熏陶道德思想，修身律己，构建干部职工正确的人生信念，树立高尚的人生价值观。

第二节　体育活动

2008年，公司邀请建行市中支行、市园林局等有关单位到公司举行羽毛球、篮球比赛活动，通过活动，增进了友谊与理解。

2010年5月19日，公司羽毛球队应联通公司的邀请在市医学院羽毛球馆举行羽毛球友谊赛。同年9月，公司王健、高兵、冯建刚、刘丽、陈云霞代表城建国资公司参加市建委“庆国庆”第十届建设职工乒乓球比赛，经过一番激烈竞争，公司取得了乒乓球男子团体第一名、女子团体第二名。并且在男子单打比赛中王健获得第一名、高兵获得第四名、冯建刚获得第五名，女子单打比赛中刘丽获得第三名。

2011年7月，公司设立职工乒乓球活动室，内设乒乓球活动设施。为规范职工活动室的管理工作，公司制定了详细的管理制度。

2012年6月，公司成立老干部活动室，购置麻将桌、棋牌桌等设施。为丰富退休干部职工的精神世界，在活动室放置了老干部之家等报纸、报刊，充分体现了公司对老干部政治上的关心、生活上的照顾和情感上的关怀。同年9月，公司代表泰安市公用事业管理局参加市住建局第十一届建设职工乒乓球比赛，获得男团第一，女团第二；男子单打王健获得第一名，高兵获得第四名；女子单打宋红霞获得第三名，王燕蓉获得第四名，刘丽获得第六名。

2012年9月，公司和市园林局在泰山学院体育馆开展了篮球友谊赛，经过一番精彩角逐，公司篮球队运动员以精湛的技术和无私的配合大比分战胜了市园林局篮球队。

2010 年 10 月，公司举办职工篮球赛

2014 年 9 月，公司组织人员代表泰安市公用事业管理局参加市住建局第十二届建设职工乒乓球比赛，荣获男团第一、女团第二；男子单打王健获得第一名，高兵获得第三名，申立堂获得第四名。女子单打宋红霞获得第三名，王燕蓉获得第六名，刘洁获得第七名。

2015 年 4 月，营业所开展了“厚道鲁商、诚信兴企”健步走活动，增强了职工的凝聚力和向心力，以我健康我快乐的蓬勃朝气，助推企业更加向上和谐发展。同年 5 月，公司安排张阳、王凯两名职工代表市建设工会参加市直机关工委在泰安市体育场举办的市直机关运动会长跑项目，并取得优异成绩。

2016 年 3 月，公司组织举办了庆“三八”巾帼健步走活动。60 余人积极报名参加。同年 4 月，市企业与企业家联合会在泰山学院乒乓球馆举办了 2016 年“建行杯”乒乓球比赛。公司派出王健、高兵、齐艳军 3 名运动员参加了比赛，在各轮比赛中面对强手如林的对手，公司 3 名选手充分发扬勇于拼搏、敢于争先的精神，取得了良好成绩，王健荣获男子单打第一名。同年 9 月，公司 15 名职工身着统一服装，代表泰安市住建局参加第三十届泰山国际登山比赛暨第二十一届全国全民健身登泰山比赛。是月，公司组织人员代表市公用事业管理局参加市住建局举办的“庆国庆”第十三届建设职工乒乓球比赛，公司推选 4 名男选手和 3 名女选手代表市公用事业管理局参加了比赛，经过三天激烈角逐，公司运动员囊括男团第一名，女团第二名。男子单打更是包揽前四名，王健获得第一名，申立堂获得第二名，齐艳军获得第三名，高兵获得第四名；女子单打王燕蓉获得第二名、刘丽获得第三名，刘洁获得第四名。同年 11 月，公司乒乓球队和市公交公司乒乓球队，在公司乒乓球活动室开展了乒乓球友谊赛。同年 11 月，公司王健、齐艳军、高兵代表市住建局参加省建设厅举办第五届全省住建系统职工乒乓球比赛。

2017 年 6 月，公司组织职工参加泰安市 2017 年东岳山泉杯乒乓球邀请赛。

2008—2017 年，公司每年按照年度工作计划，开展羽毛球比赛、乒乓球比赛、篮球比赛、棋牌比赛，围绕民主管理、文化建设、职工素质提升工程等目标，把开展文体活动作为凝聚员工力量、提高工作积极性的重要抓手，着力培养员工的集体荣誉感和使命感，积极营造团结向上、拼搏进取的浓厚氛围。2017 年 1 月，公司被山东省建设工会授予 2016 年度全省住房城乡建设系统职工文化体育活动先进单位荣誉称号。

第三节　书画摄影展评

2008 年 11 月，公司举办“庆祝泰安市

自来水公司成立五十周年”图片展，激发了职工爱岗敬业的热情，充分展现了公司职工的精神风貌。

2009 年 9 月，公司组织参加山东省建设工会组织的“庆建国六十周年”图片展，其中“黄前供水工程”和“职工的风采”图片被评为优秀奖。

2010 年 12 月，在市住建委举办的全市建设系统“推进科学发展观・建设美好家园”主题书画摄影比赛中，公司李勃的山水画《和谐中国》荣获二等奖，刘王涛的工笔画《统领群芳》荣获三等奖。

2011 年 6 月，公司开展“庆祝建党 90 周年书画摄影展”活动，共 30 件书画作品、16 件摄影作品参加展览。“七一”前夕，公司邀请书画摄影界专业人士对展览作品进行评选，选出一、二、三等奖。

2012 年 6 月，在市公用事业局举办的以“党的纯洁性”为主题的书画摄影展上，公司李勃的《稳如泰山》、窦群的《清正廉明》分别获得书画类一等奖和三等奖，张东的《忆长征》获得摄影类三等奖。

2013 年 3 月，公司职工刘伟作品《梅花》在市直机关工委庆“三八”女职工书画展中荣获二等奖。

2016 年 6 月，公司开展庆祝建党 95 周年书画摄影展活动，共收到作品 32 件，其中书法类 12 件，绘画类 9 件，摄影类 11 件。展出的作品均由公司职工创作，思想性强、艺术性高、主题突出、寓意深刻，表达了职工对党、对国家、对企业浓厚深沉的热爱之情。公司邀请专业人士对 32 件作品进行评选，评选出书法类、绘画类、摄影类一等奖一名、二等奖二名、三等奖三名，优秀奖若干，公司对获奖人员进行了奖励。

2016 年 9 月，为庆祝新中国成立 67 周年，在国庆节前夕，举办了“庆十一”职工摄影展活动。经过精心挑选，20 幅作品入围展览。

2017 年 6 月，公司报送 15 幅作品参加泰安市公用事业管理局举办的“强化纪律意识、恪守党纪党规、争做勤廉公用事业人”廉政书画展。

第十篇

人物　荣誉

DISHIPIAN RENWU RONGYU

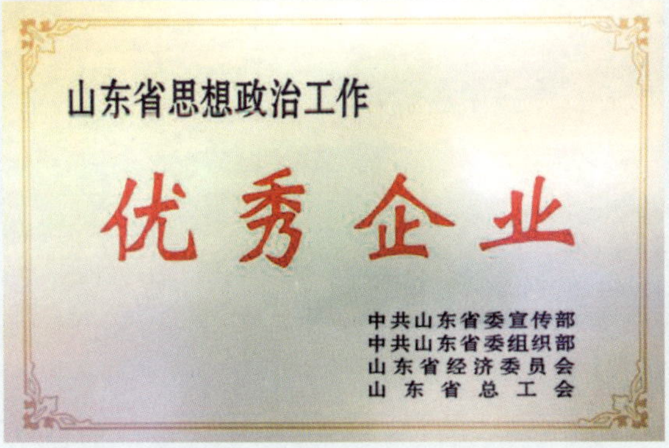

该篇人物排序，公司领导分别以任正职时间和进入领导班子时间为序，中层以上干部名录按机构序列排序，专业技术人员名录，以教授级、高级、中级、初级职称为序，相同级别职称按批准时间排序。荣誉排序，单位与个人荣誉均以获得时间先后排序，同年内按照颁发单位级别高低排序。

第一章　人　物

第一节　人物简介

尚绪岳　男，汉族，1962年4月生，山东省莱芜市人，大学学历，教授级高级政工师。1980年12月参加工作，1991年6月加入中国共产党。1980年12月至1982年3月，泰安市自来水公司运行队工作；1982年3月至1983年10月，泰安市自来水公司旧县第一期供水工程指挥部技术员；1983年10月至1984年4月，泰安市泰山工程指挥部技术员；1984年4月至1988年5月，泰安市自来水公司生产计划科科员、团总支书记；1988年5月至1990年1月，泰安市自来水公司劳动服务公司工作；1990年1月至1994年12月，泰安市自来水公司营业室副主任（主持工作）；1994年12月至1996年8月，泰安市自来水公司营业室主任、党支部副书记（期间1992年9月至1995年7月，在中共泰安市委党校业余专科经济管理班学习）；1996年8月至2000年12月，泰安市自来水公司营业室主任、党支部书记；2000年12月至2001年7月，泰安市自来水公司副经理、党委委员（期间2000年9月至2001年1月，在山东省经济学院MBA班学习）；2001年7月至2002年4月，泰安市城市建设综合开发公司党总支副书记、副经理；2002年4月至2003年7月，泰安市城市建设综合开发公司党总支书记、副经理；2003年7月至2006年8月，泰安市自来水公司党委委员、副经理；2006年8月至2008年5月，泰安市自来水公司党委副书记、副经理（其间：2007年4月至2008年5月主持工作）；2008年5月至今，泰安市自来水有限公司党委书记、经理。

丁　合　男，汉族，1967年4月生，山东省莱芜市人，大学学历，高级政工师。1991年7月参加工作，1991年3月加入中

国共产党。1991年7月至1991年9月，泰安市自来水公司东区水厂工作；1991年9月至1992年10月，借调至泰安市建委政工科帮助工作；1992年10月至1993年2月，泰安市自来水公司东区水厂技术员；1993年2月至1995年2月，泰安市节约用水办公室技术员；1995年2月至1996年1月，借调至泰安市建委帮助市政普查工作；1996年1月至1998年2月，泰安市自来水公司政工科科员；1998年2月至2001年2月，泰安市自来水公司政工科副科长（期间1999年9月至2000年1月山东经济学院MBA班学员）；2001年2月至2004年6月，泰安市自来水公司三合水厂党支部书记；2004年6月至2006年8月，泰安市自来水公司工会副主席；2006年8月至2009年9月，泰安市自来水公司党委委员、副经理；2009年9月至今，泰安市自来水有限公司党委副书记、副经理。

杜丽丽 女，汉族，1974年9月生，山东省肥城市人，大学学历。1995年8月参加工作，1999年12月加入中国共产党。1995年8月至2001年7月，泰安市泰山城市信用社会计、主管会计；2001年7月至2003年3月，泰安市城建国资经营有限公司项目规划建设部工作；2003年3月至2005年4月，泰安市弘泽正大商贸有限公司经理；2005年4月至2006年8月，泰安市弘泽正大商贸有限公司董事长；2006年8月至2015年8月，泰安市自来水公司党委委员、副经理。2015年8月，辞去泰安市自来水公司党委委员、副经理职务。

申立堂 男，汉族，1971年3月生，山东省莱芜市人，大学学历，高级工程师。1995年7月参加工作，2000年11月加入中国共产党。1995年7月至1996年11月，泰安市自来水公司中心化验室科员；1996年11月至1998年3月，泰安市自来水公司基建科科员；1998年3月至2001年2月，泰安市自来水公司三合水厂厂长助理；2001年2月至2003年7月，泰安市自来水公司三合水厂厂长；2003年7月至2003年12月，泰安市自来水公司经理助理、三合水厂厂长；2003年12月至2005年9月，泰安市自来水公司党委委员、经理助理、三合水厂厂长；2005年9月至2006年8月，泰安市自来水公司党委委员、经理助理；2006年8月至今泰安市自来水有限公司党委委员、副经理。

暴勇生 男，汉族，1972年9月生，山东省莱芜市人，大学学历，高级经济师。1993年7月参加工作，1997年8月加入中国共产党。1993年7月至1995年2

月，泰安变压器厂组织宣传科干事；1995 年 2 月至 2000 年 9 月，泰安市机械电子工业局政工科科员（借调）；1999 年 2 月至 2000 年 12 月，泰安市农业机械科学研究所工作；2000 年 12 月至 2001 年 9 月，泰安市城建国有资产经营有限公司办公室工作；2001 年 9 月至 2003 年 4 月，泰安市城建国有资产经营有限公司组织宣传科科长；2003 年 4 月至 2003 年 12 月，泰安市城建国有资产经营有限公司企业发展部副主任；2003 年 12 月至 2004 年 4 月，泰安市城建国有资产经营有限公司企业发展部副主任；泰安三合制水有限公司副董事长；2004 年 4 月至 2006 年 8 月，泰安市自来水公司党委委员、副经理；2006 年 8 月至今，泰安市自来水有限公司党委委员、纪检书记。

彭 涛 男，汉族，1962 年 2 月生，山东省泰安市人，大学学历，教授级高级政工师。1979 年 11 月参加工作，1983 年 7 月加入中国共产党。1984 年 3 月至 1987 年 10 月，泰安市自来水公司东区水厂维修班班长；1987 年 10 月至 1989 年 12 月，泰安市自来水公司团支部书记；1989 年 12 月至 1997 年 2 月，泰安市自来水公司团总支书记；1997 年 2 月至 2001 年 2 月，泰安市自来水公司工会副主席；2001 年 2 月至 2006 年 8 月，泰安市自来水公司政工科科长；2006 年 8 月至今，泰安市自来水有限公司党委委员、工会主席。

赵新峰 男，汉族，1961 年 9 月生，山东省东平县人，大学学历，高级工程师。1985 年 7 月参加工作，1994 年 10 月加入中国共产党。1985 年 7 月至 1988 年 12 月，泰安市自来水公司基建科技术员；1988 年 12 月至 1998 年 3 月，泰安市自来水公司基建科副科长；1998 年 3 月至 1998 年 6 月，泰安市自来水公司泉河水厂厂长；1998 年 6 月至 2001 年 2 月，泰安市自来水公司泉河水厂党支部书记、厂长；2001 年 2 月至 2006 年 6 月，泰安市自来水公司基建科科长；2006 年 6 月至 2006 年 8 月，泰安市自来水公司基建科科长兼设计院党支部书记；2006 年 8 月至 2006 年 10 月，泰安市自来水公司总工程师兼基建科科长、设计院党支部书记；2006 年 10 月至 2009 年 9 月，泰安市自来水公司总工程师；2009 年 9 月至今，泰安市自来水有限公司党委委员、副经理。

杨 勇 男，汉族，1963 年 10 月生，山东省泰安市人，大专学历，高级政工师。1983 年 8 月参加工作，2005 年 1 月加入中国共产党。1983 年 8 月至 1984 年 12 月，新汶矿务局华丰煤矿工作；1984 年 12 月至 2001 年 2 月，泰安市自来水公司基建科工作；2001 年 2 月至 2003 年 7 月，泰安市自来水公司泉河水厂副厂长；2003 年 7 月至 2006 年 10 月，泰安市自来水公司泉河水厂厂长；2006年10月至2009年11月，泰安市自来水公司办公室主任、机关二党支部书记；2009年11月至2012年5月，泰安市自来水公司经理助理、办公室主任、机关二党支部书记；2012年5月至2014年2月，泰安市自来水公司党委委员、副经理、机关二支部书记；2014年2月至今，泰安市自来水有限公司党委委员、副经理。

第二节　干部名录

截至2017年12月，公司在职中层以上干部70人，男61人，女9人，党员61人。领导班子7名，中层正职32名，中层副职31名。

2017年12月泰安市自来水有限公司在职中层以上干部情况统计表

表10-1

类别	姓名	性别	政治面貌	单位及职务	参加工作时间	学历
领导层	尚绪岳	男	中共党员	党委书记、经理	1980.12	大学
	丁　合	男	中共党员	党委副书记、副经理	1991.7	大学
	申立堂	男	中共党员	党委委员、副经理	1995.7	大学
	暴勇生	男	中共党员	党委委员、纪检书记	1993.7	大学
	彭　涛	男	中共党员	党委委员、工会主席	1979.11	大学
	赵新峰	男	中共党员	党委委员、副经理	1985.7	大学
	杨　勇	男	中共党员	党委委员、副经理	1983.8	大学
中层正职	张　帆	男	中共党员	经理助理、企管科科长、客服中心主任、机关一党支部书记	1994.8	大学
	李华荣	男	中共党员	经理助理、安通供水工程有限责任公司经理	1993.8	大学
	焦成龙	男	中共党员	经理助理、办公室主任	1997.8	大学
	刘　斌	男	中共党员	经理助理、政工科科长、纪检办主任	2000.8	大学
	赵国茂	男	中共党员	办公室副主任、宣传科科长（中层正职）	1986.10	大学
	徐　艳	女	中共党员	财务科科长	1999.9	大专
	续　青	男	中共党员	生产计划科科长	1996.8	大学
	贾汇强	男	中共党员	设备科科长、安全科科长、机关二党支部书记	1993.7	大学
	刘　伟	男	中共党员	网络中心主任	1995.8	硕士研究生
	何俊文	男	中共党员	基建科科长	1990.7	大学

续表 10-1

类别	姓名	性别	政治面貌	单位及职务	参加工作时间	学历
中层正职	陈　军	男	中共党员	设计院院长	1992.7	硕士研究生
	赵树秋	男	中共党员	审计科科长	1991.7	大学
	周　亮	男	中共党员	审计科副科长（中层正职）	1997.8	大专
	靖雅伟	女	中共党员	供应科科长	1997.8	大学
	林　涛	男	中共党员	保卫稽查科科长	1997.7	大学
	宋婴端	女	群众	水质检测中心主任	1995.9	大学
	张宝忠	男	中共党员	营业所所长	1989.11	高中
	林　莺	女	中共党员	营业所党支部书记、副所长	1997.7	大学
	李秋强	男	中共党员	管线所所长	1995.7	大学
	贾泽润	男	中共党员	管线所党支部书记、副所长	1990.12	高中
	宋　刚	男	中共党员	测漏中心主任	1984.12	大专
	阴胜利	男	中共党员	水表检定站站长	1995.8	大学
	王晓囡	女	群众	二次供水管理办公室主任	1992.7	大专
	张　彬	男	中共党员	三合水厂厂长	1998.7	研究生
	程　鹏	男	中共党员	三合水厂党支部书记、副厂长	1989.11	中专
	刘　伟	男	中共党员	泉河水厂厂长	1990.12	高中
	张　东	男	中共党员	泉河水厂党支部书记	1986.10	大专
	宋向阳	男	中共党员	开发区分公司经理、生产计划科副科长	1996.12	大专
	李怀强	男	中共党员	泰东供水有限公司副经理（中层正职）	1986.7	大专
	刘海明	男	中共党员	安通供水工程有限责任公司党支部书记、副经理	1992.7	大专
	张星侠	男	中共党员	机修厂厂长	1986.2	大专
	张　伟	男	中共党员	泰山岳溪泉饮品有限公司经理	1986.11	大专
中层副职	孟　萌	男	中共党员	办公室副主任	2003.7	大学
	孙久胜	男	中共党员	办公室副主任	1993.12	大专
	安智勇	男	中共党员	政工科副科长	1991.12	大专
	李　磊	男	中共党员	政工科副科长	2001.6	大学

续表 10-1

类别	姓名	性别	政治面貌	单位及职务	参加工作时间	学历
中层副职	徐卫忠	男	中共党员	企管科副科长	1987.11	大专
	张凤荣	女	中共党员	企管科副科长	1993.12	大专
	鹿　鸣	男	中共党员	生产计划科副科长	2002.2	大学
	刘保胜	男	中共党员	设备科副科长	1996.8	大学
	唐洪彬	男	群众	网络中心副主任	1994.6	大专
	刘　琰	男	中共党员	网络中心副主任	2000.7	大学
	赵　勇	男	群众	基建科副科长	1989.3	高中
	孔德峰	男	中共党员	基建科副科长	1993.8	大学
	韩　丽	女	中共党员	设计院副院长	1997.11	大学
	王　强	男	中共党员	设计院副院长	1993.8	大学
	靳　宁	男	中共党员	供应科副科长	1999.12	大学
	陈　建	男	中共党员	保卫稽查科副科长	2000.3	高中
	李　菁	女	中共党员	水质检测中心副主任	1996.7	大学
	左　强	男	中共党员	营业所副所长	1989.11	中专
	朱　林	男	中共党员	营业所副所长	1996.9	大学
	崔凤贵	男	中共党员	管线所副所长	1986.12	大专
	温海亮	男	中共党员	测漏中心副主任	1992.9	大专
	亓　鹏	男	群众	二次供水管理办公室副主任	1996.10	大学
	房　丁	男	中共党员	三合水厂副厂长	2000.7	中专
	尹峻岭	男	中共党员	泉河水厂副厂长	1986.11	大学
	张德斌	男	中共党员	泉河水厂副厂长	2000.11	中专
	刘　洁	女	群众	安通供水工程有限责任公司副经理	1997.7	大学
	韩海文	男	群众	安通供水工程有限责任公司副经理	1986.12	大专
	安海涛	男	群众	安通供水工程有限责任公司副经理	1997.7	大专
	臧晓鹏	男	群众	安通供水工程有限责任公司副经理	2008.2	大学
	刘学强	男	中共党员	泰山岳溪泉饮品有限公司副经理	2000.9	大专
	王东晓	男	中共党员	泰山岳溪泉饮品有限公司副经理	2002.2	大学

第三节 专业技术人员名录

截至2017年12月，公司共有在职专业技术人员139名，其中有5个系列，正高级2人，副高级22人，中级43人，初级72人。

2017年12月在职专业技术人员名录

表10–2

姓名	性别	等级	系列	技术职称	批准时间
彭 涛	男	正高	政工	教授级高级政工师	2014.9
尚绪岳	男	正高	政工	教授级高级政工师	2016.9
陈 军	男	高	工程	高级工程师	2000.10
赵树秋	男	高	工程	高级工程师	2000.11
暴勇生	男	高	经济	高级经济师	2004.12
赵新峰	男	高	工程	高级工程师	2006.11
丁 合	男	高	政工	高级政工师	2007.9
申立堂	男	高	工程	高级工程师	2009.4
杨 勇	男	高	政工	高级政工师	2009.12
张 帆	男	高	政工	高级政工师	2009.12
赵国茂	男	高	政工	高级政工师	2011.12
续 青	男	高	工程	高级工程师	2013.1
刘 伟（1971.12）	男	高	工程	高级工程师	2013.11
靖雅伟	女	高	会计	高级会计师	2014.5
王 强	男	高	工程	高级工程师	2014.12
赵衍美	女	高	工程	高级工程师	2014.12
韩 丽	女	高	工程	高级工程师	2015.12
刘 洁	女	高	工程	高级工程师	2015.12
吕秋霞	女	高	工程	高级工程师	2015.12
李 菁	女	高	工程	高级工程师	2015.12
谢秀江	男	高	工程	高级工程师	2017.3
宋婴端	女	高	工程	高级工程师	2017.3
何俊文	男	高	工程	高级工程师	2017.3

续表 10-2

姓名	性别	等级	系列	技术职称	批准时间
刘保胜	男	高	工程	高级工程师	2017.12
李卫东	男	中	工程	工程师	2000.10
张　斌	男	中	工程	工程师	2000.10
贾汇强	男	中	政工	政工师	2001.9
王晓园	女	中	工程	工程师	2001.11
王燕蓉	女	中	工程	工程师	2001.11
刘海明	男	中	工程	工程师	2001.11
徐　艳	女	中	会计	会计师	2002.3
马　利	女	中	会计	会计师	2002.3
阴胜利	男	中	工程	工程师	2003.11
吴　震	女	中	工程	工程师	2003.11
闫顺华	女	中	工程	工程师	2004.11
李秋强	男	中	工程	工程师	2004.11
张　彬	男	中	工程	工程师	2004.11
李华荣	男	中	工程	工程师	2004.11
乔秀彬	男	中	经济	经济师	2004.11
安海涛	男	中	工程	工程师	2005.12
孔德峰	男	中	工程	工程师	2005.12
侯　蕊	女	中	会计	会计师	2006.9
周　亮	男	中	工程	工程师	2006.11
林　涛	男	中	工程	工程师	2006.11
曹　颖	女	中	工程	工程师	2007.12
林　莺	女	中	工程	工程师	2007.12
白晓君	女	中	工程	工程师	2007.12
高建勇	男	中	工程	工程师	2007.12
孔　岩	女	中	工程	工程师	2008.12
张　莉	女	中	会计	会计师	2008.12
杨海莹	女	中	工程	工程师	2008.12
刘　琰	男	中	工程	工程师	2009.12

续表 10-2

姓名	性别	等级	系列	技术职称	批准时间
翟　雯	女	中	工程	工程师	2009.12
张　鹏	男	中	政工	政工师	2009.12
王东晓	男	中	经济	经济师	2011.11
李　磊	男	中	政工	政工师	2011.12
玄　瑾	女	中	会计	会计师	2013.5
焦成龙	男	中	政工	政工师	2013.9
尹峻岭	男	中	政工	政工师	2013.9
孙莹莹	女	中	工程	工程师	2013.12
刘　刚	男	中	工程	工程师	2013.12
艾　芹	女	中	工程	工程师	2014.9
孟　萌	男	中	政工	政工师	2014.9
刘　斌	男	中	政工	政工师	2014.9
唐先才	男	中	政工	政工师	2015.12
李　敏	女	中	工程	工程师	2016.12
陈　佳	女	中	工程	工程师	2016.12
程广智	男	助	经济	助理经济师	1993.9
李怀强	男	助	工程	助理工程师	2000.9
谷春江	男	助	工程	助理工程师	2000.9
张　旭	男	助	工程	助理工程师	2000.10
李　凤	女	助	工程	助理工程师	2001.12
张　伟	男	助	工程	助理工程师	2002.9
裴兴华	女	助	会计	助理会计师	2002.9
孙凤辉	女	助	工程	助理工程师	2002.11
宋　刚	男	助	工程	助理工程师	2002.12
门玉玲	女	助	工程	助理工程师	2003.12
王　蕾	女	助	工程	助理工程师	2003.12
王　姗	女	助	工程	助理工程师	2003.12
王　锋	男	助	工程	助理工程师	2004.12
张　杰	女	助	工程	助理工程师	2004.12

续表 10-2

姓名	性别	等级	系列	技术职称	批准时间
张星侠	男	助	工程	助理工程师	2004.12
张　伟	男	助	工程	助理工程师	2005.1
高东芳	女	助	工程	助理工程师	2005.10
陈　宁	女	助	工程	助理工程师	2005.10
李冬梅	女	助	工程	助理工程师	2005.10
李　平	女	助	工程	助理工程师	2005.10
岳玮玮	女	助	会计	助理会计师	2006.5
赵　剑	男	助	工程	助理工程师	2006.12
刘海荣	女	助	档案	助理馆员	2007.11
张雯雯	女	助	工程	助理工程师	2007.12
孙婷婷	女	助	工程	助理工程师	2007.12
韩　辉	女	助	工程	助理工程师	2007.12
张秀红	女	助	工程	助理工程师	2007.12
于延会	女	助	工程	助理工程师	2007.12
徐卫忠	男	助	工程	助理工程师	2007.12
李艳杰	女	助	工程	助理工程师	2008.12
贾纪超	男	助	工程	助理工程师	2008.12
汤成林	男	助	工程	助理工程师	2009.9
曹士芬	女	助	会计	助理会计师	2009.12
臧晓鹏	男	助	工程	助理工程师	2011.5
吴乃昊	男	助	工程	助理工程师	2011.12
毛　娜	女	助	工程	助理工程师	2011.12
李　强	男	助	工程	助理工程师	2011.12
李　乐	男	助	工程	助理工程师	2013.1
马　钰	女	助	会计	助理会计师	2013.5
孙久亮	男	助	档案	助理馆员	2013.10
边　凤	女	助	档案	助理馆员	2013.10
高　晶	女	助	工程	助理工程师	2013.12
刘　东	男	助	工程	助理工程师	2013.12

续表 10-2

姓名	性别	等级	系列	技术职称	批准时间
靳春晓	女	助	工程	助理工程师	2013.12
李丽珂	女	助	工程	助理工程师	2013.12
程学鹏	男	助	工程	助理工程师	2013.12
牛建鑫	男	助	工程	助理工程师	2013.12
乔　梁	男	助	工程	助理工程师	2013.12
韩　斌	男	助	工程	助理工程师	2013.12
黄　宁	男	助	工程	助理工程师	2013.12
刘　伟（1977.10）	男	助	工程	助理工程师	2013.12
李大新	男	助	工程	助理工程师	2013.12
刘　虎	男	助	工程	助理工程师	2013.12
韦　超	男	助	工程	助理工程师	2013.12
肖成龙	男	助	工程	助理工程师	2013.12
王　乾	男	助	工程	助理工程师	2013.12
宋其超	男	助	工程	助理工程师	2014.6
张　妹	女	助	政工	助理政工师	2014.9
高　松	男	助	政工	助理政工师	2014.10
安亚琼	女	助	工程	助理工程师	2015.10
李小燕	女	助	工程	助理工程师	2015.11
孙启欣	女	助	工程	助理工程师	2015.11
张　茜	女	助	工程	助理工程师	2015.11
李　琳	女	助	工程	助理工程师	2015.11
张　鲁	男	助	工程	助理工程师	2016.12
张华东	男	助	工程	助理工程师	2016.12
颜　海	男	助	工程	助理工程师	2016.12
姚炳龙	男	助	工程	助理工程师	2016.12
姚　尧	男	助	工程	助理工程师	2016.12
吕雅馨	女	助	工程	助理工程师	2016.12
林令丛	男	助	工程	助理工程师	2016.12
王晓乐	女	助	工程	助理工程师	2016.12

第二章 荣 誉

2008—2017 年泰安市自来水有限公司及所属单位获主管部门以上奖励情况一览表

表 10-3

年份	获奖单位	获奖名称	批准单位
2008	自来水公司	支援抗击雨雪冰冻救灾活动贡献奖	中国城镇供水排水协会
	自来水公司	2007 年度全省建设系统“创建学习型组织争做知识型职工”活动先进单位	山东省建设厅工会
	自来水公司	山东省城建行业规范管理先进单位	山东省建设厅、省精神文明办公室
	自来水公司	全省建设系统职工文化体育活动先进单位	山东省建设厅工会
	自来水公司	泰安市企业管理创新优秀企业	泰安市经济贸易委员会
	自来水公司	泰安市企业管理现代化创新成果十佳企业	泰安市企业管理现代化创新成果审定委员会、市政府国有资产监督管理委员会
	自来水公司	2008 年度泰安市企业管理创新优秀企业	泰安市经济贸易委员会
	自来水公司	安全生产先进单位	泰安市安全委员会
	自来水公司	2007 年度重点工程建设先进单位	泰安市城建国有资产经营有限公司
	自来水公司	2007 年度行风评议先进单位	泰安市城建国有资产经营有限公司
2009	自来水公司	山东省城建行业规范化管理先进单位	山东省建设厅、省精神文明办公室
	自来水公司	全省建设系统职工文化体育活动先进单位	山东省建设厅工会
	自来水公司	《山东供水》先进通联站	山东省城镇供水协会
	自来水公司	厂务公开民主管理工作先进单位	泰安市厂务公开民主管理领导小组
	自来水公司	安全生产工作先进单位	泰安市政府安全生产委员会
	自来水公司	泰安市 AAA 级劳动关系和谐企业	泰安市创建劳动和谐企业领导小组
	自来水公司	管理创新优秀企业	泰安市经济贸易委员会
	自来水公司	全市劳动保障综合统计工作先进单位	泰安市劳动和社会保障局
	自来水公司	全市劳动争议基层调解工作先进单位	泰安市劳动争议仲裁委员会
	公司工会	工会财务工作先进单位	泰安市总工会

续表 10-3

年份	获奖单位	获奖名称	批准单位
2009	三合水厂	工人先锋号	泰安市总工会
	安通公司、公司营业所	先进集体	泰安市城建国有资产经营有限公司
	公司机关一支部、三合水厂支部	先进党支部	泰安市城建国有资产经营有限公司委员会党委
2010	自来水公司	全省工业品价格统计调查工作先进集体	国家统计局山东调查总队
	自来水公司	全省建设系统工会工作先进单位	山东省住建厅单位
	自来水公司	山东省城建行业规范化管理先进单位	山东省住房和城乡建设厅
	自来水公司	“市带县、县帮镇”活动先进单位	中国城镇供水排水协会
	自来水公司	供水行业绩效考核工作先进单位	中国城镇供水排水协会
	自来水公司	全市创建国家园林城市先进单位	泰安市委、市政府
	自来水公司	“村企业拉手、共建新农村”活动先进单位	泰安市委、市政府
	自来水公司	市级文明单位	泰安市委、市政府
	自来水公司	泰安市社会组织建设示范单位	泰安市社会组织工作委员会
	自来水公司	2009 年度安全生产工作先进单位	泰安市政府安全生产委员会
	自来水公司	全市社会保障工作先进集体	泰安市人事局、市劳动和社会保障局
	自来水公司	泰安环山路工程建设先进单位	泰安市国际旅游名城建设领导小组
	自来水公司	全市建设系统先进单位	泰安市住建委
	自来水公司	泰安市劳动保障诚信示范单位	泰安市人力资源和社会保障局
	自来水公司	泰安市思想政治工作优秀企业	泰安市委宣传部
	自来水公司	服务发展先进单位	泰安市高新技术开发区
	公司营业所	工人先锋号	泰安市总工会
	公司机关一支部、管线所党支部	先进党组织	泰安市城建国有资产经营有限公司委员会党委
	三合水厂、生计科	先进集体	泰安市城建国有资产经营有限公司
2011	自来水公司党委	泰山先锋基层党组织	泰安市委
	自来水公司	山东供水先进通联站	山东省城镇供排水协会

续表 10-3

年份	获奖单位	获奖名称	批准单位
2011	自来水公司	城市供排水行业职业技能竞赛团体一等奖	山东省住房和城乡建设厅
	自来水公司	市政公用行业先进集体	泰安市住建委
	自来水公司	劳动保障诚信示范单位	泰安市人力资源社会保障局、泰安市总工会
	自来水公司	人力资源和社会保障统计工作先进单位	泰安人力资源和社会保障局
	自来水公司营业所	女职工建功立业标兵岗	泰安市建设工会
	自来水公司	先进单位	泰安市公用事业局
	自来水公司	管理创新优秀企业	泰安市经济和信息化委员会
	自来水公司	创建国家节水型城市工作先进单位	泰安市创建节水型城市领导小组
	自来水公司高新区分公司	服务发展先进单位	泰安高新技术产业开发区
	自来水公司	环山路工程建设先进单位	泰安市国际旅游名城建设领导小组
2012	自来水公司	山东供水先进通联站	山东省城镇供排水协会
	自来水公司	“华德杯”供水行业知识竞赛优秀组织奖	山东省住房和城乡建设厅
	自来水公司营业收费大厅	为民服务创先争优“示范窗口单位”	山东省住房和城乡建设厅
	自来水公司	档案管理考核省一级标准单位	泰安市档案局
	自来水公司	先进基层党组织	泰安市公用事业局
	自来水公司志	泰安市优秀基层志	泰安市地方史志
	自来水公司	泰安市管理创新优秀企业	泰安市经济和信息化委员会
	自来水公司	残疾人就业保障金工作先进单位	泰安市人民政府残疾人工作委员会
	自来水公司	民生网民生问题办理工作优秀职能单位	泰安市纠正部门和行业不正之风办公室
	自来水公司	节水型城市先进单位	泰安市创建节水型城市领导小组
2013	自来水公司	省级文明单位	山东省精神文明建设委员会
	自来水公司水质检测中心	水质提升三年行动计划示范机构	山东省城镇供排水协会
	自来水公司	市政府便民电话受理工作先进基层单位	泰安市人民政府
	自来水公司	国有资产统计及财务快报工作先进单位	泰安市国资委
	自来水公司	建设系统先进单位	泰安市住建委

续表 10-3

年份	获奖单位	获奖名称	批准单位
2013	自来水公司	财政企业系统先进企业	泰安市财政局
	自来水公司	泰安市思想政治工作十佳企业	泰安市委宣传部
	自来水公司管线所	工人先锋号	泰安市总工会办公室
	自来水公司	“学习贯彻十八大，提升服务争先锋”知识竞赛二等奖	泰安市公用事业局
	自来水公司	先进基层党组织	泰安市公用事业局
	自来水公司	先进单位	泰安市公用事业局
	自来水公司	政风行风建设先进单位	泰安市纠风办公室
	自来水公司团委	优秀团组织	共青团泰安市住房和城乡建设委员会
	自来水公司	计划生育工作先进单位	泰山区泰前街道工作委员会
2014	自来水公司	省级文明单位	山东省精神文明建设委员会
	自来水公司	便民电话受理工作群众满意奖	泰安市人民政府
	自来水公司	政风行风建设先进单位	泰安市委员会
	自来水公司政研会	优秀政研会	泰安市委宣传部
	自来水公司	思想政治工作十佳企业	泰安市委宣传部
	自来水公司	优秀职工思想政治工作研究会	泰安市职工思想政治工作研究会
	自来水公司	社会保险工作先进集体	泰安市人力资源社会保障局
	自来水公司	先进单位	泰安市公用事业局
	自来水公司团委	五四红旗团委	泰安市共青团
	自来水公司	卫生监督管理工作先进集体	泰安市卫生监督管理协会
	自来水公司	常务理事单位	泰安市企业与企业家联合会
	自来水公司	第四届经济风云榜服务先进单位	泰安日报社
	自来水公司	平安建设先进单位	泰山区泰前街道工作委员会
	自来水公司信息平台整合 QC 小组	优秀 QC 小组	泰安市质量管理协会
	自来水公司	计划生育工作先进单位	泰山区泰前街道工作委员会

续表 10-3

年份	获奖单位	获奖名称	批准单位
2015	自来水公司	复查合格省级文明单位	山东省精神文明建设委员会
	自来水公司	厂务公开民主管理先进单位	山东省建设工会
	自来水公司女职工委员会	先进工会女职工委员会	泰安市总工会
	自来水公司	思想政治工作优秀企业	泰安市委宣传部
	自来水公司供水应急预案	突发事件应急预案一等奖	泰安市人民政府应急管理办公室
	自来水公司	劳动关系和谐企业	泰安市人社局、泰安市总工会
	自来水公司	先进单位	泰安市公用事业局
	自来水公司政工科、泉河水厂	先进集体	泰安市公用事业局
	自来水公司	卫生监督管理工作先进集体	泰安市卫生监督管理协会
	自来水公司	人口和计划生育工作先进单位	泰山区泰前街道工作委员会
2016	自来水公司	思想政治工作优秀企业	山东省职工思想政治工作研究会
	自来水公司水质检测中心、营业所、三合水厂	城镇供水工作先进集体	山东省城市建设管理协会
	自来水公司	思想政治工作优秀企业	山东省职工思想政治工作研究会
	自来水公司	迎接国家卫生城市复审工作先进单位	泰安市人社局、卫生委、泰安住房城乡建设局
	自来水公司	全市住建系统先进集体	泰安市住建委
	自来水公司	2015 年度省级文明单位	泰安市委市直机关工委
	自来水公司	先进集体	泰安市公用事业局
	自来水公司	先进单位	泰安市公用事业局
	自来水公司办公室、基建科、营业所	先进集体	泰安市公用事业局
	自来水公司	公用事业先进单位	泰安市公用事业局
	自来水公司	平安建设先进单位	泰山区委泰山区人民政府

续表 10-3

年份	获奖单位	获奖名称	批准单位
2016	自来水公司调度 QC 小组	优秀管理小组	泰安市质量管理协会
	自来水公司膜车间运行班	优秀质量信得过班组	泰安市质量管理协会
2017	自来水公司	内部审计先进单位	泰安市内部审计师协会
	自来水公司	安全生产主体责任落实示范企业	泰安市人民政府安全生产委员会
	自来水公司	“强化纪律意识、恪守党纪党规、争做勤廉公用事业人”主题书画展优秀组织奖	泰安市公用事业局
	自来水公司	泰安市公用事业管理局党委“强化纪律意思、恪守党纪党规、争做勤廉公用事业人”主题书画展优秀组织奖	泰安市公用事业管理局
	自来水公司	泰安市企业文化单项成果审定证书《泰山水务》报一等奖	泰安市企业与企业家联合会、泰安市企业文化优秀成果审定委员会
	自来水公司	平安建设工作先进单位	泰山区泰前街道工作委员会、泰前街道办事处

2008—2017 年泰安市自来水有限公司职工获主管部门以上奖励情况一览表

续表 10-4

年份	获奖个人	获奖名称	批准单位
2008	李秋强	山东省城镇供水工作先进个人	山东省城镇供水协会
	杨勇	优秀干部	泰安市职工思想政治工作研究会
	曹士芬	工会财务先进工作者	泰安市总工会
	张帆	市社会保障工作嘉奖个人	泰安市人事局、市劳动和社会保障局
	尚绪岳　丁　合　杨　勇 张　帆　高忠民　程　德 李秋强　周　亮　靖雅伟 闫顺华　赵合庆　王洪林 戎晓东　孔德峰	先进工作者	泰安市城建国有资产经营有限公司
	赵树秋　林　涛　张　伟 赵新峰　李卫东　戚桂清 张　斌　赵　勇	重点工程建设先进个人	泰安市城建国有资产经营有限公司
	申立堂　胡　明	安全生产先进个人	泰安市城建国有资产经营有限公司
	续　青　刘丙林　王长柏 王　锋　扈震霖	优质服务先进个人	泰安市城建国有资产经营有限公司
	丁　合　周传军　杨　勇 李秋强　崔恒国	优秀共产党员	泰安市城建国有资产经营有限公司委员会党委

续表 10-4

年份	获奖个人	获奖名称	批准单位
2009	彭　涛	全省建设系统职工文体活动先进个人	山东省建设厅工会
	杨　勇　张　帆	2008-2009 年度优秀宣传和企业文化工作者	山东省城镇供水协会
	王长柏　张　鹏　尹峻岭	《山东供水》优秀通讯员	山东省城镇供水协会
	尚绪岳　彭　涛	泰安市振兴泰安劳动奖章	泰安市总工会
	林　莺	泰安市女职工建功立业标兵	泰安市总工会
	曹士芬	工会财务先进工作者	泰安市总工会
	续　青	市政府便民服务电话工作先进个人	泰安市政府办公室
	尚绪岳	泰安市优秀经营管理者	泰安市经济贸易委员会
	尚绪岳	泰安市企业管理工作先进个人	泰安市经济贸易委员会
	尚绪岳　宋洪泉　张西河 杨　勇　扈震霖　赵合庆 程　德　高忠民　金国良 崔凤贵　鹿　鸣	先进工作者	泰安市城建国有资产经营有限公司
	赵新峰　李秋强　张　斌 戚桂清　李卫东	重点工程建设先进个人	泰安市城建国有资产经营有限公司
	申立堂　胡　明	安全生产工作先进个人	泰安市城建国有资产经营有限公司
	刘海明　李华荣　续　青 张宝忠　崔恒国	优质服务先进个人	泰安市城建国有资产经营有限公司
	杜丽丽　薛云岭	计划生育工作先进个人	泰安市城建国有资产经营有限公司
	尚绪岳	优秀党务工作者	泰安市城建国有资产经营有限公司委员会党委
	彭　涛	劳动关系和谐企业工作先进个人	山东省总工会
	丁　合　杨　勇　温海亮 左　强　张宝忠　周传军	优秀共产党员	泰安市城建国有资产经营有限公司委员会党委
2010	尚绪岳	泰安市劳动模范	泰安市政府
	尚绪岳	泰山先锋	泰安市委
	尚绪岳	泰安市企业管理工作先进个人	泰安市经济贸易委员会
	金国良	振兴泰安劳动奖章	泰安市总工会
	宋其明	消防工作先进个人	泰安市消防安全委员会

续表 10-4

年份	获奖个人	获奖名称	批准单位
2010	尚绪岳　李华荣　张宝忠 郭菁华　肖　鲁　张凤荣	优秀共产党员	泰安市城建国有资产经营有限公司委员会党委
	杜丽丽　王长柏　张　鹏 尹峻岭	宣传信息工作先进个人	泰安市城建国有资产经营有限公司委员会党委
	尚绪岳　李秋强　李华荣 崔恒国　张星侠　尹峻岭 王　强　冯建刚　鹿　鸣 赵广斌	先进工作者	泰安市城建国有资产经营有限公司
	高忠民　何俊文	为民办实事工程建设先进个人	泰安市城建国有资产经营有限公司
	申立堂　刘保胜	安全生产先进个人	泰安市城建国有资产经营有限公司
	刘海明　续　青　左　强 周　亮　张宝忠　张　伟 崔凤贵	优质服务先进个人	泰安市城建国有资产经营有限公司
	杜丽丽　薛云岭	计划生育工作先进个人	泰安市城建国有资产经营有限公司
	赵树秋	是环山路工程建设先进个人	泰安市国际旅游名城建设领导小组
	彭　涛	学习实践科学发展观活动先进个人	中共泰安市委社会组织工作委员会
	田玉林	供水行业优秀抄表员	山东省城镇供水协会
2011	尚绪岳	优秀经营管理者	泰安市经信委
		山东省职工技协先进个人	山东省总工会、山东省职工技术协会
	彭　涛	全市市政公用行业先进个人	泰安市住房和城乡建设委员会
	赵新峰	优秀共产党员	泰安市住房和城乡建设委员会
	丁　合　张　帆　杨　勇 全国良　李华荣　黄　坤 宗希民　徐建军	先进工作者	泰安市公用事业管理局
	李华荣	市政公用行业先进个人	泰安市住房和城乡建设委员会
	靖雅伟	优秀服务先进个人	泰安市城建国有资产经营有限公司
	赵新峰　林　涛	工程建设先进个人	泰安市公用事业管理局
	申立堂　贾汇强	安全生产先进个人	泰安市公用事业管理局

续表 10-4

年份	获奖个人	获奖名称	批准单位
2011	刘　斌　张风荣　宋小景	优质服务先进个人	泰安市公用事业管理局
	尚绪岳　暴勇生　张　帆	文明创建先进工作者	泰安市直机关工作委员会
	申立堂　张风荣　张　彬 李秋强　贾泽润　李华荣	优秀共产党员	泰安市公用事业管理局
	唐洪彬	城镇排水行业优秀科研项目优秀奖网络办公系统研发	山东省城镇供水排水协会
	张　帆	优秀党务工作者	泰安市公用事业管理局
	李华荣　周　亮　刘　琰 白晓君　吕秋霞　乔秀彬	省供排水行业科研项目优秀奖、泰安市企业管理现代化创新成果一等奖	山东省城镇供排水协会、泰安市经信委
	孟　萌	山东供水优秀通讯员	山东省城镇供排水协会
	赵树秋　赵　勇	环山路工程建设先进个人	泰安市国际旅游名城建设小组
	张　文	建设系统女职建功立业标兵	泰安市建设工会
	高建勇	供水管网检漏技能金奖	山东省住房城乡建设厅
		富民兴鲁劳动奖章	山东省总工会
	李秋强	振兴泰安劳动奖章	泰安市总工会
	韩　燕	《浅谈做好新时期女职工工作》全省建设系统工运理论研究成果三等奖、市工会女职工工作理论征文三等奖	山东省建设工会、泰安市总工会
	李　磊	职工文化体育活动先进个人	山东省建设工会
	李　勃	“推进科学发展、建设美好家园”书画比赛二等奖	泰安市住房城乡建设委员会
	崔恒国	优秀工会积极分子	泰安市建设工会
	陈　芳	优秀工会工作者	泰安市建设工会
	宋其芬	工运理论研究成果优秀奖	山东省建设工会
	吴　帅	优秀共青团员	泰安市住房和城乡建设委员会
	刘燕如	“我是党员我争先”庆祝建党 90 周年演讲比赛三等奖	泰安市公用事业管理局

续表 10–4

年份	获奖个人	获奖名称	批准单位
2012	尚绪岳	企业管理工作先进个人	泰安市经信委
		市政公用行业先进个人	泰安市住房城乡建设委员会
		优秀企业思想政治工作者	泰安市委宣传部
		优秀经营管理者	泰安市经信委
	暴勇生	优秀党务工作者	泰安市公用事业管理局
	彭　涛	《提高企业文化打造美丽工会》评为工运理论研究成果一等奖	山东省建设工会、山东省建设工人运动研究会
	申立堂	安全生产先进个人	泰安市公用事业管理局
	赵新峰	工程建设先进个人	泰安市公用事业管理局
		先进工作者	泰安市住房和城乡建设委员会
	丁　合　程　鹏　张凤荣　焦成龙　李秋强　鹿　鸣	优秀共产党员	泰安市公用事业管理局
	续　青　林　莺	创建“国家节水型城市”先进个人	泰安市创建节水型城市领导小组
	张　帆	先进工作者	泰安市公用事业管理局
		社会保险工作先进个人	泰安市人社局、泰安市财政局
	张宝忠	平安建设信访稳定先进个人	泰山区泰前街道工作委员会
	崔凤贵	劳动模范	山东省住房城乡建设厅
	李　菁	“华德杯”二等奖	山东省住房城乡建设厅
	王燕蓉　逯　凯	“华德杯”三等奖	山东省住房城乡建设厅
	张凤荣	省住房城乡建设系统优秀歌手	山东省建设工会
	彭　涛	优秀工运理论政策研究成果一等奖	山东省建设工会
	张　伟	优秀工会积极分子	山东省建设工会
	刘　斌	优秀服务先进个人	泰安市公用事业管理局
	万　锋　吴　震　冯修梅　宋婴端　逯　凯	企业管理现代化创新成果二等奖	泰安市人民政府国有资产监督管理委员会

续表 10-4

年份	获奖个人	获奖名称	批准单位
2012	靖雅伟	企业财务会计先进个人	泰安市财政局
	赵　勇	工程管理先进个人	泰安市公用事业管理局
	李华荣　徐建军	先进工作者	泰安市公用事业管理局
	张　慧	工运理论研究成果三等奖	山东省建设工会
	宋其芬	女职工工作理论征文优秀奖	泰安市总工会
2013	尚绪岳	十年建设突出贡献个人	山东省住房城乡建设厅
	申立堂	先进工作者	泰安市住房和城乡建设委员会
	尚绪岳　丁　合　张　帆	文明创建先进工作者	泰安市直机关工作委员会
	温海亮　孔德峰　续　青 李华荣　杨　勇　张　帆	先进工作者	泰安市公用事业管理局
	赵　勇　李秋强　赵树秋	工程管理先进个人	泰安市公用事业管理局
	李　菁	卫生监督管理工作先进个人	泰安市卫生监督管理协会
	刘　伟　贾汇强	安全生产先进个人	泰安市公用事业管理局
	刘　斌　金国良　张　伟 黄　荣	优质服务先进个人	泰安市公用事业管理局
	靖雅伟　张宝忠　张　彬	优秀共产党员	泰安市公用事业管理局
	朱　雪	优秀共青团员	共青团泰安住建委
	刘海明	振兴泰安劳动奖章	泰安市总工会
	张绪亮　祖建新	供水行业优秀抄表员	山东省城镇供排水协会
	玄　瑾	财政企业信息工作先进个人	泰安市财政局
	周广国	优秀政研会干部	泰安市委宣传部
	李华荣	水资源管理及节约用水工作先进个人	泰安市人民政府
	贾泽润	优秀共产党员	泰安市公用事业管理局
	纪润松	优秀学员	山东农业大学继续教育学院
	彭　涛	职工思想政治工作优秀研究成果二等奖	中国水协政工委企业文化部

续表 10-4

年份	获奖个人	获奖名称	批准单位
2014	尚绪岳	优秀质量管理工作者	泰安市质量管理协会
		富民兴鲁劳动奖章	泰安市人民政府
		优秀创业企业家	泰安市企业与企业家联合会
	申立堂 焦成龙 张宝忠 续 青 刘 伟	先进工作者	泰安市公用事业管理局
	宋婴端 李 菁 宋洪泉 王燕蓉	卫生监督管理工作先进个人	泰安市卫生监督管理协会
	周广国	企业思想政治工作先进个人	泰安市委宣传部
	刘 斌 周广国 张 妹	职工思想政治工作优秀研究成果一等奖	泰安市职工思想政治工作研究会
	李 磊	职工思想政治工作优秀研究成果二等奖	泰安市职工思想政治工作研究会
	陈 芳	优秀企业家“贤内助”	泰安市企业与企业家联合会、泰安市总工会
	徐 艳	会计工作先进个人	泰安市人力资源社会保障局、泰安市财政局
		内资企业财务会计决算工作先进个人	泰安市财政局
	玄 瑾	财政企业信息工作先进个人	泰安市财政局
	张 妹	工会财务先进工作者	泰安市总工会
	刘 斌	便民电话受理工作先进个人	泰安市人民政府办公室
	续 青 乔秀彬 宋向阳	“实施信息平台整合建设，促进供水事业健康发展”优秀成果奖	泰安市质量管理协会
	张宝忠	平安建设先进个人	泰山区泰前街道工作委员会
	扈震霖 卢传明	优质服务先进个人	泰安市公用事业管理局
	李秋强	工程管理先进个人	泰安市公用事业管理局
	王燕蓉	“庆国庆”第十二届建设职工乒乓球比赛女子单打第六名	泰安市住房和城乡建设委员会

续表 10-4

年份	获奖个人	获奖名称	批准单位
2014	张风荣	市政府便民服务电话受理先进个人	泰安市政府便民服务电话受理中心
	孟　萌	优秀通讯员	山东省城镇供水排水协会
2015	尚绪岳	招商引资和重点项目建设先进工作者	城市建设招商引资和重点项目建设指挥部
		企业文化单项成果一等奖《泰山水务》报	泰安市企业与企业家联合会
	李华荣　刘　刚　张宝忠　扈震霖　田玉林　孔邵华	先进工作者	泰安市公用事业管理局
	刘　斌	优秀党务工作者	泰安市公用事业管理局
	尚绪岳　杜丽丽　焦成龙　万　峰　唐洪彬	企业文化综合成果一等奖	泰安市企业与企业家联合会
	尚绪岳　杜丽丽　焦成龙　万　峰　唐洪彬	《泰山水务》报一等奖	泰安市企业与企业家联合会
	丁　合	振兴泰安劳动奖章	泰安市总工会
	玄　瑾	内资企业财务会计决算工作先进个人	泰安市财政局
	程　鹏　孟　真　孔邵华　刘　伟　田玉林　扈震霖　张宝忠　刘　刚　孙久胜	先进个人	泰安市公用事业管理局
	郭菁华　李　菁　孙久胜　刘海明　周广国　温海亮　李永明　颜廷常	优秀共产党员	泰安市公用事业管理局
2016	尚绪岳　乔秀彬	《降低汶口水源地调度系统故障率》全市优秀质量管理小组	泰安市质量管理协会
	申立堂　王洪林　李岩哲	先进工作者	泰安市住房和城乡建设局
	刘　斌　徐　艳　贾汇强　万　锋　杨东剑　高新宇　鞠兴明　郝　磊　王昭国　陈　涛　李　娜	先进工作者	泰安市公用事业管理局
	李华荣　焦成龙　丁　合　张宝忠	城镇供水工作先进个人	山东省城市建设管理协会
	刘　斌	优秀政研会干部	泰安市委宣传部

续表 10-4

年份	获奖个人	获奖名称	批准单位
2016	刘　刚	全市消防工作先进个人	泰安市人民政府
	宋向阳	统计工作先进个人	泰安市人民政府
	王　珊	城市供水水质检测工职业技能竞赛优秀奖	泰安市公用事业管理局
	何敬健	优秀共青团员	共青团泰安市委
	林　森	在泰山区学习宣传《中国共产党廉洁自律准则》和《中国共产党纪律处分条例》主题漫画大赛中荣获佳作奖	泰安市泰山区纪委
	王燕蓉	第十三届建设职工乒乓球比赛女子单打第二名	泰安市住房城乡建设委员会
2017	杨　勇　贾汇强　刘保胜　孙莹莹	QC 成果优秀奖《提高三合水厂出水泵房水泵效率》	泰安市质量管理协会
	赵国茂　李　凡	优秀通讯员	中国供水节水报社
	焦成龙	优秀政研会干部	泰安市委宣传部
	徐　艳	管理会计咨询专家	泰安市财政局
	李　凡　唐先才　孙启欣	优秀通讯员	山东省城市建设管理协会
	李　娜	民生服务工作先进个人	泰安市人民政府办公室
	刘　伟　乔秀彬　唐洪彬	“智慧水务”QC 成果三等奖	泰安市质量管理协会
	樊　辉	优秀质量管理工作者	泰安市质量管理协会
		“三合水厂 QC 小组”成果优秀奖	
		优秀共青团员干部	共青团泰安市委
	孔邵华	“泉河水厂 QC 小组”成果优秀奖	泰安市质量管理协会
	陈　军　韩　丽　王　强　张华东　姚炳龙　许　阳　颜　海	“管网信息 QC 小组”成果三等奖	泰安市质量管理协会
	李艺超　王昭国	管道检漏工职业技能二等奖	山东省建设工会
	刘树祯	先进工作者	泰安市住房和城乡建设局

续表 10-4

年份	获奖个人	获奖名称	批准单位
2017	毕　波	市直机关"重效率、勇担当、做表率""做合格党员"征文二等奖	泰安市委市直机关工作委员会
	张风荣　李永明	民生工作先进个人	泰安市人民政府办公室
	李华荣	全国住房城乡建设系统劳动模范	人力资源和社会保障部 住房和城乡建设部
	周　亮	内部审计先进个人	泰安市内部审计师协会
	张　姝	工会财务人员业务技能竞赛二等奖	泰安市建设工会

附　录

F U L U

泰安市物价局
泰安市财政局文件
泰安市住房和城乡建设委员会

泰价费发〔2013〕31号

关于调整泰城住宅小区供水专项配套费标准的批复

泰安市自来水公司：

你公司《关于上调供水专项配套费》（泰水[2012]2号）收悉。

为规范供水专项配套费的征收、使用和管理，提高居民小区的供水可靠性和服务质量，根据《山东省物业管理条例》、《泰安市城市基础设施配套费征收使用管理办法》等有关文件规定，经研究并报市政府批准，现将供水专项配套费调整有关问题批复如下：

供水专项配套费征收、使用和管理仍按照《泰安市城市基

1

础设施配套费征收使用管理办法》规定执行。收费标准调整如下：多层住宅（6层及以下）执行原标准按建筑面积每平方米24元征收，中高层（7-9层）和高层（10层及以上）住宅按建筑面积每平方米36元征收。

本批复自2013年3月1日起执行，相关执收单位应认真做好宣传解释工作，并做好收费公示。

2013年2月27日

制办、市公用事业局，各县市区物价局、
、市高新区经发局、财政局、国土建设
局、财政局、规划建设土地局。

2013年2月27日印发

一、文献辑存

泰安市发展和改革委员会文件

泰发改投资〔2009〕95号

关于泰安市自来水公司环湖水厂工程项目可行性研究报告的批复

市城建国资公司：

你单位《关于建设环湖水厂的请示》（泰城建国资发〔2009〕26号）收悉。为进一步加快市旅游经济开发区基础设施建设步伐，市自来水公司拟建设环湖水厂工程项目，现项目可行性研究报告业经泰安市东岳自来水工程设计院编制完成，经研究，批复如下：

同意市自来水公司建设环湖水厂工程项目。

建设地点及规模内容。该项目位于东岳大街以南，铁路以北、大官庄奇石厂东邻。项目规模5万吨/日，占地30亩，主要建设内容包括：1.絮凝沉淀池、滤站、清水池、泵房、综合楼等；2.输水管线3.5公里，配水管线6公里。

投资概算。该项目总投资2808万元。其中工程费1649万元，其他费用828.5万元，预备费251.2万元，铺底流动资金80万元。所需资金申请上级补助1500万元，其余资金自筹解决。

项目建设期。项目建设期为2年。

请据此抓紧办理项目开工前有关手续。

（2009年3月20日）

抄送：市财政局　市规划局　市建设局　市国土资源局　市环保局　市统计局

泰安市发展和改革委员会文件

泰发改投资〔2011〕20号

关于下达市自来水公司建设职工食堂及活动中心投资计划的通知

泰安市城建国有资产经营有限公司：

你公司《关于市自来水公司建设职工食堂及活动中心的请示》（泰城建国资发〔2010〕131号）收悉。经研究，同意泰安市自来水公司建设职工食堂及活动中心1600平方米，总投资500万元，列我市2011年国有单位固定资产投资计划，所需资金自筹解决。请据此组织实施。

（2011年1月28日）

泰安市自来水公司便民服务热线管理办法

为切实做好市政府、市城建国资公司便民服务电话及公司服务热线电话的处结工作，充分体现“优质供水、热情服务、奉献社会”的公司宗旨，认真搞好公司的客户服务和服务热线的办结工作，充分发挥热线的服务咨询、协调调度和督导监控等职能，提高公司的服务水平和工作效率，树立公司的良好社会形象，特制定本办法。

一、工作范围：

市政府便民服务电话：12345

市城建国资公司便民服务电话：12319

公司便民服务电话：6992000

二、市政府、城建国资公司便民服务电话处理工作程序

1. 客服中心接受市政府和市城建国资公司便民服务电话后，能够处理答复的，立即处理答复。

2. 不能立即处理的，由客服中心根据承办单所反映的内容、各“窗口”单位的职责、交有关部门分管领导签署处理意见。客服中心根据签署意见，交有关部门办理。

3. 情况复杂，需要由多个部门协调处理的，由客服分管领导或客服中心负责协调有关部门，及时给予处理。

4. 处理完毕，由客服中心汇集处理情况，交客服分管领导签署意见后回复市城建资公司投诉中心。

三、公司服务热线工作处理程序

1. 公司服务热线实行统一管理

服务热线 6992000 在客服中心集中受理，统一处理，统一反馈。

2. 主要工作程序

各部门根据部门职责认真做好客服中心分派的办理事项。

各部门负责人为客服工作第一责任人，安排专人负责处理客服中心分派的办理事项。

客服中心受理用户电话后，按各部门工作职责分工确定责任部门并立即转单。相关责任部门必须建立严格的热线值班制度，正常工作时间客服中心转单后 5 分钟内接单，非正常工作时间根据处理单的内容通知相关部门责任人办理。按时限要求处理完毕后，翔实填写热线处理单的各项内容，反馈客服中心，客服中心及时进行回访。

各部门在勘察处理的过程中，需要在内部进行协调的，由本部门自行安排。发现是其他部门责任的或需要其他部门配合处理的，应仔细填写本部门勘察或处理结果，签署姓名和时间后将处理单返客服中心，由客服中心重新派单或进行协调。

各部门在勘察处理过程中发现属于短时间内无法解决的问题，应及时回复客服中心，客服中心会同有关部门提出改造意见，报公司领导研究解决。

各部门接到的用户反映的问题，属于本部门职责范围内的，汇报本部门负责人，在部门内部自行处理。需要其他部门配合的，反馈客服中心，由客服中心协调办理。

3. 热线值班制度

客服中心实行24小时值班，保证热线畅通，分转流畅，处理及时。夜晚时间受理用户反应的问题，一般性问题于次日工作时间派单，重要问题及时通知有关责任部门。

四、建立日常工作动态通报制度

有关部门日常工作动态或其他需要周知的事项要及时通报客服中心，便于通报上级有关部门及答复用户咨询。

1. 各责任部门接到热线处理单后，应在公司规定的服务承诺时限内处理完毕并反馈客服中心，若因客观原因导致不能按时处理完毕的，应做好用户的解释工作，每隔24小时向客服中心通报一次处理情况；短时间无法解决的，也必须在24小时内向客服中心通报。

2. 正常或突发事故造成的停水，有关部门在落实停水区域后向客服中心通报停水时间、停水区域。修复后有关部门及时通报客服中心恢复通水时间。客服中心值班人员应将有关情况及时通报上级有关部门。

五、建立月通报、考核制度

客服中心负责对各责任部门承办事项的处理情况进行汇总、整理、分析，由客服中心将各部门的接单量、处理情况和工作努力情况等按月进行通报。公司纪委根据各责任部门完成的工作情况进行绩效考核。

六、建立热线分析会制度

由公司有关领导主持，各相关部门参加，分析热线工作情况，通报一段时间热线问题的落实情况，剖析重点、热点、难点投诉案例，探讨解决办法。

各部门要牢固树立一盘棋的大局观，从公司整体利益出发考虑问题，认真做好热线工作的落实，积极主动地完成工作，不得相互推诿扯皮，以优质、快捷、高效的服务，在社会树立公司的良好形象，真正实现“让群众满意、让政府放心”的承诺。

（本办法自2011年3月29日执行）

山东省发展和改革委员会文件

鲁发改投资〔2011〕778

山东省发展和改革委员会
关于泰安市城区供水管网完善项目可行性研究报告的批复

泰安市发展改革委：

你委《关于呈报〈泰安市城区供水管网完善项目可行性研究报告〉的请示》（泰发改投资〔2011〕203号）均悉。经研究，批复如下：

一、为满足城市发展需要，进一步优化城区供水管网结构，改善城市基础设施水平，同意泰安市城区供水管网完善项目建设。

二、同意可行性研究报告提出的建设方案，改造建设供水管网19.46公里。

三、工程总投资3250万元，所需资金除申请中央投资补助外，其余全部由你市自筹解决。

请据此组织实施。

（2011年7月4日）

泰安市人民政府令

第 155 号

《泰安市用水总量控制管理实施办法》已经市政府批准，现予公布，自 2011 年 12 月 1 日起施行。

市长：李洪峰

（2011 年 11 月 11 日）

泰安市用水总量控制管理实施办法

第一章

第一条 为加强用水总量控制管理，促进水资源合理开发和利用，根据《山东省用水总量控制管理办法》等有关规定，结合我市实际，制定本办法。

第二条 用水总量控制管理遵循分级负责、分类控制、量化到户、动态管理的原则，统筹利用外调水、地表水、地下水，协调安排生活、生产和生态用水，优化用水结构，保障水资源可持续利用。

第三条 本办法所称区域用水总量是指一定区域和期限内可以开发利用的地表水、地下水以及区域外调入水量的总和；取用水户用水量是指取用水户年度内取、用水的最大量。

第四条 市、县（市、区）政府对本行政区域用水总量控制工作负总责。

乡镇政府（街道办事处）的用水总量控制工作责任，由县（市、区）政府确定。

第五条 市、县（市、区）水行政主管部门负责本行政区域内用水总量控制的管理和监督工作。

发展改革、经济和信息化、住房城乡建设、规划、环境保护、物价、水文等部门和单位按照各自职责做好相关工作。

第六条 泰安高新区、泰山景区管理范围内的用水总量控制工作，由市水行政主管部门分别委托泰安高新区管委、泰山管委负责，并按照本办法规定进行管理。

第二章

第七条　市水行政主管部门应当会同有关部门开展水资源调查，评估水资源总量和可利用量，作为下达区域用水总量控制指标的依据。

第八条　区域用水总量控制指标分为规划期用水控制指标与年度用水控制指标。

县（市、区）规划期内的用水控制指标，由市水行政主管部门会同发展改革、经济和信息化、住房城乡建设、规划等部门，在省水行政主管部门下达的规划期用水控制指标内，结合当地水资源状况确定，纳入国民经济和社会发展规划，由市水行政主管部门下达实施。

第九条　县（市、区）年度用水总量控制指标在规划期用水控制指标的指导下，按下列程序确定并下达：

（一）县（市、区）水行政主管部门应当会同发展改革、经济和信息化、住房城乡建设、规划等部门，根据当地水资源状况和国民经济发展年度计划等，提出年度用水总量控制指标计划，报同级政府研究。

年度用水总量控制指标计划应包括取用当地地表水、地下水以及区域外调入水和跨县（市、区）河流、水库水的计划指标；

（二）县（市、区）政府研究同意后，报市水行政主管部门审核；

（三）市水行政主管部门应当会同市发展改革、经济和信息化、住房城乡建设、规划等部门，在省下达的年度 用水控制指标内，根据区域水资源开发利用量、水功能区水质、地下水采补平衡监测结果和用水效率考核结果等研究论证后，确定各县（市、区）年度用水总量控制指标，报市政府研究；

（四）市政府批准后，纳入国民经济和社会发展年度计划，由市水行政主管部门下达。

泰安高新区、泰山景区管理范围内的区域用水总量控制指标应当单独核定管理。

第十条　有下列情况之一的，核减该区域下一年度用水总量控制指标：

（一）万元国内生产总值取水量、规模以上工业万元增加值取水量及农业节水灌溉率等指标未达到市考核标准的；

（二）造成水功能区水质标准降低或者水文地质环境恶化的；

（三）对应当征收而未征收、未足额征收或未按规定上缴水资源费的；

（四）区域地下水或地表水取水总量达到年度用水总量控制指标或超过警戒线的，相应核减该区域地下水或地表水下一年度用水总量控制指标。

第十一条　当出现干旱、洪涝紧急情况或者其他突发公共事件时，应当按照批准的水源调配预案或者突发公共事件应急处置预案进行调度或处置，其用水量不受年度用水总量控制指标的限制。

第十二条　在规划期用水总量控制指标内，县（市、区）之间可以进行水量交易。向泰安市行政区域以外调水或售水的，经市水行政主管部门论证后，报市政府批准。

利用矿坑水、污水处理再生水的，不受规划期用水总量控制指标和年度用水控制指标限制。

第十三条 县（市、区）水行政主管部门应当根据市水行政主管部门下达的用水总量控制指标编制用水总量分类控制方案，报市水行政主管部门批准后组织实施。

用水总量分类控制方案应当按农业、工业、服务业、居民生活、生态环境等用途明确各分类控制指标，并符合以下要求：

（一）优先使用地表水，合理取用地下水，鼓励使用再生水、矿坑水，积极利用外调水，禁止取用超采区地下水；

（二）首先满足城乡居民生活用水，兼顾农业、工业、生态环境用水，优化用水结构；

（三）优先保障低耗水、低污染行业用水，限制高耗水、高污染行业用水，逐步降低行业用水定额，提高用水效率。

第十四条 水行政主管部门应当在下达的区域用水总量控制指标内，审批取水许可。

区域用水总量达到或者超过年度用水总量控制指标的，水行政主管部门应当对该区域内新建、改建、扩建建设 项目取水许可暂停审批；达到或超过规划期用水控制指标的，对该区域内新建、改建、扩建建设项目取水许可停止审批。

第三章

第十五条 县（市、区）水行政主管部门应当在上级下达的年度用水总量控制指标内，按照实际用水状况、行业用水定额等因素核定下达城市公共供水单位、农村公共供水单位、自备水源用水户、农业灌溉和农业生产生活用水户的年度用水量。

农业灌溉和农村非经营用水户年度用水量统一下达到乡镇政府（街道办事处），由乡镇政府（街道办事处）量化分解到各农业灌溉和农村非经营用水户，并报水行政主管部门备案。

第十六条 取用水户年度用水量应当参照下列原则综合研究确定：

（一）工业、建筑业、服务业用水根据行业用水定额标准与年度总产值（或销售收入）计算；

（二）办公、居民家庭生活用水按生活用水定额标准与人口计算；

（三）农业生产用水按照农业生产有关用水定额和当地水情计算。

第十七条 实行年度用水登记制度。公共供水单位、自备水源用水户应当在每年的 12 月 31 日前向水行政主管部门提供下列资料：

（一）单位基本情况；

（二）行业用水定额标准；

（三）用水来源、用途和节约用水措施；

（四）本年度实际用水量和下一年度用水总量；

（五）其他有关用水情况。

取用水户确需调整年度用水量的，应当报水行政主管部门核定。

第十八条　城市公共供水单位应当在每年年底前向建设主管部门和水行政主管部门报送使用单位用水户本年度实际用水量等情况。

第十九条　所有的取水单位、个人和用水户应当依照国家技术标准安装计量设施，并保证计量设施正常运行。不安装计量设施或计量设施不正常运行的，责令限期安装或修复。计量设施不正常运行期间，取水户按日最大取水能力计算取水总量；用水户按以往月最高用水量计算用水总量。

水行政主管部门应逐步推广取用水自动远程监控系统。

第二十条　新建、改建、扩建建设项目需要取水的，应当按照有关规定进行建设项目水资源论证；对未进行水资源论证或者论证未通过的，水行政主管部门不得批准取水许可；对未获得取水许可的，发展改革、经济和信息化等部门按照有关规定不得审批、核准该建设项目，环境保护部门不得批准其环境影响评价报告。

第二十一条　城市公共供水单位、农村公共供水单位新增供水能力的，应当向水行政主管部门申请增加取用水总量控制指标，并进行水资源论证，办理取水许可。

农业取水改变用途，向农业灌溉、农村非经营性用水户以外的用户供水的，应当依法办理取水许可，按照有关规定缴纳水资源费。

第四章

第二十二条　市水行政主管部门应当每年对县（市、区）和泰安高新区、泰山景区的区域用水总量控制指标落实情况进行检查，检查结果作为市科学发展综合考核的重要依据。

县（市、区）水行政主管部门应当每年对取用水单位用水量控制指标落实情况进行检查，并将检查结果通报或公示。用水量控制指标的检查结果，作为该单位节能减排奖励、文明单位评选的依据之一。

第二十三条　水文水资源勘测机构负责地表水、地下水、区域外调入水开发利用量以及水功能区水质的监测工作，监测数据应当作为计算年度用水总量控制指标的主要依据。

县（市、区）水行政主管部门负责本行政区域内取用水户实际取用水量的监测工作，其监测数据应当向市水文水资源勘测机构汇交。

市水行政主管部门应及时会同水文水资源勘测机构对监测数据进行分析，及时掌握全市水资源开发利用和水功能区水质情况，定期发布水资源信息通报。

第二十四条　市、县（市、区）水行政主管部门应当对取用水户的登记情况进行年度核查，对超出用水总量控制指标或用水定额的，应当采取下列措施：

（一）超过用水总量控制指标的，核减下一年度用水量，责令限期采取节水措施；

（二）使用公共供水的单位超定额用水的，公共供水单位按照超定额累进加价标准收缴水费；使用自备水源的单位和个人超定额用水的，水行政主管部门按照超定额累进加价标准征收水资源费。

第二十五条 实行年度用水总量控制指标警示制度。水行政主管部门应当对区域用水总量和取用水单位用水量进行动态监管，当区域或取用水单位用水量达到年度用水控制指标的90%时，应当提出警示，责成加强管理，提高用水效率。

第二十六条 有违反用水总量控制规定、违法取水、破坏水量水质监测设施、干扰阻碍监测工作等行为的，由水行政主管部门责令停止违法行为，依法给予处罚；违反治安管理处罚法的，由公安机关依法给予治安管理处罚；构成犯罪的，移交司法机关依法追究刑事责任。

泰山风景名胜区范围内的违法行为处理，由泰山管理行政执法局负责。

第二十七条 水行政主管部门及其他有关部门的工作人员在用水总量控制工作中，违反本办法规定滥用职权、玩忽职守、徇私舞弊的，依法给予行政处分；构成犯罪的，移交司法机关依法追究刑事责任。

第五章

第二十八条 本办法自 2011 年 12 月 1 日起施行。

抄送：市委各部门，市人大常委会办公室，市政协办公室，市法院，市检察院，泰安军分区，各民主党派市委。

泰安市公用事业管理局
便民服务快速处置工作管理暂行办法

为确保市政公用设施安全正常运行，为人民群众提供优质、方便、安全的服务，根据我局实际，制定本暂行办法。

一、市政公用设施便民服务快速处置工作遵循以人为本、预防为主、常备不懈的方针，坚持局党委统一领导、分级管理、分工合作、反应快速、处置有效的原则。

二、本办法适用于泰安市公用事业局管理范围内的市政道路桥梁养护、排水、路灯及供水、供热、供气行业的便民服务快速处置工作。

三、本办法所称便民服务快速处置工作，是指局属各单位围绕市民、媒体或有关组织身泰安市公用事业管理局及局市政公用热线服务中心反映的城市市政设施、公用企业管网及大型设施、设备严重损坏，致使市政公用设施正常运行和社会生产生活正常秩序而实施的预警、处置、恢复等全部活动。

四、泰安市公用事业管理局便民服务快速处置工作领导小组负责统一实施对局属各单位该项工作的管理。

局市政公用热线服务中心（以下简称服务中心）负责落实局确定的便民服务快速处置工作的命令、要求，及时通时电话、传真等形式传达到各单位，并负责做好组织、协调、检查和监督工作。局属各单位在泰安市公用事业管理局的统一领导下，负责职责范围内的便民服务快速处置工作组织、协调、救援及协同等工作。

局属任何单位和个人均有参加便民服务快速处置工作的义务，服从局有关部门的管理。

五、各单位应制订市政公用设施便民服务快速处置工作管理预案，预案包括下列内容：

（一）便民服务快速处置工作的组织领导机构和主要职责。

（二）便民服务快速处置工作范围、种类、时限、基本原则和要求；

（三）便民服务快速处置队伍人员组成；

（四）相关工作调试方案；

（五）便民服务快速处置工作期间的社会保障供应；

六、市政公用设施管理单位还应根据本单位管理设施的性质和特点，建立重点防护、监测巡查、设施设备保障与调度、处置队伍的建设和培训等快速处置工作管理的一系列制度。

七、接到服务中心关于便民服务快速处置工作的通知后，责任单位应在接到信息第一时间到达指定位置，60分钟内采取有效的防范、控制措施，并根据事态发展情况迅速组织处置，同时应做好应急防范工作，调动一切资源，确保人民生命安全，直到所管设施正常安全运行。

对新闻媒体传播发布的涉及本单位需快速处置的信息，责任单位应按照便民服务快速处置工作要求，及时采取有效措施，妥善处理。

八、任何单位未按照本办法规定履行职责，瞒报、缓报、谎报或授意他人瞒报、缓报、谎报信息，不配合服务中心的现场调查、检查，或不按规定进行防范和应急处理或拒绝采取及时有效预防控制措施造成人员伤亡或设施设备严重故障、损坏损失的，局党委将按照有关规定对相关单位主要负责人和直接责任人进行处理。

九、本办法自发文之日起实施。

（2011年12月5日）

山东省发展和改革委员会文件

鲁发改投资〔2012〕710 号

山东省发展和改革委员会
关于泰安三合水厂改造工程可行性研究报告的批复

泰安市发展改革委：

你委《关于呈报泰安三合水厂改造工程可行性研究报告的请示》（泰发改投资〔2012〕176）及咨询评估报告（鲁工咨社字〔2012〕184 号）均悉。经研究，批复如下：

一、为满足城市发展的需要，解决日益增长的城市用水需求，完善供水基础设施，同意泰安三合水厂改造工程建设。

二、同意可行性研究报告提出的净水工艺和建设方案。项目采用“高锰酸钾预氧化 + 混凝沉淀池 + 浸没式超滤膜”净水工艺。项目改造规模与原供水能力一致，仍为 10 万立方米 / 日。主要建设内容包括：新建膜处理车间、清水池、加药间、加氯间及高锰酸钾投加系统，改造现有絮凝沉淀池及供水主管道 2.44 公里。

三、工程总投资 13138 万元，所需资金除申请中央预算内投资补助外，其余全部由你市自筹解决。

（2012 年 6 月 26 日）

关于调整泰城住宅小区供水专项配套费标准的批复

泰价费发（2013）31号

泰安市自来水公司：

你公司《关于上调供水专项配套费》（泰水〔2012〕2号）收悉。

为规范供水专项配套费的征收、使用和管理，提高居民小区的供水可靠性和服务质量，根据《山东省物业管理条例》《泰安市城市基础设施配套费征收使用管理办法》等有关文件规定，经研究并报市政府批准，现将供水专项配套费调整有关问题批复如下：

供水专项配套费征收、使用和管理仍按照《泰安市城市基础设施配套费征收使用管理办法》规定执行。收费标准调整如下：多层住宅（6层及以下）执行原标准按建筑面积每平方米24元征收，中高层（7～9层）和高层（10层及以上）住宅按建筑面积每平方米36元征收。

本批复自2013年3月1日起执行，相关执收单位应认真做好宣传解释工作，并做好收费公示。

泰安市物价局　泰安市财政局　泰安市住建委

（2013年2月27日）

抄送：市政府、市法制办、市公用事业局、各县市区物价局、财政局、住建局、市高新区经发局、财政局、国土建设局、泰山景区经发局、财政局、规划建设土地局。

泰安市物价局
泰安市财政局文件
泰安市住房和城乡建设委员会

泰价费发〔2013〕31 号

关于调整泰城住宅小区供水专项配套费标准的批复

泰安市自来水公司：

你公司《关于上调供水专项配套费》（泰水〔2012〕2 号）收悉。

为规范供水专项配套费的征收、使用和管理，提高居民小区的供水可靠性和服务质量，根据《山东省物业管理条例》《泰安市城市基础设施配套费征收使用管理办法》等有关文件规定，经研究并报市政府批准，现将供水专项配套费调整有关问题批复如下：

供水专项配套费征收、使用和管理仍按照《泰安市城市基础设施配套费征收使用管理办法》规定执行。收费标准调整如下：多层住宅（6 层及以下）执行原标准按建筑面积每平方米 24 元征收，中高层（7 ~ 9 层）和高层（10 层及以上）住宅按建筑面积每平方米 36 元征收。

本批复自 2013 年 3 月 1 日起执行，相关执收单位应认真做好宣传解释工作，并做好收费公示。

泰安市物价局　泰安市财政局　泰安市住建委

（2013 年 2 月 27 日）

抄送：市政府，市法制办，市公用事业局，各县市物价局，财政局，住建局，市高新区经发局，国土建设局，泰山景区经发局，规划建设土地局。

泰安市发展和改革委员会文件

泰发改投资〔2013〕353

泰安市发展和改革委员会
关于泰城西区水处理加压站工程可行性研究报告的批复

泰安市公用事业管理局：

你单位《关于市自来水公司建设泰城西区水处理加压站立项的请示》（泰公用发〔2013〕19号）及相关材料收悉。经研究，批复如下：

一、为满足城市发展需要，解决该区域供水紧张问题，同意泰安市自来水公司建设泰城西区水处理加压站工程。

二、同意可行性研究报告提出的建设方案。项目总占地面积46.35亩，设计规模1万立方米/天，主要采用“絮凝沉淀+超滤膜”组合工艺，建设生产管理中心1600平方米，以及沉淀池、膜池、清水池、泵房、综合加药间、排水池等建筑物。

三、工程概算总投资4405.4万元，其中工程费用2882.27万元，工程建设其他费用1215.82万元，预备费204.9万元，建设期利息102.41万元。所需资金由项目单位自筹和对上争取解决。

请据此组织实施。

泰安市发展和改革委员会

（2013年10月16日）

抄送：市政府，规划局，住建委，国土资源局，环保局，统计局。

泰安市公用事业管理局文件

泰公用办发（2014）1号

泰安市公用事业管理局
关于对市自来水公司建设泉河水厂、
青春创业园供水调压站清水池的批复

市自来水公司：

你公司《关于建设泉河水厂3#清水池及青春创业园供水调压站2#清水池的报告》收悉。经研究，同意你公司建设泉河水厂3#清水池及青春创业园供水调压站2#清水池，以增大调蓄规模，减小峰谷差距。为确保规范运作，请严格按照有关规定尽快完善相关手续，进行公开招标，按期完成工程建设。待招标结束后，招标结果应按照规定程序，及时上报，进行审批。

此复

泰安市公用事业管理局

（2014年1月16日）

山东省城镇居民二次供水管理规定

鲁建城字〔2015〕19号

各市住房城乡建委（建设局）、城管局（市政公用局），卫生计生委，物价局：

为规范和加强城镇居民二次供水管理，根据《城市供水条例》等相关法规及标准规范，结合贯彻住建部、发改委、公安部、国家卫生计生委《关于加强和改进城镇居民二次供水设施建设与管理确保水质安全的通知》（建城〔2015〕31号）精神，省住建厅会同省卫生计生委、省物价局等部门研究制定了《山东省城镇居民二次供水管理规定》，现予印发，请认真贯彻执行。

山东省住房和城乡建设厅
山东省卫生和计划生育委员会
山东省物价局
二〇一五年六月二十三日

第一章 总 则

第一条 为了规范和加强城镇居民二次供水管理，保证城镇居民二次供水安全，保障公众身体健康，根据《城市供水条例》等相关法规及标准规范，结合我省实际，制定本规定。

第二条 本规定所称城镇居民二次供水设施，是指将城镇公共供水经储存、加压，再送至居民家庭的供水设施。包括供水管道、水池（水箱、压力水容器）、水泵、阀门、电控装置、消毒设备、深度处理设备、水质监控设备等。

第三条 本规定适用范围为本省城镇规划区内居民二次供水设施的规划与建设、改造与移交、运行管理、水质管理、卫生监督监测、价格管理和成本核算。

第四条 县级以上城镇供水主管部门负责本行政区域内城镇居民二次供水的监督管理工作，县级以上卫生计生主管部门负责本行政区域内城镇居民二次供水的卫生监督监测工作，县级以上价格主管部门负责本行政区域内城镇居民二次供水的价格管理和成本核算工作。

第五条 任何单位和个人不得损坏、侵占或擅自停用、改动、拆除城镇居民二次供水设施。

第二章　规划与建设

第六条　城镇供水专项规划应统筹考虑供水管网区域集中调蓄调压设施布局，确保管网压力平稳均衡。发挥城镇供水专项规划对城镇居民二次供水设施建设的调控作用，合理布置二次供水设施，促进节能降耗。

具备条件的，城镇居民二次供水设施应当采用地上建设方式。

第七条　城镇供水管网建设或者改造时，设计供水压力应当满足住宅用水的合理需求，减少因管网水压过低而增建城镇居民二次供水设施的数量。

第八条　建设城镇居民二次供水设施应当进行必要性技术论证，在保障水质达标和供水管网运行安全的前提下，经济合理选择二次供水方式。

第九条　城镇居民二次供水工程的设计、施工、监理应当委托具有相应资质的单位承担，并严格执行国家、地方以及行业有关技术标准、规范和规程。

鼓励城镇居民二次供水工程采用节能型供水方式、供水设备。

第十条　城镇居民二次供水设施采用的设备、材料必须符合国家有关安全性评价标准的要求。

第十一条　新建住宅小区内的城镇居民二次供水工程，由城镇供水企业负责组织设计和建设，并负责维护和管理。住宅小区建设单位应当协调配合城镇居民二次供水设施的施工，并承担相关管沟、设备用房等土建工程的配套建设。新建住宅小区内城镇居民二次供水设施归城镇供水企业所有。

新建住宅小区内城镇居民二次供水设施的建设资金，统一并入城市基础设施配套费，由城镇供水企业专项用于住宅小区内二次供水设施的投资建设。

第十二条　新建城镇居民二次供水工程应当与建筑物主体工程同时设计、同时施工、同时验收交付使用。

城镇居民二次供水设施必须独立设置，不得与消防、非饮用水等设施混用；城镇居民二次供水设施应当有防倒流污染措施及其他安全供水措施。采用蓄水池或水箱的城镇居民二次供水应经消毒处理。设计的卫生标准必须达到国家有关卫生规范的要求。

第十三条　城镇居民二次供水工程竣工后，城镇供水企业等建设单位应当按照国家技术标准和专业技术规范组织竣工验收，并报城镇供水主管部门和卫生计生主管部门备案。

新建城镇居民二次供水工程须经验收合格并备案后，方可向城镇居民供水。

第三章　改造与移交

第十四条　不符合工程建设标准和卫生标准的城镇居民二次供水设施，应当按照标准规范进行改造。

第十五条 城镇居民二次供水设施的改造应当与“一户一表”改造和安全防范设施建设等统筹实施，加强物防、技防建设，推行封闭管理模式，切实提高安全供水保障能力。

第十六条 本规定实施前由房地产开发企业等单位建设的住宅小区城镇居民二次供水设施，经业主大会决定移交给城镇供水企业的，城镇供水企业应当接收，并签订资产转移相关手续。业主或原管理单位应当将竣工总平面图、结构设备竣工图、地下管网工程竣工图、设备的安装使用及维护保养等设施档案及图文资料一并移交。

设区市城镇供水主管部门应当会同相关部门制定二次供水设施移交的具体办法，报经当地人民政府同意后组织实施。

第十七条 移交后的住宅小区城镇居民二次供水设施归城镇供水企业所有；泵房归全体业主所有，城镇供水企业可以无偿使用。

第十八条 城镇供水企业应当与最终供水用户签订供用水合同，实现供水企业抄表到户、计量到户、服务到户。

第四章 运行管理

第十九条 城镇居民二次供水设施的运行、维护和管理，由城镇供水企业负责。当地城镇供水主管部门应当加强监管，确保二次供水安全。

第二十条 城镇居民二次供水设施运行管理单位应当建立、健全二次供水设施维护、清洗消毒、水质检测、持证上岗、档案管理等制度，制定突发事件应急处置预案并组织演练，确保二次供水水质、水压、水量符合国家、省有关标准规范。鼓励利用物联网技术，建立城镇居民二次供水远程管理控制网络，提高管理效率和服务水平。

第二十一条 运行管理人员应当具备相应的专业技能，熟悉城镇居民二次供水设施的技术性能和运行要求，严格遵守操作规程。

直接从事供、管水人员须进行健康检查取得健康合格证明后方可上岗，并每年进行一次健康检查。

直接从事供、管水的人员，未经卫生知识培训不得上岗工作。

第二十二条 城镇居民二次供水设施的运行管理内容包括：

（一）负责对水池、水泵、供水管道等设施及相关处理设备进行维护、保养，对水池、水箱等各类储水设备定期进行清洗、消毒（每半年不得少于一次）；

（二）负责城镇居民二次供水设施的正常运行；

（三）按照国家标准规范要求，委托具有相应资质的单位定期检测水质（每半年不得少于一次）；

（四）保证水压符合国家有关标准；

（五）处理对城镇居民二次供水设施管理的投诉。

第二十三条 城镇居民二次供水设施运行应当满足城镇供水调度要求，避开高峰期蓄水。对影响城镇供水管网正常供水的，应当按照城镇供水主管部门的要求限期整改。

第二十四条 由于工程施工、设备维修等原因需要停水或降压供水的，城镇供水企业和城镇居民二次供水设施运行管理单位应当提前 24 小时告知用户做好储水准备；因设备故障或紧急抢修等情况不能提前通知的，应当在抢修同时提供临时供水，并通知用户。

停水或降压供水范围较大或时间较长的，城镇供水企业和城镇居民二次供水设施运行管理单位应当采取应急供水措施。

第二十五条 城镇居民二次供水设施的运行、维护费用计入供水企业运营成本，通过城镇供水价格统一弥补，任何企业和单位不得在城镇供水价格外加收任何费用。

第二十六条 新建及已移交居民小区二次供水的电费由供水企业单独计量。按照国家有关规定，城镇居民二次供水设施运行电价执行居民用电价格。

第五章 水质管理

第二十七条 城镇供水主管部门应当加强对二次供水水质的监督管理，定期对二次供水设施的水质、水压以及管理维护等情况进行检查。卫生计生主管部门应当定期对二次供水设施的水质、清洗消毒等情况进行检查。

第二十八条 城镇供水企业和城镇居民二次供水设施运行管理单位应当定期公示水质情况，并将设备维护、清洗消毒、持证上岗、水质检测档案等报当地供水主管部门和卫生计生主管部门备案。

第二十九条 城镇居民二次供水水质出现异常时，城镇供水企业和二次供水设施运行管理单位应当立即向城镇供水主管部门和卫生计生主管部门报告，不得隐瞒。

城镇供水主管部门接到水质异常报告或城镇居民二次供水水质投诉后，应当及时开展处理处置工作，并商卫生计生主管部门，采取必要措施，确保水质安全。

第六章 附 则

第三十条 各地城镇供水主管部门应当依据本规定，结合当地实际情况，制定城镇居民二次供水管理相关规定。

第三十一条 对于违反本规定的，由城镇供水主管部门、卫生计生主管部门、价格主管部门依照有关法律、法规予以处罚。

第三十二条 本规定自发布之日起施行。

泰安市人民政府国有资产监督管理委员会文件

泰国资办〔2015〕78号

关于同意泰安市自来水公司公司制改制预案的复函

市城建国有资产经营有限公司：

你公司呈报的《关于对市自来水公司进行公司制改造的请示》（泰城建国资发〔2015〕1号）已收悉。经研究，原则同意泰安自来水公司公司制改制预案。

你公司要按照《公司法》和《泰安市市属国有企业改制工作程序指引》（泰国资企改〔2010〕1号）等有关规定，依法依规进行清产核资、财务审计和资产评估等工作，并根据审计评估情况，拟订公司改制实施方案，报市国资委审批。

特此复函

泰安市国资委

（2015年9月22日）

关于上报泰安市自来水公司进行公司制改造方案的请示

市城建国有资产经营有限公司：

泰安市自来水公司根据《中华人民共和国公司法》的规定，经公司研究决定，拟对公司进行公司制改造，我公司上报的《泰安市自来水公司公司制改造预案》，市国资委于2015年9月22日，以泰国资办〔2015〕78号给予了批复，根据市国资委《关于同意泰安市自来水公司公司制改造预案的复函》的要求，我公司研究制定了《泰安市自来水公司公司制改造实施方案》《泰安市自来水有限责任公司章程》，该方案已通过职工代表大会讨论并通过。通过本次改造，将公司变更为国有独资的有限责任公司（泰安市自来水有限责任公司）。

通过改造，新公司将由国有企业向公司制企业的根本性转变。根据《公司法》的规定，按照决策机构、执行机构、监督机构相互独立、相互制衡的原则，设立董事会、经理层和监事会组成的组织机构，实现公司法人治理机构运作规范化、科学化、民主化。我们有信心，通过改造，提高公司的整体经济效益，推动泰安经济可持续发展、创造辉煌的明天。

当否，请批示。

泰安市自来水公司

（2015年10月12日）

附件：1. 泰安市自来水公司公司制改造实施方案

2. 泰安市自来水有限责任公司章程

泰安市自来水公司公司制改造实施方案

泰安市自来水公司是泰安市城建国有资产经营有限公司全资下属企业，为适应企业发展的需要，根据《中华人民共和国公司法》（以下简称《公司法》）等有关法律、法规的规定，结合泰安市自来水公司的实际情况，特制定以下改造方案。

一、企业资产、负债、人员的基本情况

（一）企业资产、负债情况

2014 年 12 月 31 日，泰安市自来水公司总资产为 80207.20 万元，负债总计为 66589.32 万元，净资产为 13617.88 万元。2014 年度公司主营业务收入总额为 9849.69 万元，利润总额为 225.87 万元。

（二）人员构成情况

截至 2014 年 12 月 31 日，公司在册正式员工总人数为 648 人，其中包括在岗员工 569 人，内退人员 79 人。离退休人员 151 人，公司虽然不再为退休人员向社保缴纳各种保险，但公司仍给其发放住房补贴。

二、改造的目的、原则、目标

（一）改造的目的

按照《公司法》的要求，对泰安市自来水公司进行公司制改制，由全民所有制企业改制为法人独资有限责任公司，健全法人治理机构，建立现代企业制度。

（二）改造的原则

1. 坚持维护国家和职工利益，利益共享、风险共担的原则。

2. 正确处理改革、发展、稳定的关系，按规定妥善做好职工安置工作。依法操作，切实维护投资者、债权人的合法权益。

3. 走群众路线，依靠企业干部职工搞好改造。

4. 改造一步到位，不留后遗症。既加快进度，又确保质量，改出活力，增强企业的发展动力。

5. 不以逃避债务为目的。改造后的新公司承担原企业债权、债务及其他遗留问题。

6. 不以减员为目的。改造后，理顺劳动关系，对自愿留用人员企业重新签订劳动合同，工龄连续计算。对不愿与新企业签订劳动合同的，按泰政发〔2002〕30 号文规定给予一次性补偿，并解除劳动合同。此后，企业与职工解除劳动合同，由改造后的企业给予补偿。

（三）改造的可行性分析

1. 企业领导班子改革意识强。近年来，公司进一步挖掘、整合现有城市供水资源、开创城市供水经营新格局，职工对改造有较为充分的认识，改造的群众基础比较好。

2. 企业生产经营一直比较平稳，两个效益显著，改造不存在“逃债”“减员”的问题。

3. 泰安市自来水有限责任公司采用人随资产走的办法，不存在失业和政府安置人员的问题。

4. 企业现有净资产有较大余地支持改造各种预提费用，不需要政府另外支付改造成本。

三、改造形式

为建立现代企业制度，完善公司治理结构，提升企业市场竞争能力，泰安市自来水公司通过本次改革变更为法人独资的有限责任公司（泰安市自来水有限责任公司）。

四、股权设置：

（一）公司注册资本：改制后的有限公司注册资本为 1 亿元。

（二）股东名称、出资方式、出资额

股东名称：泰安市城建国有资产经营有限公司

出资方式：以企业净资产作为出资方式

出 资 额：股东出资额为 1 亿元。

五、法人治理结构设置

根据《公司法》的规定，结合公司实际情况，设立执行董事一名、监事一名的公司法人治理结构。

六、资产处置意见

公司制改革后的新公司及其下属企业将延续原泰安市自来水公司的资产和业务的相关资质。

（一）资产

截至 2015 年 7 月 31 日，泰安市自来水公司资产总额 87027.42 万元，其中流动资产 27204.77 万元，固定资产原值 55457.43 万元，固定资产净值 32029.71 万元，在建工程 22697.15 万元，无形资产 359.48 万元，长期投资 2432.07 万元。泰安市自来水公司的全部资产均全部进入公司制改造的新公司。

（二）债务

截至 2015 年 7 月 31 日，泰安市自来水公司负债总额 73597.24 万元，其中流动负债 60127.03 万元，长期负债 13470.21 万元，尚在履行的贷款和担保合同的银行债权及其他债权，应视合同的约定，就公司制改造事宜通知或者征询债权人同意，均全部进入新公司。

（三）金融债权落实情况

1. 泰安市泰山区农村信用合作联社出具的金融债权保全证明：泰安市自来水公司在我行融资金额 1000 万元，借款期限自 2015 年 3 月 31 日至 2016 年 3 月 25 日，借款用途是购材料。

2. 中国工商银行股份有限公司泰安泰山支行出具的债权证明：泰安市自来水公司在我行融资余额 16704545.45 元，到期日为 2020 年 12 月 28 日，贷款品种为项目融资。

七、职工安置框架意见

（一）在职职工安排意见

公司制改造中，泰安市自来水公司全部职工共计 799 名（包括在职职工、安通公司在职职工、岳溪泉在职职工、内退人员、离退休人员）均进入新公司。泰安市安通供水工程有限责任公司现有职工 48 人，泰安市泰山岳溪泉饮品有限公司现有职工 11 人，其人员的劳动合同均与自来水公司签订，人员在公司范围内。

新公司继续履行改造前与职工签订的劳动合同，并继续负担该部分人员的工资和相关统筹费用。新公司不需因本次改造向用职工支付经济补偿金，相关的养老保险、失业保险、医疗保险以及住房公积金等社会保险将变更至新公司。

公司职工依照《中华人民共和国工会法》组织工会，开展工会活动，维护职工合法权益。

（二）离休干部管理方案

为做好改造后企业离休干部服务管理工作，新公司要坚持从政治上尊重、思想上关心、精神上关怀离休干部，确保离休干部服务到位、管理到位、各项待遇落实到位，使他们老有所养、安度晚年，现根据有关政策规定，结合公司实际情况，制定以下方案：离休干部基本养老保险统筹外应享受的有关待遇，以及离休干部的医药费、查体费、后事处理费等，由改造后的企业负责解决，原列支渠道不变。

八、改造的实施步骤

1.2015 年 10 月 10 日前，聘请具备相应资质的中介机构依《国有资产评估管理办法》对新公司的资产进行评估并出具资产评估报告，评估结果报公用事业局备案。

2.2015 年 10 月 10 日前，征求有关方意见。改造要征得债权金融机构同意，保全金融债权。

3.2015 年 10 月 10 日前，开职代会审议改造预案。听取职工意见，职工安置方案必须经职代会审议通过后实施。

4.2015 年 10 月 10 日前，律师出具法律意见书。审批改造预案前，必须由审批改造预案的单位的法律顾问或该单位决定聘请的律师事务所对改造预案出具法律意见书。

5.2015 年 10 月 15 日前，实施改造方案及后续工作的开展。根据改造预案，进行新公司名称核准或变更登记；弥补注册资本缺口并验资；批准新的公司章程，选举董事、监事，聘任经理班子；进行公司登记和税务登记；国有产权、土地、房屋产权等相关权属登记、资质变更登记；完善职工劳动关系和社保关系的接续、改造前后债权债务承继、业务合同和其他需要变更或处理的善后事宜。

九、企业改造后发展取向

公司制改造后，完善企业竞争机制、激励机制和管理结构，逐步构建自来水有限责任公司，在保障供应、完善服务的前提下，促进企业持续健康发展。

公司制改造后，新公司将由国有企业向公司制企业的根本性转变。根据《公司法》规定，按照决策机构、执行机构、监督机构相互独立、相互制衡的原则，设立执行董事、监事和经理层的组织机构，实现公司法人治理机构运作规范化、科学化、民主化。

公司制改造后，按照改革、管理、服务、发展的工作思路，迅速转变理念。新公司将实现组织架构合理化、业务运行流程化、企业管理规范化，各项工作将实行精细化管理，激活

内部管理机制，从而实现城市供水企业规模拓展和管理、经营、技术、综合服务水平的提高，最终提高公司的整体经济效益，推动社会经济的可持续发展。

泰安市自来水公司

（2015 年 10 月 12 日）

泰安市自来水有限责任公司章程

二〇一五年十月十二日

目 录

第一章 总 则

第一条 本章程根据《中华人民共和国公司法》（以下简《公司法》）和国家有关法律、行政法规。

第二条 泰安市自来水有限责任公司（以下简称公司）是经泰安市人民政府同意成立的，公司在泰安市工商行政管理局登记注册登记，注册名称为泰安市自来水有限责任公司，公司住所泰安市迎胜东路 26 号。

第三条 公司宗旨是：泰安市自来水有限责任公司，组织形式是法人独资公司制企业，依法生产经营，提高经济效益，促进国有资产增值保值，为泰安市的供水事业和经济发展做出贡献。

第四条 公司是独立企业法人，一切活动遵守《公司法》以及有关法律、行政法规的规定。公司依法实行自主经营、独立核算、依法纳税，不受任何机关、团体、个人侵犯或非法干涉。

第二章 公司的经营范围

第五条 公司经营范围：生活饮用水水供应；供水管道维修；铸铁管件制造；房屋租赁、场地租赁。

第三章 公司的注册资本、投资者名称、投资额和投资方式

第六条 公司的注册资本为人民币1亿元。

第七条 出资方式为原有企业的净资产，具体为以2014年12月31日的净资产。2014年12月31日的净资产为80207.20万元，其中2387.00万元作为公司的注册资金列入“实收资本”，账面所列盈余公积117.12万元仍列入“盈余公积”，账面所列“未分配利润”-6033.36万元，仍列入“未分配利润”，剩余净资产17147.12万元列入“资本公积”。

第八条 投资者名称为泰安市城建国有资产经营有限公司。经泰安市人民政府授权由泰安市国有资产经营有限公司依法履行出资人职责。

第四章 投资者职权

第九条 公司的下列事项必须由投资者行使职权并作出决定。

（一）任免公司执行董事；

（二）审议批准公司的章程；

（三）审议批准公司的利润分配方案和弥补亏损方案；

（四）对公司增加或减少注册资本作出决议；

（五）对公司的合并、分终止解散、破产和清算作出决议；

（六）其他。

第五章　公司的机构及其产生办法、职权议事规则及法定代表人

第十条　公司根据《公司法》四十条、五十一条规定根据我公司实际情况，设立执行董事、监事、经理管理层。

第十一条　执行董事 1 名由投资者指定。执行董事的任免应当由投资者制作任免决定书。

第十二条　执行董事是公司的法定代表人。

第十三条　执行董事行使下列职权：

（一）决定公司的经营计划和投资方案；

（二）制定公司的年度财务预算方案、决算方案；

（三）制定公司的利润分配方案和弥补亏损方案；

（四）制定公司增加或者减少注册资本的方案；

（五）拟定公司合并、分立、变更公司形式、解散的方案；

（六）决定公司内部管理机构的设置；

（七）制定公司的基本管理制度；

（八）主持公司的生产经营管理工作；

（九）组织实施公司年度经营计划和投资方案；

（十）拟定公司内部管理机构设置方案；

（十一）拟定公司的基本管理制度；

（十二）制定公司的具体规章；

（十三） 投资者授予的其他职权。

第十四条　公司设监事 1 名，由投资者指定，监事的任免，应当由投资者制作任免决定书。

第十五条　监事行使下列职权：

（一）检查公司财务；

（二）对董事、高级管理人员执行公司职务的行为进行监督，对违反法律、行政法规、公司章程或者股东会决议的董事、高级管理人员提出罢免的建议；

（三）当董事、高级管理人员的行为损害公司的利益时，要求董事、高级管理人员予以纠正；

（四）提议召开临时股东会会议，在公司不履行本法规定的召集和主持股东会会议职责时召集和主持股东会会议；

（五）向股东会会议提出提案；

（六）依照本法第一百五十二条的规定，对董事、高级管理人员提起诉讼；

（七）公司章程规定的其他职权。

第六章　劳动管理

第十六条　公司按照《中华人民共和国劳动法》和相关法律法规的规定实行全员劳动合同制，公司员工的聘用、辞退、工资、福利、社会保险、劳动保护和奖惩事项，依照国家有关法律、法规、政策及公司章程、制度等规定。

第七章　公司财务、会计

第十七条　公司依照法律、行政法规和财务主管部门的规定建立公司的财务、会计制度。

（一）公司应当在每一会计年度终了时制作财务会计报告，并依法经审查验证。

（二）财务会计报告应当包括下列财务会计报表及附属明细表：

（1）资产负债表；

（2）损益表；

（3）利润分配表；

（4）现金流量表；

（5）财务情况说明书。

（三）公司分配当年税后利润时，应当提取利润的百分之十列入公司法定公积金。公司法定公积金累计额为公司注册资本的百分之五十以上的，可不再提取。

公司的法定公积金不足以弥补上一年度公司亏损的在依照前款规定提取法定公积金和法定公益金之前，应当先用当年利润弥补亏损。 公司在从税后利润中提取法定公积金后，经出资人同意可以提取任意公积金。

（四）公司的公积金用于弥补公司的亏损，扩大公司生产经营或者转增公司资本。

（五）公司除法定的会计账册外，不得另立会计账册。

（六）对公司资产，不得以任何个人名义开立账户存储。

第八章　公司的合并、分立和变更注册资本

第十八条　公司合并或者分立，必须由投资者批准。按《公司法》的要求签订协议，清算资产、编制资产负债表及财产清单，通知债权人并公告，依法办理有关手续。

第十九条　公司合并应当由合并各方签订合并协议，并编制资产负债表及财产清单，自作出合并决议之日起十日内通知债权人，并于三十日内在所在地报纸上公告。合并各方的债权、债务应当由合并后的公司继承。

第二十条　公司分立时其财产作相应的分割，并编制资产负债表及财产清单。公司应当自作出分立决议之日起十日内通知债权人，并于三十日内在所在地报纸上公告。公司应当就

分立前的债务达成协议，并按所达成的协议由分立后的公司承担。

第二十一条 公司需要减少注册资本时，按《公司法》及本章程出资有关规定执行。公司需要减少注册资本时必须由出资人批准，并通知债权人并进行公告。

第二十二条 公司合并、分立、增加减少注册资本金登记事项发生变更的，应当向工商行政管理机关办理变更登记。公司解散的应当依法办理公司注销登记，设立新公司的应当依法办理公司设立登记。

第九章 公司的破产、解散和清算

第二十三条 公司因无偿还能力不能清偿到期债务的依法宣告解散。 公司有下列情况之一者，宣告解散：

（一）公司发生严重亏损，无力继续经营者；

（二）因不可抗力而遭受严重损失，无法继续经营者；

（三）依法被吊销营业执照、责令关闭或者撤销的；

（四）因公司合并或者分立需解散的。

上述任何一款情况发生后，由经理做出决定并提出公司解散申请，报经投资者批准。

第二十四条 公司破产或解散时，经理应提出清算程序、原则、报投资人批准后成立清算机构，清算组自成立起十日之内通知债权人，并于六十日之内登报公告。

第二十五条 公司财产能够清偿公司债务的，分别支付清算费用、职工工资和劳动保险费用、缴纳所欠税款、清偿公司债务。清偿后剩余财产，全部上缴投资方。清算结束后清算机构应向主管机关提出报告，并向原登记机关办理注销登记手续，缴回营业执照，同时公告公司终止。

第十章 章程的修改和解除

第二十六条 公司章程由经理提出修改意见报出资人批准工商行政管理部门核准后方能生效。

第二十七条 由于不可抗力致使章程无法履行或由于公司严重亏损，无力继续经营，经职代会一致通过，报原审批单位批准后解除本章程。

第十一章 其他事项

第二十八条 公司中国共产党基层组织的活动依照《中国共产党章程》办理。

第二十九条 公司依法组织工会，开展工会活动，维护员工的合法权益，公司应为工会提供必要的活动条件。

第三十条 本章程与国家新出台法律、法规相抵触之处，以国家法律、法规为准。

第十二章 章程的订立和生效

第三十一条 本章程报投资人批准，经工商行政管理部门核准后即日生效。

第三十二条 本章程一式五份，投资人方2份，公司留存2份，报公司登记机关备案1份。

泰安市人力资源和社会保障局

泰人社函〔2015〕154 号

关于对市公用事业管理局报送《泰安市自来水公司公司制改造职工安置方案》的批复

市公用事业管理局：

报送的《泰安市公用事业管理局关于提报〈泰安市自来水公司制改造职工安置方案〉的请示》(泰公用发〔2015〕39 号)收悉，同意泰安市自来水公司公司制改造职工安置意见，并希望自来水公司在下步工作中，继续遵守好《劳动法》等有关政策法规，切实保障职工合法权益。

特此批复。

（2015 年 11 月 4 日）

泰安市物价局文件

泰价格发〔2015〕165 号

关于调整泰城供水价格及污水处理费征收标准的通知

市自来水公司、市城市排水管理处、泰山区、岱岳区物价分局：

根据国家和山东省有关文件精神，在召开听证会广泛听取公众意见和建议的基础上，经市政府研究同意，决定调整泰城供水价格及污水处理费征收标准。现将有关事项通知如下：

一、居民用水价格

1. 基本水价。基本水价实行阶梯水价。第一阶阶梯，户年用水量不超过 144 立方米（含）部分，基本水价为每立方米 1.8 元；第二阶梯，户年用水量 144 ~ 240 立方米（含）部分，按基本水价的 1.5 倍即每立方米 2.7 元；第三阶梯，户年用水量 240 立方米以上部分，按基本水价的 3 倍即每立方米 5.4 元。

2. 水资源费。水资源费标准为每立方米 0.40 元。

3. 城市用水附加征收标准按基本水价的 10% 收取。

二、非居民用水价格

1. 简化用水分类。机关团体用水、工业用水、经营服务用水、特种用水简化合并为非居民用水和特种用水两类。

2. 基本水价。非居民和特种用水基本水价为每立方米 2.60 元和 12.50 元。

3. 水资源费。非居民和特种用水户水资源为每立方米 0.79 元。

4. 城市用水附加征收标准按基本水价的 10% 收取。

三、污水处理费征收标准

1. 居民用水污水处理费标准为每立方米 0.95 元。

2. 非居民和特种用水污水处理费标准为每立方米 1.40 元。

3. 自备水源取水单位的污水处理费标准为每立方米 2.20 元。

4. 自来水公司供水的用水户污水处理费并入水价中一并征收。

四、相关规定

1. 居民用水阶梯水价实施范围为市自来水公司管网供水范围内抄表到户的居民用户，原则上以住宅为单位，一个房产证明对应的住宅为一户；没有房产证明的，以供水企业为居民用户安装的水表为单位。居民用户按年度用水量计算，将居民家庭全年用水量划分为三档，

水价逐档递增，按档计收。每户按 4 口人计，住户人口超过 4 人的，每增加 1 人，核增每人每年 36 立方米。

2. 对目前尚未实施一户一表而无法实行阶梯式计量水价的居民生活用水，执行第一阶梯水价。阶梯水价实施一年后，仍未实现一户一表抄表收费到户的居民用水户，将依据国家和省相关规定适当加价。

3. 执行居民水价的学校、社会福利机构、城乡社区居委会等非居民用户，不实行阶梯水价，供水价格在第一阶梯到户水价基础上，每立方米加 0.2 元。

4. 为缓解居民用水价格调整后对特困居民家庭带来的影响，对我市持有特困证的居民家庭生活用水继续给予补贴，月用水量不超过 5 立方的特困家庭按实际用水量的 50% 给予减免；月用水量超过 5 立方的，减免的最高上限为 2.5 立方，其余部分由用户自行承担。

五、执行时间

本通知自 2016 年 1 月 1 日起执行。

泰安市物价局

（2015 年 12 月 30 日）

抄送：山东省物价局，市总工会，市政府办公室，市发改委，市财政局，市住建局，市水利和渔业局，市民政局，市公用事业管理局。

中共泰安市公用事业管理局委员会

泰公用党发〔2016〕15号

关于中共泰安市自来水公司委员会名称变更问题的批复

中共泰安市自来水公司委员会：

《关于变更公司党委名称的请示》（泰水党字〔2016〕24号）收悉。经局党委研究，同意将中共泰安市自来水公司委员会变更为中共泰安市自来水有限公司委员会。

特此批复。

中共泰安市公用事业管理局委员会

（2016年5月25日）

泰安市自来水有限公司全员业绩考核管理办法

为建立科学高效的激励和约束机制，充分调动广大干部职工的主动性、积极性和创造性，营造争先创优、干事创业的浓厚氛围，使供水工作在改革创新、规范化管理、服务社会等方面不断提升，推动供水事业科学、和谐、稳定发展，特制定本管理办法。

一、指导思想

实施全员业绩考核，以部门及岗位职责为标准依据，制定考核细则，采用分级考核的方法，本着公平、公正、科学的原则，对公司全体在岗人员进行定期考核，并将考核结果与奖惩挂钩，实现激励和约束的双重作用。

二、组织领导

公司成立全员业绩考核工作领导小组，由尚绪岳同志任组长，丁合、申立堂、暴勇生、彭涛、赵新峰、杨勇等同志任副组长，小组成员为各部门负责人。领导小组下设办公室，办公室设在企管科，负责业绩考核工作的督导与协调，彭涛同志兼任办公室主任。各部门要成立相应考核小组，负责对本部门职工的考核工作，对工作中发现的问题，要及时向领导小组办公室反馈，并提出改进意见和建议，促进考核工作不断完善。

三、考核范围及标准制定

公司领导班子及成员由市公用事业管理局进行考核，其余在岗人员全部纳入考核范围。

按照百分制标准制定考核细则。为保证考核标准的相对统一和客观公正，将涉及全员的考核内容作为通用考核部分，统一考核计分，分值为 20 分；业务考核标准依据岗位职责、工作内容由各单位、部门分别制定，经公司研究通过后执行，分值为 80 分。各部门要结合自身实际情况，科学制定考核方案，合理设定分值，做到公平、合理，便于操作。

四、考核办法

（一）考核分级。单位、部门负责人由公司进行考核，单位、部门职工由单位、部门进行考核。

（二）考核内容。考核内容分为两部分，一是通用考核部分；二是业务考核部分。被考核人最终得分为两项分数之和。

（三）考核周期。公司每半年对单位、部门及负责人考核一次，单位、部门每季度考核一次。

（四）特殊项目考核。

1. 劳动纪律考核。以劳动纪律检查结果为计分依据，每发现一起违反劳动纪律的情况，当事人按照劳动纪律管理规定进行处罚，不再重复扣分；每通报一人次扣部门负责人 0.5 分，扣完额定分数为止。

2. 计划生育工作考核。以保卫稽查科的工作结论作为计分依据。如果单位、部门发生违反计划生育政策规定的情况，此项不得分。

3. 安全生产工作考核。以设备科的检查结果为计分依据。如果单位、部门发生违反安全生产政策规定的情况，此项不得分。

4. 党建和精神文明建设工作由公司党委单独考核。

五、考核结果运用

1. 考核结果作为年终奖惩依据。结合考核结果，对每位职工年终进行奖惩。

2. 如果被考核人在安全生产、计划生育等工作中发生一票否决的情况，取消被考核人当年度评先树优资格。

六、考核档案管理

建立全员业绩考核管理档案。单位、部门每半年将考核结果以考核表的形式报公司考核领导小组办公室，并报经公司党委研究后作为奖惩依据。

泰安市自来水有限公司
全员业绩考核领导小组
（2016 年 12 月 28 日）

泰安市自来水公司网站管理规定

第一章　总　则

第一条　为切实做好泰安市自来水公司网站（以下简称网站）的管理工作，维护网站的安全和稳定，保证网上信息的准确性和及时性，严格执行国家的保密法规和制度，促进供水宣传工作的开展，根据有关法规，特制订本规定。

第二条　本规定适用于涉及网站综合管理、技术支持和为网站提供信息资料的各个部门。

第二章　组织管理

第三条　网站管理实行分工负责制，由公司办公室统一协调管理，技术部门和其他部门各负其责。

第四条　办公室全面负责网站的建设、日常管理和维护工作，牵头组织网站各项业务工作的开展。

第五条　办公室负责网站的技术支持，维护网站的稳定和安全。

第六条　其他各部门根据栏目设置和办公室的需求，提供与本部门业务有关的文件、法规及相关资料的电子文档，对所提供的材料要确保及时性、准确性、权威性。各部门设通讯员负责本部门网站信息的搜集、提供。

第七条　公司网站信息发布实行审批制度。公司各部门发布信息要通过网站栏目负责部门、分管领导把关审批后发布。

第三章　信息管理

第八条　网站栏目设置。网站栏目实行部门负责制，相关部门指定专人负责维护管理。

1.“企业介绍”主要发布企业的基本情况，主要包括“公司简介、领导成员、机构设置、公司荣誉、公司大事记”。由办公室负责内容管理及更新。

2.“新闻中心”主要发布公司日常性的工作部署和新闻动态。由办公室负责内容管理及更新。

3.“客户服务”主要发布公司关于用水服务方面的信息，主要包括“服务承诺、用户须知、办事指南、水费标准、缴费方式、户表改造”。由客服中心负责内容管理及更新。

4.“网上服务”主要接受客户在网上提出的投诉和咨询，主要包括“网上投诉、网上咨询”。由客服中心负责内容管理及更新。

5.“政策法规”主要发布涉及公司生产经营有关的政策法规，主要包括“国家级、省级、市级”。由企管科负责内容管理及更新。

6.“党群工作”主要反映公司党务工作及工会、团委工作方面的信息，由政工科、工会负责内容管理及更新。

7.“企业文化”主要反映公司、职工良好的精神面貌，主要包括“泰山水务报、泰城供水、文体活动、荣誉室”。由办公室、工会负责内容管理及更新。

8.“行业动态”主要发布本行业内先进的生产、管理、服务经验及技术交流等。由办公室负责内容管理及更新。

9.其他栏目的设置、管理，由办公室负责内容管理及更新。

第四章　设备管理

第九条　网站设备由办公室统一维护、管理。

第十条　网站所用的WEB服务器中心机房内，办公室有关人员应经常监视服务器运行，以保证网站的安全和稳定。

第五章　保密制度

第十一条　网站信息的采集、发布应严格遵守国家的保密规定，公布的所有信息应严格执行审批规定。

第十二条　网站所发布的信息实行“谁提供、谁负责”的制度，公布的信息应符合有关保密规定。

泰安市自来水公司
便民服务热线处理工作考核办法

为切实做好热线服务工作，充分发挥热线在公司各部门中的协调调度和督导监控等职能，真正使我们的服务做到“让市民满意，让政府放心”，特制定本考核办法。

本考核办法依据公司服务承诺、热线管理制度制定。公司对各责任部门负责人进行考核，考核采用扣分制，与部门负责人资金挂钩。部门负责人负责对本部门工作人员的考核奖惩。

一、组织保证和制度建设

1. 各相关部门认真贯彻落实市城建国资公司《市政府便民服务电话转办工作处理实施方案》和公司有关文件精神，建立健全便民服务电话转办工作的领导机构和办事制度，把办理便民服务工作列入本单位工作日程，各单位负责人亲自抓，要明确专人具体负责热线处理工作。（2分）

2. 各相关部门主要负责人为便民服务工作第一责任人，配备的专职人员，应熟悉本单位业务，熟练掌握热线工作办理程序，认真履行职责，工作中做到热情服务、耐心细致。（1分）

3. 各部门要按时参加公司召开的协调会议并对会议确定的事项认真加以落实。（1分）

二、工作办理

（一）市政府、市城建国资公司转来的便民服务承办单，客服中心根据有关分管领导签署处理意见，交有关部门办理。办理部门必须在规定的时限内给予办结，并反馈客服中心。（2分）

（二）公司便民服务热线办理考核

1. 客服中心受理用户电话后，立即转单，责任部门5分钟内接单，接单后责任部门应立即与用户对接。（1分）

2. 各责任部门在接单后，需到现场办理的2小时内到达，现场勘察处理。（1分）

3. 规定时间内未到现场造成用户再次投诉的。（2分）

4. 到达现场勘察后能解决的，现场立即解决，不能立即解决的，应向用户说明情况，承诺维修时间，并向客服中心及时通报有关情况。（1分）

5. 在处理过程中，因责任部门工作人员工作散漫、服务态度差、处理不及时、工作不到位等造成的二次投诉或典型投诉的。（3分）

6. 认真落实“首问负责制”，各部门接到的用户反映的问题，属于本部门职责范围内的，在部门内部自行处理。需要其他部门处理的，反馈客服中心，由客服中心协调办理。不允许

让用户再拨打其他部门电话。（1分）

7. 按时限处理完毕后，应及时填写热线处理单反馈客服中心，由客服中心对用户进行回访。（1分）

8. 因突发事故、设施维修、管道开口、区域性欠费等 造成的停水及其他需要周知的事项，有关部门应及时通报客服中心。（2分）

9. 客服中心工作人员因工作失误，将受理单遗漏未传递到责任部门，造成工作拖延的。（1分）

10. 客服中心工作人员在受理用户电话时，服务态度差，与用户发生争吵、顶撞的。（2分）

各部门应根据公司服务承诺、《公司便民服务热线管理办法》、工作流程等制定详细的实施方案，明确责任、落实到人、考核到人。本办法1分暂按50元计。每月考核一次，并进行处罚。对处理投诉工作积极主动，用户满意度高的部门，公司进行适当奖励。

本考核办法由客服中心汇总情况，公司纪委负责考核执行。

二、职工名录

泰安市自来水有限公司在职职工表

（2017 年 12 月）

表 11-1

部门或单位	姓名
管理层	尚绪岳　丁　合　申立堂　暴勇生　彭　涛　赵新峰　杨　勇
办公室	焦成龙　赵国茂　孟　萌　孙久胜　张　妹　张西民　王照军　刘海荣 杨宝伟　刘德晶　苏玉国　封　华　聂兆泉　苏　丹　边　凤　侯永刚 李　凡　刘向东　闫志勇　王延萌　尚　磊　许丹青　张凤杰
政工科	刘　斌　安智勇　李　磊　高　松　赵　敏　孟国宏
财务科	徐　艳　玄　瑾　岳玮玮　张　莉　陶琳琳　周　敏
审计科	赵树秋　周　亮　裴兴华　戎晓东　李媛媛　安亚琼　苏　东
工会	唐先才
网络中心	刘　伟　唐洪彬　刘　琰　乔秀彬　林　森　王晓菲　纪润松　卢　班
生产计划科	续　青　鹿　鸣　黄　宁　张　敏　李　慧　李　敏　梁　晨　刘晓霞 顾　何　刘鹏飞　宋小景　黄丽莎　胡　群　刘志伟　黄　荣　程　瑶
设备科（安全科）	贾汇强　刘保胜　吕秋霞　孙莹莹
基建科	何俊文　赵　勇　孔德峰　谢秀江　李卫东　李　乐　曲小微　曹卫国 宋其超
设计院	陈　军　韩　丽　王　强　赵衍美　翟　雯　闫顺华　许　阳　王　娜 张　鲁　乔　慧　张华东　颜　海　姚炳龙
供应科	靖雅伟　靳　宁　贾　振　韩秀玲　马　利　王镜钧　郭延青
企管科（客服中心）	张　帆　徐卫忠　张风荣　宋洪涛　李　娜　孟　真　王梦琦　杨　晓 张婧媛　张　明　郗梦岩　张　妍　刘燕如　姬晓辉　韩　珏　杨婧玟 宋晓瞳　宋　阳
保卫稽查科	林　涛　陈　建　刘培文　段光泉　卢　廷　庞立志　孔祥才
水质检测中心	宋婴端　李　菁　曹　颖　张秀红　张雯雯　高东芳　陈　佳　韩　辉 孙婷婷　孔　岩　逯　凯
测漏中心	宋　刚　温海亮　高建勇　李艺超　倪　波　逯润芝　王昭国　英　飞 王学军　陈　童　魏　民　陈健东

续表 11-1

部门或单位	姓名
泰东供水有限公司	李怀强 李建军
营业所	张宝忠 林莺 左强 朱林 王锋 鞠兴明 宁波 孙明涛 石君 田庆杰 王长青 冯勇 王伟 周慧 冯磊 卢传明 蔡树强 田玉林 张敏 张伟 李珂 安秀娟 胡鹏 焦玉雯 李永明 周丰晨 杨晓东 辛强 赵剑 王涛 周雪梅 宗士伟 张强 门玉玲 王秀军 林晓华 韩延青 孙丽 高焱 刘民刚 李小燕 韩燕 高燕 魏丛丛 曹建波 杨海莹 解文新 韩娟 赵筱俊 高晶 曹士芬 陈晓丽 杨泽徐 郭嗣龙 王洪林 刘丹丹 王军华 马文娟 张红燕 苏杉杉 朱修成 张杰 田倩 徐荣 王敏 崔鲲 宁霞 于泉萍 侯蕊 孙凤辉 李素梅 贾佳 李鑫 常青峰 李敏 秦苗苗 孙喆 褚腾菲 孟姝婧 李岩哲 张红菊 刘汝璐 张兵强 武伟 刘家乐 刘霞 李俊峰 王腾 刘冉 姚尧 张晓庆 洪燕萍 李泽鲁 吕静 徐磊 栾奕 苑博鸿 毕波 程子林 李静 孙娜 王娟 丁丽静 孟丽 王蕾 董夏 张樱花 赵檀 王玉霞 梁晓靖 靳春晓 田慧丽 杨琳 迮纪华 迮纪莹 韩伟 韩娟 张晓鹏 赵心琳 祖建新 刘东 孙启欣 刘志宏 刘建群 吴帅 门婷婷 韩龙 曹玉娇 杜倩 董兴汉 米益姗 王晓蕾 杨淼 禹聪聪 高雪 李丽珂 薛成 孙晓冉 高越 王皞 崔培巍 张茜 李德胜 冯云嵩 王文超 王艺璇 巩朕 范佳晨 公衍勋 闫哲 刘鸣晓 田永福 张艺天 王天阳 安彬 薛梦垚 韦兴杰 张佳子琪
管线所	李秋强 贾泽润 崔凤贵 扈震霖 杨东剑 訾利 徐建军 杨兴春 张德利 程光明 马海滨 孙刚 王仲利 王东明 王伟 王福涛 刘路波 范立强 张之泉 吴乃昊 程学鹏 汤成林 李硕 白晓君 周冬 马海军 牛建鑫 侯凯 杨庆 吕雅馨 陈龙 杨帅 何敬健 赵强 张桐 乔梁 张绪亮 张世浩 宋啸 马洋 张益铭 程巍
二次供水管理办公室	王晓囡 亓鹏 张大伟 孙皓 侯兴华 赵强 刘文 韩斌 张云珠
三合水厂	张彬 程鹏 房丁 樊辉 孔邵华 张卫国 王燕蓉 李静 宗西民 王芊 周健 孔海梅 解菲 杨军 王姗 赵安月 林娴 陈宁 马琳 于延会 张涛 孙岩 陈建雄 孙建勇 阴丽 韩巍 毛娜 张敏 高兵 刘丙营 赵一川 李峰 王猛 赵秀爱 王桂香 巩其勇 赵志华 吴震 姜强 张阳 张超 王勇 马艳 范丽萍 王文静 亓梦凡 张旭 齐海玲 袁金妹 程国庆 张雯 李琳 靖静 赵然 刘玉欣 徐立芹 孙亚平 高新宇 张龙艳 林令丛 王凯 周凡 王晓乐 李晨溪 张慧 贾玉姣 李艳 国晓彤 尹阔 唐丽华 冯浩
泉河水厂	刘伟 张东 尹峻岭 张德斌 陈涛 许磊 李凤 党凤霞 华伟 张晋勇 李冬梅 崔珊 马涛 李平 李勇 屈峰 张兵 孟燕 马晓丽 李勃 张圣林 周广民 胡文 杜娟 张震 张鹏 赵霞 李苏猛 谷春江 肖民 贾纪超 侯秀丽 程广智 刘己峰 张政 姬长俊 付帅 孙金龙 史凤燕 华玉龙 郑兴莉 张伟 李楠 杜娟 齐秀芳 邵星辰 杜应亮 张仁峰 时功印 刘佳 李邓 张梁 寞攀 李渴文 周莹 李明 王骁 苗婷婷 袁金山 葛秉鑫 郭萌 王凯忠 李程 孟杰 李晓 孔令燕 白龙飞 孟阳

续表 11-1

部门或单位	姓名
开发区分公司	宋向阳 孙久亮 张 鹏
岳溪泉饮品有限公司	张 伟 刘学强 王东晓 刘国良 孔祥民 张丹梅 陈 浩 苏 慧 马 钰 蔡翔宇
水表鉴定站	阴胜利 张 静 马龙霞 杨兰明 吕 静 马邵君 王 娟 林 莉 张铭江 刘王涛 李艳杰 王 琨
安通供水工程有限责任公司	李华荣 刘海明 张星侠 刘 洁 韩海文 安海涛 臧晓鹏 刘 刚 宋其芬 宗延安 冯增强 王建勇 米培涛 于学法 艾 芹 郝 磊 赵 雯 贾向阳 段祖强 刘 伟 李大新 李 强 刘 虎 肖 鲁 张 慧 赵广斌 李 龙 刘加利 姜会玲 张 斌 张嘉迪 韦 民 戚桂清 赵 燕 王晓童 陈国星 杨 雷 王寅朝 张 鲲 崔 超 肖成龙 王 乾 韦 超 周海霄 王 弦 张振霖 靖国祥 吴晓龙 刘树祯
其他	王 斐 万岱征

泰安市自来水有限公司退休（内退）人员表
（2017 年 12 月）

表 11-2

类别	姓名
退休人员	王传孟 田忠淑 王桂莲 乔玉贵 赵友山 程玉兰 张灿元 宋其惠 张同芳 安存水 孙庆兰 张兴臣 霍玉清 马文清 张华云 王瑞兰 马惠贞 耿林芳 尚立芝 张秀菊 赵凤云 蒋绍兰 徐灿升 任培美 杨玉宝 王长水 米 杰 卢焕美 薛玉林 刘卫东 刘玉华 李爱珍 代秀兰 张用芳 黄运良 卢西芳 华西珍 董桂英 马宝元 赵平镇 丁宝桂 王玉凤 钱传德 徐灿珍 扈连生 李玉红 武 靖 沈玉云 孙德强 刘秀珍 李富美 王 云 许淑安 孙树强 李秀芳 郑淑凤 苏 省 王 萍 宋洪岩 宋广勤 连传正 范道芳 张用惠 郑立爱 谢春风 芦焕起 王供香 石振文 路建国 孟庆梅 林 彬 张成玉 段凤英 邓兴军 彭素兰 杨继红 李安菊 郭泗兰 刘静河 赵合玲 王贤芝 张树生 玄秀丽 温继梅 周继英 周庆英 贾延杰 祖风义 李克凤 徐培丽 赵锡德 裴敦山 颜红娣 马永军 张德龙 黄 欣 张美居 米朋纯 刘 彦 周晋忠 杨 玲 林冠千 王晓红 任 敏 时云霞 扈 斌 王绪利 王继香 燕 红 孙兆英 葛丰水 黄丽颖 李 丽 李 春 王建迎 陈 芳 王树菊 薛云霞 屈 明 张庆华 亓明杰 孙 美 邱家栋 陈 霞 乔秀梅 李 英 段建春 秦爱萍 魏俊荣 郑广平 王立忠 宫爱君 孙兆新 王文芳 焦方义 孙继红 孙 娟 周 军 杨继香 韩荣成 张春荣 张 琦 张 红 牛 明 张树凤 李 娟 张晓红 刘萃美 靳默然 周美峰 张 惠 耿 燕 李本考 孙来顺 曹红军 杨 敏 靳艳青 亓东玲 肖爱国 宋 华 李 英 崔建丽 张忠利 张 文 刘洪霞 马中科 马咏梅 李来亭 马慈海 杜方玉 陈云霞 薛云岭 许立新 赵 岩 张西河 刘灿忠 冯绍华 郭德元 张海惠 袁 燕 张 诚 孙孝忠 高 源 赵玉峰 宋洪霞 刘 卫 张爱三 胡 明 逯玉臣 房淑娟 白 民 周传军 于长缨 王春英

续表 11-2

类别	姓名
内退人员	张　洪　周立军　董厚贵　张　倩　王　文　李向东　苗元文　刘登亮　齐艳军 龙　泉　程冠林　孟祥林　张　燕　吕纪鑫　张恒德　严心红　杨　丽　孙兆庆 唐发河　王树刚　黄　坤　杨富荣　王志宝　韦孝猛　刘丙林　宋其明　高忠民 宋洪泉　周宝刚　李　川　张用法　窦　群　赵　军　崔恒国　张瑞杰　彭　杰 张广延　王厚凤　张继海　刘旭武　刘德秋　刘述平　杜丽丽　程　德　马守水 冯建刚　韩方太　颜廷常　安志刚　孙永东　高　云　葛凤吉　林　坤　谭宏伟 李　红　门　军　徐成良　王　健　万　锋　曹小明　赵合庆　高　军　冯修梅 张维昌　白　杰　杨　静　郝效惠　周国栋　杜汇涛　李光明　刘忠水　薛福成 孟兆奎　孙　青　何振湖　杨瑞芳　宋洪军　刘　丽　侯龙飞　孔艳丽　李　倩 金国良　赵丰君　张文娜　蔡　涛　刘　刚　李玉刚　周广国　周长刚　李光志 范正国　李升军　宋　强　李桂梅　郭菁华　郭连富　黄成明　陈　伟　吴庆国

索　引

SUOYIN

一、本索引共设要目索引、人物索引、图表索引三部分。

二、相同词题的索引按页码顺序集中排列于其下。

一、要目索引

A

C

D

E

F

G

H

J

K

L

M

N

P

Q

R

S

T

W

X

Y

Z

二、人物索引

B

D

P

S

Y

Z

三、图表索引

编审人员合影

前排左起：唐洪彬　刘　斌　暴勇生　尚绪岳　张　帆　林　莺　边　凤
后排左起：林　森　唐先才　黄　宁　乔秀彬　刘保胜　赵国茂　孔德峰　林　涛

供稿人员

（按姓氏笔画排序）

王东晓	卢　廷	玄　瑾	刘王涛	孙　皓	孙启欣
孙　岩	孙莹莹	乔秀彬	李建军	吴乃昊	张　鹏
陈　童	孟　真	孟国宏	宗延安	周　亮	许丹青
贾　振	唐先才	逯　凯	黄　宁	谢秀江	韩　丽

编后记

《泰安市自来水有限公司志（2008—2017）》（以下简称《公司志》），是公司为打造企业文化品牌而决定续编的，也是公司成立以来所编修的第二部行业志。续编工作自 2017 年 10 月启动，2018 年 1 月搁笔付印。期间，大体经历了以下几个阶段：

一、筹备启动阶段。2017 年 10 月，公司召开领导班子会议，决定启动《公司志》续编工作，成立了以公司党委书记、经理尚绪岳为主任的《公司志》编纂委员会，本着实事求是、突出特色的原则和横不缺要项、纵不断主线的志体要求，多次对志书框架结构进行研讨修改。2017 年 11 月，形成《公司志》篇目。

二、组稿阶段。为确保供稿质量，公司采取印发样稿、会议协调调度、个别督促等形式，扎实推进撰稿工作。2017 年 12 月，20 余个供稿部门、单位克服供稿任务重、时间短等困难，初步完成资料搜集工作，撰写了初稿。

三、编纂合成阶段。从 2017 年 12 月开始，对各部门、各单位所供稿件以篇为单位进行编辑加工。编纂人员采取逐篇落实责任、加强调度督促、加班加点突击编纂等措施，千方百计加快编修进度。对提供资料不完整的部门、单位，编纂人员深入现场进行稿件对接，共同补充完善有关资料。同时，主编暴勇生对全部稿件逐一审查，理顺篇目，把握体例，推敲文字，决定取舍，力求做到整部志书规范统一。

四、征求意见阶段。2017 年 10 月，公司向公司领导、各部门、单位及部分离退休人员发放征求意见函，对第一部《泰安市自来水公司志》中不全面，不尽人意，甚至有错误的地方提出意见，并对此部《公司志》编纂工作提出意见和建议。编纂人员根据反馈的意见和建议，认真梳理、逐条吸收，使志稿日臻完善。

五、精修阶段。2018 年 1 月，公司邀请泰安市史志办原副书记、副主任刘洪亮对该《公司志》进行修改把关，对志稿进一步修改提出了意见和建议。而后，编纂人员对志稿进行修订和精加工，对各篇数字、史实进行核实，对入志图片进行搜集遴选，在此基础上，交方志出版社终审，送山东新华印刷厂进行版式设计和排版印刷。

《公司志》编纂具体分工是：暴勇生主持全书续编修订工作，并负责总体设计、篇目调整、资料审核等工作。张帆、刘斌、赵国茂负责供稿协调并协助主编修改、补充相关资料。边凤负责大事记、荣誉、文献辑存的编辑工作；刘斌负责机构队伍、党群篇、人物章的编辑工作；孔德峰负责供水工程与设施篇的编辑工作；刘保胜、黄宁负责供水生产篇的编辑工作；林莺

负责营销服务篇编辑工作；张帆负责企业管理篇编辑工作；乔秀彬负责科技应用篇编辑工作；唐先才负责企业文化篇、工会章的编辑工作；赵国茂负责多种经营、序、凡例、概述的编辑工作；唐洪彬、林涛负责照片的拍摄与搜集工作。

在《公司志》编纂过程中，得到了市史志办、市住建局、市公用事业管理局以及中国城镇供水排水协会领导的大力支持。中国城镇供水排水协会副会长兼秘书长邵益生，泰安市人大常委会原副主任曲进贤、泰安市人大常委会原副主任李金明、泰安市泰山风景名胜区管理委员会原主任李际山对志书编纂给予充分肯定，并题词勉励。公司把修志工作列入年度工作计划，在督促供稿、组织审稿、经费使用等方面给予全力保障。公司党委书记、经理尚绪岳经常过问编纂情况，并就加快进度、提高质量提出要求，及时协调解决编纂过程中的困难和问题。编纂人员按照志书编写方案总体要求，科学安排工作，做到了生产、撰稿两不误，在生产任务重的情况下，利用业余时间查找资料、走访调查，千方百计完成撰稿任务。编纂人员不负重托，辛勤笔耕，始终保持精益求精、严谨细致、追求完美的工作态度，为志书编纂做出了应有的贡献。《公司志》的编纂出版，是市史志办、市住建局、市公用事业管理局等有关部门大力支持的结果，是公司领导和全体员工共同努力的结果。在此，向为《公司志》编纂工作付出心血的各级领导、专家和公司广大职工表示崇高的敬意和衷心的感谢。

编修志书是一项工作量大、内容浩繁的系统文化工程。《公司志》的编纂虽数易其稿，但由于时间紧，书中纰漏在所难免，敬请读者批评指正。

编者

2018 年 1 月